"大发现"书系

中国考古大发现

ZHONGGUO KAOGU DAFAXIAN

刘尊志/主编

（增订本）

齊魯書社

图书在版编目（CIP）数据

中国考古大发现 / 刘尊志主编．-- 增订本．-- 济南：齐鲁书社，2019.10
（“大发现”书系）
ISBN 978-7-5333-4151-0

Ⅰ．①中… Ⅱ．①刘… Ⅲ．①考古发现—中国—通俗读物 Ⅳ．①K87—49

中国版本图书馆CIP数据核字（2019）第165528号

中国考古大发现（增订本）
ZHONGGUO KAOGU DAFAXIAN
刘尊志 主编

主管单位	山东出版传媒股份有限公司
出版发行	齊魯書社
社　　址	济南市英雄山路189号
邮　　编	250002
网　　址	www.qlss.com.cn
电子邮箱	qilupress@126.com
营销中心	（0531）82098521　82098519
印　　刷	山东临沂新华印刷物流集团有限责任公司
开　　本	720mm×1020mm　1/16
印　　张	21.5
字　　数	410千
版　　次	2019年10月第1版
印　　次	2019年10月第1次印刷
印　　数	1-3000
标准书号	ISBN 978-7-5333-4151-0
定　　价	55.00元

序

中国是世界上唯一一个历史文化连续发展且从未间断的文明古国，绵延数千年的中华文化源远流长，在人类历史的长河中熠熠生辉，光耀千古。中华大地下埋藏的丰富的历史遗迹与遗物，既是古人留给我们的宝贵文化遗产，同时也是留给后人的尘封的历史。随着中国考古事业的发展及考古工作的不断推进，无数被历史尘埃淹埋的古代文化遗存被考古学家渐次揭示出来，为我们解开了一个个历史的谜团，使得中华文明的长卷处于不断丰富与持续延展之中。

早期中国文明的曙光与考古工作者艰苦的田野调查、发掘及研究密不可分，拨开史前迷雾、解开史前疑惑，不断“改写”与追溯着中华文明的新篇章。周口店北京猿人遗址的发现、发掘与研究，极大推进了世人对人类起源和发展历史的认识，具有重要的历史价值。诸多新石器时代考古学文化及其代表性遗址的发现、发掘与研究，为中国文明起源研究提供了丰富的实物资料，是探讨中国文明古国的诞生、古国向王国演变的关键。仰韶文化中具有代表性的半坡遗址，发掘出土的聚落与窑场、墓地等，表明当时社会发展已进入复杂化的高级阶段。河姆渡遗址发现的建筑与漆碗等遗物，在当时创造了数个世界与中国之最。红山文化的牛河梁遗址、长江中游地区的石家河遗址、黄河下游地区的山东城子崖遗址、陕西神木石峁遗址等的发现与发掘，对探索早期社会形态意义重大，是中国文明起源、发展及原始国家起源的重要见证。

夏商周时期被称为青铜时代或王国时代，二里头遗址发掘出土的诸多遗迹和遗物用实物证明了夏朝的真实存在，对于探索中国文明的渊源具有重大的标尺性意义。殷墟由王陵遗址、宫殿宗庙遗址、洹北商城遗址等构成，宫殿宗庙遗址及甲骨文、墓葬、祭祀坑、车马坑等的发现与发掘，全面展现了中国商代晚期辉煌灿烂的青铜文明，确立了殷商社会作为信史的科学地位。另外，被称为“20 世纪人类最伟大的考古发现之一”的三星堆遗址，考古发掘显现出的房址、墓葬等遗迹，以及出土的玉器、陶器、石器、青铜器等遗物，为我们展示了不为人知的距今 3000 多年前的早期蜀国文明。

陕西岐山周公庙遗址的发掘是西周考古的重大发现，对研究西周历史和文化意义重大。东周考古成果丰硕，证明了这一时期在广袤的中国土地上不同地区各民族创造出各具特色的灿烂文明，也充分体现出由王国向帝国转型的特征。临淄齐故城城址、湖北江陵楚王墓与随州曾侯乙墓、浙江绍兴印山越国王陵等，无不是重大的考古发现与收获。

秦并六国，以郡县制为基础的多民族统一的中央集权国家建立，标志着帝国时代的到来。两汉王朝四百余年，多元一体的统一汉文化逐渐形成，也基本确立了汉以后历代多民族统一国家及社会发展的基本模式。秦至明清的两千多年，各帝国时代均为我们留下了极为丰富的物质遗存，如见证朝代兴衰的都城遗址，凝聚着中国先民创造力与智慧的各类建筑遗迹，不同等级墓葬的形制、陪葬品及其各类设施，反映社会发展的其他遗存和遗物等。

秦都咸阳、汉都长安与洛阳，三国两晋南北朝时期不同政权的都城各具特色，并在发展中逐渐形成中国古代都城的特征与内涵。被淹埋于西安城下的隋唐都城，是经过精心设计、严格规划的被称为“当时世界的第一大城”，从隋文帝初建大兴城到唐代长安城，历时 322 个春秋，它见证了隋朝与唐代的盛与衰，对宋至明清时期各代都城产生了十分重要的影响。

规模宏大的中国第一帝陵秦始皇陵及阵势宏大的秦始皇陵兵马俑、一代帝王隋炀帝陵、具有盛唐风范的宏伟富丽的唐高宗李治和武则天合葬的乾陵、拥有神秘辉煌地下宫殿的明定陵等，可带你领略古代帝陵的宏伟与壮观；出土金缕玉衣的徐州狮子山楚王墓及中山靖王刘胜夫妇的满城汉墓、葬于瘠薄之地的魏武王曹操高陵、马王堆轪侯家族墓地及鄱阳湖畔废帝刘贺的墓葬等，为我们展现了汉代王侯的丧葬内容，从侧面展示出汉代的厚葬之风及贵族的奢华生活，也从多个方面折射出汉代多彩的世界。云南羊甫头墓地，时代跨度大，墓葬数量多、形制复杂，出土器物数量大、种类多，不仅丰富了滇文化的内涵，也对研究统一多民族背景下汉文化的统一进程具有重要意义。

考古学家不断的探索与考察，还唤醒了一座位于西北大漠中沉睡千年的楼兰古城，其目不暇接的遗存遗迹为我们勾勒出楼兰先民的生活面貌。位于雪域高原上的西藏古格王国，零碎的历史文献资料记载难以让世人了解其全貌，考古学家克服艰难恶劣的自然环境，探明规模宏大、布局严谨、错落有致的王国都城遗址，从这里发现与发掘的古格王国的文化遗存众多，内涵丰富，为世人展示出一个昔日神秘王国的真实模样。明代彭山江口古战场遗址的考古发掘，证实了当地民谚和文献记载的“江口沉银”事件的真实存在，从这里出水和出土的 4 万余件文物为明代社会历史研究提供了重要的实物资料。

一些遗迹或遗存体现出我国辽阔疆域中多彩的异域风情，是“一带一路”背景下中外物质文化交流的体现和写照，反映出我国与周边国家的友好往来。敦煌莫高窟中45000余平方米的宗教壁画，描绘了天国佛教世界，内容博大精深，在一定程度上折射出当时的真实世界，而从“藏经洞”内发现的“敦煌遗书”更是震惊世界，其中的大量文书、写卷被称为“稀世珍宝”，在历史、科学、艺术等方面具有极高的价值。山东青州龙兴寺的发现与发掘，使千年古寺“佛光”再现，其窖藏佛教造像的发现不仅对我国佛教文化方面的研究具有重要意义，而且对古代雕塑、美术等方面的研究亦具重要价值。在中国已发现多组在华居住外来人员的墓葬石刻，如安阳北齐石棺床、青州傅家庄北齐画像石、西安北周安伽墓石屏风及康业墓围屏石榻、史君墓石椁和石榻、太原隋虞弘墓石椁、天水隋唐屏风石棺床等，不仅为我国带来艺术史上的中亚与西亚之风，而且为考究古代中国外来移民史提供了第一手史料。

考古人的辛勤努力与不懈追求，即通过对一些相对重要的考古发现的介绍与描述，为读者呈现考古的成果和魅力，让我们能够借助真实的文物古迹，穿越时空隧道，直观地欣赏到过去的历史。考古能够带给我们很多惊喜和意想不到的收获，让我们在振奋与喜悦中看到一个又一个文明被揭示出来，一个又一个历史谜案被破解，这是本书编写的一个最简单的动机和目的。考古学作为一门学科，除了对古代遗存进行发掘、整理、保护、研究之外，还要向公众推广、普及考古知识，介绍考古发现，让社会公众了解中华文明，认知我们珍贵的历史文化遗产，让他们知道考古是什么，考古是干什么的，考古的目的、意义和价值、作用是什么。对于考古学家们来说，遗存揭示的过程是充满艰辛的，但考古充满着未知性和不确定性，存在所谓“常挖常新”的神奇魅力，所以我们深信，在考古人的不懈努力下，今后还将产生更多的考古大发现。

关于本书的编写，需作简单说明。2018年下半年，本人接到齐鲁书社总编辑傅光中先生的电话，说要修订再版我之前也曾参与编写的《中国考古大发现》，并邀请我担任这部新版“中国考古大发现”的主编。考古界同行、亦师亦友的刘兴林、耿建军等先生也都力劝我接受出版社的邀请。尽管我的教学和科研任务也很繁重，但出版社的盛情邀请和同行朋友的鼎力推荐，让我难以拒绝，于是便不揣冒昧地接下这个任务，之后开始确定写作内容和收集资料。

本书20篇文章选自《中国考古大发现》(龚良主编，山东画报出版社1999年版)，6篇选自《最新中国考古大发现——中国最近20年32次考古新发现》(许虹、范大鹏主编，山东画报出版社2002年版)，主编刘尊志又组稿补充6篇，全书共收录重要考古大发现32处。在此向上述二书的主编及32篇文章的撰稿者致以诚挚的感谢！新增的6篇文章，基本由南开大学历史学院考古学博士及硕士研究生撰写而成，除用图标明出处外，还在文后增加了参考文献，为读者提供了文中相关内容的查询渠道。

本书内容覆盖中国的东西南北中，长城内外，大江南北，涉及遗址、墓葬、城址、寺庙建筑、玉器、青铜器、石刻、雕塑、陶瓷等多个文物门类，尽可能多地为读者展现在我国考古史上具有重要价值和重大影响的考古发现及其内涵；编者也力图通过通俗易懂的语言文字、图文并茂的表现形式，多层次、多方面、多视角地向社会公众呈现灿烂多彩的中华文明，使社会公众更加深入全面地了解中国考古人的考古发掘及其研究成果，了解源远流长、博大精深的中国文化与丰富多彩、兼容并蓄的中华文明。

本书引用了考古同行的大量考古文献以及相关图片资料，这些都是考古工作者辛勤劳动的成果，而这些成果也是本书编写的基础。可以说，每一项考古发现，都凝聚着考古人的汗水和心血，而我们编写再版这本公众考古学图书的目的，就是要向广大的社会公众普及宣传考古学知识和考古学家的劳动成果。在此，我谨代表本书各篇文章的作者，向默默奋斗在考古工作第一线的每一位考古人致以崇高的敬意和深深的谢意！

刘尊志

2019 年 1 月 10 日

目　录

远古头盖骨之谜

——周口店北京人遗址的发现与研究

北京，我们伟大祖国的首都。它是一座历史悠久的文化古城，早在几十万年前，古老的“北京人”就在这片土地上繁衍生存，开启了中华大地最初的跫然足音。

北京市西南大约 50 公里的地方，有一个普通的小镇叫周口店，

图 1–1 周口店北京人遗址全景

这里环境优美，物产丰富。周口店所处的自然地理环境优越，它处在山区和平原衔接的过渡地带，东南面是一望无际、略向东南倾斜的华北大平原，西面、北面则是山峦重叠、连绵起伏的太行山脉余脉北京西山。周口店周围的地质环境非常独特，不仅地层出露状况良好，而且上新世和更新世的堆积物也非常完整，堪称是地质学家心驰神往的风水宝地。这里石灰岩层虽然很厚，但在褶曲发育、断裂多的地方，常常被这里的酸性水质溶解并穿透，成为埋藏动物化石的巨大仓库和人类生活的理想场所。周口店一带，是北京西山的外围，山势比较低矮。周口店镇西约一公里处，有两座东西并列的石灰岩构成的圆形小山，东边的一座俗名叫“龙骨山”。周口店镇和山体之间隔着一条小河，从山口流出后沿周口店西侧蜿蜒南流，与10多公里外的琉璃河交汇合流。河谷最宽处超过一公里，多雨时节的夏季，河水常常暴涨，形成的激流经常将巨大砾石冲向下游。秋冬时节，因雨量不足，河谷又常常会断流，在河床上形成大大小小的水潭和沼泽。1929年，正是在龙骨山北坡的一个大岩洞里（后来编号为周口店第一地点），中国学者裴文中博士发现了一枚完整的北京人头骨化石，以及原始的打制石器和大量吃剩抛弃的各种兽骨遗存。北京周口店由此出名。

一、偶然的发现与艰苦的发掘

发现周口店北京人遗址纯属偶然。1914年初，瑞典著名地质学家安特生（1874—1960）接受北洋政府（1912—1928）聘请，来华担任中国政府的矿政顾问。安特生爱好广泛、学识渊博，既是一位享有盛名的地质学家，同时还是一位资深的探险家。他接受北洋政府邀请后，居然从瑞典一路跋山涉水地来到中国。就任北洋政府农商部矿政顾问后，安特生留心中国各地的“龙骨”（即动物骨骼的化石），以此作为寻找矿物化石的线索。1918年初春，安特生偶然听说周口店龙骨山石灰岩洞穴有“龙骨”出土，于是前往龙骨山进行了小规模发掘。但这次发掘收获不大，仅找到两个种的啮齿类和一个种的食肉类化石。1921年和1923年，安特生与一位名叫师丹斯基的年轻学者合作，对另一地点（即周口店第一地点）又作了两次小规模的调查和试掘，发现了更多种动物化石，但没有发现人类远古祖先的人骨化石。1923年结束野外工作后，师丹斯基随即将采集到的化石标本带回了欧洲。1926年夏，他在整理那些从周口店出土的化石标本时，意外发现了一颗明确的人牙化石。消息一经公布，周口店龙骨山就引起了中外学者的广泛关注。

1927年4月，中国地质调查研究所和美国基督教会创办的北京协和医学院组成中美专家联合发掘组，共同发掘周口店古化石遗址，发掘经费由美国洛克菲勒基金会提供。1927年，发掘人员在周口店第一地点中段进行了系统的大规模的发掘，挖掘深度近 20 米，挖出的堆积物约 3000 立方米，获得动物化石标本 500 箱，其中有一颗保存完好的人牙化石。1928 年 4 月，发掘工作队再次进驻周口店，这次发掘增加了杨钟健和裴文中两位中国学者。发掘地点改在之前发掘点的东部，发掘的堆积物约 2800 立方米，获得各种材料 575 箱。这次发掘的重要收获是，发现了 2 枚人类下颌骨化石，其中一枚属于少年女性，另一枚属于成年人，后者保存有 3 颗完整臼齿。这次发掘，再次佐证了“北京人”这个新属人种的存在。

但是，周口店历次调查和发掘并没有发现北京人头盖骨，这使得“北京人”的发现显得美中不足。1929 年，似乎注定要以光辉的一页载入中国古人类研究的史册。这一年，中国政府建立了中国地质调查所新生代研究室，这是中国第一个从事新生代地质、古生物学特别是古人类学研究的专门机构。也就在这一年，沉睡地下几十万年的一颗完整的北京人头盖骨终于重见天日，世界为之震惊。

事情发生在 1929 年 12 月 2 日下午四点多钟，其时已是日落西山，北风凛冽，寒意逼人，但考古发掘工作仍在周口店一个洞穴中紧张地进行着。天色越来越暗，人们点起蜡烛继续工作。忽然有人激动地大声叫了起来 :“头骨！头骨！”话音未落，周围的人立马围拢过来。主持发掘的裴文中博士看明白了，惊喜地喊叫 :“人头！是人头！”大家盼望已久的头盖骨化石，终于被找到了，每个人的脸上都洋溢着激动的笑容。处在激动、兴奋之中的裴文中渐渐冷静下来，他果断决定当天晚上就把它取出来。这天晚上，裴文中妥善保

图 1–2　青年时期的贾兰坡正在进行发掘工作

管好挖出的头盖骨化石，提笔给中国地质调查所翁文灏所长写信，欣喜地汇报当日的发现："今天交了好运，我们在原发掘遗址第9层下边发现一个洞穴，经发掘，得一猿人头盖骨！一个完整的头盖骨！我在现场就把它取出并安然无恙地带回。待稍作处理，我即携此头盖骨返北京面交。"12月6日，裴文中匆匆结束发掘活动，将北京人头盖骨带回了北京，存放在北京协和医学院的保险柜里。周口店发现北京人头盖骨的消息不胫而走，成了北京城里街头巷尾人们谈论的话题。

1930年至1936年，周口店发掘工作在裴文中以及后来加入的贾兰坡的主持下，陆续取得更为丰硕的成果。除发现用火证据、大量的石器和动物化石外，还发掘到了更多的人类化石材料，仅1936年11月间，贾兰坡就发现了相当完整的3个北京人头盖骨，再次引起广泛的轰动（图1-2）。由于日本全面侵华战争的爆发和解放战争的发生，周口店的发掘工作被迫中止，而北京人全部人骨化石标本也在太平洋战争爆发后神秘失踪，至今下落不明，这是"北京人"研究历程中令人心痛的遗憾。

1949年中华人民共和国成立后，党和人民政府对北京周口店的考古发掘工作非常重视，重新将中断了12年的考古发掘恢复起来。从20世纪50年代至70年代，考古发掘人员陆陆续续对周口店第一地点进行了多次发掘，除了挖出大批动物化石和石器外，又发现了北京人的牙齿、肱骨、胫骨、额骨、枕骨、下颌骨等各类化石遗存。这些新发现为揭开北京人的神秘面貌，提供了大量第一手的科学实验与检测实物的标本。

二、北京人的体质特征

出土北京人头盖骨与各种化石的周口店第一地点的洞穴很大，东西长约140米，宽度2—40米不等，洞穴中部向南北各伸出一个裂隙。北京人最初在这里居住生活的时候，洞穴应该还是比较空旷的，但长年累月的风吹雨淋，使得洞穴里填进了大量的沙土，再加上洞穴四壁、洞顶塌落下来的大量石块，以及北京人的生活垃圾、死亡动物的骨骼，使得山洞一层叠一层地一直堆到了40米高的顶部。研究者将地层从下到上的堆积分为13个层次，年代跨度从距今70万年到20多万年，而北京人头骨则处在距今40万—50万年的地层中。迄今为止，在洞穴中发现的全部北京人的化石，有完整及比较完整的头盖骨6个，以及包括人的头骨碎片、下颌骨、牙齿、股骨、胫骨、肱骨、锁骨、月骨等各类化石，包括40多个个体的骨骼。在一个遗址出土如此丰富的人类化石遗存，这在世界范围内也是极其罕见的。

古人类学家根据北京人的遗骨推测并复原他们的外貌。其头骨特征是前额低平，眼眶上缘有两个互相连接的粗大眉骨，像房檐一样遮盖着双眼；脑壳很厚，大约比现

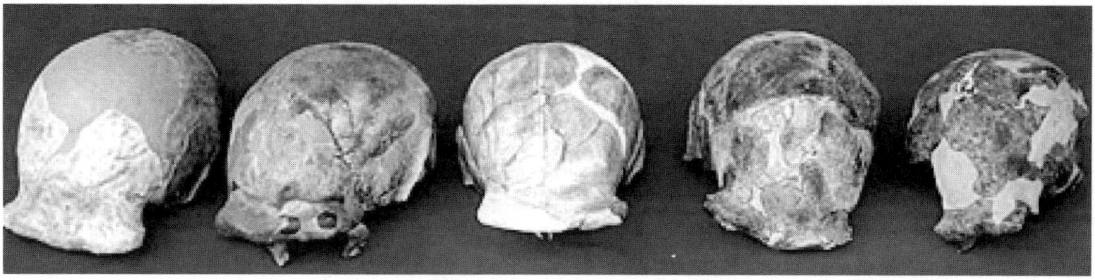

图 1–3　北京人 5 个比较完整的头盖骨

代人要厚一倍 (图 1-3)。大家知道，现代人头盖骨是上部膨大，下部收缩，形成馒头状。相对而言，北京人的脑容量还不算大，大约只有现代人的 80%。但如果与现代猿类动物相比，它又大得多。现代猿类的平均脑容量只有北京人平均脑容量的 40% 左右。现代人嘴巴前缘和前额大致位于一条垂直线上，而北京人的嘴巴则特别向前伸，远远超出这条垂直线之外。可见，北京人的形象正好介于猿类和现代人之间。他像猿，但又有若干人的特征；他像人，可又保留了不少猿的特征。北京人的牙齿，虽然比现代人的牙齿粗壮得多，齿面结构也比较复杂，但和猿类相比又显得弱小和简单。北京人从猿变成人，用火熟食取代茹毛饮血是主要原因。

相比于头盖骨，北京人四肢骨进化更快，已具有现代人的基本形状。他们的大腿骨在大小、形状、比例和肌肉附着点上，尽管还带有一些猿的体质特征，但与现代人更接近。北京人上肢骨已经能够自由地运用两手进行劳作，动作上和现代人基本相同；下肢虽多少还有些屈膝，但已经具有了现代人的形状。北京人这种上肢比下肢进步，肢骨又比头骨进步的不平衡发展现象，说明其肢骨适应于直立姿势的发展要先于头骨的转变，而其用手劳动在四肢的分化和进化过程中，起到了不可估量的作用。不过，北京人还处在“攫取性”经济形态初期，食物资源短缺，生活非常艰苦，营养也不丰富。体质人类学研究表明，北京人男性身高通常 156 厘米，女性身高只有 144 厘米。他们的寿命比现代人要短得多，平均寿命 20—30 岁。根据对北京人头盖骨的生物学研究，科学家推测北京人已经有了自己的语言。由于他们已从事真正的劳动，成为社会中的人，作为交际工具的语言自然不可缺少。在人类社会进化发展的历史上，语言的出现具有十分重要的地位，它是人类摆脱愚昧走向文明的重要里程碑。

三、简单原始的生产工具

制造与使用工具，是人和动物的主要区别。周口店地层发掘表明，与北京人化石以及各种动物化石一起出土的，还有许多形状特殊的石块。这些石块既不是原生于岩洞中，也不是被水冲进去的，而是北京人制造的真正的劳动工具——原始石器。识别早期人类的石器并非易事，原因在于这些石器人工加工痕迹并不明显，加之制造石器的这些原料大都来自洞外附近河滩上的脉石英、砂岩、石英岩、燧石等砾石，这些砾石经过各种自然外力作用已经改变了最初的自然形态。

由于早期人类的生产方式是采集与狩猎，其石器工具加工也与这种经济形态相一致。北京人使用的石器，主要有砍斫器、刮削器、尖状器等类型。砍斫器（也称砍砸器）是北京人用来制作砍伐木柴或狩猎木棒的加工工具，多由一些扁圆形的砂岩或石英岩砾石的一面或两面打出刃口。北京人使用最多的石器是刮削器，一般用大小不同的石片修理而成，有盘状、直刃、凸刃、凹刃和多边刃等形状。大型的凹刃刮削器，适用于刮削狩猎用的木棒，小型刮削器可能是充当刀子使用的生活用具。北京人的尖状器制作最为精良，它们通常只有一节手指大小。其制作的程序和打制方法都比较固定，制作时先从石块上剥下石片，然后沿着石片两边把宽的一头打成尖状。因为作业面积小，技术要求相对较高。值得一提的是，遗址出土了一件类似石锥的尖状器，长长的尖头并有两个肩膀，即便在旧石器时代晚期，它也算得上是一件难得的“珍品”。关于尖状器的用途，学者的看法不一。有人认为它是用来割剥兽皮或用作挖取树虫的，也有人认为它是用来挖剔骨头上的肌肉筋脑。至于北京人用砾石做锤子加工石器，已经能够根据不同的原料使用不同的打制方法。从修理出来的痕迹看，除了石锤，他们似乎也使用了木棒和角棒。北京人使用的石器，通常以一面修理为主。石器以石片石器为主，体型小而轻巧，大部分石片石器重量是几克。

石锤和石砧是北京人制作石器的工具。从石锤上留下来的敲击微痕观察，北京人善用右手操作。另外，在一些未经第二步加工的石片上，也有直接被拿来使用的痕迹。除了自己制作工具外，北京人还直接利用自然物作为工具。在北京人生活的岩洞里，发掘者还发现了数量较多的被打击成尖状的大型野兽肢骨和鹿角尖等遗存，学者们推测这些东西可能是猎捕小动物或采集可食植物块根时使用的工具。

四、人类发展史上的一座丰碑 —— 使用火与管理火

用火，在人类发展史上树立了一座伟大的丰碑，极大地改变和影响了社会的进程。人类体质的进步与用火密不可分。因为用火，人类学会了将肉类食物烧熟再吃，

这大大促进了人对食物的消化与吸收。因为用火，人类的御寒能力得以提高，这拓展了原始人类的生存能力，人类活动的范围进一步扩大。

考古发掘表明，北京人已经开始使用和管理火。周口店遗址文化地层堆积中有各种灰烬、炭块和烧过的骨头、石头。这些经火烧过的骨头，不仅颜色变成了蓝、绿、灰、褐和黑色，其表面也出现了各种裂纹，甚至变得七扭八歪。被火烧过的石头也裂开了纹路，有些埋藏在灰烬中的石灰岩变成了石灰。这些被火烧过的遗存以及留下的灰烬都分布得非常有规则，此种现象显然不是自然大火造成的。这些不使火向四周蔓延的成堆灰烬，证明北京人已有控制火和管理火的能力。

中国古代文献中有燧人氏钻木取火的记录，但那毕竟距今不足万年。自从在北京人居住的岩洞中发现火的遗迹，我们才知道几十万年前的人类祖先就已懂得使用和管理火了。

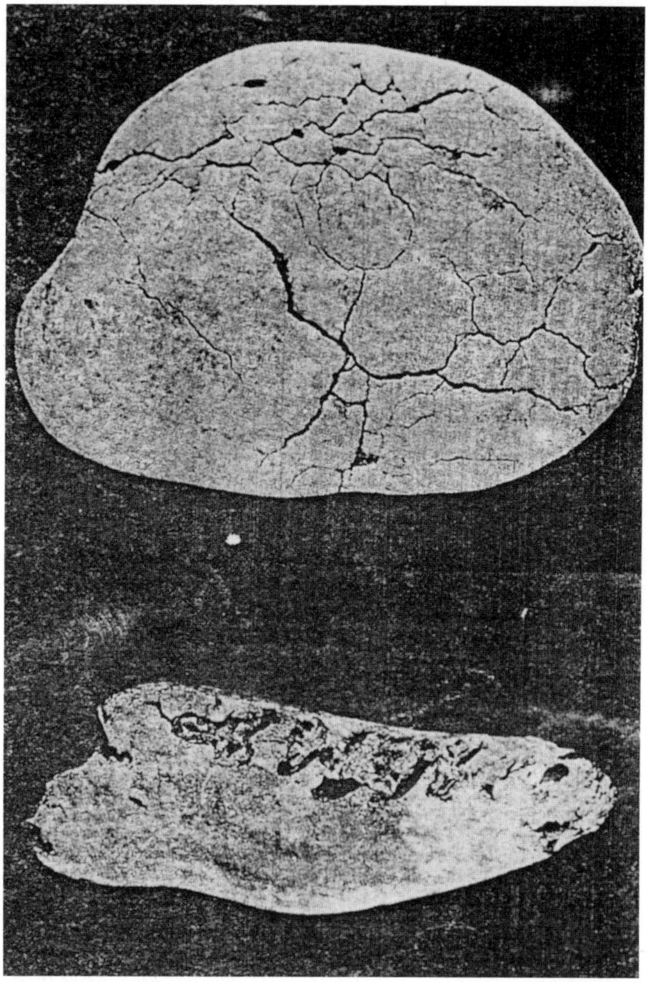

图 1–4　北京周口店出土的烧石（上）和烧骨（下）

五、北京人的生活环境

根据古植物学家和古动物学家的研究结论，北京人所在的周口店地区，气候经历了从凉爽到温暖又从温暖到凉爽的变化，但大部分时期的正常气候和现在没有很大差异。不过，当年北京人生活的周口店周围的自然地理环境，如今已经发生了很大的改变。从前的周口店龙骨山和它西边的山脉是相连的，由于年年岁岁不断被雨水

图 1–5　周口店北京人遗址。北京人在这里生活了约 30 万年。

冲刷，才逐渐被隔成了现在孤立的小山头。周口店与龙骨山之间的河床，从前也比现在宽很多，甚至连整个周口店都位于古老的河床之内。在周口店村东太平山的西坡下，以及龙骨山以北升平山的东南山脚下，至今都还保留着原来的河沙和大大小小的砾石。(图 1-5)

龙骨山东南面现在是一望无际的平原，但是在几十万年前这里有许多湖泊和沼泽。环境考古学研究者把发掘和观察到的各种资料、信息综合起来，大致勾画出数十万年前周口店一带的自然景观：河流或湖沼的岸边水草丛生，河中水产资源丰富，北方地区常见的水生动物如水獭、水牛、水龟、河狸栖息在河流中，身体庞大的大象也成群结队到河边来喝水；凶猛的犀牛常常出没于树丛与湿地中。辽阔的平原上，遍地生长着杂草和灌木；成群的野马和鹿在草原上奔驰、追逐。周口店西北方的高山区则是茂盛的原始森林，各种鸟儿在这里繁衍生息，还有油松、柏树、桦树、栎树、榆树以及其他干鲜果树，植被非常丰富。静谧而神秘的大森林，不时有豺狼虎豹等各种猛兽出没。

正是在这种充满危险的自然环境中，北京人顽强地繁衍生存，生生不息。他们虽然已经学会制造工具，但工具的功能极其简单，都是为了满足采集与狩猎的需要。其时的生产性经济形态还没有发展起来，只有依靠大自然的赐予来满足自己的食物需要。由于狩猎技术比较原始，狩猎者经常两手空空或收获甚少，大家只能忍饥挨饿。在漫长的岁月中，他们靠着辛勤的劳动和智慧，战胜了重重困

图 1-6 北京人生活模拟图

难和灾害，抚育了生命，延续了后代，保留并传承了自身生命的火种。（图 1-6）

六、北京人头盖骨失踪之谜

北京人遗址的发现，确立了中国直立人的存在，这是从猿到人进化过程中一个重要的阶段，在人类生物进化史上具有重要的里程碑意义。它的发现，解决了 19 世纪末爪哇猿人发现以来，猿人究竟是人还是猿的长期争论，从而确立了猿人阶段在人类发展史上的地位，大大推进了人们对于人类发展史和人类起源问题的认识。

大半个世纪以来，对北京人遗址的发现、发掘和研究，使周口店成为闻名世界的人类化石宝库之一。有关研究肯定了北京猿人遗址是一个丰富的早期人类文化宝库，证明了 20 万—70 万年前的中国早期人类已具有创造和发展文化的能力，已有狩猎大型动物的行为和控制用火的记录。然而，北京人头盖骨这么一项重大的考古发现，

图 1-7　北京人复原图

却发生了令人痛心的事情。1941 年太平洋战争爆发前夕，美国学者出于保护北京人化石安全的考虑，决定将所有在 20 世纪二三十年代发现的北京人化石、山顶洞人化石及部分灵长类动物化石，转移到美国保存。但是这些化石均于转运过程中离奇地失踪，至今不知去向，成为一个不解之谜。

根据裴文中、贾兰坡等人的文章与回忆资料，周口店北京人遗址多次发现的人类化石，一直被保存在北京协和医学院保险柜内。1941 年，由于美日关系日趋紧张，居北京的美国侨民纷纷选择回国，出于对北京人化石的安全考虑，11 月初有关方面决定将其运往美国：计划所有化石分装在两个木箱内，用专列于 12 月初从北平运往秦皇岛，然后通过即将抵达秦皇岛的美国哈里逊总统号邮轮转运美国本土。但由于日军此时占领了在北平的美国机构，专列在秦皇岛被截，哈里逊总统号邮轮也未能抵达。从此，包括头盖骨在内的北京人化石下落不明。

北京人化石离奇失踪的消息被新闻记者曝光后，引起社会各界广泛关注，大家议论纷纷，一时众说纷纭。有人说，这些化石已经被秘密运往了美国；也有人说这些化石被日军拦截后，不幸被当成废品扔掉了；还有人说运送这些化石的美国轮船在途中被日军军舰炸沉了。更多的人则四处奔波，继续寻找北京人化石的下落。直至 1972 年，还有一位名叫詹姆斯的美国商人居然以重金悬赏提供北京人化石下落的人。当时纽约有位老太太声称其丈夫从中国带回一箱化石，并索价 50 万美元，但我国学者从她提供的实物照片分析，它们并不是北京人化石。这些无价的北京人化石究竟在哪里，至今无人知晓。

参考书目

[1] 郭沫若：《中国人类化石的发现与研究》，科学出版社，1955 年。

[2] 贾兰坡：《中国大陆的远古居民》，天津人民出版社，1978年。
[3] 贾兰坡：《我所了解的“北京人”遗骨丢失的内幕》，《文史杂志》1986年第4期。
[4] 裴文中：《周口店洞穴层采掘记》，《文物春秋》，1994年第24期。
[5] 裴文中：《中国原始人类的生活环境》，《古脊椎动物与古人类》1960年第2期。
[6] 周国兴：《北京人第一头盖骨发现六十周年文集》，北京科学技术出版社，1992年。

（陈伟）

沉睡的原始村落

——西安半坡遗址的发掘

渭河发源于甘肃省渭源县，曲折东流，横贯陕西省中部，在潼关附近注入黄河。渭河两岸，支流密布，土地肥沃，史称八百里秦川。渭河的支流灞河发源于秦岭，向西北流经蓝田，穿白鹿塬与骊山间峡谷，抵关中平原，汇白鹿塬西侧流来的浐河后，蜿蜒北流，汇入渭河。半坡遗址位于浐河下游右侧覆盖有黄土的二级阶地上，背依白鹿塬，与河床相距 800 米，现位于陕西省西安市东郊，自然环境相当优美，是八百里秦川的中心。它是我国黄河流域仰韶文化的典型代表，至今已有六七千年的历史。

半坡遗址的遗存丰富，面积约 5 万平方米。它是在 1953 年被前西北文物清理队发现的，1954 年至 1957 年，中国科学院考古研究所和陕西省文物管理委员会等单位的考古工作者在此连续进行了 5 次发掘，发掘工作由石兴邦主持，揭露面积 1 万平方米左右。它是我国考古历史上第一次发现的一处原始氏族聚落遗址（图 2-1），经碳十四测定，年代为距今 6700 年至 6100 年。

一、文化遗址和聚落形态

半坡遗址文化遗存分早晚两期，早期遗存内涵丰富且典型，仰韶文化半坡类型的名称由此而得，晚期遗存相对较少。

半坡类型的聚落范围，大体上为南北长、东西窄的不规则椭圆形，南北最长 300 余米，东西最宽处近 200 米，房屋和大部分的窖穴、家畜圈栏及小孩瓮棺葬群，集中分布在聚落的中心。考古学家在这个村落遗址的北部发掘出一段长 70 多米、宽深各约 5—6 米的壕沟。壕沟继续向西侧延伸，构成一个椭圆形的防护性壕沟，沟内是居住区，沟北是公共墓地，沟东是烧制陶器的陶窑生产区。居住区内居住的房屋、储藏

图 2–1　半坡遗址发掘现场

东西的窖穴、饲养家畜的圈栏等遗存，是聚落的中心区。居住区内的建筑以一条深 1.5 米、宽 2 米的小沟为界划分为两小区，每小区的建筑物中心，有一座面积达 160 平方米的供集体活动的大房子，它的周围密布着 30—40 平方米的中型房子和氏族成员住的 12—20 平方米的小房子。这种严格的聚落布局，既说明当时人们已有了出于朴素观念的规划，也说明当时的半坡人过着一种有组织的定居生活。

在这里我们遇到一个事实，即在农业产生并有了实际意义上的丰富收获后，人类的生活状况大大改变了，人们不必经过需要经常迁徙的采集，就能获得足够的食物，因此出现了定居生活。定居使得人工建房成为必需，于是就有了原始的半地穴式和地面之上的建筑；闲暇时间的出现，使得手工业渐渐从农业中分离出来，特别是使制陶技术得到了空前发展。从半坡遗址居住区的整体来看，半坡氏族公社已过着永久的定居生活。

居住区中央的大房子，其结构和建筑方法与半地穴式的房屋相同，门向东开，中间为火塘，房子内已出现了分间的趋向，应是氏族成员公共集会议事的场所，或作为酋长接待外族客人的地方。此处大房子周围为中、小房子。

半坡遗址的房屋有大型房子和中小型房子，其中中小型房子在平面上有方形和圆形之分，在立面上有半地穴式和地面建筑两种。其基本特征是：房子的门道与屋室之间，有一个两侧围起矮墙的方形门限，房子中心有一个灶坑，居住面和墙壁都是用草塘泥抹成的。

方形房子遗迹共发现15座，有方形和长方形两种，其特征是四角作圆弧状，大多数是半地穴式，只有少数是从地面建造起来的。半地穴式的房屋结构较简单，建造时在地上挖一个深约0.5—1米的圆角方坑，坑壁作为墙壁，中间挖个小坑作为火塘，在火塘的一端嵌装一个用以保存火种的陶罐，在火塘的两边，有两根或四根柱子支撑屋顶。门口有一条狭长的斜坡状或台阶状的门道，有的还有门限，门道上用棚架掩盖。长方形房子多在晚期才出现，门开在长边，屋内分为高低不同的两部分，即进门的左边有高出其他地方约10厘米的一块面积，可能是睡觉的地方。平地建造的方形房子构造比前一种略复杂，它是用木板木椽和草泥土混合建造起来的两面坡房子。为了坚固，屋基下垫铺一层草泥，四壁和中间隔墙用木柱支撑，中间插细的木柱和木板，用草塘泥涂裹，然后用火烧烤，形成一层坚硬的红烧土烧结面。

圆形房子共发现31座，直径一般为4—6米，分为地面和半地穴式两种，墙壁均以木柱作为骨架，两边涂抹草泥（图2-3）。木柱排列密集，房屋里竖粗木柱支撑屋顶，中央有一灶坑，在坑和门口之间有略低的门道(图2-2)。

房屋中火塘附近的灰烬中有烧残的兽骨、吃剩的果壳和螺蛳堆

图2–2　圆形房屋基址

图 2–3 半坡人居住的圆房子复原图

积，有被压碎的尖底瓶、罐、瓮、盆等用具，磨盘、石研棒则在靠墙角的地方。

每座房屋边一般有一至几个不等的圆形或方形窖穴，用以储藏生活资料和用具。窖穴多为袋状坑，一般口径 1 米、底径 2 米、深 1.5 米左右，有些坑的坑壁用火进行烧烤。另外，在居住区边缘和北段壕沟旁，发现两座不规则的长方形建筑遗迹，周围都有密集的柱洞，建筑形制异于房屋，可能是饲养家畜圈栏的遗迹。

位于防护壕沟东侧的是氏族烧制陶器的公共窑场，共发现可分两种形式的 6 座陶窑。最常用的是横穴窑，特点为：火膛是一个长约 2 米且倾斜的筒状，筒子的上端是窑室，火膛与窑室之间有三道粗火道，窑室底部呈圆形，在粗火道的上方有 10 个长方形的小火眼通向窑室，火从火膛、火道、火眼进入窑室。另一种形式为竖穴窑，与前者不同的是，其窑室和火膛位置是上下垂直的。窑的规模不大，每窑能烧 4—5 个陶器，较大的陶器只能烧 1 个。

公共墓地位于壕沟北部，面积约 6000 平方米，已全部进行了发掘和清理，共发现 174 座墓葬，一般为成人墓，而儿童的瓮棺葬则大多在房屋周围。

二、文化遗物和生活情况

根据考古发掘出土的动植物标本分析，半坡的自然条件是比较优

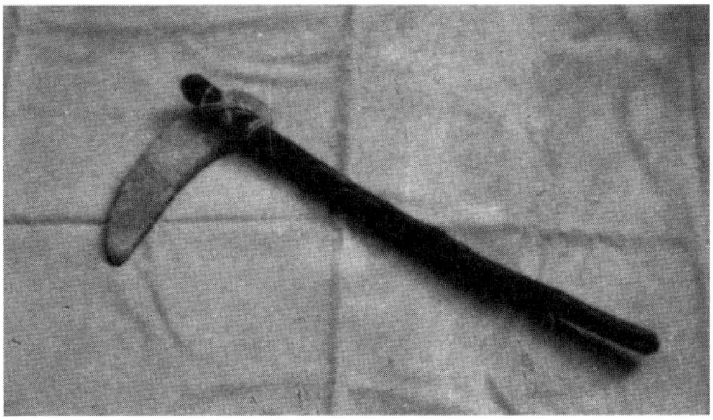

图 2–4　石镰刀

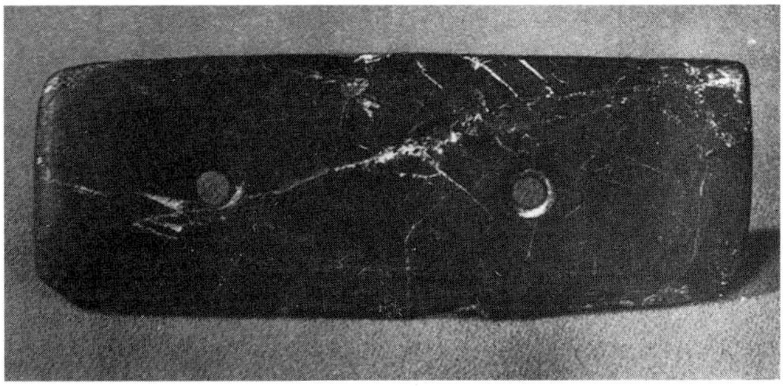

图 2–5　双孔石刀

越的，那时雨量较多，气候较现在湿润，遗址附近有平地、树林，浐河两岸有许多沼泽地区。在半坡人的经济生活中，农业生产占着很重要的地位，他们焚毁树木，开垦农田，种植粟等旱地作物。当时人们从事生产活动所使用的工具是用石头、兽骨、鹿角和陶片等制造的，遗址中所发现的生产工具多达621件，主要是石斧、石铲、石锄、陶刀、石刀、骨铲和一些经过打制的粗糙的石制工具石镰(图2-4)。石斧在当时生产中起着重要的作用，可以用来砍伐树木、开辟耕地、建造房屋；石铲形状扁薄而宽，刃部锋利，用于翻土或松土；石刀、陶刀以打制的两端有缺口的刀子为多，大多用来收割粮食(图2-5)。

在遗址中，有几处发现了粟(小米)。其中一座房子下面发现的一个小陶罐中，保存着完好的粟，虽已腐朽但粟粒的皮壳清晰可辨。另在一个小地窖里出现了储存的粟米堆积，残壳有数斗之多，说明当时粟的生产有一定的数量，不仅供活人食用，而且还为死者随葬。这是半坡农业生产发展的一个有力证明。

除粮食生产外，半坡人也已开始种植蔬菜，遗址中出土有盛有菜籽的陶罐，里面装着已经炭化了的白菜或芥菜的种子。家畜饲养业在当时已出现，当时养的牲畜有猪和狗两种，以猪为主，遗址中随处可见的幼猪的骨骼，说明猪已经过家养，未至成年而被宰杀。

打猎、捕鱼是当时一项重要的生产活动，在人们经济生活中起着重要的作用，这从遗址出土的许多渔猎工具和兽骨可以得到证明。打猎所用的工具有弓箭、长矛、掷球和棍棒等。矛头是用石、角、骨等坚硬的材料制成的，磨制光滑而锐利；弓箭是狩猎的主要工具，有10多种不同的样式，箭头大多数是用骨头制成，形状有柳叶式、圆柱尖头式、三棱形、扁平三角形，一般长 6—7 厘米。打鱼的工具发现有网坠、鱼钩、鱼叉，其中网坠为石质；鱼钩、鱼叉均为骨制，有些有倒刺，包括单倒刺、双倒刺两类。

陶器的使用在当时占重要地位，且制作技术已达较高水平。遗址中出土了丰富的陶器，完整和能够修复的将近 1000 件，以红色、红褐色陶为主，有饮食器、炊煮器、蒸滤器、水器和储藏器等各类生活用具。这些器物的颜色和质料，因形制和用途不同而不同，凡炊煮器、储藏器多用粗砂制作，呈红褐色或灰褐色；水器和饮食器则用细泥制作，多呈红色。在制作技术上已采用了模制法和泥条盘筑法，并逐渐以转动的轮盘（慢轮）修整器口器形。陶器成形后，常在坯体上进行修饰加工，特别是彩陶，必须经过以砾石在旧物表面磨光、用陶土调浆施加陶衣和绘彩三道工序，才能入窑烧制。其中最有代表性的为人面鱼纹彩陶盆（图 2-6），细泥质红陶，口沿上涂黑彩，内壁以黑彩绘出人面鱼身纹图案。它的形象是取材于生活又提炼出生活本质的人格化的图腾。

图 2–6　人面鱼纹彩陶盆

三、公共墓地和埋葬习俗

半坡人对成人和小孩是用不同的方式埋葬的。成人一般都埋葬在防护壕沟北侧的公共墓地中，墓地面积达 6000 平方米，共发掘清理出 174 座墓葬。埋葬的样式较多：最普遍的是仰身直肢葬，其次为俯身葬，此外二次葬是仰韶文化较流行的一种葬俗。墓葬以单人葬为主，二人以上合葬的只发现两处，一处是两个成年男人合葬在一起，一处是四个青年女子合葬在一起。墓葬的墓坑窄小，仅能容一具尸体，大部分没有葬具，随葬品主要为日常生活使用的陶器，最常见的有炊煮用的罐、汲水用的瓶和壶、盛物用的罐和饮食用的钵、盆、碗，少则 1 件，多则 10 件，多放在脚下或压在下肢上面。另还有少量的骨珠、陶环和耳坠等装饰品。

埋葬夭折的小孩与大人不同，在发现的 76 座小孩墓中，除个别外，绝大部分埋葬在屋旁，而且用瓮棺。即在埋葬时先挖一个坑，内放一个大粗陶瓮或罐，然后把孩子尸体放在里面，再盖上一细泥陶钵或陶盆，并在其底部凿一个小洞。较大的孩子用两个陶瓮对起来作为葬具。瓮棺之所以出现，一方面是由于死者尚未成年，不得埋入氏族墓地，另一方面则是由于灵魂观念及“亲子之情”而把幼儿葬在健在的亲人近旁，并在葬具上凿出小孔，供灵魂出入，便于得到亲人们的照应。半坡遗址的墓地位于村落近旁，一般被认为是氏族墓地，死者按一定的规则葬入本氏族墓地。男女分别合葬、对幼儿的厚待等，都明显体现了母系氏族社会的特点。

四、文化艺术

半坡遗址的文化艺术主要从陶器的装饰上加以探讨。

半坡出土的陶器的外表有各种各样的装饰，除绘有彩色图案外，还有绳纹、线纹、刻画纹、剔刺纹、弦纹、篮纹、编织纹和附加条带纹等不同纹饰。装饰的目的具有明显的实用性质。器物的纹饰、质料和用途相一致，如粗砂陶制的炊器，多饰绳纹，细质硬陶制的汲水器多饰线纹，细泥陶制的饮食器和水器多饰彩色花纹。

半坡的彩陶，以红地黑花为主，也有白地黑花或黑红二色花等。花纹以几何形图案为主，也有的表现动植物形象，如鱼形、鹿形和一些鸟兽的形象，其中以鱼形纹为最多最有代表性的纹样，其组合有单体鱼纹和复体鱼纹两种。鱼的样子，有的比较写实，有的较为夸张。此外还有人面纹和几何形图案花纹。人面纹绘于彩陶盆内，人的嘴边对称地各衔一条鱼，鱼和人面融为一体，这种图案似与巫术和图腾崇拜有关。

在半坡遗址出土的圆底钵口沿部的黑彩宽带纹上，发现了较多的刻画符号，计22种。这些符号有竖、横、斜、叉等，多是在器物烧成前刻画的，少数是在烧成后或使用过一段时间后刻的。有人认为它们是起源阶段的简单文字，也有人认为它们是结绳记事和刻木记事向图画文字发展的中间环节，是具有文字性质的符号。

五、半坡遗址的人类共同体研究及其他

半坡的仰韶文化遗址是一处原始氏族公社聚落遗址，它的发现和发掘为考古界探讨我国原始社会的氏族制度和生活情景，提供了一个有价值的范本。

从整个半坡聚落的分布看，聚落的中心是居住区，四周以防护壕沟围护，沟北部是公共墓地，沟东是烧制陶器的窑场，这种严格的布局表明当时人们过着一种有组织的社会生活。从建筑遗迹看，当时人们居住的房子虽有方形和圆形之别，但建筑技术基本一致，且均为单间，除两所大房子可能作为公共活动场所外，其余房子大小相

近，似无穷富差别。墓葬也同样，成年人均埋于长方形坑内，无棺无椁，多数人随葬几件生活中必备的陶器，葬品在质量上并无明显不同。由此可见，半坡人只有极其有限的差异，而没有贫富集团的划分，更谈不上出现阶层或阶级。从公共窑场的设置看，陶器生产是集体而非个体的性质；储藏食物和其他物品的窖穴往往成群分布着而不与特定的房屋相联系，说明当时消费品的主要部分归集体所有而非归个人。总之，聚落形态上的这些特点说明，半坡遗址的居民是在生产力水平较低的条件下过着集体、平等而有组织的生活，处于氏族社会阶段。

半坡聚落遗址为我们展示了一个由家庭到家族再到氏族社会的完整的生活场景，它不仅是新石器文化研究的重要资料，也是人类发展史、文化史诸领域研究的极为珍贵的实物遗产。

（南达仁）

女性至尊

——牛河梁遗址女神庙的发现与探索

牛河梁遗址（图 3-1）是红山文化的重要遗址，首次在 1981 年的文物普查中被发现，1983 年又发现一处女神庙遗址。它们是红山文化最重要的发现。

图 3-1　牛河梁遗址远眺

一、位置显著，布局神圣：女神庙的发现

牛河梁位于辽宁省西部凌源市、建平县交界处，因牤牛河源出山梁东麓而得名，牛梁河呈半山地半丘陵地貌，海拔600—650米，其中主梁顶东西宽、南北窄，北高南低，呈南北走向。此地发现红山文化遗迹地点10余处，包括祭祀址和墓葬群，尚未发现有关聚落遗迹，遗址分布面积达1.2平方公里，其中女神庙已进行了考古发掘。

女神庙所在的地点，位于牛河梁主梁北山丘顶，地势较高，处于这一带红山文化地点分布的中心位置上，丘顶有一平台形地，分布范围南北最长175米、东西最宽159米。地表零星散布红陶片及红烧土块。经试掘，在平台边缘发现几段石墙，东缘较直，长85米。平台北外侧有一处东西长13米、南北宽5米的红烧土块分布范围，出大型泥塑人耳，其表层堆积与女神庙址表层相近，现保存未发掘。

图3–2　女神庙遗址

女神庙位于平台南外侧下面的平缓坡地上，北距平台18米，现在所在地面自然坡度10度。1985年10月，考古人员在冲沟中发现红烧土和泥塑人像的鼻耳、乳房和四肢等残块，以此为线索仅仅揭去冲沟东部山坡0.25—0.5米厚的表土，庙址的平面范围就基本显露出来。它由一个多室和一个单室两组建筑物共同构成，多室在北，为主体建筑，南北长18.4米，东西残宽6.9米，结构较复杂，包含一个主室和几个相连的侧室、前后室；单室在南，为附属建筑（图3-2）。

1983年主要是在多室建筑主室西侧表层进行试掘，随即出土有彩绘泥塑人像的头部、肩、臂、手、乳房残件和“猪龙”的头、蹄等，此外还有彩绘墙壁面残块、特大型彩陶器残片、镂孔豆形器盖、钵等。

1984 年继续发掘，发现主室西侧底部距现地表 0.7—1.2 米，残存墙高 0.5—0.9 米，墙壁的筑法是先紧贴生土塘壁立细原木为骨架，两侧捆扎禾草秸把，然后敷抹细泥 2—3 层。室底和壁面都有不同程度的被火烧烤过的痕迹。

北室略呈长方形，直接开凿于风化的基岩上，塘壁微向内收，南端与主室相通，中部出一泥塑大禽的爪趾残块以及一红陶筒形残器。东侧室紧接主室，仅以一过道相连，室内为规整的椭圆形，壁面光平，室中部是塌陷的室顶残块堆积。

1985 年发掘单室建筑的西部，发现其为半地穴式结构，室内堆积的红烧土块的火烧程度有明显差别，近室中心处火候高，近壁处则低。

女神庙的初步发掘结果表明，它的建筑形制和结构都非常复杂，建筑设计和施工技术水平都达到了相当高的程度。顶盖、墙体采用木架草筋，内外敷泥，表面压光后或施彩绘，或以火烧烤；主体建筑既有中心主室，又向外分出多室，形成一个有中心、多单元、对称而又富于变化的殿堂雏形。这种布局对于研究我国早期祠庙的起源与形式提供了极其珍贵的资料。

牛河梁女神庙遗址不见长期居住生活的村落遗址，周围石冢密集，且多选址于山丘最高处，而女神庙则居石冢遗迹群之中心显要位置，即牛河梁主梁北山山丘的顶部。它遥对猪山，周围积石冢环绕，庙冢相互联系，在位置上形成了一个特殊区域，具有浓厚而且神秘的宗教色彩。

二、形态逼真，技法规范：女神的特征

女神庙遗址出土的泥塑造像残块，以人物造像为主，其次为动物塑像。因建筑物倒塌，塑像多成碎块，断头残肢，堆积满室。

人物塑像有头、肩、臂、乳房、手等残块。

头部残块是 1983 年初冬试掘期间于主室西侧北壁下发现，是为女神头像（图 3-3）。它被发现时面朝下，头像发顶部分缺失、左耳残缺、下唇脱落，左面颊及鼻部有裂纹，但面部保留相对完整。头像接近真人大小，现存高 22.5 厘米、通耳宽 23.5 厘米，黄土质，有较大粘性，内以草禾掺拌，未经烧制，外皮打磨光滑。出土时颜色呈鲜红色，眼眶、面颊尤显，唇部涂朱。头的后半部分缺失，但较平齐，是否为塑成后附贴于墙壁所致，尚待进一步研究。女神面部轮廓为方圆形，额部宽平，圆而隆起，上塑一突起的圆箍状饰。耳前鬓角明显，方正平齐，似经修饰，额下两侧相当于眉部起一道棱线直通鼻梁部位，眉弓不显，眼窝浅而平，双目长而尖圆，挺斜吊立，眼尾明显早挑，上下眼皮隐约可见。双眼中均嵌淡青色圆状玉片为睛，玉片直径 2.5 厘米，正面凸起为睛面，经抛光滑润而有光泽。鼻梁低平而渐宽，鼻翼和鼻头均呈圆头

状，略微上仰，双鼻孔浅圆。嘴部较长，颧骨高起，脸颊随着上下唇的翘张而微露笑态。下颏圆而尖，双下巴，耳较小，上耳轮翘起，耳廓形态被明显简化。整个脸面上部宽大而突起，下部略内收，形象生动。

肩头残块，出土于多室建筑主室，为颈根、前肩及胸部残件，泥胎细腻，造型优美，具有女性曲线圆润的肩部特征。

肩臂残块，出土于多室建筑主室近西侧，残存肩头连接前胸、腋窝、上臂部分，表面压光，胸、臂里遗有秸禾草骨架的痕迹。

图 3–3　女神像正面

庙址出土的乳房残块大小、形态不一，如多室建筑中出土的编号为 6 的右侧乳房形态饱满，较为宽整，长 13.5 厘米，宽 13 厘米，峰高 4 厘米，为一少年女性个体的乳房。

手部残件，保存完好的有两块，一块作握拳状，出土于多室建筑北室和主室连接处，形状较小，为女性左手，存至腕部，四指收屈，拇指向外翘起，握成拳状，各部分比例比较准确；另一块作伸掌状，出土于多室建筑主室近北壁处，亦为左手，形体较大，指细长而有动感，五指伸张，线条遒劲有力。

女神头像及人体塑像残件的出土，对了解女神庙遗址内塑像的一般情况，提供了一些线索，即女神头像属于一尊全身塑像的一部分。人体塑像基本接近真人的尺寸，它对人体的各个部位的表现真实、准确而又细腻，各部位比例协调，并展现一定姿态。

神像雕塑的工序为：第一步搭骨架，从头像后部断裂面的立柱痕迹看，是以竖立的木柱为主支架，木架上以谷草一类植物包扎；第二步是选料加工，塑土选用质纯、细密、粘性大且带红色的黄土，根据塑造需要，或加草秸一类掺和料，加工出成分、细度、颜色相异的粗泥、中泥和细泥；第三步是塑造，打样和雏形的塑造是把粗泥堆塑在搭好的骨架上，较大的部位采用分层包塑的技法，小部位采用中泥进行捏塑，然后用细泥作为表层塑土，进行细部加工和修整，最后在表面打磨或压光；第四步，彩绘和装嵌，主要在人体正面，尤其是比较突出的部位，进行涂朱或彩绘装饰，眼内嵌睛（玉片）。这批塑像主要采用圆雕手法，有较规范化的特点，具备了我国传统雕塑的基本工序，而多层堆塑的泥胎能在当时的条件下保存得不裂、不变形，显示出了较高的技法，有人认为可能是专业艺匠所为。

女神庙出土的动物塑像为被神化了的动物形象，有猪龙和禽等。猪龙发现于多室建筑主室北侧，头向北，其头顶及身体大部分已残碎缺失，吻上眼部犹存，睛为泥塑，上下颚间獠牙毕露。

女神庙所出泥像雕塑得极为逼真，具有极显著的蒙古人种特征：脸为方圆形扁脸，颧骨突起十分明显；眼为斜立的“吊眼”，上眼皮特别是眼内角有较发达的赘皮，眉弓不显，眼窝浅；鼻梁低而短，鼻尖和鼻翼呈圆头状，鼻孔稍上翘；嘴部上唇较长而薄。人像为依据蒙古人种女性而艺术夸张神化了的女神，在已发现的五六个个体中，她们形体有大小之分，年龄有老少之别，或张臂伸手，或曲肘握拳，组成了丰采多姿、栩栩如生的女神像群，极具艺术性。这些形象，有的可能象征当时社会上的权势者，有的或许是受到尊敬的祖先。女神像的逼真形态、规范技法体现了5000年前的雕塑水平，为研究我国艺术史和思想史提供了重要资料。

三、原始宗教与古代文明研究的启示

女神庙是红山文化遗址中明确发现并第一次正式发掘的大型祭祀遗址。早期文化中的祭祀遗址以前在全国并不多见，更不要说发现专门供奉泥塑偶像群的祭祀建筑遗址了。女神庙遗址女神塑像的出现，反映了先民的神统观念。

女神像应是祖先崇拜的偶像。原始社会的宗教崇拜，大都经历了自然崇拜、图腾崇拜和祖先崇拜这三个阶段，一般认为同原始氏族公社由发展到解体诸阶段相适应。牛河梁女神应为神化了的祖先神像；动物像形体硕大，应是附属偶像。其中猪龙神是红山文化的重要神像，多见于玉器。

关于牛河梁女神庙的时代和社会背景，在测定的碳十四数据中，多室建筑的年代为距今4975±85年，树轮校正年代为5580±110年，从考古学编年而论，这段时间已进入红山文化后期。如果没有较长时间的相对稳定、相对繁荣的社会环境，是不可能形成女神庙、积石冢群这类宏构巨制的。牛河梁女神庙是红山文化社会群体关系的真实写照，也可以说，这时先民们前进的脚步正在迈入阶级社会的门槛。

从祭祀场所的规模看，牛河梁的庙址已远远超出以家庭为单位、在生活住房内设祭的家庭祭祀，也远远超出了基本以氏族为单位、以设在村落内部的“大房子”为祭祀场所的氏族祭祀，它应是一个更大的文化共同体崇拜共同祖先的圣地。

在世界艺术史上，人物雕塑占有重要地位，然而在我国，早期人物雕塑一直缺少典型标本，牛河梁女神庙人像的出土，填补了中国雕塑史上的一处空白，原始艺师运用规范的技法创造出的极富艺术性的作品，令人叹为观止。

我国原始宗教思想史的研究，主要限于古文献范围，有关早期宗教祭祀方面的考古资料至为缺少。牛河梁女神庙的发现，展示了5000年前人们向往的神灵世界。这是一个围绕圣神、众神并列的多室布局的神殿遗址，神殿中以各种动物塑像为陪衬，其陈设造型考究的祭器，从考古学的角度为原始宗教史、原始思想史的研究提供了可信的实物资料。

中国文明起源的研究一直是多学科共同关心的课题，牛河梁女神庙的发现，给中国文明起源的研究提供了全新的资料。女神庙遗址的发现说明，我国早在5000年前就已经产生了根植于公社又凌驾于公社之上的高一级的社会组织形式。由于在我国其他地区还没有相应时期的同类遗址被发现，所以女神庙的文化载体红山文化，应在中国文明的萌芽中起过极重要的作用。

图3–4　在辽宁省建平县征集的玉猪龙

（南达仁）

莹泽润无声

——良渚文化玉器的出土

玉石纹理细密别致，色泽晶莹柔嫩，质地纯洁温润，用玉石制作的祭祀礼器、装饰品、佩饰等各类玉器历来深受人们青睐。我国琢玉的历史源远流长，从辽宁沈阳的新乐、河南新郑的裴李岗、浙江余姚的河姆渡等文化遗址中出土的距今8000—7000年的玉制饰件上反映出的工艺水平来看，早在新石器时代之初，中华先民就已经以其特有的聪明才智开创了玉文化的先河。到了新石器时代晚期，玉器生产发展到一个新的阶段，我国东北、山东、江浙、广东等地区已经成为风格各异的琢玉中心，特别是长江下游苏南与浙北地区的良渚文化玉器，更是以其规整的造型、繁缛的纹饰、严谨的布局、精湛的工艺而令世人叹服。

良渚文化是我国新石器时代末期的一种具有鲜明地方特色的考古学文化。这一文化渊源于距今7000年的马家浜文化，是在崧泽文化的基础上发展起来的，主要分布在长江下游的太湖流域，包括江苏南部、上海和浙江北部的广大地区，距今约5200年至4000年。

良渚文化的玉器是良渚文化的重要特征，无论在出土数量上，还是在造型、种类、琢制工艺等方面均达到了我国史前玉器发展的顶峰，其丰富的文化内涵和深厚的社会内涵在我国古代文明史上留下了辉煌的一页。

一、江南古玉与良渚文化

良渚文化最早发现于浙江杭县（今杭州市余杭区）的良渚镇。良渚镇在历史上以出土古玉而闻名于世。民间传说清朝末年这一带曾有人掘出几担玉器。民国初年，日本和欧美一些国家都有人购买过良渚玉器。20世纪30年代初，良渚镇及附近安溪、长命桥、瓶窑等地的村民们还挖到过以璧、琮、钺等为主的大批玉器。良渚遗址的首次发掘工作是在1936年冬至1937年春，由当时浙江西湖博物馆的施昕更先生主持。他运用近代考古学的方法，于良渚镇镇郊的6个地点获得了一批黑陶和磨制石器等遗物。参照城子崖的发掘材料，施氏将良渚遗址的时代认定为新石器时代末期或与“龙山期相当”。发掘期间，施昕更先生对以往该地区古玉器多次被发现的情况作了调查了解，根据玉器“多集中在一起……排列整齐而有规则”，“形式俱全，多者竟达百余件”等现象，明确提出此前出土的玉器“都是墓葬物”。至于这些玉器的时代，他认为：“由葬仪及形制看来，在周汉之间，较为相近。”此后很长一段时间，由于玉器出土层位不清，加之玉器本身所表现出来的精美的造型和精湛的琢制工艺等原因，学术界也一度将其划归三代之后的汉代遗物。

“良渚文化”的命名是我国著名考古学家夏鼐先生于1959年12月26日正式提出的。从施昕更先生第一次对良渚遗址发掘至今，已有80多年的历史。80多年来，我国考古工作者对良渚文化及其玉器的探索倾注了极大的热情，进行了不懈的努力，取得了一个又一个的丰硕成果。他们先后发现200多处良渚文化遗址和墓地，尤其是20世纪70年代之后的几次重大考古发现，使良渚文化及其玉器以全新的面貌展现在世人面前，良渚文化及其玉器的研究也被推向了新的高度。

1972年9月至1973年8月，南京博物院对江苏吴县草鞋山遗址进行调查、试掘和发掘，在厚达11米的文化堆积中，发现了马家浜文化、崧泽文化、良渚文化、吴越文化四个不同时期的文化层叠压关系，并在良渚文化晚期的地层中清理出一座编号为198号随葬玉制璧、琮及其他玉制品的墓葬。草鞋山遗址的发掘，不仅确立了良渚文化在太湖流域新石器时代文化序列中的地位，同时也第一次证实了璧、琮等大型玉器是良渚文化墓葬的随葬物。因此，此消息一经发布，立即在学术界引起轰动，许多原来被海内外人士长期列为汉玉的同类器物从此得以归属为良渚文化的历史范畴。

1977年5月，南京博物院在吴县张陵山遗址的上文化层发现良渚文化早期墓葬5座。这次发掘既将玉制璧、琮出现的年代提前到距今5000年左右，也是对草鞋山遗址归属良渚文化的又一佐证。

江苏省武进县寺墩遗址是1973年10月调查发现的。从1978年至1994年，由南京博物院主持，对它进行了5次发掘，共发现4座随葬玉器的良渚文化墓葬。在墓主人为一男性青年的3号墓中，出土玉器百件以上，仅玉璧、玉琮就多达五六十件；在肢骨和随葬的部分玉器、玉琮、石斧上还发现有火烧痕迹，成为“玉敛葬”的最早实物例证，有些雕琢精湛的玉琮也是首次面世。寺墩遗址的发掘，同样震动了学术界，并很快形成了对玉制璧琮在良渚文化玉器群中的地位、作用以及东方文明起源等方面研究的热潮。（图4-1）

图 4–1　武进县寺墩 3 号墓出土玉器

1982 年至 1988 年，上海市文管会分 3 次发掘了上海青浦福泉山遗址，已清理的 31 座良渚文化墓葬中，属于晚期的墓葬大多有玉器随葬，不少墓的随葬玉器超过 100 件。福泉山遗址出土的良渚文化玉器，无论在数量上还是在类型上，都是以往其他遗址所不及的。这一遗址的发掘，不仅丰富了良渚文化玉器的阵容，更重要的是还发现了不少保存完好的土坑墓穴以及被这些墓穴穿凿的人工营造的堆土建筑物。这就大大提高了以墓为考古单元的科学性，并对玉器在同墓中的排列组合与进一步研究其功能、作用，以及确定良渚文化墓地的性质等提供了新的资料。

1986 年，浙江文物考古研究所在浙江余杭良渚遗址西部的反山墓地发掘出 11 座良渚文化墓葬，出土各类玉器 1200 余件（组），次年又在反山墓地东北方向约 5 公里处的瑶山墓地发现 11 座良渚文化墓葬，出土玉器 700 余件（组）。这两处墓地出土玉器的总量大大超出了过去发现的所有良渚文化玉器的总和。从单体墓来讲，仅反山墓地 12 号墓就随葬玉器 200 余件(组),20 号墓随葬玉器 170 件(组)。若以单件计算，20 号墓的玉器竟多达 511 件。反山、瑶山墓地出土的玉器，不仅在数量上史无前例，而且在品种上也有新的扩展，如前所未见的牌饰、柄形器、带杆纺轮和以往仅见于传世品的三叉形器、半圆形饰等。在玉器纹饰方面，比较突出的是神人兽面像，这类图像或繁或简的变体，在反山、瑶山墓地有多样的表现，有的兽面刻饰堪称旷世杰作。反山、瑶山墓地的发掘，把人们对良渚文化及其玉器的总体认识提高到了一个新水平。

1990年至1995年，南京博物院和苏州博物馆等单位在江苏昆山赵陵山遗址揭露出一厚约4米、面积为800多平方米的土筑祭坛，发现一座以128件玉器和数十件陶、石器随葬以及以青少年为“杀殉”牺牲的良渚文化墓葬。这一期间，浙江省余杭县文管会还分别在该县汇观山发掘出一座较为完整的良渚文化祭坛，在横山清理出两座富含玉器的良渚文化大墓。汇观山是目前发现的良渚文化中规模最大的祭祀遗址，其中4号墓长4.75米，宽2.6米，棺椁齐备，随葬品丰富，仅石钺就出土48件，是良渚文化墓葬中墓穴最大的一座。横山2号墓除出土璧、琮、钺、三叉形器、锥形器、柱形器等各类玉器外，还出土132件石钺，是良渚文化墓葬中石钺出土最多的一座墓葬。赵陵山、汇观山、横山等地的考古发掘，对考察良渚文化的社会面貌和探索中华文明的起源具有重要价值。

伴随着以上诸多重大考古发现，人们对良渚文化及其玉器的研究也不断取得新的进展。许多学者从考古学、历史学、民族学、地质学、美学等不同角度，对良渚文化的分期、墓葬性质、社会形态、原始信仰、渊源去向，以及对良渚文化玉器的琢制工艺、形制演变、社会功用、历史地位等进行了多方位的论述，从而初步揭开了良渚文化及其玉器的神秘面纱。

二、类型多样、通神通灵的玉器

良渚文化玉器主要出自良渚文化墓葬。就目前的资料显示，良渚文化玉器已有30多个品种，主要器物有璧、琮、钺、璜、冠形器、三叉形器和镯、管、珠、坠、柱形器、锥形器、带钩、环等。

玉璧是一种圆形薄饼状、中部有一圆孔的器物。学术界一般将边宽大致为孔径两倍以上者称之为璧。良渚文化玉璧几乎都是素面无纹，孔为对钻，璧体较大，出土数量也较多，仅寺墩3号墓随葬玉璧就有24件，其中最大的一件直径26.2厘米，孔径3.6厘米，厚1.0厘米；反山的23号墓中，玉璧成堆堆放，总数竟达54件。在良渚文化墓葬中，玉璧有的集中堆放在墓主人的腿脚部位，有的则平铺在死者周围或尸体之下，在制作上又呈现出明显的精致和粗劣的差异，同时还存在有琮无璧、有璧无琮的现象。据此，一些学者认为，玉璧在良渚文化时期除了作为一种较为流行的礼玉外，还应有其他的功能，如代表某种财富的观念或是贵重的馈赠礼品等。

玉琮在良渚文化玉器中体积最大，制作也十分精致。所有发掘到的良渚文化玉琮都有繁简不一的雕刻纹饰，其主题是由兽面和神人组成的神人兽面像。琮的形状大多是外方内圆，琮体上大下小，有的还分层分节。最短的玉琮只有一节，最长的则在10节以上。江苏寺墩3号墓中，出土玉琮32件，除一件置于死者头部右上方，一件置于死者头部正上方外，其余都随葬在死者四周。其中一件玉琮13节，中孔为对钻，高29.6厘米，人面纹雕刻在垂直的两凸面上，共有52组。被誉为“玉琮王”的标本出自浙江反山12号墓，这件“琮王”为矮方柱体，中有圆孔，上下贯通，四面中间由约5厘米的直槽一分为二，由横槽分为四节。琮体高8.8厘米，射径17.1—17.6厘米，孔径4.9厘米，在四面直槽内上下各琢制一神人兽面图像，共8个，系首次发现。图像主体为一神人，脸面呈倒梯形，圆眼重圈，鼻宽嘴扁，16枚牙齿由横长线和竖短线勾出，头上所戴，内层为帽，线刻8组细密的卷云纹，外层为宽大的冠，刻22组以单线为茎、双线为边、短线为根的放射状翎羽，脸面与冠帽均为微凸的浅浮雕。下部为肢体，上肢耸肩、平臂、弯肘，五指平张叉向腰部，下肢作蹲踞状，脚为三爪蜷曲，四肢上为阴纹线刻的卷云纹、弧线、横竖短直线，神人的胸腹部以浅浮雕凸出威严的兽面纹。在琮的四角，以转角为中轴线向两侧展开，左右对称，第1、3节为神人兽面像的简化形象，第2、4节为神人兽面像胸腹间的“兽面纹”，唯独省去了鼻和细密的纹饰，在两

图4—2 浙江反山12号墓出土玉琮

侧各增加一组鸟纹图像。这件琮王所表现出的繁缛独特的纹饰、构思绝妙的匠心、精湛超凡的工艺和宽阔硕大的形体均为良渚文化玉琮之首，也是全面认识良渚文化玉琮的珍贵例证（图4-2）。关于良渚文化玉琮的演进及其功能，学术界仍在不断探索，有些学者认为，玉琮可能是与图腾崇拜有关的某种物体的转化物，玉琮内圆外方的造型象征着天圆地方、天地合一，这种玉质礼器既是贯通天地的法器，又是某些权力的象征。玉琮上的神人兽面图像及其与鸟像的组合，是良渚文化时期人们崇拜的神徽：鸟、兽、人寓意天、地、神，是良渚文化先民在原始宗教进化过程中，对崇拜对象多神“兼并”的最终亦是最高形式。

玉钺是一种非实用性的礼器。良渚文化的玉钺琢制精美，是由玉冠饰、玉钺身、玉端饰3件套组成。这种组合最早发现在反山墓地，就现有考古资料，这类由玉质部件组装起来的钺并非每座墓都有，目前具备完整装置者发现在反山12号、14号、16号、17号、20号墓，瑶山7号墓，福泉山74号墓和寺墩3号墓等。在所有出土的良渚文化玉钺中，反山12号墓中的玉钺是首屈一指的珍品（图4-3）。这件玉钺的冠饰、钺身、端饰由同一块玉料琢成，钺柄木质，已腐朽，长约74厘米，上有朱砂涂痕和上下相对、错落镶嵌的百余颗正面弧凸、底面平整的小玉粒。钺体呈“风字型”，高17.9厘米，上端宽14.4厘米，刃宽16.8厘米，厚0.8厘米，两侧斜直略向内收，在两面刃部的上角对称地各雕琢一神人兽面

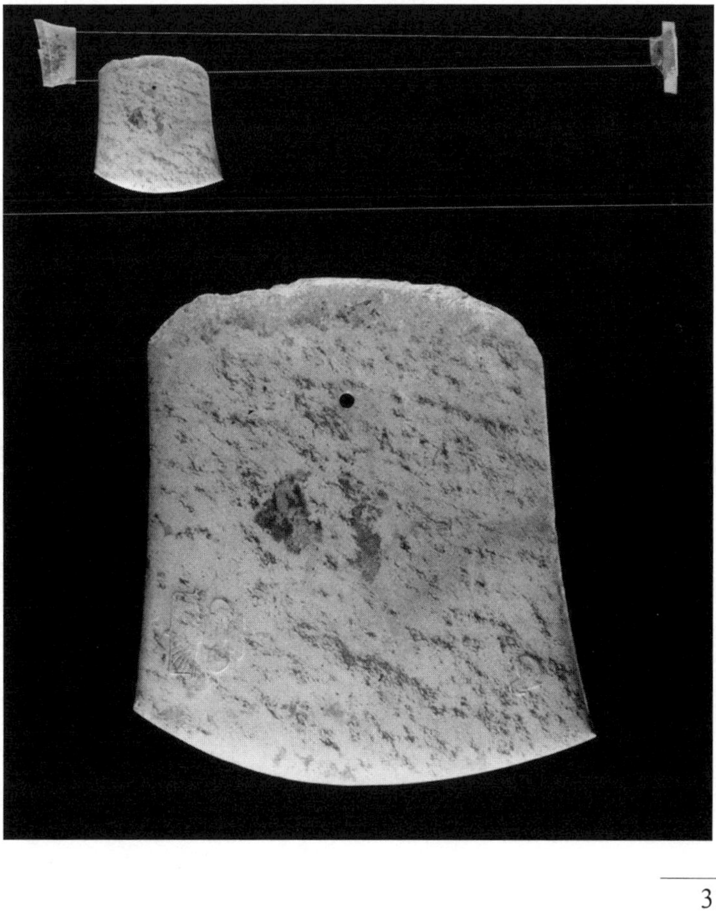

图4-3 1986年浙江余杭反山良渚文化墓地12号墓出土玉钺

图像，下面为浅浮雕的鸟纹。神人兽面像与鸟纹的雕刻技法、形象、大小均与上述同墓所出的琮王如出一辙。钺是由作为复合生产工具带柄穿孔石斧发展而来的，一些学者提出，随葬玉钺表明死者生前拥有军事的统帅权，是作为军事首领的象征物，这一观点仍需进一步印证。但有一点可以肯定，有随葬玉钺的墓主人应属男性，其身份理应与军事有关。

玉璜是我国古代最重要的礼玉之一，今人对扁平、形如环璧之半或近于一半的弧形器皆称为璜。良渚文化半璧形玉璜虽然数量不多，但琢磨较为精细，璜面有的光洁无纹，有的雕花镂空，有的浮雕兽面纹，一般常与玉管串连组成佩饰。反山22号墓中，有件玉串饰是由12颗玉管和1件玉璜组成的，玉璜呈半璧状，边宽6.3厘米，通高4.2厘米，正面用浅浮雕和阴纹细刻相结合的技法雕琢出神人兽面图像，它们与琮王上的神人兽面图像基本一致。瑶山11号墓中一件半璧形玉璜，宽12.7厘米，厚0.35厘米，上端凹弧形缺口两侧各钻一小的透孔，以便系挂，两面对称以透雕和阴线刻雕琢的兽面图形，整器镂空痕迹十分清晰，对研究良渚文化的琢玉工艺具有重要的价值。

图4–4　冠形器

玉冠形器的形状很像神人兽面像上部的插羽披茅的冠。以素面较多，只有少数在器身上刻有精美的神人兽面图像。反山、瑶山出土的冠形器，多数位于死者头部一侧，附近常摆放串饰或与玉管贯连的玉璜，似非实用器。该器用途目前还未明确，有人认为具有求神的意义，是巫术活动中必不可少的一种器物（图 4-4）。

图 4–5　余杭瑶山祭坛墓地出土的三叉形玉冠饰，属于良渚文化中期，距今约 5000 年

三叉形器仅见于反山、瑶山墓地，器物上端有 3 个并列的枝杈，杈均有孔，可以上下贯通，常和一枚长玉管相接，与成组的锥形器相邻或叠压，有的器背有 3 个钻有竖孔的方突或在两侧杈上各钻横穿。该器只在反山和瑶山有出土，约半数琢有精致的神人兽面图像，有的正反面进行花纹雕刻，工艺十分精良（图 4-5）。

串饰是以管、珠、坠为主体的贯穿而成的装饰品。玉管数量较多，每件串饰通常有 10 余件或数十件，管截面呈圆形，同串中相邻的玉管能对接并合。珠的数量较少，有的形似短管，有的仅两端磨成圆形，有的呈球状，有的一侧平齐。坠的形状与锥形器相近，但较短矮，剖面浑圆，每墓常有一件或一对。

锥形器长短不一，短者几厘米，长者近 40 厘米，形体有圆锥形、方柱形等。部分断面方正如琮，并饰有简化神人兽面图像，其功能尚待研究。

牌饰以平面圆形的较多，圆形牌饰的中心都有孔，形体较小，一侧常有作穿系贯连用的一小孔。该器多素面，少数外廓雕出三或四个顺向或相向的龙首。出土位置在胸部，常与璜相伴，应是装饰类器物。

良渚文化玉器的其他品种有的可认定为佩饰类器物，有的功能则仍需进一步论证。我们相信，随着考古研究的不断深入，人们对良渚文化玉器的认识一定会有新的突破。

三、先进实用的琢玉工艺

良渚文化的琢玉工艺是人们长期以来十分关注和热心研究的一个课题。在尚未使用金属工具的时代，先民们能琢制出如此精美绝伦、异彩纷呈的玉器世界，确实是人世间的奇迹。

玉器生产是一种思想和行动相结合的特殊手工劳动，其玉石材料之珍贵、操作工序之多、题材内容之丰富、工艺之复杂、技术性之强、劳动强度之大，都是一般工艺品生产所不能比的。良渚文化时期，石器制作已非常成熟，由陶轮生产的轮制陶器也相当盛行，这对琢玉业无疑有着较大的影响。当时玉器制作可能存在类似 20 世纪 70 年代还在使用的“水凳”设备。水凳凳身像一平面桌，中间空着，上面置木柱两根，上架一轴，系一条皮带，凳身下部为踏板，轴一头安装制作器物所需的工具，琢玉时两脚上下起落，经皮带牵引使轴旋转。目前虽然还没有发现铡铊、磨铊等类器具，但类似水凳一样的设备，对于良渚文化玉器上的钻孔、镂空或圆圈形纹饰等理应必不可少。以玉琮上的兽面纹饰为例，其双目如此对称，圈纹如此规整，若没有相应的琢玉器具和设备，它们是很难产生的。

良渚文化玉器的生产过程大致分为选料、切割、研磨、构画、钻孔、雕琢、抛光等几道工序。

我国是产玉大国，玉石产地约有 200 多处，广为使用的主要有新疆和田玉、辽宁岫岩玉、山东莱阳玉、河南密县玉、陕西蓝田玉、甘肃酒泉玉等。就目前所知，良渚文化玉器在太湖地区属于透闪石—阳起石类的软玉较多，玉器标本多见于寺墩、草鞋山、张陵山等遗址。浙江北部地区出土的玉器，主要原料是以不典型的青田石为主，玉器标本在反山、瑶山等遗址中占有较大的比例。除上述属于软玉类的玉石外，良渚文化玉器中还有少量的蛇纹石、玛瑙、岩石类和典型的青田石等。良渚文化玉器的各类玉石材料在江浙一带都有产地，其中透闪石—阳起石矿床存在于江苏宁镇、宜溧地区，而不典型的“青田石”在江、浙、闽、赣、粤东部沿海的分布，更是十分广泛。由此表明，江浙一带的琢玉工匠采选的玉石材料应是就地或就近取材。

玉石性脆、质坚，加工玉器必须借助水和砂作为介质。关于良渚文化时期的切割工艺，从一些玉器表面留下的平行直线或弧线的痕迹来看，是用硬性的薄长竹片或用柔性的皮条、兽筋等物体，在玉石上辅以砂、水进行刻画和磨制的。

良渚文化玉器之所以工整、美观，与研磨、抛光等工艺有着不可分割的关系。玉料切割后，胎料表面必然出现深浅不一、凹凸不平的状况。在雕琢之前，必须进行表面平整。工匠们可能采取磨制石器的方法，将胎料在平的砂石或在铺有一层细沙一类物质的平台上反复研磨。这种处理方法虽然最终也会在玉器表面留下痕迹，但经过研磨后留下的痕迹毕竟是浅细的，在此后的抛光过程中都会消失。玉器的抛光，使用的可能是兽皮和麻丝织物等，在这些物品上来回磨擦，玉器会产生光洁如镜的效果。

钻孔工艺在良渚文化玉器上广为运用。一些大孔径的孔洞，是用木棒或竹管加砂蘸水钻成的，如琮、璧等玉器上的穿孔。一些直径较小，有的只有 1 毫米至 2 毫米甚至更小的穿孔，则是由石质工具加工而成。

1982 年春，在江苏丹徒大港磨盘墩遗址中出土了大量距今 5000 年前后的莫氏硬度为 7 度的燧石石钻和其他打制石器，石钻依其形态及钻身的长短分为三角形钻、叶形钻、凿形钻、细腰扁身钻、长身钻、短身钻、两头钻等 7 种类型，钻的横断面呈三棱状或四棱状。许多标本还有明显的钻柄——可供装柄用的部位。考古工作者对磨盘墩石钻曾作过如下试验：

徒手钻孔。用手捏住钻径约 3 毫米的粗柄凿形钻，在 2 毫米厚的辽宁岫岩玉片上（莫氏硬度约为 5.5 度），施以一定压力并加水往复进行旋转，近一个小时即钻磨成一个孔洞。

拉弓式木工钻具钻孔。将短身钻固定在拉弓式的木工钻具上，左手压住钻具，右手拉弓，在 3 毫米厚的岫岩玉片上，加水并以每分钟约 200 转的速度反复钻磨，10 分钟即钻出一个孔洞。

机械钻孔。将短身钻固定在现代金属钻床的转轴上，用手拿着 3 毫米厚的岫岩玉片，对准慢速施转的钻头（转速约 300 转 / 分），伴以流水冲屑，作两面交互对钻，5 分钟即钻出一个孔洞，5 毫米厚的岫岩玉石片 10 分钟也被钻通。

用同样方法，在 2 毫米厚的新疆青白玉片（莫氏硬度大于 6 度）上实施钻孔，由于此玉质地较细，硬度较高，所以钻孔难度较岫岩玉大得多，一个孔洞近一个小时才被钻成。

在岫岩玉石和新疆青白玉石上加水后，用凿形钻在上面分别作直线和弧线刻画，均有明显的阴线条痕迹，只是在岫岩玉上的刻画要更容易些。

试验结果表明，石钻的钻头除在新疆青白玉上钻孔时有较大的磨损外，其他基本上没有磨损，钻出的孔洞直切面都呈锥形，和新石器时代一些玉器上的穿孔特征完全相同。由此可见，史书记载的“他山之石，可以攻玉”是非常正确的。

良渚文化时期，镂空技术已经出现。张陵山东山遗址的杖头、反山的冠形器、瑶山的璜，制作时有的先钻出单孔，有的是钻出连孔，然后可能使用锼弓子或锼条一类工具再进行勾勒。当时的镂空工艺虽然显得比较粗糙，造型也较简单，但这一工艺的出现却是对玉器制作技术的一大进步，它为后世玉器镂空雕的普及和提高奠定了基础。

良渚文化玉器是人类智慧的结晶，它既体现了先民们对自然、生命、动物、宇宙等的深切感受，也是他们情感交流的印证。良渚文化玉器是历史的载体，它蕴含了良渚文化时期的社会内涵、文化风貌、经济结构和意识形态等诸多方面的内容，对后来青铜文化的产生、东方文明的形成有着无可替代的影响。晶莹润泽的良渚文化玉器是中华民族极其珍贵的文化遗产。

（南达仁）

透视龙山文化的深厚内涵

——城子崖遗址的最新考古发现

1921年，北洋政府矿政顾问、瑞典地质学家安特生，经中国政府同意，发掘了河南省渑池县仰韶遗址，发现了仰韶文化，标志中国近代考古学的正式诞生。1923—1924年，安特生在甘肃、青海省的洮河、湟水一带做了广泛调查，发现发掘了多处史前遗址。虽然

图5–1 城子崖遗址北城墙西南端的岳石文化、东周城墙断面。其上是国家重点文物保护单位保护标志（由南向北摄）。

安特生认为仰韶村的文化显然是“汉族遗址”，却又认为该文化所含的彩色陶器是西亚彩陶的东传，并据此以为获得了中国文化从西亚传播而来的有力证据，还描绘了文化传播的路线。于是，已沉寂了二十余载的中国文化西来说再度兴起，并且几乎成了定论。另一方面，五四新文化运动以后，史学界兴起了疑古思潮，极端者全盘否定了我国传说时代的历史。当此之时，我国另一些学者对这两种学说并不以为然。以中央研究院历史语言研究所所长傅斯年、该所考古组主任李济等学者为代表的部分学者，推断中国东部地区必定存在着与西部地区不同的固有文化，认为传说时代的历史并不全是一本假账，传说史料的价值亦不能遽然断定，主张多找可靠的材料。

1928 年中研院史语所对山东平陵城、临淄等地进行了调查，吴金鼎（山东安丘人）在调查平陵城时发现了历城县龙山镇城子崖遗址，并在两年中对城子崖及其周围地区做了多次调查，在城子崖先后采集到骨锥、石斧和从未见过的光亮黑陶片，据此推测它是处重要的石器时代遗址。临淄的调查使他们感到地下必有极丰富的史料，本拟在临淄建立山东考古的中心，却因临淄的工作非短期能够收效，又因他们已在河南安阳设立基地，在殷墟发掘告一段落之前，人力、财力也都不允许，故在临淄开辟一个工作中心的计划只得作罢。此时恰好吴金鼎发现了城子崖遗址，随即决定把城子崖作为山东的第一个发掘点。

城子崖遗址位于今济南市章丘区龙山镇政府西南，西依巨野河（原称武原河），隔河西南是原龙山镇驻地龙山村，遗址东南隅有山城村，东北约 2.5 公里为平陵故城，旧济青公路东西穿过遗址北部，遗址处于泰山北支山前平原上，是一台地，俗称城子崖(图 5-1)。1930 年 10 月，中央研究院和山东省政府共同组成“山东古迹研究会”，傅斯年任委员长，李济任田野工作主任，省方委员王献唐任秘书。同年 11—12 月进行了发掘，发现了和仰韶文化迥然不同的黑陶文化，不久即称之为龙山文化。翌年秋，梁思永在河南安阳后岗发现了仰韶文化、龙山文化和殷墟文化（商代后期文化）依次叠压的“三叠层”，进一步显示出龙山文化的重要意义。为了更好地了解有关情况，1931 年 10 月，又对城子崖遗址进行了发掘，两次共揭露近 2000 平方米，是新中国成立以前规模最大的史前考古发掘。这次发掘采用 10 米 ×1 米的探沟进行，以中部探沟为准，分别称为纵中、纵东、纵西、横中、横南、横北等，以示探沟的方向与位置，其中纵中探沟贯穿遗址南北，总长 450 米（图 5-2)。文化堆积被分为上下两大层，下层为黑陶期文化，即龙山文化；上层是灰陶期文化，发掘者认为它属于商周时期。

城子崖发掘的重大成果是发现了龙山文化。它的陶器以黑色为主，也有很少的红、黄、白色陶器。陶质有泥质和掺沙两种，泥质陶的陶土大都细腻，经过淘洗。绝大部分陶器表面素光，泥质陶都经磨光，少数有纹饰的陶器除了篮纹、绳纹、菱形格纹以外，都只简练地施于器表的特定部位。黑陶中的上乘器皿，里表通黑如漆，器表

图 5-2　遗址西城垣北端旧路沟处的发掘现场。探方下为龙山文化墙基，左侧的夯土层和远方靠左的高起部分是岳石文化城墙（由北向南摄）。

光亮，质坚如瓷，敲之铮铮有声。器形繁多，主要有鼎、鬶、甗、鬲、盆、盘、豆、罐、罍、瓮、杯、皿、器盖等（图 5-3、5-4），流行三足器、袋足器、圈足器和子母口。以轮制为主，也有模制、手制和复合等制法，制作精工，造型优美，器形规整匀称，素雅美观。发掘中还出土了许多石、骨、角、蚌器和六片卜骨。卜骨采用牛、鹿的肩胛骨，有的经过整治，有的未经整治，只有灼而无钻凿，灼兆多单面，有的双面都有灼兆。这是殷墟以外首次发现的卜骨。

这次发掘还发现了城，其面积东西约 390 米，南北约 450 米。当时曾在遗址周沿开出 20 余条探沟以专门了解城墙，确定了城的大致范围和城墙的结构，并根据城墙与地层的相互关系确定了城墙分别属于黑陶文化期和灰陶文化期。黑陶文化期的城是人们在这里居住了许久以后才修筑的，它随着黑陶文化的消失而被废弃，到灰陶文化的人们再来这里定居时，又在原址上重新修筑了城。这是当时中国考古发现的最早的城。

城子崖龙山文化有些陶器、夯土城墙和卜骨，被认为和殷墟文化的同类器物有联系，安阳后岗的"三叠层"也证明了龙山文化早于殷墟文化的相对年代，因而发掘者得出结论：构成中国历史文化的"最要紧部分"显然在春秋战国时期的齐鲁境内。这个结论挑战了中国文化西来说和疑古思潮，对我国古史研究和考古学的发展产

图 5–3　城子崖龙山文化遗址出土的陶甗（yǎn）。陶甗中部有箅子，相当于现在的蒸锅。

图 5–4　城子崖出土的龙山文化磨光陶盆

生了重大影响。

城子崖发掘是在中国考古学的幼年时期进行的。在当时中国史前考古几乎都由外国人进行与倡导的情况下，城子崖是由中国学术机构、中国学者针对中国文化西来说、史学疑古思潮而调查发现和组织发掘的第一处史前遗址，并由中国人自己发现的第一支史前文化——龙山文化，从而证实了他们关于中国东部地区必定存在和中国西部、北部地区不同的文化的判断。这又促使考古学界在以后的五六年中，把龙山文化的发现迅速扩大到鲁东南沿海、豫东、豫北和浙江北部的广大地区，动摇了中国文化西来说，扭转了当时中国古史研究的焦点即中国文化起源问题的研究方向。这次发掘还在中国考古学中首先采用了比较科学的发掘方法，运用了考古学基础理论——考古地层学原理进行了大规模发掘，首次绘制了考古地层图，根据地层把城子崖的文化遗存区分为上下两大期。遗址发掘后，迅速编辑出版了中国第一部田野考古专刊《城子崖》，开创了我国田野考古专利基本体例的先河。因此，城子崖的发掘是中国考古学史和史学史的一件大事，为中国考古学的发展，特别是史前考古的发展铺垫了重要的基石；它把探索中华文化起源的目光聚集于中华本土，迈出了探索中华文明起源的重要一步。诚如城子崖发掘的组织领导者之一李济先生在《城子崖》序中所说："要是我们能把城子崖的黑陶文化寻出他的演绎的秩序及所及的准确的范围，中国黎明期的历史就可解决一大半了。我们相信这不但是田野工作一个极可遵循的轨道，对于中国上古史的研究（也）将成一个极重要的转点。"所以他们决定把《城子崖》作为田野考古报告集的首卷，"希望能由此渐渐的上溯中国文化的原始，下释商周历史的形成"。城子崖遗址因此而闻名遐迩，获得中国考古"圣地"的殊荣。

但是，城子崖毕竟是在中国考古学的初创期发掘的，当时的考古学还很幼稚。随着本学科的逐步发展与成熟，考古界对《城子崖》一书的两个主要问题产生了怀疑。第一个是龙山文化城的问题。该书出版以后的近半个世纪，尽管发现与发掘的龙山文化遗址与年俱增，却再未发现龙山文化与同期文化的城，考古界多数人怀疑这座黑陶文化期的城是不是龙山文化城。第二个问题是，因在 20 世纪 80 年代初确立了岳石文化，人们发现在《城子崖》上发表的龙山文化器物中含有岳石文化遗物，于是提出了城子崖龙山文化是否包含着岳石文化的问题。1989—1992 年，经国家文物局批准，考古人员对城子崖遗址再次进行勘探试掘（图 5-5），不仅明确回答了这两个问题，并且有重大新发现：城子崖遗址有三种文化的城址，下层是龙山文化城，中层是岳石文化城，上层是春秋城。

图 5–5　1991 年解剖南垣西段外侧的探沟。远方土岭是东周、岳石文化、龙山文化城墙互相叠压的遗迹（由南向北摄）。

城子崖龙山文化城是这次工作的新发现。此城东南西三面的城墙较规整，北面向外弧突，城角弧拐，东西 445 米，南北最长 540 米，面积约 20 万平方米。城墙由原始版筑和堆筑结合而成，堆筑的夯土层大多倾斜，大小厚薄不一，很不规整；版筑的夯土层薄而较规整。城墙外高而陡，内矮而成漫坡，是一种台城即台形的城。城南北各一门，中间有道路连接，东西两面临河，可能没有城门。城内文化遗存丰富，但中部有 1 万平方米的黑色淤积土，那里可能原本是个池塘。居民可能主要饮井水，井似已普及。这是山东地区发现的第二座龙山文化城，也是当时黄河流域最大的龙山城，城墙的结构和夯筑技术和1985年发现的寿光边线王龙山文化城不同，代表了龙山文化城的主要类型，对辨认龙山文化城具有重要意义。

以城子崖龙山城的发现为契机，在以后的四五年中山东境内又连续发现了10余座龙山城，龙山文化和山东成为发现史前城址最多的史前文化与省份。这虽是后话，但这和在城子崖发现龙山文化以后，短期内在广大地区发现了20余处龙山遗址的情形十分相似。龙山文化和龙山文化城的不断面世，起初都得益于城子崖的发掘。城子崖在考古学的草创期和成熟发展期都对中国考古发挥了重大推动作用，在史前考古的历史上谱写了光辉的一页。

图5–6　城子崖岳石文化城西城垣北端的束棍夯夯迹（由北向南摄）。

城子崖岳石文化城，可能是由龙山城直接延续下来的，是同一座城的两个发展阶段。两者的平面完全一致。此岳石文化城的城墙基本上贴龙山城城墙内壁修筑，所以城的面积小于龙山城，约18万平方米；城墙夯筑技术已明显进步，采用条块版筑技术修筑，用成束的小木棍做夯具，夯土层规整，夯土坚硬，和龙山文化的城墙有显著差别（图5-6、5-7）。这时的城仍只有南北门，两门之间的道路未变，这便是首次发掘时发现的“黑陶期文化城”。它不是龙山城，而是岳石城。为了做出进一步的验证，考古人员费了颇多气力，在南墙西段找到并重新挖开《城子崖》一书用作典型来介绍城墙结构的一组探沟（这是当时专为了解城墙所开的六组探沟之一），结果证明当时并没

图 5–7　城子崖岳石文化城西城墙北端内壁的版筑板痕（东南—西北）

有挖到龙山城墙，书中报道的都只是岳石文化城墙，包括春秋城墙在内。城子崖黑陶文化实际上包含着龙山文化与岳石文化，而岳石文化是在城子崖发掘半个世纪以后才从龙山文化中剥离出来的。因此，当时把此城定为龙山文化城并没有错，况且发掘者指出，此城是黑陶文化时期居民在这里居住了许久以后才修筑的，已对城的相对年代作出了准确判断。但此城毕竟是座岳石文化城，多数考古学者怀疑它不是龙山文化城也是对的，不能因岳石文化长期混同于龙山文化，就说当时已发现了龙山文化城。当时在其他了解城墙的一些探沟中，很可能已挖到了龙山城墙，但当时的田野考古水平还不可能识别这种比较原始的夯土城墙。即便是已有明显进步的岳石文化城墙，《城子崖》一书对有关遗存的判识也不是全部正确的，更未能区分它的多次修筑。不过这些都是考古学在起步阶段难以避免的，田野考古的经验需要一个积累过程，部分判断出现误差并不影响城子崖遗址首次发掘的重大意义。

城子崖春秋城，仍在岳石城的废址上修筑，城墙基本重叠，地面部分已基本不存，墙基也已很不完整。因为采用版筑，夯土层比岳石城墙的夯土层厚。城子崖遗址未见商代后期和西周遗存，说明这时的城子崖已经荒废。春秋早期又重新建城，春秋末年或稍晚再度废弃，代之而起的是东北方离它不远的平陵城，汉代为济南王王

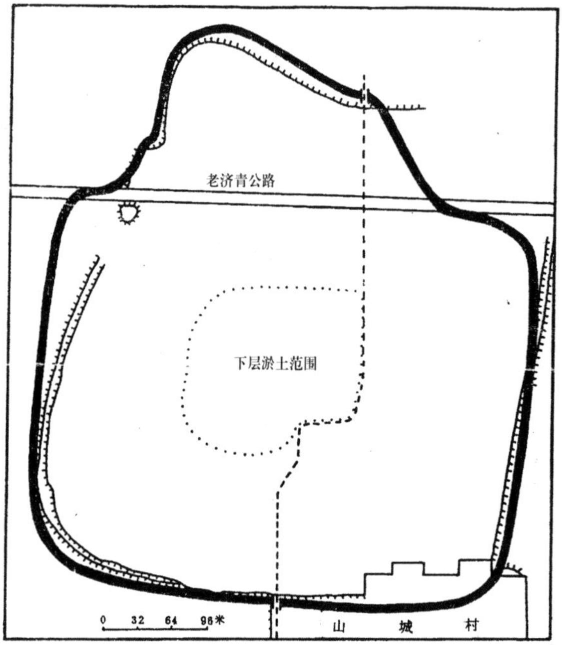

图 5–8　城子崖龙山文化城址探测平面图

都，“济南”之名由此起；西晋永嘉年间它西迁于历城，而西迁以前济南地区的重心一直在东部。可以说，城子崖就是古济南。(图 5-8)

城子崖发掘已过去 80 多年。山东考古工作由我国第一代考古学家在城子崖的发掘和龙山文化的发现为起点，迄今已取得沂源猿人、新泰智人、沂沭河流域旧石器文化与细石器文化、西河文化、后李文化、北辛文化、大汶口文化、龙山文化、岳石文化、商代文化和齐、鲁、薛、莒文化等一系列先秦考古的重大发现，揭示出了山东先秦史的粗略脉络，初步证明了山东地区存在长达数十万年的旧石器时代，并在一万余年前进入新石器时代，是我国古人类生息繁衍以及中华古文化、中华古文明的重要发祥地之一。龙山文化虽只占这一历史长河的短暂的 600 年，却是十分绚丽多彩的一页。如今龙山文化——早期的龙山文化是包含了多种不同文化的泛龙山文化，自 1960 年以后成为单一的考古文化——已发现遗址约 1500 处，包括 20 余座城址，其中有不少早期的城市，分布范围达 20 余万平方公里，它们以山东为中心，南达江苏、安徽淮河北岸，西南到河南东部，人口估计有 40 万人左右，约相当于古史传说时代的唐虞夏禹时期，已属于中华文明史的早期即古国时代。有学者论证了以城子崖为中心的龙山文化聚落群 (遗址 40 余处，占地 1000 平方公里)，就是一个典型的东夷古国，城子崖龙山城是它的都城；它是当时济南和鲁西北地区主要的政治、经济、文化中心，因而是座早期的城市。该古国和周代的谭国可能有渊源关系。因此在中华文明起源成为当今中国史学研究最突出的课题之时，城子崖遗址以其历史上的光辉和现实中的重大学术价值将倍受世人的关注。

(张学海)

史前谜城

——湖北石家河遗址的发现与发掘

石家河遗址位于湖北省天门市石家河镇土城村和芦岭村，地处大洪山南麓、江汉平原北部的山前地带。遗址总面积约 8 平方公里，是长江中游地区目前发现的面积最大、延续时间最长、等级最高的史前聚落群。石家河遗址由石家河城址、肖家屋脊、罗家柏岭、印信台、严家山等 40 多个遗址组成，石家河城址是该聚落群的中心，面积达 120 多万平方米，其外围有宽阔的城壕，内部存在着谭家岭大型居住址、印信台大型祭祀遗址、三房湾大型制陶作坊遗址等多处遗址，是同时期我国规模最大的史前城址。

石家河遗址历史悠久，文化内涵丰富。发现的最早遗存与距今 7000 多年的城背溪文化比较相似，但发现的材料非常少，整体文化面貌不清。石家河遗址考古学文化序列与谱系比较清晰的是距今 5900 年至 4000 年这一阶段，其文化发展序列是油子岭文化（距今 5900—5100 年）、屈家岭文化（距今 5100—4500 年）、石家河文化（距今 4500—4200 年）、后石家河文化（距今 4200—4000 年）。

一、发掘过程

1954 年冬，京山县和天门县修建石龙过江水库干渠，考古工作者在沿渠道进行调查时，在京山屈家岭和天门石家河发现了许多古遗址。1955 年 2 月至 8 月，石龙过江水库指挥部文物工作队配合工程施工，在石家河发掘了罗家柏岭、杨家湾（贯平堰）、石板冲、三房湾四处遗址，其中罗家柏岭的发掘面积近 1400 平方米。这是江汉地区相当重要的一次考古发掘，但由于种种原因，以上考古资料没有及时发表，因而其学术价值也就长期未能被认识。从这时一直到 20 世纪 70 年代后期，石家河遗址群再未进行新的考古发掘。

1978年，石家河遗址群的考古工作重新起步，湖北省荆州博物馆试掘了邓家湾遗址、谭家岭遗址、土城遗址。1987年春季，荆州博物馆和北京大学考古系联合发掘了邓家湾遗址。这几次发掘虽然规模都不大，但获得的资料和信息十分丰富。

为了进一步研究江汉平原新石器时代文化的特点，探讨石家河遗址群的内涵及其在长江中游新石器文化中的地位等问题，北京大学考古系、湖北省考古所、荆州博物馆联合成立严文明先生任队长的石家河考古队。该考古队分别在1987年秋冬、1988年春季、1988年秋季、1989年春季、1989年秋季、1990年春季、1990年秋季、1991年秋季，对石家河遗址群进行了八次有计划的考古调查和发掘。发掘的主要地点有邓家湾、谭家岭、肖家屋脊和土城等，其中肖家屋脊、邓家湾遗址的发掘面积最大，收获也最丰富。八次发掘共清理墓葬72座、瓮棺葬89座、灰坑557个、房基6座、窑址2座、土井1个。

1992年，石家河遗址田野考古工作暂告一段落，转入室内整理。考古人员在整理数年发掘工作的基础上，编写出版了四本考古报告，分别是《肖家屋脊：天门石家河考古发掘报告之一》《邓家湾：天门石家河考古报告之二》《谭家岭：天门石家河考古发掘报告之三》《石家河遗址群调查报告》。

2014年至2016年，湖北省文物考古研究所与北京大学考古文博学院时隔20余年重启石家河遗址考古，对石家河遗址实施常态化发掘。此次发掘涉及勘探面积约3平方公里，发掘面积3325平方米，主要对石家河核心区域谭家岭、印信台、三房湾、严家山等遗址进行勘探和发掘，取得了一批重要成果。考古队员在谭家岭遗址发现20余万平方米的城址、9座瓮棺葬，其中5座有玉器随葬，共发现各类玉器240余件。在印信台遗址，发现数处人工黄土台基、陶缸遗迹、土坑墓、瓮棺葬。在三房湾遗址，发现陶窑2座以及数以万计的红陶杯残件。

二、重要遗址

（一）居住遗址

位于石家河遗址核心位置的石家河古城是一处大型的史前城址，平面大致呈方形，古城的西垣、南垣保存较好，外围的护城河清晰可见。石家河古城的平面大致呈方形，总面积达120万平方米，约相当于140多个标准足球场大小，这在史前应该是一座罕见的大城，可以容纳数万人。在城内部形成了居住、祭祀、墓葬等明显的功能分区。

为了进一步了解石家河古城内部分区情况，2014年至2016年，湖北省文物考古研究所联合北京大学考古文博学院、天门市博物馆，对石家河遗址核心区及外围高冈、低地进行系统勘探，在位于石家河古城中心位置的谭家岭遗址中新发现谭家岭城垣与城壕（图 6-1），环壕和城垣遗存说明石家河城址中曾先后存在过 2 座史前古城（图 6-2），分别是石家河古城与年代更早的谭家岭古城。勘探结果显示，谭家岭城址平面大体呈圆角方形，城垣基本上是顺着谭家岭台地的边缘堆筑，城垣东西长 440 米、南北宽 390 米，城垣内总面积 17 万平方米，城壕内总面积达 26 万平方米。在谭家岭古城东侧，存在着屈家岭文化至石家河文化时期的大型建筑遗迹，发现了石家河文化早期大型房基以及屈家岭文化早期土坑墓，另外出土了 14 座带有精美玉器的后石家河文化时期的瓮棺葬，W1、W5、W6、W10、W11、W12、W13、W14 属于石家河文化晚期，其余均属后石家河文化时期，其中 W3、W4、W7、W8、W9 出土玉器多达 240 余件。根据谭家岭遗址东部揭示的遗存，可以分析出该聚落格局的变化：在屈家岭文化早期，其西北部为墓地。到石家河文化时期，这里存在大型建筑，属于主要的居民活动场所。后石家河文化时期，这里则是瓮棺葬墓地。

谭家岭壕沟从上往下堆积有后石家河文化、石家河文化、屈家岭文化时期的遗存。壕沟的南侧为内侧，发现有较纯净黄土堆积而成的城垣，城垣顶宽 10 米、厚约 1.5 米。城垣上叠压有后石家河文

图 6–1　谭家岭城垣与城壕

化至屈家岭文化时期的文化层，并发现有屈家岭文化时期的墓葬打破城垣。据此，大致可以确定谭家岭城垣与环壕应不晚于屈家岭文化时期。结合以往在谭家岭遗址发现大量油子岭文化晚期遗存的情况，推测谭家岭城址的始建年代为油子岭文化晚期。考虑到叠压城垣顶部的文化层堆积特点，及城垣北侧壕沟内屈家岭文化早期文化堆积层的埋藏状况，谭家岭城址在屈家岭文化早期仍然被先民使用，但在屈家岭文化晚期，其城壕功能则被废弃。

谭家岭古城是同时期我国发现规模最大的史前城址，也是其后石家河古城形成的重要基础。谭家岭古城的发现，将石家河城址的城建历史至少提前了 500 年，对了解石家河遗址 2000 多年的聚落形态的扩张与演变提供了至关重要的依据，为研究长江流域文明化进程提供了非常重要的材料。

（二）宗教祭祀遗址

石家河遗址中发现的宗教祭祀遗址有三处，分别为邓家湾遗址、肖家屋脊遗址、印信台遗址。

1．邓家湾遗址

邓家湾遗址位于石家河古城内的西北角，为不规则长方形岗地，北部较高，南部和东部偏低。考古人员对遗址西部进行了四次集中发掘，除了发掘出较多墓葬、灰坑以及少量房屋遗迹外，还发现了屈家岭文化时期的祭台（在祭台周围出现的大型筒形器遗迹）、石家河文化时期的套缸遗迹，以及大量陶塑动物、陶偶、红陶杯。通过分析祭台和周围遗迹遗物，研究者认为邓家湾在屈家岭文化时期和石家河文化时期，均为一处重要的宗教中心，上述罕见之遗迹遗物均与宗教祭祀有关。

祭址　邓家湾祭址共 2 处，编号为祭 1、祭 2，祭 2 保留现象较多，祭 1 破坏较严重。祭 2 由三部分组成：祭祀活动面、祭祀活动遗迹和覆盖层。祭祀活动面暴露部分为长方形，北部有用纯黄土铺筑的平整地面，土质较紧密，南部面积较大，系黄褐色土夹陶片铺垫，不甚平整，铺垫层依地形而厚薄不均，未见夯土迹象。祭祀活动遗迹主要有陶缸、扣碗两种，陶缸多为夹砂厚胎红陶筒形缸，多碎缸片，有的可复原。祭 2 覆盖层分两层，第一层，土质较松软，包含物主要是陶片；第二层褐色土层，直接将陶缸和扣碗覆盖，土质较纯。根据出土遗迹现象，该祭址应该是在举行仪式前平整地面，而不设固定设施。

套缸遗迹　邓家湾遗址发现 2 处套缸遗迹。套缸 1 大多残破，部分陶缸的上腹部有刻画符号，残长 10 米，宽约 1 米。覆盖套缸的堆积为浅褐色土，含少量红烧土粒，出土物有厚胎直壁红陶杯、小平底厚胎红陶缸、圈足碗、弩和陶塑动物等。

套缸 2 东西向排列成二排，两排相距 0.3 — 0.4 米，基本呈直线平行排列，缸口一律朝西，套法与套缸 1 相同。北排保存较好，共保存陶缸 23 件；南排东段保存较好，共 13 件。套缸 2 保存长度为 9.1 米，东西两端均有破坏现象，部分缸的上腹部也刻有符号，两侧未发现其他任何现象。套缸之上是灰褐色土层，发现了较多的壶形器、红陶杯和陶塑动物。

张绪球先生认为，邓家湾出现的套缸遗迹是屈家岭文化筒形器遗迹的延续，陶缸外型酷似巨型陶祖，象征祖先，套缸遗迹是祭祖遗迹，表现了先民的生殖崇拜心理。郭立新先生也赞同这一观点，并提出套缸的放置方式给人相续相接、绵延不断的感觉，其所要表达的是在父系世袭群中的宗教信念，希望世袭群绵延不绝和子孙兴旺。

陶塑堆积　1973 年至 1976 年，考古人员在邓家湾遗址采集了 100 多件陶塑品，主要有陶偶和鸡、猪、羊、狗、猴、鸟、龟等陶塑动物，共出陶器有罐、杯、豆等。此后的历次发掘都有大批陶塑品出土，都出土于灰坑和洼地堆积内，却没有在墓葬中发现。出土陶塑品的灰坑共 17 个，大体分布于祭址的东、西、南边缘部位，形制大小不一，位于祭址东南部的洼地内也有大量陶塑堆积。陶塑品集中堆积于祭址的边缘灰坑和洼地内，填满陶塑堆积的灰坑四壁没有发现人工修掘现象，陶塑品绝大多数为碎块，堆积在一起，总数不少于万件。其中有陶偶和陶塑动物两种，以后者居多，占陶塑品的 90% 以上。陶塑品均为泥质红陶，火候较低，质地细腻，形态逼真。陶偶形态多样，有跨立式、抬腿式、坐式、踞跪式。陶塑动物包括家畜、野兽、禽类、龟鳖和鱼等。

目前有关学者对这些陶塑及陶塑残件所表现的涵义持不同看法，但不少学者认为这些陶塑品或与邓家湾当时进行的宗教祭祀活动有关。陶偶代表祭祀者的形象，陶塑动物象征着祭祀品，这些陶塑动物都较小，巫师完全可以捧在手中进行祭祀活动，且这些陶塑动物种类齐全，有家畜家禽、大型野兽和水生动物，它们是巫师灵力的源泉。

2．肖家屋脊遗址

在肖家屋脊遗址中，也发现了相关的宗教祭祀现象，主要为七处陶缸遗迹，以及内灰坑中发现的一具完整猪骨架。

陶缸遗迹　陶缸套接遗迹主要发现在发掘区中部，此处为该遗址的生活区，在西侧发现了大量的灰坑，叠压打破现象丰富。陶缸大多破坏严重，只有个别保存较好，某些陶缸为单个直立倒置，其他均为相互套接平放。有的陶缸底部凿穿，多数陶缸上有刻画符号，其形制与邓家湾遗址同时期遗存一致。陶缸套接现象与邓家湾遗址接近，也应与祭祀有关，只是其长度较短。这可能是由于其位于遗址的生活区，人类活动较为频繁、扰动较大，或是在祭祀对象、方式、目的上有所不同。

猪骨架　在肖家屋脊发掘区北部灰坑坑底发现一具保存完好的猪骨架，猪头向南，侧身，拱背，四肢弯曲，似经捆绑。该灰坑西侧为该遗址的墓葬聚集区之一。在新石器时代其他地区的遗址中也发现有埋葬整猪的灰坑，如山东胶县三里河遗址龙山文化，近底部埋有一头成年大猪，似经捆绑。埋有猪骨架的灰坑周围五米内分布有四

图 6–2 印信台遗址台基Ⅲ东北边缘瓮棺与扣碗

座墓葬。有学者认为，猪可作为死者灵魂的护卫者；也有人认为，完整的动物遗骸是一种祭祀牺牲。

3．印信台遗址

印信台遗址位于石家河城址西城壕的西侧，与石家河西城垣隔护城河相望，为一相对独立的方形台地，因台地形状似印章而得名。在此发现 5 座人工堆筑的大型台基，沿台基边缘分布着瓮棺、扣缸、扣碗共 129 个，其中瓮棺 76 个、扣缸 6 个、扣碗 47 个（图 6-2），属于台基使用时期的遗存，年代为石家河文化晚期。部分瓮棺之间存在叠压打破关系，葬具为陶罐或鼎，存在少量骨骼朽痕。扣缸与扣碗内未发现骨骼痕迹。

在两座台基之间，发现 10 组套缸，由形制特征相近的红陶缸首尾相接有序排列。除某些套缸破坏严重外，其余均可见大致的走向或套接方式。部分套缸之间存在明显的叠压关系，陶缸均为夹粗砂红陶，纹饰以横向宽篮纹居多，另有少量拍印大方格纹或菱形纹，部分陶缸中部加饰一周白色的宽带箍，部分陶缸有牛角形、圆形等刻画符号。

考古人员根据沿台基边缘分布的瓮棺类遗存、台基之间填埋大量的排列有序、相互套接的套缸、扣缸、扣碗堆积判断，这里是石家河文化晚期多次进行祭祀活动的特殊场所，印信台遗址也是长江中游地区迄今发现的规模最大的史前祭祀场所。

（三）手工作坊遗址

三房湾遗址位于石家河城址内西南部，已经发现 2 座陶窑、黄土堆积、黄土坑、洗泥池、蓄水缸、陶塑动物、红陶杯堆积。红陶杯堆积多为斜壁厚胎红陶杯残件，仅极少量的红陶杯保存完好，数以万计的厚胎红陶杯残件密集堆放在土层之中，厚达数米，蔚为壮观（图 6-3）。早前在邓家湾遗址的发掘中，也曾发现数量庞大的红陶塑品，但红陶杯是实用酒器还是祭祀礼器，陶塑品是玩具还是艺术作品等问题目前尚无定论。考古专家对此形成的共识是：如此大批量的手工制品集中出土，反映了大规模专业化生产的存在，说明在三房湾遗址中发现的是一处石家河文化晚期至后石家河文化时期以烧制红陶杯为主的专业窑场；该遗址的发现，丰富了石家河古城功能分区的内容，反映出石家河遗址内已经出现聚落等级与社会阶层的明显分化，社会分工正在细化。

图 6–3　三房湾遗址红陶杯堆积局部（西北—东南）

三、文化遗物

石家河遗址中出土的生产工具、陶器、玉器等文化遗物，反映着当时以原始稻业为主的农业格局、规模化的陶器生产、高水平的制玉技术。

（一）生产工具

石家河遗址中出土的农业生产工具，一般为磨制的石器，器体较小且精致，主要是石斧、石锛、石锄、石镰、石刀、石棒、石钻、研磨器等；捕鱼工具主要有石镞、石矛、骨镞、骨鱼镖等。这说明，当时人们在进行以原始稻作农业为主的农业生产的同时，也进行捕鱼的活动。

（二）陶器

石家河遗址中先后存在着油子岭文化、屈家岭文化、石家河文化，以及后石家河文化。在不同的文化时期，石家河典型陶器的基本情况不同。通过梳理石家河遗址典型陶器的基本情况，可以看出不同考古学文化时期里典型陶器演变的清晰脉络。

油子岭文化时期的陶器十分容易分辨，主要是红陶和黑陶，器类多属鼎、盘、豆、壶、碗、盖等，彩陶碗的特征鲜明。屈家岭文化时期的文化与油子岭文化面貌大致相似，但也有变化。双腹鼎、双腹碗及双腹豆特别典型，出现较多彩陶杯、彩陶纺轮等。石家河文化时期的文化，在屈家岭文化的基础上又有新发展。新见陶鬶、厚胎红陶杯和红陶缸数量庞大，特别引人注目。它们主要集中于邓家湾遗址、肖家屋脊遗址和三房湾遗址。另外，在红陶缸上发现不同形象的刻画符号达40多种，可能已具有文字的功能。一件陶罐上发现的手持一把石钺的武士刻画形象，可能是位军事首领。

后石家河文化时期的文化面貌与石家河文化相比发生显著转变。新见陶盉，流行矮领瓮、罐等，出土大量造型生动、种类多样的陶塑。石家河遗址中的红陶塑包括陶偶和陶塑动物两大类，出土位置主要集中于邓家湾遗址。发现的陶偶及陶偶残件标本共40件，动作形态较为复杂，形态各异。陶偶细部不清，头部只有鼻子和两耳突出。其中单偶12件，抱鱼偶9件，背物偶、抱物偶均2件，抱狗偶3件。陶塑动物中，家畜69件，狗最多；野兽29件，象最多；禽类89件，鸟、鸡几乎各占一半。

通过分析石家河遗址典型陶器情况可以看出，从油子岭文化到屈家岭文化，再到石家河文化的基本文化特征非常相似，可以说是一脉相承。但到后石家河文化时期，其整体文化面貌发生较大的改变，明显区别于石家河文化，存在文化谱系上的断裂或突变。

（三）玉器

1．玉器出土情况

20世纪90年代对石家河罗家柏岭、肖家屋脊遗址进行发掘时，就曾发现并发掘过一批造型精美、工艺精湛的玉器。这批玉器主要分装饰品和生产工具两大类。装饰玉包括人头像、虎头像、蝉、环、玦、鹰、鹿头像、羊头像、璜、坠、珠、笄和管等，从其形状及钻孔部位等特点分析，有些可能是用线穿连，悬挂于某一部位，有些则可能是用线缀缝于软质的冠服上，还有的可能是镶嵌或缚扎于木质之类的对象上。生产工具有纺轮、刀、锛和凿等。纺轮、锛、刀等原是日常生活中常用生产工具，但在石家河肖家屋脊遗址发现的玉质生产工具，已成为一种象征意义的礼器。

2014年在谭家岭遗址又新发现了240件玉器，造型以玉蝉、玉管、玉珠、玉虎数量最多，其中双人连体头像玉玦、虎座双鹰玉饰、玉牌饰、虎形玉冠饰、玉虎、玉鹰、玉钺等为全国首次发现。新发现的玉器多数都出土于瓮棺中，仅在石家河W6中就出土了56件，计有玉人头像6件、虎头像5件、玉龙1件、玉蝉11件、飞鹰1件、璜2件、管10件、坠1件、珠5件、圆片2件、笄2件、柄形饰5件、碎块5件，另外还随葬1件陶杯、1颗兽牙和1件石珠。时代主要集中在石家河文化的晚期，瓮棺中还发现有将剩余的玉料与玉器同葬的现象。这些玉器类型丰富、形态优美、造型生动，具有浓郁的生活气息和极高的艺术观赏价值。多数玉器表面都有精美的线刻、勾连图案和复杂的透雕和细如针尖的钻孔，代表了史前中国乃至东亚地区玉器加工工艺的最高水平。

图6–4 谭家岭遗址W9玉虎头像

2．玉器造型与内涵

石家河玉器造型主要有人头像和动物形两大类。人头像是石家河文化最具典型意义和最有代表性的玉器造型之一。石家河文化中的玉人头，基本都具有“头戴冠帽、菱形眼、宽鼻、戴耳环和表情庄重”的特征，但在造型上富于变化。这些玉制的人头像可能代表着石家河先民尊奉的神或巫师的形象。

动物形玉器是石家河玉器内容最为丰富的一类。动物玉器多为写实造型：展翅飞翔的玉鹰生动逼真、惟妙惟肖。石家河遗址中出土的一件玉鹰，双目圆睁，作展翅飞翔状，形象矫健有力，扁钩形喙，小圆眼；背较宽，尾较圆，有浮雕羽毛纹，双翅略向上抬举，并向后斜展，翅肩突出，翅近尖处分叉，每翅上有四道平行而带勾的羽翎。在古人的观念中，鹰是神鸟的一种，可以充当巫觋的助手，而像这样精雕细刻的玉鹰，在新石器时代玉器中很少见。玉虎头像是石家河文化玉器中形体较大、制作较精的玉器之一。在中国古代，虎是神威勇猛和不可战胜的象征，也是沟通人与神关系的神兽；石家河玉虎头方头卷耳，生气勃勃（图6-4）。石家河遗址出土的玉器中，蝉是最多的一种。玉蝉在古代深受人们的喜爱，不但在石家河文化遗址中有大量的玉蝉，而且在良渚文化和红山文化遗址中也有发现。因为蝉能够蜕变，羽化后又能“饮而不食”，对于古人自然是一种神秘莫解的现象，这也是古人视蝉如神虫的原因。石家河遗址出土的玉蝉，蝉体一般为长方形片状，身长一般为2—3厘米，其中有些蝉雕琢得非常逼真和精致。玉蝉写实的形象，开创了商周时期玉蝉造型的先河。

四、史前谜城缩影

（一）聚落分布与防御

石家河遗址的聚落结构，大致存在一个从逐步聚集到分散的变化过程。油子岭文化时期，聚落中心从龙嘴古城北移到谭家岭古城，但其周边的相关聚落少有发现，聚落的等级分化尚不明显。屈家岭文化时期，以石家河古城为中心的聚落群开始形成，其周边聚集的聚落近10处，且出现明显的聚落等级的区分，聚落内的功能区划基本形成，如石家河古城内的谭家岭主要为居住区，而邓家湾主要为祭祀区。石家河文化时期，石家河遗址的中心地位确立，以石家河古城为核心的周边聚集的中小聚落达30余处，石家河古城的规模进一步扩大，聚落等级分化加大，出现面积仅几千平方米的小型聚落。与此相应，聚落内的功能区划进一步强化，石家河古城内的谭家岭仍然是主要的居住区，邓家湾主要为祭祀区，三房湾成为重要的手工业作坊区，石家河古城外的印信台则成为专门祭祀场所。后石家河文化时期，以石家河古城为核心的聚落模式瓦解，石家河古城废弃，聚落分布比较零散。尽管尚未发现这一时期明显的中心聚落，但石家河遗址多地揭示出的随葬玉器的瓮棺及制玉遗迹显示，这里仍然存在发达的手工业，其文化也是相当繁盛的。

石家河古城的防卫体系主要由城垣构成。城垣是在石家河文化早期构筑的，规模浩大，由城墙、城壕和外围台岗共同构成。城墙的墙体，其墙基宽达50米，上宽4—5米，高达6米多。墙体坡度很小，约在25度。城墙以外开挖环墙壕沟，再外就是台岗。武士们在御敌时，使用的武器有石斧、石钺、石镞、石矛，捕鱼的骨镞、骨鱼镖等也会派上用场。石家河文化时期的防卫体系，比大溪文化时期、屈家岭文化时期的防卫体系要先进很多。大溪文化时期的防卫体系以壕沟为主，城垣为辅，表现为壕沟宽深、城墙矮窄，而屈家岭文化时期的防御体系大多以城墙为主，壕沟为辅。石家河古城则是城墙、壕沟并重。这种变化，体现了筑城技术的进步，说明了石家河文化在当时原始文化中的先进性。

（二）原始宗教习俗

宗教活动在石家河聚落中占据重要地位，主要在印信台、邓家湾举行，三房湾、肖家屋脊是两个次要的场所。石家河居民主要在邓家湾组织庆贺丰收的祭祀活动，祭祀的场地是经过仔细平整的。场地上有大量的陶缸，陶缸相互套接成线条式摆放。陶缸上刻画有镰刀、杯子和类似号角的图形，代表获得了大丰收的收割场面。场地上挖有多处祭祀坑，坑中埋着一种巨形陶祖。场地上还有无数陶偶和陶塑动物等。陶偶有各种姿态，大多为跪坐抱鱼式即双腿跪坐，左手托鱼尾，右手按鱼头，姿态虔诚恭敬。有的陶偶作舞蹈状，表示庆贺。大量的陶塑动物则代表祭祀时用的牺牲品。在祭祀时，人们把玉人头像当作崇拜的神灵形象，用玉器制作各种动物形象，在背面钻上小孔，专职的巫师将这些玉器缀缝或者镶嵌在法衣上，舞起法具，通过这些动物神灵，与天地人神相沟通。

原始宗教活动的独占性和垄断性，在早期文明和国家起源过程中，具有非常重要的作用。氏族的上层集团在从事宗教活动过程中，逐渐掌握了控制人力资源的方法和途径，并使之制度化和经常化。石家河聚落的首领们在实行统治时，把宗教当作了一种组织和影响部落居民的手段。正是依靠这种手段，石家河古城的构筑才得以完成，内部的分工才得以落实，庞大的部落才得以维持正常的秩序并能控制较远的部落。

（三）社会财富分配

石家河聚落的财富分配，明显存在不公，权势财富向少数上层首领集中，这可以从墓葬的形制大小和随葬品的数量及质量看出。石家河文化早期，一般实行土坑葬，有的大型土坑墓里有石钺等，随葬品多达一百余件，而一般的只有二三十件，少数墓葬甚至没有葬品。石家河文化晚期，普遍实行瓮棺葬。在天门石家河的肖家屋脊遗址发现了 77 座瓮棺葬，其中有一座瓮棺的形制特别大，随葬玉器多达 56 件，其数量几乎相当于其他所有瓮棺内玉器的总和，其质量更比其他瓮棺葬内的玉器好得多。这表明，聚落内部的财富分配出现了剧烈的两极分化。另外，石家河聚落居民对财富的分配使用还有一个特点，就是非生产性支出较大，如厚葬、尚玉、追求精美的陶器，已然成为当时的一种社会风气。

五、结语

石家河遗址有着丰厚的文化积淀，在这里发现了长江中游地区规模最大的石家河古城，丰富的陶塑艺术品以及大量造型精美、工艺独特的铜器、玉器等一系列重大成果。作为新石器时代晚期长江中游规模最大、文化最为璀璨的都邑性聚落，在长江中游地区具有文化引领与文化辐射的重要地位。它与长江下游的浙江良渚遗址、黄河中游的陕西石峁遗址，共同被学术界认为是中华文明起源的重要见证。

2017 年石家河遗址先后入选“2016 年度中国十大考古新发现”、第三届世界考古论坛 10 项“重大田野考古发现”。石家河遗址的重要性，除得到学术界的广泛关注外，各级政府也予以高度重视。目前，石家河遗址的文物保护规划已获批准，石家河遗址考古遗址公园的规划方案正在编制中。随着考古工作的继续深入，相信在不久的将来，石家河遗址在中华文明进程中的作用与地位会进一步明晰，这座拥有数千年历史的史前谜城，将有更多的秘密被揭开。

参考文献

[1] 湖北省荆州博物馆、湖北省文物考古研究所、北京大学考古学系：《肖家屋脊》，文物出版社，1999 年。

[2] 湖北省文物考古研究所、北京大学考古学系、湖北省荆州博物馆石家河考古队：《邓家湾（天门石家河考古报告之二）》，文物出版社，2003 年。

[3] 北京大学考古系、湖北省文物考古研究所石家河考古队、湖北省荆州地区博物馆：《石家河遗址群调查报告》，《南方民族考古》第五辑，1992 年。

[4] 湖北省文物考古研究所、北京大学考古文博学院、天门市博物馆：《湖北天门市石家河古城严家山遗址 2016 年发掘简报》，《考古》2018 年第 9 期。

[5] 湖北省文物考古研究所、北京大学考古文博学院、天门市博物馆：《湖北天门石家河谭家岭城址 2015 ~ 2016 年发掘简报》，《江汉考古》2017 年第 5 期。

[6] 湖北省文物考古研究所、北京大学考古文博学院、天门市博物馆：《湖北天门市石家河遗址 2014 ~ 2016 年的勘探与发掘》，《考古》2017 年第 7 期。

[7] 湖北省文物考古研究所：《石家河遗址 2015 年发掘的主要收获》，《江汉考古》2016 年第 1 期。

[8] 湖北省文物考古研究所、北京大学考古文博学院、天门市博物馆：《湖北天门市石家河古城三房湾遗址 2016 年发掘简报》，《考古》2018 年第 9 期。

图片来源

图 6-1、图 6-2、图 6-3：湖北省文物考古研究所、北京大学考古文博学院、天门市博物馆：《湖北天门市石家河遗址 2014 ~ 2016 年的勘探与发掘》，《考古》2017 年第 7 期。

图 6-4：湖北省文物考古研究所、北京大学考古文博学院、天门市博物馆：《湖北天门石家河谭家岭城址 2015 ~ 2016 年发掘简报》，《江汉考古》2017 年第 5 期。

（谢佳芮）

镶嵌在岩石上的文明

——中国岩画探秘

岩画是涂绘或刻画在山岩之上的图画或符号，是古代先民记录在岩石上的图像史书，也是人类社会遗留至今数量最多、分布最广、延续时间最长的视觉文化现象。生活在中华大地上的各族先民，早在文字发明之前，就开始用图画的形象语言来记录事件，表达感情，交流思想，传递文化。它们像多姿多彩的山花野菊，开遍了祖国的大江南北，诉说着中华民族由野蛮走向文明的悠悠岁月和昔日时光。

图 7–1　拜日图，阴山岩画。

一、岩画的分布和区域特征

我国是史载岩画最早的国家。早在北魏时期，郦道元《水经注》就有关于岩画的较为详细的文字描述与记载。自此以后，历代志书史籍有关岩画的记载也屡见不鲜。20 世纪特别是 1949 年以来，随着西方田野考古学方法的引进，关于岩画的普查工作得到迅速开展，形成了中国岩画调查、研究的一股股热潮，一些学者如孙秀仁、汪宁生、赵振才、盖山林、许成、李祥石、王明哲、赵养锋、苏北海、王炳华、张建林、李永宪等人，持续对各地岩画进行考察和研究，奠定了中国岩画研究的基本面貌，使中国岩画研究成为世界岩画研究的一个重要组成部分。

根据目前已经公布的岩画资料并结合学者的研究成果，岩画遗存遍及中国大部分省区，在东起大海之滨西至昆仑山脉、南到广东珠海北达牡丹江畔的广大地区内，岩画都有分布。不过，由于各地文化传统和地理环境的不同，其社会经济生活和宗教意识形态势必有所差异，在岩画上的表现是它们具有明显的区域特征和风格、内涵。根据各地区岩画的分布、题材内容、表现手法的差异性，学术界通常将中国岩画划分为东南沿海区、西南区、东北区、北方区四大区域。

东南沿海岩画区包括江苏、福建、台湾、广东等省和香港特别行政区，即环黄海、东海和南海地区。这里濒临海域，变幻莫测的大海与人们的生活息息相关，自古以来就是一个相对独立的文化区域。在这种自然环境中产生的古代岩画作品，必然要反映古代入海渔民的社会生活及其心理活动，因此本地区岩画内容表现出很强的一致性。这里岩画表现的内容，大多数为天体崇拜或宗教祭祀，如江苏连云港将军崖岩画、福建华安仙字潭岩画、广东珠海高栏岛岩画、台湾屏东万山岩画、香港蒲台岛岩画等，均与此有关。连云港将军崖岩画集中雕刻于锦屏山南面山口一座孤立的山丘上，所刻之星相、人面、禾苗、星云等图案，反映出距今 7000 年前中国史前人类对于天体的顶礼膜拜的敬畏之心。开阔的地势、神秘的图案、扑朔迷离的幻境，让观者产生无尽的遐思。福建华安仙字潭岩画所在地则为一深潭，潭深水急，地势险峻，周围山丘屏立，草木丛生，岩画内容与祭祀水神有关。不论是江苏还是福建，几乎所有的岩画地点都或多或少地存在着人面像。岩画的制作都采用凿雕技法，在艺术风格上均带有抽象化和符号化倾向。而人格化的人面图像，也集中反映了人类在与自然界交往的过程中自我意识的形成和发展状况，在人类认知史上具有特别的意义。

西南岩画区包括云南、贵州、四川、广西等省区。该地区在自然地理环境上具有很大的一致性，多数地方重峦叠嶂，群山起伏，河流纵横。从岩画制作的地点看，它们一般被绘制于临江面海的巨大崖壁上。为适应作画环境或便于观瞻，图像通常很大。岩画的内容，既有反映当时社会生活的画面，也有娱神媚神、生殖崇拜的场面，如广西左右江岩画，云南中南部的沧源岩画、大芒光岩画、大王岩岩画、它克岩画，贵州开阳画马崖岩画，四川珙县麻塘坝岩画、凉山博什瓦黑岩画皆属此类。这些岩画积淀着当地居民的理想追求、宗教崇拜，折射出原始先民强烈的情感、信仰和期望。

东北岩画区包括黑龙江和内蒙古呼伦贝尔盟，即大兴安岭以东以及黑龙江东部。在该区所发现的岩画地点，有内蒙古额尔古纳左旗得耳布尔、阿娘尼河以及额尔古纳右旗交唠呵道，以及黑龙江海林市群力屯等处。由于自然环境和文化背景相同，其岩画的形式与内容也有很强的一致性。相对而言，这一区域岩画数量少，缺乏大型画面，绘画题材比较单一；被描绘的图像大多是孤立的客体，图像线条粗放，或绘或刻，以刻为主。其内容多以表现人和动物关系为主，反映了当时居民渔猎为主的经济生活。其中鹿岩画的数量很多，说明鹿在居民经济生活中具有特殊地位。

北方岩画区从大兴安岭往西经内蒙古、山西、宁夏、青海、甘肃，一直到新疆、西藏，东西绵延万里，如同一道巨幅画屏。这一地区是我国岩画最为集中的地区，被学界誉为亚洲北方草原游牧民族岩画艺术的天然博物馆。迄今为止，在该区发现的岩画地点主要有阴

图 7–2 贺兰山岩画（局部）

山、贺兰山、阿尔泰山、天山、昆仑山、乌兰察布草原、阿拉善草原、锡林郭勒草原、河西走廊、藏北高原等处，涵盖了整个北方草原地带和西藏地区。尽管该区东西绵长、地形复杂，但其岩画着力表现的内容有许多共性。岩画题材以表现野兽、家畜形象和狩猎、畜牧场面为主，反映了我国北方猎牧社会的文化现象。

二、岩画的题材与内容

我国幅员辽阔、民族众多，各地的岩画题材丰富多彩，研究者出于研究的方便，通常将这些岩画按照题材与内容划分为动物岩画、生产岩画、娱乐岩画、人物岩画、战争岩画、宗教岩画六大类。

动物岩画是我国岩画的一种恒定题材，其分布范围和数量都十分可观，几乎在所有的岩画中，都出现了动物形象。动物是人类的伙伴与朋友，在人类的发展长河中，人和动物的关系非常密切，人对动物也赋予了非常复杂的情感。中国古代的四神观念、生肖观念、十二月神观念等，都与动物文化密切相关。尤其是北方岩画区，动物岩画占有相当大的比重，如阴山、贺兰山、黑山、昆仑山和阿勒

图 7–3　双羊

图 7–4 赶羊

泰地区的岩画，无不以动物图像为主。动物在所有的岩画图像中占据了绝多部分，不仅数量多，种类也相当可观，如阴山岩画，可以确定的动物种属不下 40 种。相比之下，南方岩画由于所处自然环境的差异，动物岩画所占比例较小，如云南沧源岩画，其动物形象的数量比人物岩画还要少。

生产岩画分为狩猎和放牧岩画。这类岩画与动物岩画具有关联性，都是表达人和动物亲密关系的图像系统。较之于放牧岩画，狩猎岩画是北方早期岩画中一种非常流行的题材。在已发现的岩画中，具有狩猎画面的约占半数以上。有些地区，囿于特定的自然条件和文化传统，直到畜牧时代，狩猎业仍然不失是一个重要的经济形态。富有生活情趣的狩猎岩画，生动形象地图解了当年猎人们驰骋于深山幽谷行猎的地点、路线、规模、方式等内容，从中可以窥视猎人的思维活动和观念诉求。

随着畜牧时代的到来，生产性经济形态逐渐取代攫取性经济形态，我国古代的北方岩画，普遍出现了饲养家畜、牧民牧羊放马、役使牲畜的场景。这些牧畜岩画，展现了古代畜牧经济的生动情景和牧业经济的演化历程，为我们更好地想象和重构我国古代北方游牧经济状况提供了可靠依据，从中不仅可以了解当时畜牧经济的发展水平，而且可以研究岩画的断代和族群的分布与迁徙。

舞蹈岩画是我国岩画中较常见的题材之一，几乎遍布于我国所有的岩画地点。舞蹈岩画的人物造型质朴瑰丽、生动有趣，当我们置身有关画面前凝视舞者所作表演时，就像见到一个个或一群群精灵或天使，他们的姿态是那样的纯朴、古拙，仿佛把我们带入了遥远的远古时代。当深入品味那些生动的舞姿所反映的社会含义时，

图 7–5　征战舞图。广西宁明花山崖画

又很自然地理解到这些舞蹈与当时人们的社会生活紧密联系。从文化人类学立场看，岩画中表现的这些舞蹈场面，究其动因不外乎有自娱和娱神两种。其中属于自娱舞蹈题材的有狩猎舞蹈、战争舞蹈、操练舞蹈、集体舞蹈、仿生舞蹈、爱情舞蹈等；娱神舞蹈则有祈祷仪式或宗教仪式，其数量和种类相对较少。

与动物岩画相同，人物岩画也是我国岩画的重要组成部分。如前所述，人物形象通常会出现在动物岩画、生产岩画中，而单独表现人物岩画的数量并不是很多。见于岩画中的人物形象，通常从事着各项活动，如狩猎、放牧、作战、杂技、祈祷、骑马、舞蹈、踢毽、执箭、钓鱼等。这些人物中，北方以骑马者居多，南方以舞蹈者居多，人物形象生动活泼，显示出不同的区域环境、生产形态和文化传统对岩画面貌所产生的影响。事实上，各地的人物岩画由于不同的文化传统和民族习俗，人物在形体、服饰上一般都具有不同的风格特征。北方草原地区的人物岩画，躯干部或粗或细，或长或短，部分人物束腰，手指一般不予表现。西南地区的人物岩画，人物的形象特点鲜明，四肢甚细，仅作示意表现，身躯作倒置三角形。东南沿海地区的人物岩画，人物的形体较细，一般与四肢差不多，早期岩画一般不表现衣着，只有晚期个别人物着衣。内蒙古人物岩画，一般身着大衣或长袍，就像如今在内蒙古牧区所见到的牧民形象。由于气候上的原因，南方人物岩画没有穿着长袍者，云南沧源的岩画人物，则有身饰羽毛做成的舞装。四川珙县麻塘坝人物岩画的穿裙穿裤，不同于北方草原，是一种具有地方特色的衣着。这些都是地方性文化的真实反映。

图 7–6　人面岩画

战争岩画，在新疆、内蒙古、宁夏、云南等地多有发现。其战争场面或为大规模的厮杀，或为相互对射。阴山岩画中有一幅战争鏖战场面，作战双方相互厮杀，只见胜方英勇善战，败方人头落地，画面非常具有艺术感染力。新疆阿尔泰山唐巴尔塔斯有一幅格斗图，画中一人弯弓搭箭，一箭射中对方腰部。青海省天峻县卢山有一幅交战图更为有趣，画面中两人厮打在一起，各自的生殖器挺拔威武，显示出两人充沛的生命力和男人所独具的阳刚之气。

宗教岩画是人类表达自己宗教信仰的图像载体，它们在我国特别是南方地区广为分布。题材以各种崇拜为主，包括动物崇拜、生殖崇拜、天体崇拜、神像崇拜、祖先崇拜、印迹崇拜等。动物崇拜的对象和信仰崇拜的程度，往往与时代有关。狩猎时代人们崇拜的对象多为野兽，畜牧时代崇拜对象则为家畜。可见动物崇拜与人征服自然的能力紧密相联。生殖崇拜是我国岩画中一类恒定题材。远古居民希望人类生殖繁盛，人丁兴旺，因此在岩画中常有男女交媾的图像。日月星辰等天体崇拜岩画，在许多地方也有发现，这些岩画既反映出原始先民对大自然的依赖，又在一定程度上表现了他们征服自然的愿望。在我国早期岩画中，神像崇拜、祖先崇拜、印迹崇拜，也是引人注目的题材，在原始宗教崇拜中占据了重要的地位。

三、岩画的艺术特色

岩画是一种石质艺术，它是全球范围内一种普遍性的文化现象。

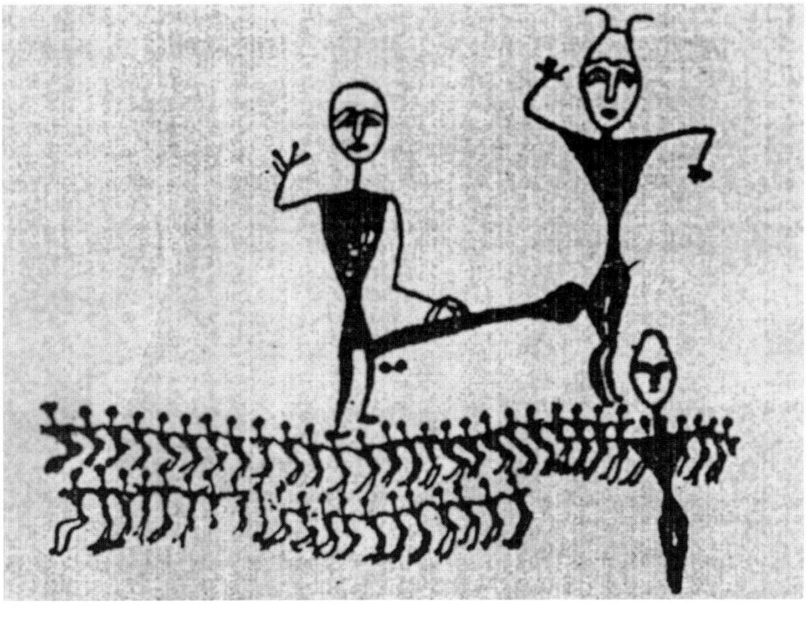

图 7–7　生殖崇拜图。新疆呼图壁县康家石门子岩画。

原始岩画记录了人类童年在生产、生活中体会到的最生动、最直观的情感和心理体验，这对于研究早期人类的认知能力和艺术发展面貌具有重要的作用。尽管岩画的制作者通常没有经过专门的绘画训练，描绘的各种形象也不一定那么准确，但从中还是可以发现许多作画技巧，有些作品在构思、技法、形象设计上，表现了惊人的艺术才能，让人真切地感受到原始艺术的独特魅力。

写实手法是我国岩画艺术表现的主流形态，写实性岩画所描绘的对象，不管是人物还是自然物，都力图从客观存在的角度予以艺术表现。虽然在绘画技法上还非常不成熟，写实技巧也没有掌握，但通过图像能传达出对象的自然美和生动性。这些写实岩画，无论是自然主义的题材，还是原始宗教的图像，都可以在当时的生活中找到源头。比如，在北方草原民族的岩画中，有许多野生的动物形象。这些野生动物形象，或回头顾盼，或引颈长啸，或四蹄腾跃，莫不生龙活虎、生机盎然。原始艺术大师们凭着对事物的细致观察和卓越表现力，不仅能成功地表现正常情况下那些奔放有力、富于生命活力又各具风姿的动物，而且还善于捕捉瞬间即逝的运动过程。比如，内蒙古阴山乌斯台沟有一幅野山羊群岩画，当野山羊群发现猛虎后，便惊恐万状，竞相逃窜，那种群羊跃动的紧张气氛，使目睹者如临其境，大大增强了作品的感染力。广西左江花山反映舞蹈场面的岩画，舞者载歌载舞，姿态优美，让人仿佛看到了舞者扭动的身姿，听到了舞者顿足的声音。

按制作手法划分，我国岩画可以分为两类：一类是以硬质工具敲凿而成的岩画，一类是用软质工具蘸颜料涂抹的岩画。一般说来，地势开阔、石面光滑者，多用凿刻技法。我国北方岩画多用凿刻法，用磨刻、敲凿密点或划刻细线形成写实性的图形。这类图形虽然原始古朴，但有较高的形体概括力，以简单的剪影方式，勾勒出不同姿势的人物及动物轮廓。图像没有细部描绘，更无透视感，但其形态与姿势相当逼真，动感强烈，呼之欲出。绘画的绘制方法，主要采用平涂色块法。西南山地的绝大部分的人物像、器物像和所有动物像，都以此法绘制。如果画较大图形，便先绘出轮廓再涂色。在艺术表现手法上，我国岩画经常采用夸张手法，以强化岩画作品的表现力，比如对某些动物的角、尾的夸大，对男性生殖器的加粗拉长等。早期的这些画家们将对象的主要特征加以强调，让欣赏者获得最大限度的审美满足，从而使作品产生诱人的艺术感染力。它们所显示出来的想象力、荒诞性、象征性，构成了原始艺术特有的审美观念，使得岩画艺术不仅在艺术考古领域，而且在美学体系里均占有一席之地。

四、岩画研究的意义

岩画是人类从童年时代到当代原始部落生存故事的连续性篇章，是人类由野蛮时代走向文明时代的生动图解。通过散发着古人生活气息的幅幅画面，那些被时代烟雾吞噬的历史可以被重新再现出来。它们像一个观察古代人类社会与文化艺术的万花筒，从中可以窥见古代人类在生产生活、文化传统、宗教信仰、审美意识等方面的情况。

根据学者的研究，中国最早的岩画大约出现在3万年前。但现在发现的岩画，其时代大多是处在距今五六千年的新石器时代和距今三四千年的青铜时代。可以得见，从用石头武装起来的原始人，到使用弓箭的狩猎人、游牧人和农业生产者，以至于铜器、铁器等金属工具的使用者，一直到近现代的蒙古人，岩画构成了我国文化艺术长河中的长篇华章。

从岩画的表现内容看，它们描绘了各种各样的动物形象。这为研究狩猎业、畜牧业的历史提供了极为丰富形象的实物资料，也为研究我国狩猎业和畜牧业的起源开辟了新途径。与此同时，由于岩画所表现的动物是当时所处时代、地区活动着的动物属种的实际记录，因此可以从动物属种的变化来探讨当地动物群落和生态环境的变迁，借以揭示古代人类和生存环境的内在关系。

从岩画的分布地点看，它们大部分分布在我国少数民族地区。有些地区目前虽然已经不是少数民族地区，但在遥远的古代是少数民族先民居住的。这些岩画，绝大多数是他们遗留下来的作品，对研究有关少数民族的历史具有不可替代的作用。

更为重要的是，岩画作为人类历史中最悠久的一种艺术作品，不仅是重建历史的珍贵资料，而且也是窥见远古人类审美心理的活水源头。岩画扩大了人们研究人类艺术史的视野和范围，唤起了人们对人类艺术史的重新认识和思索，它以其前所未有的深度和广度，迅速成为研究早期人类及其后继者的具有科学意义和文化意义的重要学科。

参考书目

[1] 汪宁生：《云南沧源岩画的发现与研究》，文物出版社，1985年。

[2] 盖山林：《阴山岩画》，内蒙古人民出版社，1986年。

[3] 赵养锋：《中国阿尔泰山岩画》，陕西人民美术出版社，1987年。

[4] 陈麦：《再现性与抽象化——岩画艺术漫谈》，《实用美术·岩画专集》，上海人民美术出版社，1989年。

[5] 盖山林：《乌兰察布岩画》，文物出版社，1989年。

[6] 周兴华：《中卫岩画》，宁夏人民出版社，1991年。

[7] 李克坚：《岩画》，河南教育出版社，1991年。

[8] 许成、卫忠：《贺兰山岩画》，文物出版社，1993年。

[9] 陈兆复、邢琏：《外国岩画发现史》，上海人民出版社，1993年。

[10] 周菁葆：《丝绸之路岩画艺术》，新疆人民出版社，1993 年。
[11] 户晓辉：《岩画与生殖巫术》，新疆美术摄影出版社，1993 年。
[12] 苏北海：《新疆岩画》，新疆美术摄影出版社，1994 年。
[13] 盖山林：《中国岩画学》，书目文献出版社，1995 年。
[14] 盖山林：《中国岩画图案》，上海三联书店，1997 年。

（陈伟）

中国文明的前奏曲

——神木石峁遗址解密

神木石峁（mǎo）遗址位于陕西省神木市西南100公里处的高家堡镇石峁村，石峁村基本在洞川沟内，而沟内的山峁上下即为该遗址。该遗址地处我国陕北高原的北部，毛乌素沙漠东南缘，遗址地质主要以黄土梁峁剥蚀的山丘、沙漠滩地为主，但就是在这地貌沟壑纵横、支离破碎的滩地上，考古专家发现了我国龙山文化晚期至夏代规模最大的城址——石峁遗址。在石峁遗址发现之前，学术界一直以为300多万平方米的浙江良渚遗址是中国已经发现的面积最大的史前城址，然而石峁遗址的面积要远远大于良渚遗址，面积约425万平方米。因此，石峁遗址的发现开启了中国史前城址探索的新篇章，被誉为“中国文明的前奏曲”。石峁遗址的发现，对探讨中国文明起源及国家的形成具有重要的意义。

一、初步揭开石峁遗址的神秘面纱

石峁遗址自发现至今已40余年，自发掘以来即备受关注。随着考古重点调查、科学解剖式发掘的不断深入，这部中国史前文明的长卷缓缓展开，逐渐苏醒的古迹和文物向人们讲述着这里悠久的历史与文化。

（一）石峁遗址初现

对石峁遗址的初步认识，要追溯到20世纪70年代。1975年，陕西省考古研究所戴应新先生只身在陕西省榆林市高家堡镇进行调查，调查过程中从当地老乡口中了解到一个叫石峁村的地方，经常出土有玉器，且根据他们对玉器形状、大小的描述，应该为刀、斧、璧、璜一类的玉器。戴先生据此判断，在石峁一带可能有大型古聚落存在。

于是，在1976年的1月，戴应新先生根据神木县（今神木市）高家堡公社（今高家堡镇）提供的线索前往石峁遗址调查，后于同年9月进行复查，征集到一批玉器与极具特色的陶器。从采集到的陶器特征来看，石峁遗址的文化性质和年代与客省庄二期文化有密切关系。20世纪80年代初，西安半坡博物馆首次对石峁遗址进行科学考古发掘，发现有房址、石棺葬、瓮棺葬以及灰坑等遗迹。通过这次考古发掘，人们对石峁遗址有了较为客观的认识。1988年，通过对调查获得的玉器资料的研究，戴应新先生认为石峁遗址是一处规模宏大且遗存丰富的龙山文化遗址。2009年10月，罗宏才再次对石峁遗址展开考察，考察结果公布了20余件石刻人像。这些人像特征明确、造型奇特，材质皆为砂岩质地，有人面像、半身像及全身像三种。上述发现的石峁遗址存在数量庞大的玉器、独具风格的陶器以及石雕，在学术界引起高度的重视，被确定为新石器时代晚期遗址，但是对于遗址的整体规模、形成年代以及文化背景等方面仍不了解。

（二）"石破天惊"——石峁城址横空出世

至21世纪初，通过数次考古调查、勘探及发掘，石峁遗址的神秘面纱逐渐被揭开。2011年7月至9月与2012年，陕西省考古研究院与榆林市文物考古勘探工作队、神木县文体局组成联合考古队，对石峁遗址进行区域系统的考古调查与重点发掘。调查工作确定了石峁城址，确认石峁城址是由"皇城台"、内城及外城三部分构成，且在外城城墙上发现有类似于"马面"的建筑遗迹。发掘部分主要为石峁遗址外城东门及城内的部分遗址。通过发掘出土遗物，可以判断外城东门使用年代可分为早、晚两期，对应的年代分别为龙山文化晚期和夏代早期，判定石峁遗址是我国北方地区超大型的中心聚落，其在北方文化圈中应居于核心地位。因此，石峁遗址于2013年入选"2012年十大考古新发现""世界十大田野考古发现""二十一世纪世界重大考古发现"。石峁遗址以其宏大的规模、复杂的布局结构、数量庞大的玉器及其城址地位的重要性，被誉为"中国文明的前夜"或"中国文明的前奏曲"，对研究中国文明格局具有重要的意义。

（三）循序渐进的文明之光

遗址的重要性，推动着考古专家们对石峁遗址开展持续不断的调查和发掘工作。随着考古调查及发掘工作的不断深入，石峁古城曾经辉煌的历史一步步被复原。2013年对城址外东门南北两侧城墙进行清理，在樊庄子发现祭坛等祭祀遗址，在外城东门两侧发掘清理出城墙、马面、角台等遗迹；2014年在韩家圪旦地点发掘清理墓葬41座、居址42座、灰坑28座，发掘出土陶器、石器、骨器及玉器等300余件，为进一步研究石峁城址的性质，以及当时居民的社会活动提供了宝贵资料；2015 年发掘樊庄子祭坛遗址，另外在皇城台北侧的墙壁壁面上发现两组镶嵌人眼的图案；2016 年主要集中发掘皇城台门址、韩家圪旦贵族墓葬区、樊庄子哨所，对秃尾河流域进行区域系统考古调查工作。值得注意的是，在城址内部聚落方面的揭露工作有所进展，由皇城台下连接的四五百米的麻黄石台大道，可能是石峁城内的“中轴”。石峁城外发现有望哨遗迹，在石峁城址的周边区域外的后阳湾、呼家洼等地方发现有墓地和房址，这些证据表明了石峁聚落格局的复杂性。2018 年考古工作主要集中于皇城台台顶，争取对其格局及轮廓有清晰的认识。截至 2018 年，石峁遗址的神秘面纱被初步揭开，但因石峁遗址数量多、分布密集，石峁城址建筑规模宏大、地位显要及对其全貌进一步揭示的需求，关于石峁遗址的考古调查、发掘工作仍在继续。

二、规模宏大的石峁城址与华夏第一门

2011—2012 年，由联合考古工作队对城址结构和城垣先后进行两次调查，确认城址由皇城台、内城、外城三部分组成，面积达 400 万平方米以上，为规模宏大的石砌城址。至 2018 年，通过碳十四系列测年及大量的标本显示，其年代不晚于公元前 2300 年，废弃于公元前 1800 年前后，为国内已知规模最大的龙山文化晚期至二里头早期阶段的城址。

“皇城台”本是当地人对一处石砌台地的称呼，四面以堑山砌筑的护坡石墙包围，位于内城的中心偏西处，平面形状为圆角方形，为高等级建筑的核心分布区域。皇城台建筑宏伟，石墙建筑经过严格的规划，高约 3—7 米。在保存较好的东北角段石墙上，可以看到排列有序的孔洞，孔洞内有残留的朽木痕迹，在皇城台西南角和南侧亦发现保存较为完好的横向插入墙体的圆木。皇城台的四周皆为台阶状护墙，即使在数千年后的今天，我们在皇城台的东北侧依然可见 7 阶石墙，部分石墙墙体有 3—5 阶结构，2015 年考古调查发现，在护墙的北段有不少于 11 阶的石砌墙体。正如陕西省考古研究院孙周勇院长在《石峁是座什么城》一文中所说：“皇城台的功能相当于后代城址中的‘宫城’，布局有序、坚固雄厚、巍峨壮丽，大型宫室云集、建筑考究、装饰华丽，是整个城址的中心和贵族居住区，也是宫庙基址、祭祀等礼仪建筑所在。”2016 年石峁考古工作队对皇城台进行局部发掘，确认皇城台一处门址，此门址是上下皇城台的一处门址，且有可能为皇城台通往内城的唯一一处交通要道。2016—2018 年，通过对皇城台遗址科学的考古发掘，考古人员对皇城台的布局及面貌有了整体性的认识：皇城台整体呈底大顶小的“平顶金字塔”状，其底部面积约 42 万平方米，顶部面积约 8 万平方米，台顶为大型夯土台基，有“池苑”等重要遗址分布其上。

皇城台门址规模宏大、保存良好且结构复杂，门址结构自外而内主要包括广场、外瓮城、墩台与内瓮城等四个部分（图 8-1）。广场位于皇城门址的最外端，呈南北长方形，西部自北向南依次为北墩台、外瓮城、南墩台，南北两侧有平行石墙，广场向东部敞开，南北长约 36 米，东西长约 34 米。

另外，在广场中部还发现了一座石砌房址遗迹。外瓮城为土石结构的单体建筑，平面形状呈“凹”字形，现考古发掘工作对其东墙、南北墙及门道有所认识。墩台共有 2 座，南北相对，南墩台平面形状为方形，北墩台形状呈长方形，南墩台东南角与广场南墙相连接，东侧为广场，西北角又与内瓮城的南墙相连接；北墩台东北角与广场的南墙相连接，南侧为北门道，东侧为广场，两墩台中部有一东西向路面。内瓮城平面形状呈曲尺形，是由南隔墙和另一个石砌建筑相连接而成。根据坍塌的土块分析，石砌建筑可能为一座“石包土”结构的墩台类建筑。

内城依顺山势而建，内城的城墙大致呈东北—西南走向分布，将皇城台包围其中，内城城内面积约 210 万平方米，城内分布着密集的房址、墓葬、祭坛与手工业作坊等遗迹；城墙为石砌墙体，基

图 8–1 皇城台东部地形图。此图为由东向西拍摄。

中国文明的前奏曲

本上处于山脊之上，现存长度超过 5700 米，宽度在 2.5 米以上。位于皇城台东南方向的韩家圪旦可能为石峁城址内城的一处居葬遗址。

2012 年 5—11 月，为解决遗址的年代问题及城址布局与功能划分，联合考古工作队对外城东门遗址进行重点发掘（图 8-2）。外城墙体为利用内城的东南部的墙体向东南方向扩建而成的一道弧形石墙，现存的长度约 4200 米、宽约 2.5 米，外城的石砌主体城墙与南北墩台的主墙相连接。外城东门址体量巨大，结构较为复杂，构筑技术先进。外城东门包括内外两重瓮城、南北土墩台、门塾及马面等遗址，总面积约 4000 平方米。外城东门外瓮城平面形状近 U 形，遮蔽门道，南北向石墙长约 21 米、宽约 2.3 米，南北两端石墙较短，垂直于南北向石墙，北墙长 8 米，南墙残长约 3 米。在石墙北端的倒塌墙体和倒塌的堆积中发现有玉铲和玉璜，在南端墙体倒塌的堆积中发现有石雕人头像残块。两墩台分列于以门道为中心的南北两侧，均为长方形，墩台外由石块包砌，主墙体中发现一些排列有序的孔洞，在皇城台的建筑中发现过类似现象，此孔洞应是有圆木插入，目的是为加固墙体。在南墩台西侧有一座类似庭院的遗址，发现房址 F7，应该为整个庭院的主体。南北墩台中间为东门的主要门道，两墩台相对的护墙外侧，有两两对应的门塾，门塾地面规整、踩踏痕迹明显，个别门塾中还有灶址。内瓮城为曲尺状，由南墩台西北侧石墙延伸北折包围形成，在此石墙墙根地面发现有壁画残块 1000 余块。

图 8-2　石峁遗址外城东门遗址。本照片由北向南拍摄。

另外，在下层地面发现两处集中埋放人头骨的遗迹：一处位于外瓮城南北向墙体的外侧，一处位于靠近北墩台的门道入口处。两

坑中皆有人头骨 24 例，头骨置放整齐，部分头骨上有砍斫与烧灼痕迹，头骨以年轻女性居多。考虑到其出土位置，这些人头骨可能与城墙修建时奠基或者祭祀活动有关（图 8-3）。位于外城外的樊庄子哨所可能为城外“哨所”类建筑，是石峁城址的预警体系的组成部分。外城东门遗址是目前中国考古发现年代最早的结构复杂、经过精巧规划、应用先进构建技术且保存较为完好的城门遗址，被誉为“华夏第一门”。

图 8–3　人骨祭祀坑

三、造型多样的玉器与用玉意图

前文提到，早在20世纪70年代，戴应新先生在神木石峁遗址进行考古调查和试掘工作，1975—1985年期间就征集到千余件玉器，仅1976年就征集到石峁玉器126件，包括牙璋、铲、刀、斧、钺、璧、璜、人头像、玉鹰、玉蝉以及虎头等，此后多年间又采集与征集到多件。有学者统计，目前流散于海内外的石峁遗址玉器多达4000余件。2012年联合考古工作队在外城东门遗址内，发掘出土有玉璜、玉铲（图8-4）等。石峁玉器色彩丰富，有灰绿、墨绿、棕黄、灰白和白色等，所选用质料为“墨玉、玉髓、石英岩、大理石岩、蛇纹石岩、黑耀岩、碧玉，属软玉类，硬度在6—7度之间”。根据造型及功用，这些玉器可以分为礼器、农业工具、装饰用玉三大类。

礼器用玉主要有牙璋、钺、戈、圭、琮及璧等。牙璋是石峁遗址玉器中最主要的器形，仅在1975年戴应新先生就在石峁遗址征集了28件。如陕西省博物馆收藏的一件石峁牙璋，颜色为墨黑色，通体光亮如漆，通体抛光，形状为扁体长条，但首部残断，长柄末端略外弧，两侧棱齿形似鸡冠，长度约在50厘米。玉戈数量较少，皆为直内戈，分为有柄与无柄两种，尾部有一圆形穿孔。玉璧较多，颜色不一，有黄色、白色、墨绿色、青色或暗绿色等，大小亦不相同，小者仅3厘米左右，大者约15厘米。玉钺数量也比较多，尺寸一般较大（图8-5）。《说文解字》对“钺”的解释为“戉，大斧也”。段玉裁注“俗多金旁，作钺”。钺为双面刃，有弧刃与直刃两种，一端有穿孔。石峁玉璜表面光素无纹饰，风格简单大气，两端各有一小圆形穿孔，或是玉璜使用时捆绑于其他物体之上使用，有穿孔的玉璜可能作为饰品使用。玉琮形状为短方柱形，内圆穿孔，发现数量较少。

图8-4 外城东门址出土的玉铲

玉制农用工具与新石器时期的农用石器外形相同，主要器形有刀、镰、

铲、斧、锛等。石峁遗址的玉刀又可分为多孔刀、切刀及镰刀，种类及数量都较多。根据孔的多少，多孔刀有二孔、三孔、四孔及五孔之分。多孔刀为长条形，刃部在较长的一边，背平直稍厚，近背处与安柄的地方有圆形穿孔，为切割工具。镰的体型较短，有一穿或者二穿，手持以收割作物或者刮治兽皮。斧有带柄斧及手斧两种形制。石峁玉铲光素无纹饰，形体扁薄，大小不一，分为长柄和舌形铲两种。

图 8–5 外瓮城出土玉钺。左边的为直刃，右边的为弧刃。

装饰品用玉有牙璧、环、笄及人物、动物形等玉雕件。玉笄造型为长条鹰形，喙部弯钩状，椭圆形眼睛，头后部有短卷冠，两翼叠放，足部阴刻出利爪，尾部则用阳刻表现。玉质人头像较为精美，为青白色，有蜡纸光泽，头上有椭圆形发髻，侧首，双面平雕，面部轮廓雕刻清晰，圆脸，鹰钩鼻，侧面中部一大耳，口微张，面颊处一大圆形穿孔，头下有短脖颈具。动物形状造型有玉蝉、玉璜、虎头等，造型较为简洁。

那么，为什么城址中会出现如此数量丰富、造型多样的玉器呢？首先，由于玉石具有的特殊属性。玉石质料稀缺，质地坚硬，而在色泽上温润柔和，再加之新石器时期制作工艺的发展，使玉石成为玉器，玉成为史前社会中较高等级人群的奢侈用品。其次，从目前玉器出土的位置来看，玉器一般只有在祭祀坑或者高等级的墓葬之中才能见到，其使用和史前权力、等级、原始崇拜及宗教信仰有一定关系，因此玉承载着一定的灵力观念与辟邪禳敌的宗教保护功能。石峁遗址玉器数量多、造型多样奇特，不仅存在于墓葬之中，而且在门址及城墙中皆有发现，例如 2012 年在对石峁遗址的调查与发掘过程中，人们就在石峁城址的东城门的墙体中发现多件玉铲，在倒塌的城门北墩台散水的堆积中发现一件玉璜。据当地人陈述，从这里采集的玉器大多是在断壁残垣处，因此此类玉器为建筑用玉确定无疑。有学者认为，玉器出现于墙体之中，是为了建造一个精神层面的屏障，因为玉在东亚人的思想观念中，充当的是驱邪避鬼的精神作用，用于墙体建造，一方面是为了达到为城址内居住者或者是统治者思想上构建精神屏障的作用，另一方面又承担精神上防御外来敌人与自然灾害的功能。再者，石峁遗址用玉能力与其地位有密切关系。石峁城址不仅规模庞大，而且经过精细的规划，又以坚固的石墙作为防御系统，其所代表的是一个显赫的区域政权中心，而且石峁很可能同时也是史前东西方之间玉石传输的一个交通枢纽。石峁玉器中以牙璋为代表的玉器为礼器用玉，亦有力地证明社会等级的存在与权力的相对集中。大量脱离社会生产的礼器的存在表明，当时石峁遗址所居住的人，不仅在一定范围内承担重要的社会功能，而且很有可能在国家形态形成的进程中承担着类似酋邦首领的政治职能。

四、备受关注的石雕人面像与中国最早弦乐器

石峁遗址石雕人面像一经发现，立刻引起学术界及社会各界的高度关注。至2015年，其石雕人面像的数量已近30件，但大多为征集所得。2015年7月在进行考古调查时，于外城东门南侧五号与六号马面之间坍塌的乱石之中，发现一件保存较为完好的石雕人面像。石雕人面呈长方形，长边13米、短径9米，宽30厘米、高20厘米。雕像为浅浮雕，人面轮廓雕刻清晰，深目高鼻，表情沉静。从其出土位置分析，其功能可能与石雕眼纹相同，原应镶嵌于外城东门南侧的一处马面墙体之上。另外一种是直接于墙体之上的菱形石雕眼装饰图案，在石峁城址上总共发现有两组三只大眼纹，皆嵌入石墙之中，表面与石墙平齐，眼眶突出，炯炯有神。学术界对石雕人面像的使用意图进行分析，观点有三：一是认为石雕人面像的使用是与祖先崇拜有关；二是认为其使用与鬼方文化有一定渊源，与巫觋活动有关；三是有学者从石峁遗址的族属方面进行探讨，认为石峁遗址出土的两种石雕人面像的具体用途有所不同，一种用于镶嵌墙体表面，一种为随身携带，是黄帝为威慑天下，用锥刀所雕刻出的蚩尤形象，其共同功能都是起防御与震慑的作用。在2018年皇城台遗址的考古工作中，于皇城台遗址的大台基南护墙墙体倒塌的石块内，发现有镶嵌在南护墙的墙面石雕30余件。此次发现的石雕不仅有人面，还有符号、神面、动物以及神兽等。发掘者认为，这些石雕可能来自更早的高等级建筑，其功用与建筑用玉相同，代表先民对皇城台大基台的精神寄托或由此可赋予台基强大的精神力量。

石峁遗址是目前中国所见年代最早、数量最多的口弦琴发现地，由此发掘出土了不少于20件骨质口弦琴。2016年在试掘皇城台遗址两阶护城墙外时，发现了皇城台顶部的“弃置堆积”，该堆积层较厚，内含丰富的遗物，包括陶器、骨器、石器、玉器及铜器等。连同在2017年考古发掘出土的遗物，考古人员经过细致的甄别，从数以万计的骨质品中识别出一批口弦琴。口弦琴形状为窄条状，制作规整，一般长8—

9厘米、宽1厘米，厚1—2毫米。此前，中国发现的最早的管乐器为河南舞阳贾湖遗址出土的距今8000—9000年的骨笛，而石峁遗址出土的口弦琴则为中国最早的弦乐器。口弦琴，古人称之为“簧”，《诗经·王风·君子阳阳》载，“君子阳阳，左执簧，右招我由房”；《诗经·小雅·鹿鸣》载，“我有嘉宾，鼓瑟吹笙。吹笙鼓簧，承筐是将”。于“皇城”之中，似乎置身于四千多年前的一场盛宴——巍巍皇台，四方来朝，吹笙鼓簧，丝竹悠扬……

当然，石峁遗址除以上两种重要遗物之外，还发现有很多细石器、中国最早的纴木实物、陶器、铜器、石器、骨器、墓葬、房址等遗存。其中铜器的发现证明，河套地区龙山晚期至夏代存在使用工具类铜器的事实。在2012—2014年见到的两件非出土的铜器（一件为调查时采集，一件为附近居民若干年前捡到），关于铜器在石峁遗址中是否已经使用抑或是已经制造铜器等问题，仅两件铜器的发现并不能为考古学家解答疑惑。直至2016年，在皇城台遗址的发掘过程中，于门址上层文化层（时间不晚于公元前1800年）中发现铜刀、铜镞、石范等遗物，于门址下层文化层（年代在公元前2100年左右）中发现一枚完整的铜锥。以上两处科学考古发掘出土实物证明，早在龙山时代晚期至二里头早期阶段，河套地区的石峁先民确实已经使用小型铜质工具，并且很有可能已经可以自产自用。另外，除上述的骨质口弦琴之外，骨器是石峁遗址的另一大发现，有骨质针、镞、锥、铲、凿、卜骨、几何纹饰片等，其中发现的骨针数量已逾万枚。考古人员通过对遗址内采集的骨针标本的观察，认为其骨质原料取自羊的小腿趾骨，而且这些骨针是经历过切割、打磨等一系列不同程序制作而成。骨针形态细小易碎，制作工程需要谨慎细致，其制作代表先民先进的工艺技术。石峁遗址发现逾万件的骨器，暗示着在皇城台内部存在大型制骨手工业作坊的可能性。随着石峁遗址科学考古发掘的推进，若发现制骨手工业作坊遗迹的存在，那么它们将是陕北地区第一个龙山时期骨器加工作坊遗存。可以预言，石峁遗址骨质手工业作坊遗址的发现，将为进一步探索皇城台顶部聚落结构与石峁城址内部功能区划提供重要线索。

五、石峁城址的保护之策

石峁遗址是目前我国发现的最大的龙山时期人类活动遗存，它的发现打破了传统意义上对中国夯筑城的认知，为研究中国文明起源的多元与文明的发展提供了全新而又重要的实物资料，对进一步了解中国早期文明格局具有重要的意义。但遗址常年曝露于地表，很多遗物散落田间地表，在遗址的中心区域俯拾即是；同时遗址范围庞大，所在区域以黄土梁峁、剥蚀山丘与沙漠地滩为主，此地降雨集中且多发暴雨，易引起山体滑坡等使遗址遭受破坏，遗址保护工作迫在眉睫。因此，在对其进行考古工作与开展研究的同时，对遗址的保护规划与建设保护工程应当同步进行。自2012年起，陕西省文物局开启了《石峁遗址保护规划》的编制工作，2013年陕西省文物局全面制定管理规划，推动文物保护的立法工作，在遗址周围设置保护设施及开启相关保护工程。2014年《石峁遗址保护规划》正式付诸实践，陕西省政府高度重视，对遗址的保护工作提供了政策与资金支持。2017年7月陕西省人大审议通过《陕西省石峁遗址保护条例》，并于2017年11月1日实施。另一方面，在遗址发掘与保护的同时，避免不了对当地群众的生产及生活带来影响，为了解决遗址保护与当地经济建设和群众生产生活的矛盾，陕西省文物局决定规划建立“神木石峁国家遗址公园”，让文化遗产保护工作惠及民生。在石峁遗址的保护过程中，坚持保护与利用相结合的原则，秉行“保护文物、文明，传承发展文化”的理念，通过整体规划周边历史文化资源，凸显区域文化特色，将考古遗址公园建造成具有鲜明特色、丰富内涵以及完善设施，集保护展示与科学研究于一体的文物旅游新亮点，吸引更多的游客前来参观学习，让旅游拉动当地经济，惠及当地民生。

对于石峁遗址的发现，国内专家称之为“石破天惊”，冠以美名“中华第一城”“文明的前奏曲”等，其重要程度由此可见一斑。陕西省考古研究院院长孙周勇将石峁遗址定义为“公元前2300年中国北方区域政体的中心”，除此之外石峁遗址与仰韶时代用于维护社会新秩序的礼制与宗教中心不同，其地位是“4300年前大河套地区社会的政治、经济、文化及统治权力中心”。著名考古学家、北京大学教授严文明先生曾表示，公元前2000年正是中国文明的起源阶段，而石峁遗址的面积达400万平方米以上，城址经过精细的规划建成，在城址的建设过程中使用玉器与人头骨进行祭祀或其他礼仪活动，显示出中国早期文明中或有阶级的形成，石峁城址的研究有助于进一步揭示其所在时代的社会形态、聚落形态与演变、人地关系与遗址的功能。石峁遗址发现规模宏大、形制完备、构造技术先进、结构复杂的石砌城址，“大聚居、小分散”的聚落形态以及丰富而又重要的遗存，为正在进行的“中华文明探源工程”注入了新的血液。正如孙周勇院长所言：“石峁遗址对于重新描绘公元前2300年华夏沃土上‘万邦林立’的社会图景具有重要的启示意义。”

石峁遗址的发现或将改变人们对新石器时代史前文化格局的认识。

参考文献

[1] 陕西省考古研究院、榆林市文物考古勘探工作队、神木县文体广电局、神木县石峁遗址管理处：《发现石峁古城》，文物出版社，2016年。

[2] 神木县石峁文化研究会：《石峁玉器》，文物出版社，2018年。

[3] 戴应新：《陕西神木县石峁龙山文化遗址调查》，《考古》1977 年第 3 期。

[4] 王炜林、孙周勇：《石峁玉器的年代及相关问题》，《考古与文物》2011 年第 4 期。

[5] 陕西省考古研究院、榆林市文物考古勘探工作队、神木县文体局、榆林市文物考古勘探队：《陕西神木县石峁遗址》，《考古》2013 年第 7 期。

[6] 陕西省考古研究院、榆林市文物考古勘探工作队、神木县文体局：《陕西神木县石峁遗址后阳湾、呼家洼地点试掘简报》，《考古》2015 年第 5 期。

[7] 孙周勇、邵晶：《瓮城溯源——以石峁遗址外城东门址为中心》，《文物》2016 年第 2 期。

[8] 孙周勇、邵晶：《马面溯源——以石峁遗址外城东门址为中心》，《考古》2016 年第 6 期。

[9] 陕西省考古研究院、榆林市文物考古勘探工作队、神木县文体广电局：《陕西神木县石峁遗址韩家圪旦地点发掘简报》，《考古与文物》2016 年第 4 期。

[10] 陕西省考古研究院、榆林市文物考古勘探工作队、神木县石峁遗址管理处：《陕西神木县石峁城址皇城台地点》，《考古》2017 年第 7 期。

用图来源

图 8-1　陕西省考古研究院、榆林市文物考古勘探工作队、神木县文体局：《陕西神木县石峁遗址后阳湾、呼家洼地点试掘简报》，《考古》2015 年第 5 期。

图 8-2、图 8-6、图 8-7　陕西省考古研究院、榆林市文物考古勘探工作队、神木县石峁遗址管理处：《陕西神木县石峁城址皇城台地点》，《考古》2017 年第 7 期。

图 8-3　孙周勇、邵晶：《瓮城溯源——以石峁遗址外城东门址为中心》，《文物》2016 年第 2 期。

图 8-4、图 8-5　陕西省考古研究院、榆林市文物考古勘探工作队、神木县文体局：《陕西神木县石峁遗址》，《考古》2013 年第 7 期。

（赵丹）

深藏三千年的古代文明

——殷墟的发现与发掘

大约公元前 16 世纪，商汤灭夏，立国中原，从此我国历史进入商代。由于受到北方少数民族的不断骚扰以及扩展势力、发展农业生产的需要，商汤以后五迁其都止于殷。从盘庚迁都于殷，直到商纣亡国，273 年间殷一直是商代晚期的统治中心。周灭殷后曾把殷纣之子武庚分封于此，以安抚这里的殷民。后来武庚叛乱，周公亲自率兵镇压，并把这里的殷民迁走，殷便日渐荒芜，成为废墟，失其所在，文献中称为“殷虚（墟）”（图 9-1）。这段历史是很清楚的，但殷墟究竟在何处？这个在人类历史上持续 273 年之久的立国之地，积淀、埋藏着怎样的物质文明？人们一直在苦苦思索。直到上世纪末甲骨文被偶然发现，这一切才迎刃而解。

一、甲骨文与殷墟发掘

甲骨文的发现是殷墟发掘的先声。晚清光绪年间，河南安阳西北小屯村一带的农民在翻耕田地时，常常拣到一些刻有奇特字形的骨片，这些骨片被认为是不祥之物，有碍庄稼生长而被填于枯井或被冒作“龙骨”转售于药店，“一斤才值数钱”（罗振常：《洹洛访古游记》，宣统三年二月二十一日条）。

1899 年（光绪二十五年），北京国子监祭酒王懿荣染病取药，从中药中的“龙骨”上发现了这些奇异的刻划。王本是金石学家，经他考证，确认这种非篆非籀的字形乃商代贞卜文字。他又从中药店了解到，这些带字龙骨系骨董商人从河南一带收购来的，他以每版 2 两银子的价钱收购了 12 版甲骨文。1900 年，骨董商人范维卿、赵执斋等携甲骨数百片来京，又为王懿荣以高价收购。从此甲骨文身价倍增，一些有识之士如刘鹗、王襄、孟定生、罗振玉等也纷纷出资收购，连外国传教士也加入了购藏

图 9–1 殷墟复原图

甲骨的行列。1903 年，也就是《老残游记》出版的那一年，刘鹗（号铁云）印行了中国第一部著录甲骨文的图书《铁云藏龟》，对甲骨文的搜集起了推波助澜的作用。眼看着甲骨文售价日涨，一些骨董商人欲垄断甲骨交易从而大发其财，便故意隐瞒甲骨出土的真实地点，诡称出自河南汤阴、卫辉，直到 1908 年，经罗振玉多年留心探访，才得知甲骨实出自河南安阳之小屯。此后，甲骨搜集者纷至沓来，使这块一向默默无闻、植满五谷的农田一下子热闹起来。小屯村的村民从此也在自家田园及河畔路边大肆挖掘。（图 9-2）

图 9–2 刻骨卜辞

伴随甲骨文被确认、购藏和挖掘，古文字学家也对其开始了艰苦的破译工作。经过孙诒让、罗振玉、王国维、叶玉森等人的努力，可识之字逐渐增多，甲骨片上排列的文字成为可以通读的文句了。1910 年，罗振玉又释出 10 余位殷王名谥，从而证实了出土甲骨文的小屯村正是古文献记载的殷墟！

从甲骨文被确认为商代遗物，到甲骨出土地被认定为小屯，再到小屯被证实为殷墟之所在，有偶然的发现，更有艰苦的探索，其间竟前后经历了 20 多年的时间。

1928 年，刚刚在广州成立的中央研究院历史语言研究所（内设考古学组）在傅斯年所长的领导下，开始筹划安阳殷墟的大规模科学发掘。计划的初衷本来是找甲骨文的。因为小屯经过多年私人挖掘和骨董商人、甲骨收藏者的搜求之后，出土甲骨数万片，多数人包括小屯村民都认为地下甲骨已被挖尽。这个 19 世纪末轰动世界的弹丸之地，究竟还有没有甲骨埋藏？是否还值得发掘？这是史语所专家学者们所关心的问题。8 月，傅所长先派河南籍人士、史语所编辑员董作宾前去安阳作实地考察。在小屯村，他花了 3 个银元就轻易购到 100 多片有字甲骨，这使他信心倍增。在一儿童的引导下，

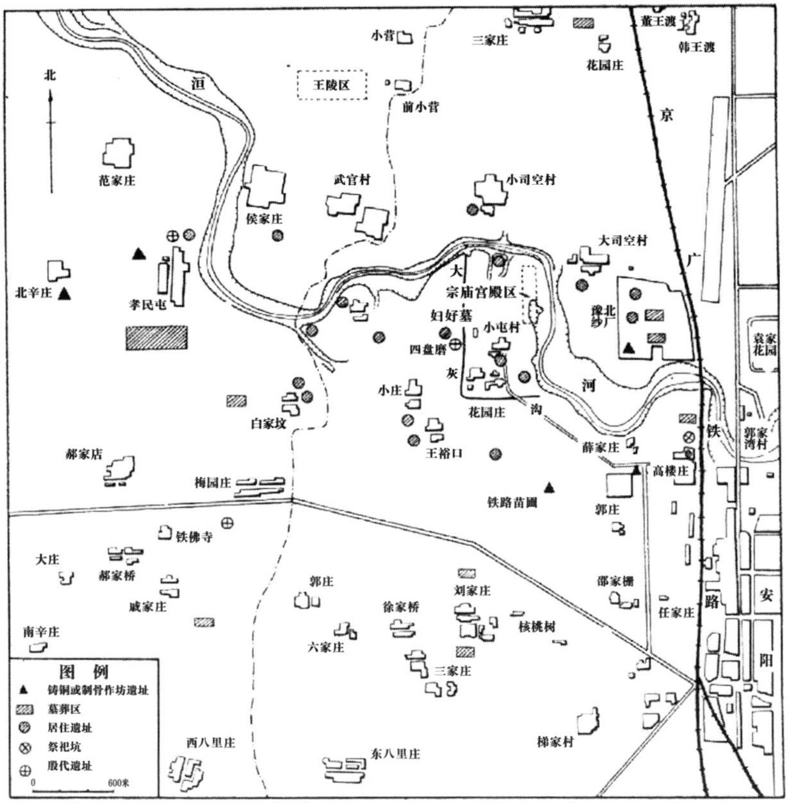

图 9–3 安阳殷墟商代遗址分布图。图片来源于安阳殷墟网。

他对甲骨出土地进行了仔细的调查，认为“甲骨挖掘确犹未尽”，于是立即向上级写了报告：“甲骨既尚有留遗，而近年之出土者又源源不绝，长此以往，关系吾国古代文化至钜之瑰宝，将为无知之土人私掘盗卖以尽，迟之一日，即有一日之损失，是则由国家学术机关以科学方法发掘之，实为刻不容缓之图。”（董作宾《民国十七年试掘安阳小屯报告书》）同时他提出，要蔡元培院长函请冯玉祥总司令派兵驻守安阳加以保护。傅所长也毫不犹豫，马上和中研院磋商落实发掘经费，并幸运地得到 1000 银元的资助（这在当时是相当可观的数目）。那时，中国的田野考古尚处于草创阶段，筹划者包括傅斯年在内都没有实践经验，一切几乎从头做起：购买测量仪器、摄影工具和必需的资料等，考古队的成员也由志愿者和雇佣人员组成。一切准备就绪之后，1928 年 10 月 7 日，董作宾率领 6 人组成的考古工作队带着南京中央政府和河南省政府的介绍信进驻安阳小屯村。

1928 年 10 月 13 日，在董作宾主持下，安阳殷墟的首次发掘开始了。考古工作者选择了 3 处发掘地点：小屯村东北洹河之滨的农田以及村北、村中。他们先用挖掘谷地周围向中心靠拢的“轮廓法”，后又用由中心向周围扩散的“集中法”，最后用探铲分点探测确定发掘地点的“打探法”，在以上三个区域挖掘了 40 个坑，揭露面积 280 多平方米，出土甲骨 854 片以及不少铜、陶、骨、蚌、石、玉器等有价值的商代遗物。可以想见，用简单、原始的发掘工具挖出深藏几米以下的古代遗物是多么不易，但毕竟第一次发掘为以后的工作积累了经验，铺平了道路。（图 9-3）

从 1928 年到 1937 年，史语所考古组先后在董作宾、李济、梁思永、郭宝钧、石璋如等专家主持下，对殷墟进行了 15 次大规模的科学发掘。1929 年秋第三次发掘受到河南省政府的干涉，省政府接受了河南省图书馆馆长何日章的建议，认为殷墟发掘应由河南省政府主持，以免出土文物被运出省外。中研院与地方政府争执不下，发掘工作被迫暂停。何日章乘机于 1929 年 10 月、1930 年 2 月组织了两次发掘，得甲骨 3650 片。傅斯年亲赴河南省府开封，寻求解决办法，最后以文物共享、分配陈列的协议平息了这场风波。1936 年 3 月开始的第 13 次发掘是激动人心的。按既定日程，6 月 12 日结束本次发掘，但收工之前奇迹出现了。下午 4 时，在编号 H127 的坑中发现了许多龟版，主持该坑发掘的王湘先生仅用一个半小时的时间，就在不到 1 立方米的土中起出了 3670 片龟版。考古工作者准备于次日用一天的时间把它们肃清，但到第二天太阳落山，也只取出了上面的部分甲骨。看来，要想在短期内完工是不可能的。夏日的安阳，骄阳似火。考古队员一致认为，应把它们作为一个整体取出。于是，他们用了 4 个昼夜，终于把这块重 6 吨多的甲骨堆积挖了出来。为安全计，派一个“自卫团”日夜守护。在当地民工的通力配合下，他们把它们装进大木箱，用铁丝捆绑结实，最后终于在 7 月 4 日将其搬上了开往南京的火车。在史语所总部，胡厚宣先生带

图 9–4　司母戊方鼎

三四个人开始了半年之久的室内“挖掘”，剥出甲骨 17096 片。H127 坑是殷墟发掘中获得的一次最大的成就和业绩，被称为“地下档案馆”。

1937 年全面抗战爆发，史语所在安阳的发掘被迫中止。日本学术团体多次来安阳盗掘古物，同时私人挖掘之风又起。有名的司母戊大鼎就是 1939 年被人在安阳武官村挖出的，因太重，无法搬运，又怕落入日本人之手，复又埋入地下，1946 年取出后，转归南京中央博物院，现藏国家博物馆。（图 9-4）

1949 年后，在经济十分困难的情况下，中央人民政府仍重视殷墟的考古事业，拨专款支持，从 1950 年春起，就开始了安阳的发掘。1950 年 8 月，中国考古研究所成立，有计划地对其组织了 20 多次发掘。1959 年，考古所适应工作需要，在小屯村西设立安阳殷墟考古工作站，专门负责这里的科学发掘。1958—1961 年的多次发掘，大部分是配合地方工农业基本建设进行的。通过 70 年来的考古调查、发掘和研究，殷墟的范围、布局已比较清楚地展现在我们面前：它以小屯村为中心，横跨洹河两岸，东西长 6 公里，南北长 5 公里，包括 20 多个村庄在内，占地 30 多平方公里。

二、重大发现

1．甲骨文

殷墟发掘是因甲骨文的发现引起的，在 1949 年前后的历次发掘中，也都有不少甲骨出土，甲骨文仍是殷墟出土物中的大宗和最重要的发现之一，估计总数在 15 万片左右。其中 1949 年前所发现的 10 万多片大部分被运往台湾或流落国外。比较集中出土甲骨的有 1936 年 H127 坑，出 17096 片；1973 年小屯南地，出 7040 片（有字甲骨 4761 片）；1991 年殷墟花园庄甲骨坑，出 856 片。这些刻在龟甲和动物肩胛骨上的文字，记录了商代社会政治、经济、军事等方面的情况，是研究商代历史最真实、最珍贵的历史资料。先后由郭沫若、胡厚宣主持编辑的13巨册《甲骨文合集》收录有代表性的甲骨4万多片，基本上反映了甲骨文的全貌。

2．墓葬

殷墟发掘的大小墓葬计有4000多座，其中埋葬平民的小型墓最多。小型墓都作长方形土坑竖穴，长2米，宽不足1米，随葬品不多，流行墓底挖腰坑、坑内殉埋狗架的习俗。1934年史语所进行第10次发掘，在过去私人挖出大量青铜器和其他珍品的侯家庄西北冈，发现了10座大墓，其中有一座是未完工的假大墓。大墓多有四出墓道，平面呈“亚”字形，墓口面积200多平方米，墓内有棺椁的痕迹。这些墓虽被早期的挖宝者不止一次地盗掘过，但仍留下了不少珍贵的文物，特别引人注目的是一组精巧的石刻，并且所有大墓的墓室和墓道的填土内都有一层层数量可观的人骨架和头骨，他们是被杀戮的牺牲。人们相信，这些大墓就是殷代的王陵。

1950年春，在郭宝钧带领下，考古人员对殷墟的又一次科学发掘开始了。他们在挖出司母戊大鼎的武官村北发掘了一座大墓，即武官大墓。该墓墓室南北长14米、东西宽12米，墓口至墓底腰坑深8.4米，有南北两出墓道，长都在15米以上，平面呈“中”字形。墓室用椁，从四壁印痕可以看出，椁底用30根圆木铺垫，椁的四面由九层原木井字形交叉相叠而成，椁顶也用原木铺就，外设夯土二层台。武官大墓早年被盗掘、焚毁，发掘者仅得鼎、簋、爵、彝、卣、刀、戈、镞等青铜器和玉佩饰、石器。石器中的磬是我国现存最古老、最完整的大型乐器之一，它正面刻有虎形装饰，悬挂轻轻敲击，可发出清扬的乐音。腰坑殉一执戈奴隶，东西二层台上布满人殉坑，排列有序，共计殉人骨41具。墓室上部填土中还发现人头骨84个。另外，南墓道埋殉1个人、1条犬、12匹马，北墓道也有2个人、4条犬、16匹马。总计为武官大墓殉葬的有79人，这些殉人根据埋葬部位及出土时的情况，可判断为墓主人的生前侍从、姬妾及奴隶等。

1976年在小屯村北发掘的妇好墓，是殷墟考古的一项重要收获。该墓为长方形，无墓道，墓口长5.6米、宽4米、深7.5米，规模不算大，但未经盗掘，墓内随葬物保存完整，计出殉人骨架16具，狗骨架6只，葬品总数达1928件，其中有青铜器468件（青铜礼器200余件，兵器130余件），玉器755件，石器63件，宝石器47件，象牙器3件，陶器、蚌器数十件，另有海贝6820多个，仅青铜器的总重量就达1600多公斤。各类器物的造型、雕琢都达到了极高的艺术水平，因此妇好墓被认为是3000年前的艺术宝库。由于铜器铭文中有“妇好”“司母辛”等字样，结合甲骨文中的记载，学者们认为该墓墓主妇好就是商王武丁的64个配偶之一，在甲骨文中，曾有她率兵出征的记录，这与妇好墓出土有大量兵器相印证。

3．祭祀坑

1949年之前，中央研究院史语所在殷墟发掘中曾发现一批排列有序的小墓丛，墓坑长方形竖穴，极少随葬品，但当时并未引起重视。1950—1976年，考古工作者又先后在武官大墓附近发现了200多座这样的葬坑，坑长2米、宽1米、深2米左右，同一排中坑距0.3—0.5米，多南北向，每坑埋无头遗骨8—10具，经鉴定，多为男性青壮年。东西向坑3排，死者多为成年女性或儿童，全躯俯身。这些人骨架不是被砍头，就是被肢解、腰斩，有的被活埋，其挣扎之状历历在目。葬坑在殷王陵区内，从其分布排列情况来看，它们不可能专属于某一大墓，应是王陵区的公共祭祀场。目前还不能确知在这个祭祀场里究竟杀埋了多少奴隶，现已揭露的5000多平方米范围内的200余个祭祀坑就已清理出人牲1330具。1976年清理的191个坑可分为各不相同的22组，每一组就是一次祭祀活动的产物，也就是说，商王在这里至少举行了22次祭祀活动。

另外，1959年在后冈发掘的一圆形祭祀坑，内有人头及无头骨架70多个（图9-5）。1971年大司空村的一座椭圆形祭祀坑内，出人头31个，躯架26具。小屯村南村北、苗圃北地等都有人牲的零

图9-5　后冈圆形祭祀坑

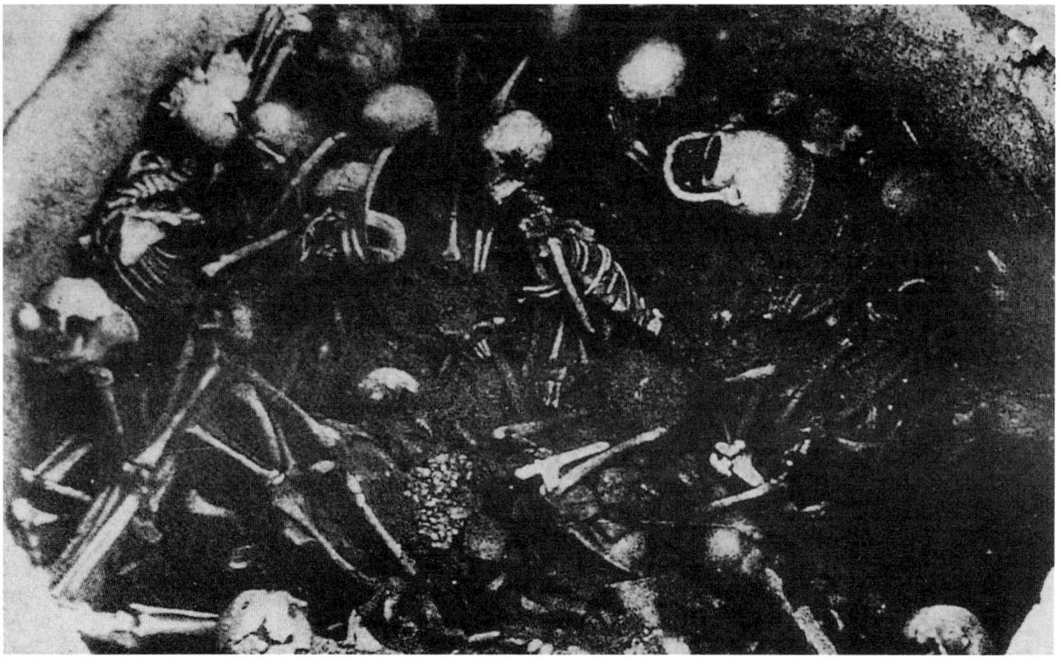

星发现。

4．车马坑

1936年发现的5个车马坑，是H127坑甲骨发现之前的一个重要发现。5个车马坑大致呈“品”字形布局，每坑埋1车3人，其中有3坑各埋马2匹，两坑各埋马4匹，车马饰件保存完好，成为日后复原的基本材料。这5个车马坑可能是按当时的军事布局排列的，是研究商代战车制度的重要实证。而一车三人，正合商周“左人持弓，右人持矛，中人御”的兵车之法（《诗经•鲁颂•閟宫》郑玄笺）。

1953—1987年，考古工作者先后在大司空村、孝民屯、郭家庄等处又发现了多座车马坑，基本弄清了殷代车的形制。车为两轮独辕，辕长2.56—2.92米，两轮间距为2.23—2.4米，轴长3.09米，轮有车辐18根，木箱作长方形，后边有缺口，可供上下之用，有的车箱底部有装铜镞的矢箙。

5．宫殿遗址

在小屯村及附近，历年发掘清理的地面夯土建筑基址有50多座，基址平面有长方形、正方形、凸形、凹形、条形和圆墩形等，建筑面积40—1200平方米不等。它们分别属于甲、乙、丙三组，排列整齐。基址内除发现夯土、柱洞、柱础石外，还发现排水用的陶质水管、测量水平用的水沟和举行奠基仪式时埋葬的人骨架。1989年，又在乙组宫殿基址的东南发现了一座大型宫殿基址，该基址呈凹字形，由南北两排并列的房基和西面与之相连接的房基组成，占地5000平方米，由此可以想见它当时的宏伟气势。

三、奴隶社会的缩影

商代是奴隶社会，到盘庚迁都于殷，其奴隶制可以说达到了鼎盛时期。奴隶社会的特点就是奴隶主占有奴隶，把他们当作自己的私有财产、会说话的工具，能按主人意志做事的牲畜。奴隶为奴隶主辛勤劳作但没有人身自由，经常被任意处置。殷墟发现的祭祀坑和大量殉葬用的人牲就是明证。《尚书•盘庚》记述盘庚迁殷之前，盘庚对群臣万民的三段训词，言词恳切，力陈迁都之必要。群臣舍不得故都的财产，而万民在故都只是过着“荡析离居”的生活。针对那些顽固分子，盘庚说：“你们要听从我的决定，否则惩罚就会用到你们身上，到那时后悔也来不及了！”“我迁都的计划一旦决定就不会变更，你们应当体谅我的难处，要同心同德按照我的意见行事，假如你们行为不善，我就杀掉你们以及你们的后代，不使你们的后代在新的京城繁衍。”过去人们根据其威胁恫吓的口气，认为盘庚是在对奴隶讲话。现在，我们看了殷墟出土的人牲情况，就不会再把“万民”当作奴隶了。如果他们是奴隶，就会像一群牲畜一样，只需用鞭子赶一下就行了，何必有劳国王来费那么多口舌？

在奴隶制高度发展的时期，国家的大事莫过于祭祀与战争。《礼记·表记》说："殷人尊神，率民以事神。"神权支配了商代社会意识形态领域，左右了人们日常生活的准则，于是在商王朝那里，龟甲、兽骨被人为地赋予了神奇的功效，成了沟通人间与神界的媒体，遇事必卜，每卜必从，各类祭祀活动极盛一时。这不但给我们留下了大量占卜和记录贞卜内容的甲骨，也留下了触目惊心的祭祀遗迹。他们不但用牲畜祭祀，还把奴隶当作牲畜来杀殉、活埋作祭品，以显示敬神、祭祖活动的虔诚。殷墟发掘为研究商代的宗教信仰与祭祀制度提供了有价值的资料。

战争是巩固统治、扩充地盘的重要手段。早在商朝开国之王商汤时，商人就有"十一征而无敌于天下"的战绩（《孟子·滕文公上》），盘庚三传为武丁，武丁史称高宗，是殷代少有的明王之一，武丁在位64年，正是商朝最鼎盛的时期，甲骨文记载的武丁征战有60多次，殷墟发掘虽没能确定武丁之墓，但从其配偶妇好的墓葬也可见一斑。妇好墓随葬130多件青铜兵器，便是尚武时代的见证，而且，妇好本人就是一位能征善战的巾帼英雄（图9-6）。

殷墟出土材料中，值得注意的还有那墓内随葬器物的组合。殷墟墓葬中，大中型墓多有觚、爵、斝等酒器随葬，小型墓也有少量

图9–6　妇好墓遗址

的陶质酒器，这说明用酒器随葬已成为一种风尚。史载商代后期社会饮酒成风，酗酒已成为严重的社会问题。人们向往在地下仍能像生前那样豪饮，因此以酒具影随左右。《尚书·酒诰》总结说，殷代是以酒亡国的，故周公严厉禁酒，聚众饮酒者斩，所谓殷鉴不远。商朝的末主纣王，就曾以酒为池，悬肉为林，为通宵之饮，曾在殷统治 273 年的商王朝也就是在这位昏庸、酷虐之王的歌舞酒乐中灭亡的。

四、出土文物反映的工艺技术

1．青铜铸造技艺

商代已是高度发达的青铜时代，有着极为高超的青铜冶炼和铸造技术。据不完全统计，殷墟出土的青铜器有 5000 多件，器类有鼎、簋（图 9-7）、方彝（图 9–8）、尊、觥、壶、瓿、卣、缶、斝、盉、甗、觯、觚、爵、盂、盘、罐及锛、凿、刀、铲等几十种，可分为食器、酒器、水器、工具等类。它们造型奇特生动，纹饰华美，气魄宏伟，表现出精湛的铸造技术。武官村出土的司母戊大鼎，通高 1.33 米，横长 1.10 米，宽 0.78 米，重达 875 公斤。制作这样一件器物，要采用分铸法，先铸鼎耳，然后将耳与鼎身铸接在一起。鼎身四面每面要用两块范

图 9–7　殷墟西区墓葬出土青铜簋

图 9–8　妇好墓出土的偶方彝

图 9–9　妇好墓出土的玉凤

来铸，器底用范 4 块，四条腿每条用范 2 块，铸成这件大鼎共用范 20 块。殷墟出土的熔铜坩埚，类似倒置的将军盔，其口部直径约 83 厘米，一次可熔铜 12.5 公斤，要浇铸出司母戊大鼎这样的杰作，至少需要 200 人的通力配合；若加上制模、雕花、打磨等工序，其用工量就更为可观了。用现代科技手段进行的定量分析结果表明，该器是用铜、锡和铅三种元素的合金铸成，三种金属元素所占比例是：铜 84.77%、锡 11.64%、铅 2.79%，正合《周礼·考工记》记载的“钟鼎之齐（剂）”。这种青铜配剂法是商代工匠长期铸造经验的总结。

商代青铜器上的纹饰也多种多样，有几何形、动物形和表现人事活动的图案，有平雕、浮雕、浅浮雕等多种手法，刻画细腻生动，情趣盎然。

2. 玉石象牙工艺

殷墟遗址和墓葬中除了有大量青铜器出土外，还有精美的玉器、石器、象牙器相伴出土。就妇好墓所出的 755 件玉器来说，它们可分为礼器：琮、圭、璧、环、璜、璇玑、簋、盘等；仪仗器：矛、戈、刀等；工具及生活用具：斧、凿、锛、锯、铲、镰、纺轮、杵臼、耳勺、匕、梳等；装饰品：簪、镯、串珠、玉人、龙凤、怪兽及各种动物。妇好墓出土的玉雕动物达 27 种，大多为现实生活中常见的飞禽走兽，匠人们运用线雕、浮雕和圆雕等不同手法，形象表现了各种动物的姿态，线条流畅，栩栩如生；玉龙雕刻，昂首张口，作腾空而起之势；玉凤短翅长尾，飘然欲飞（图 9-9）。十多件玉雕人像，呈跽坐姿势，就像日本人坐在榻榻米上（图 9-10）。这些人像，浓眉大眼，高高的颧骨，有的戴冠，有的盘发，有的赤身裸体，有的着装整齐，长袍边上绣几何形图案，再现了 3000 年前形态各异的中国人。这批玉器不仅造型多样，品种齐全，其出土时的温润晶莹、光泽鲜明，令发掘者惊叹不已，说明商代后期琢雕玉器的工艺和抛光技术都已达到了相当高的水平。根据现在富有经验的雕玉专家推测，当时很可能已出现利用轮子来带动蘸着研磨砂的圆形工具对玉料进行琢制的工艺了。

图 9–10　殷墟妇好墓出土的跽坐玉人，距今 3000 多年的玉雕精品。

石器的琢制也是匠心独运，与玉器相映成趣。礼器有罐、豆、壶、瓿、盂、觯等，乐器有石磬，工具铲、杵等都具有实用价值。用于建筑物上的大型石雕动物，如熊、虎、猫头鹰等，背上都有一条深槽，以便嵌入墙上的突起部位。

象牙器的数量虽不多，但制作精美，丝毫不亚于玉器，而更显得富贵华美。妇好墓出土一对用象牙根部雕刻的杯，就是不可多得的古代瑰宝（图 9-11）。杯口外撇，唇薄如蛋壳，形体类似酒器觚，腰身有把手，把手中部外侧刻一兽面和兽头，杯的通体雕满精细花纹，分组排列，各组纹饰之间用绿松石镶嵌的细线隔开。另一件带把虎杯，除全身饰满花纹外，在把手的下端还雕出一立体的老虎，虎头朝上，臀部突起，尾上卷，四肢前屈，像正在行走，使整个牙杯充满了活力。殷墟制骨作坊遗址曾发现小型青铜刀、锯、

图 9–11　妇好墓出土的兽面纹嵌松石象牙杯

钻和粗细砂岩、砺石等制骨工具，用这些工具同样能对质地坚硬的象牙进行裁、剖、削、磨等整治加工，充分发挥青铜工具锋利、坚韧的优点。但对牙料进行更加细密的加工，雕刻出与铜器、玉器媲美的器型、花纹，且线条卷曲自如，刻度深浅适宜，成为别具风格的艺术作品，仍不是件容易的事。

五、殷墟发掘的重要意义

安阳殷墟是驰名中外的商代后期的都城，在长达273年的岁月里，商王朝有8世12王在这里经营，积累了丰富的物质文明。殷墟发掘打开了这座地下博物馆的大门，带来了商史研究的空前繁荣。这里，我们要重点说一下作为研究商代历史重要依据的甲骨文。在出土的近15万片甲骨上，涉及不相重复的单字4500多个，经几代学者的努力，现已考释出近三分之一，靠这些已认识的字，就基本上能通读和准确理解甲骨片上的全文，并用于商代历史的研究。罗振玉、董作宾、王国维、郭沫若等，在甲骨文考释和商史研究上都有杰出的贡献。就甲骨文本身讲，虽然我们不能肯定它就是我国最早的文字，但可以说它是最早成熟的成系统的汉字。它保留的诸多象形的成分，也成为研究汉字起源的珍贵材料。一片甲骨上的文字，具备了文章的三要素，所以，甲骨文又是我国最早的文章形式。目前，甲骨文书艺创作正在兴起，河南安阳、江苏南京已举办过四次甲骨文书法作品展。这种书法刚劲有力，可充分发挥其象形特点，悦目赏心，有其他书法形式无可比拟的艺术效果，同时也是普及甲骨文知识，进行爱国主义教育的好形式。早在甲骨文发现之初，由于外国收藏家的介入，甲骨文就已跨越国界，其研究也逐渐成为一门世界性的学问——甲骨学。东邻日本自20世纪70年代就创办了《甲骨学》杂志，全世界的华人提起甲骨文都感到亲切和自豪。

现在人们普遍认为，殷墟发掘的收获已远远超出了出土文物本身。首先，殷墟发掘奠定了我国现代田野考古的基础，是中国考古学诞生的重要标志。在此以前，中国境内的考古发掘多由外国人主持，从美国学成归来的李济先生1926年主持了山西夏县西阴村新石器时代遗址的发掘，这是首次由中国学者主持的田野考古工作，但这是一次国际合作性质的发掘，由美国提供发掘经费，发掘规模很小。1928年开始的殷墟发掘，则是由中国学者主持，中国政府资助，中国学术机关独立承担的考古工作，改变了以往考古工作受外国人控制的局面，出土资料也由中国学者研究发表。殷墟发掘，摸索积累了丰富的工作经验，培养锻炼了一大批考古人才，涌现了不少中外著名的考古学家，如李济、董作宾、梁思永、郭宝钧、尹达、胡厚宣等。可以说，殷墟发掘对中国现代考古学的影响是极其深远的。其次，殷墟发掘以前，对于古代地方出土物之早晚仍不免于猜度，难以确定年代，而安阳殷墟已由甲骨文确定为商代晚期都城，因此，“将此年代确知之墟中所出器物，为之审定，则其他陶片杂器，可以比较而得其先后，是殷墟知识不啻为其他古墟知识作度量也”（傅斯年 ：《本所发掘安阳殷墟之经过》，《安阳发掘报告》第二期，1930 年）。考古工作者在其他古遗址的发掘中，有效地利用了殷墟知识作为田野考古学的标尺，解决了不少实际工作中的疑难问题。第三，1899—1928 年，大量甲骨及出土文物流往国外，美、英、德、日、加拿大等国传教士和不法商人不断来安阳小屯搜求甲骨。据不完全统计，流落国外的甲骨，日本 12443 片，加拿大 7802 片，英国 3355 片，美国 1882 片，西德 715 片，苏联 199 片，瑞典 100 片，瑞士 99 片，法国 64 片。约有 12 个国家共收藏我国殷墟甲骨 26700 片。大批甲骨的流失，是我国文化财富的巨大损失，也给我国学术事业的发展带来不便。殷墟发掘有效地制止了甲骨的外流，保护了我国宝贵的文化遗产。

图 9–12　妇好墓出土的鸮尊

（刘兴林）

扑朔迷离的青铜世界

——三星堆遗址探秘

2000年12月三星堆遗址要进行新一轮发掘，以及中央电视台将对此进行现场直播的消息，引起了国人的广泛关注，众多新闻媒体为此进行了连篇累牍的报道，称此次发掘为“世纪末大发掘”，“将揭开多年悬而未决的三星堆之谜”。实际上，三星堆的这次发掘只是一次普通的发掘，目的是为正在制订的“三星堆保护规划”提供科学依据，而绝非进一步大规模发掘的前奏。国家文物局为此还特意向新闻界做了澄清。一次普通的发掘，为什么竟引起如此强烈的反响呢？其真正原因在于，三星堆遗址深厚的文化内涵和神秘的青铜造像，已带给人们以巨大心灵震撼。

一、“广汉玉器”神秘面世

三星堆遗址位于四川省广汉市南兴镇北。这里有一条被称为马牧河的古河道，北岸的阶地形似月牙，叫做“月亮湾”；南岸有三个大土堆，人称“三星堆”。1929年2月，住在广汉太平镇月亮湾的燕氏父子为给农田灌水，在自己门前不远的地方挖坑。忽然，只听“砰”的一声，燕青保的虎口被震麻，那带水的泥也溅了他一身，再一看，锄头的刃口也卷了。这是怎么回事！？他急忙弯腰察看，然后将坑里的土刨开，只见有块石板平躺在土里。他将土刨开，再用锄头将石板撬开。在他撬石板的时候，他的父亲燕氏也回到了田里。当石板移开时，满坑晶莹剔透的玉石器跃入父子俩的眼帘。燕氏父子下意识地环顾四周，只见田里还有三三两两的农民在干活，于是赶忙把石板重新盖上，再覆上土，然后回到了家中。

深夜，燕氏父子又来到白天挖坑的地方，将土刨开，把石板抬起。当他们的手触摸到那些玉石器时，不知是由于紧张害怕，还是激动，他们的手有些颤抖。当他们将

300多件玉石器取完时，天将拂晓。燕氏父子回到家中，细细打量这些器物，只见都是些奇形怪状的东西，他们虽然不懂，但知道是宝物，于是将其收藏，秘不示人，以观周围的反映。

岁月如梭，转眼一年过去了，周围的一切依然是那样的平静和祥和，像没有发生什么事。燕氏便悄悄地带了几件宝物到成都的古董市场去卖，同时也带了一些宝物送给当地驻军旅长陶宗伯。

陶旅长是个军人，带兵打仗是内行，对古董是外行，但他心里明白，这些宝物非同一般，便带着部分文物前往成都的华西大学。

陶旅长来到华西大学找到在此教学的地质学教授葛维汉先生，请他帮助鉴别这些东西。葛先生来自美国，除了研究地质地貌外，对古董有所研究。当他看了陶旅长送来的玉器时，感到惊讶，没想到在西南地区竟会发现如此精美的玉器，他初步确认这些玉器为周代礼器。

燕氏拿着部分玉石器，小心翼翼地来到成都的少城路（现在的人民公园一带）——成都最大的古董市场。这里瓷器、木器、铜器、玉石器、杂件等，应有尽有。

燕氏小心翼翼地在市场上转悠了半天，才将所带玉石器出手。古董商们见他不识货，纷纷压价收购，燕氏很快就将手中的玉石器全部卖出。

由于这批东西属罕见之宝，价值连城，因此，一些不法商人为牟取暴利，就制作了一些赝品，鱼目混珠。一时间，广汉玉器在古董商和古玩家之间被炒得沸沸扬扬，以至于不少人上当受骗。还有一部分人则四处打听广汉玉器的来源，当得知这些玉器来自广汉的月亮湾时，人们又潮水般涌向月亮湾，燕氏手中的几百件玉石器很快流失，有些至今不知去向。

陶旅长从华西大学回来后，也开始策划行动方案。1931年春，陶旅长亲自出马，带着6个警卫人员在月亮湾进行挖掘，但一无所获。当时华西大学的葛维汉、林名均等学者知道此事后，与当时的广汉县县长罗雨仓协商，决定成立一个专门发掘小组，并就此向四川省教育厅提出了申请。

1933年秋，由四川省教育厅颁发执照，广汉县政府批准，由华西大学图书馆的林名均先生、葛维汉教授、戴谦和教授等人组成的月亮湾考古发掘队正式成立。

1934年春，由罗县长主持、葛维汉任技术顾问的考古队首次在月亮湾进行了正式的考古发掘。这也是我国最早的考古发掘之一。

当时在广汉太平镇的月亮湾一带（今南兴镇的月亮湾），常有绑匪出没，时常发生绑架事件，当地人称其为“肥猪”。因此，为防备绑匪和地痞流氓的骚扰，发掘期间，陶旅长派了80名士兵荷枪实弹、日夜守护在发掘现场。

发掘工作历时两个月，通过发掘，发现了许多的陶器、石器、玉珠、玉杵、玉璧、玉玔、玉圭等珍贵文物。

发掘队也非常重视燕氏挖出宝物的地点，他们在燕氏的带领下来到当时的现场进行清理发掘，发现这里曾是一个长 2.5 米、宽 1 米、深 1 米的长方形坑。

考古队的人员又详细询问了当时玉石器在坑里堆放的情况，燕氏说：当把石板揭开的时候，由于晚上的月亮比较亮，因此大体上能看清坑里的堆放情况。那些圆形的玉石器（指玉璧、石璧）是从大到小重叠在一起的，在坑的周边也环有一圈石璧，其他玉器的堆放已记不太清了。

因时隔几年，加之无考古方面的常识，燕氏对坑中玉石器堆放情况的回忆，仅供考古人员参考。但这个坑给人们留下了三个谜：

第一，这个坑是谁挖的？它为何要挖成长方形？

第二，坑里的玉石璧为何要重叠堆放和环坑一周？

第三，这些大大小小的石璧又作何用？

考古队根据这次的发掘收获，编辑出版了《汉州初步发掘报告》并于 1936 年发表在《华西边疆研究学会会志》上，发掘报告将有关遗址文物命名为“广汉文化”。

广汉文化的发现是一个重大的考古发现，为此林名均先生将这一重要的消息写信告诉在日本留学的郭沫若，郭沫若看了来信后，十分高兴。他给林名均的回信中写道：广汉文化的发现是一个了不起的发现，它的发现说明西蜀人在很早以前就与中原有关系，你们是四川考古的先锋。

1937 年，由于日本发动全面侵华战争，刚刚开始的蜀中考古探谜工作就此中断。

20 世纪 50 年代初期，为改变蜀道难的历史，为打通秦岭，宝成铁路开始踏勘。为配合铁路的建设，考古学家们来到了中断十余年的月亮湾进行考古调查。他们背着背包，手拿小手铲和小十字镐，冒着风雨活跃在河岸陡坎之上，出没在田边地头，采集了大量石器和陶器标本，并初步确定该遗址为西周时期的古遗址。

1963 年，西南地区的最高学府四川大学历史系的学生，在著名考古学教授冯汉骥先生的带领下，来到月亮湾进行了一次规模较大的发掘。冯先生将弟子们带到月亮湾的高地上，放眼望去，只见这一带地形非同一般。他感慨地对弟子们说：这里很可能是古蜀人的一个重要遗址，说不定就是古蜀人的“都城”。

冯先生的这段“预言”，被后来的考古发掘所证实。

发掘工作于 1964 年结束，正当人们再次致力于古蜀文明的研究和探索时，1966 年的中国大地上又发生了一场旷日持久的史无前例的“无产阶级文化大革命”，古蜀文明的探索工作又一次被中断。

二、打开古蜀王国宝库大门

1980 年初，四川省文物管理委员会根据已掌握的资料情况，开始对三星堆遗址进行抢救性的发掘。1980 年底，大规模的发掘开始，发掘点就选在三星堆堆子的东南面。

这次发掘工作历时 3 个月，出土了不少的陶器、石器、玉器以及大量的房屋基址和 4000 多年前的墓葬。考古人员就是通过这些陶器、石器等，看到了 4000 多年前古蜀人的文化特点，从而对古蜀文化和古蜀人的生活方式有了一定的了解。

考古学家通过对遗址中 4 座墓葬出土的遗骸中的股骨、头骨、牙齿等的鉴定分析，确认其中一座的墓主是一位年青的母亲，她年仅 25 岁，另 3 座的墓主是 7—12 岁的孩子。

这些早年夭折的孩子及他们的母亲都是遇到什么不幸而身亡的。特别是三座小孩子的墓，它们都位于房屋基址的下面。这一现象是否说明，古蜀人把杀小孩子作为建房的奠基仪式。这是古蜀王国的又一个谜。

为打开通向古蜀王国之谜的道路，考古学家们锲而不舍地继续前进，在三星堆又度过了数个春秋。工作之余，夏天热了，就在遗址北面的鸭子河里泡一泡；冬天冷了，大家就在蜡烛或煤油灯下一边聊天、一边喝酒。田野考古生活苦中有乐，别有一番情趣。

1986 年的仲夏，发掘队员正在营地整理春季的发掘资料，忽接当地农民报告：为砖厂挖土的农民在挖土时挖出几件玉器，现有几个农民正在哄抢。

图 10–1　金杖。即文中所指“金腰带”。

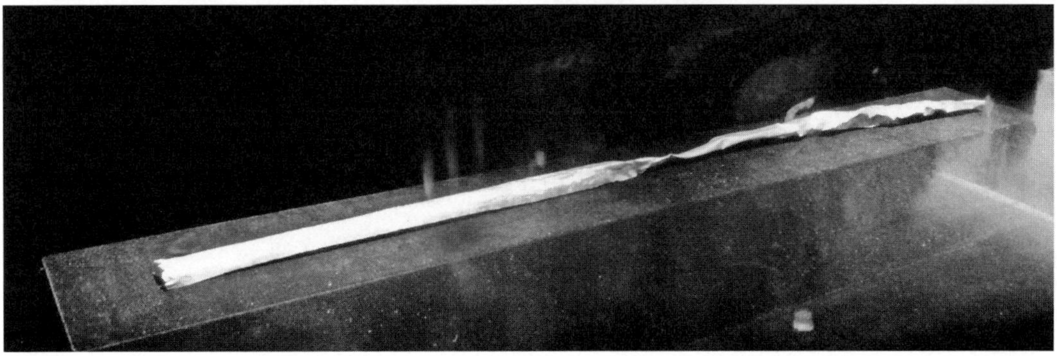

发掘队接报告后立即赶赴现场，当即收回被农民拿走的几件玉器，然后一边对现场进行调查保护，一边做好了抢救发掘的准备工作。

1986 年 7 月，考古队员冒着夏日的酷暑及蚊虫的叮咬，对砖厂遗址展开了夜以继日的发掘。他们利用锄头、小手铲、竹签等，一点一点地挑，一遍一遍地刮，可谓名副其实的“刮地皮”。

7 月 23 日下午，考古队员在距地表深 60—75 厘米的黄色土壤上刮出了一个长方形的，有三条道的褐色花土。考古队员根据以上情况，初步推断这是一座“蜀王陵”。

在刮出来的褐色土壤范围内继续下挖，大家的心情也逐渐激动起来。然而，后面的发掘工作让考古队员吃尽了苦头。原来那些黄褐色的土壤都是经过层层夯打，土又粘又硬，考古队员为打开这座宝库的大门，坚持不懈地一点一点地做，通往古蜀王国宝库的大门终于被打开了。

1986 年 7 月 23 日凌晨 2 时 30 分，考古学家正用竹签一点一点地挑土，突然有一小点黄色的物体在灯光的照射下闪现。考古队员继续往下挑土，不一会儿，黄色的物体越来越长，就连上面刻的花纹也开始显露，先是一尾栩栩如生的鱼“浮出了水面”，接着是一只鸟“飞了出来”。但这黄色的物体还在不断延伸，弯弯曲曲地达一米多长，上面

图 10–2 三星堆出土的直立人像

不仅刻有鱼、鸟纹，还刻有一个王者之像。(图 10-1)

考古人员意识到此非等闲之物，立即停止工作，召开紧急会议，会上决定：

第一，暂停发掘工作。

第二，严密封锁消息，现场的民工一个都不准离开，等警卫人员到来后才可离开。

第三，即刻派人分头行动，一路急奔广汉市政府，请派武警到现场；第二路连夜赶回成都的大本营报告，其他人员坚守岗位。

早晨 5 点钟，由广汉市政府派出的一个排的武警战士迅即赶到发掘地点，控制了发掘现场。考古人员这时才松了一口气，并向大家公开了发现古蜀王“金腰带”的消息。这一消息迅速传开，看稀世之宝的人蜂拥而至，一个平静的、不为人知的三星堆顿时成为人们议论的热门话题。

继“金腰带”之后，考古队员又陆续发现了大量的象牙、玉器、青铜器及金器。特别是青铜器中的各式人头像和黄金面罩，是中国考古史上的首次发现。

近一个月的发掘清理工作于 1986 年 8 月 14 日结束。考古人员根据出土的遗物埋藏前都被火烧过、被打碎过和所埋之处是一个长 450—460 厘米、宽 330—348 厘米、深 140 厘米的土坑及坑的中间和两边都有坑道这些情况，初步认定这是古蜀人举行祭祀仪式所留下的祭祀坑，而不是我们刚开始认定的古蜀“王陵”，但它确实与古蜀王密切相关。考古人员将其编为 1 号祭祀坑。

图 10–3　2 号坑出土象牙面貌

人们还没有从新发现的兴奋中跳跃出来，又一个新的振奋人心的发现来到了。1986 年 8 月 14 日下午 6 点，在距 1 号祭祀坑西北约 30 米的地方又发现了 2 号祭祀坑。

8 月是成都平原最热的季节，蚊虫肆虐，但考古队员们不畏酷暑，白天顶

图 10–4　2 号坑出土的玉戈、玉牙璋

着三伏的酷热，夜间忍着蚊虫的叮咬，始终工作在发掘现场。田野一片漆黑，只有发掘处闪烁着点点灯光，老远看上去，就像航海中的一盏盏明灯。稻田里的蛙声、田边地头蟋蟀的啾啾声，伴随着考古队员的劳动节拍，交织成一曲曲动听的交响乐。

考古队员不知疲倦地在田野里奋战了 30 多个昼夜之后，更加振奋人心的一刻终于来临了：数十枚象牙纵横交错地布满全坑，象牙下躺着一位身高 260.8 厘米的青铜巨人，他双手抱于胸前，好像在说“坑里的一切都属于我！”一尊尊青铜人头像，一具具神奇的青铜面具，一件件晶莹剔透的玉器，闪闪发光的金鱼、金树叶、金面罩一一跃入人们的眼帘。巨大的青铜纵目神像将自己的眼球伸出眼眶 16 厘米，用它那神奇的眼光打量着当今的世界，枝繁叶茂的青铜神树挂着累累果实，载着众多的飞禽异兽来到人间……这些奇珍异宝接二连三地到来，使人眼花缭乱，目不暇接。（图 10-3、10-4）

1988—1989 年，四川省的文物考古工作者又对三星堆遗址的城墙进行了解剖发掘。城墙的筑造是由主城墙、内墙、外墙三大部分组成，城墙的外侧还发现有深 2.8 米的壕沟。

1998 年在三星堆遗址西城墙外的仁胜村，发掘出距今 4100 年的墓葬 28 座，其中还有一座“人牲坑”和一座“牺牲坑”。在这次的发掘中，还发现了与长江下游的良渚文化相似的玉凿和玉琮，说明三星堆文化在 3000 年到 4100 年之间，不仅与中原文化有往来，而且与长江下游的古代文明也有文化上的交往。

三、神奇的青铜世界

1989 年 9 月 15 日《中国文物报》以《早期蜀国都城初露端倪》

为题，报道了三星堆遗址发掘的重大成果。文物考古工作者在对遗址进行系统考察和发掘时，清理出了蜀王国建筑的巨大城墙，城墙的时代相当于商代早期，从而确认了三星堆遗址是早商至殷末蜀王国都城的废墟。这是继郑州二里岗商城发现之后，商代早期都城的又一重大发现。据试掘，城墙横断面为梯形，墙基宽40余米，顶部残宽20余米。墙体由主城墙和内城墙、外城墙三部分组成，其中主城墙的局部已使用土坯砖，这是目前我国城墙建筑史上发现的使用最早的土坯垒砌城墙的实例。调查勘测还表明，三星堆古城的东、西、南三面均筑有城墙，墙外挖有壕沟。北面以鸭子河为天然屏障，由此构成河流与城墙相结合的防御体系。城墙均为五花土夯筑，东西长1900—2100米，南北宽1400米，现有面积2.6平方公里。虽然迄今在三星堆尚未发现宫殿建筑的遗迹，但在古城的中轴线上，集中分布着文化堆积十分丰富的三星堆、月亮湾、真武宫、西泉坎等四处台地。1929年发现的玉石器坑和1986年发现的两座祭祀坑也处在这一中轴线上，因而专家们推断这一区域便是商代蜀王国都城的宫殿区。专家们还根据遗址内的包含物分析认为，在古城房屋密集的生活区内，出土大量陶质酒器和食器，房屋遗迹不仅有平民居住的面积仅10平方米左右的木骨泥墙小房屋舍，而且有显贵居住的超出60平方米的穿斗结构大房舍和抬梁式厅堂，揭示出早期蜀国社会已存在深刻的阶级分化。生活区内发现了纵横交错的排水通道，出土了大量工艺陶塑动物、乐器、玉石礼器、雕花漆木器和双手反缚跽坐的石雕奴隶像等，但缺乏农业生产工具，显示当时它已是非农业性质的城市地域。

图10–5　A形青铜人像

三星堆坚固而具有永久性的城墙的功能和用途是什么？有专家认为，它是防御体系，是为拱卫蜀王之都而营建的。有专家认为，城墙与防水有关，其功能之一便是作为堤防。也有的专家认为，三

图 10–6　青铜纵目人面像

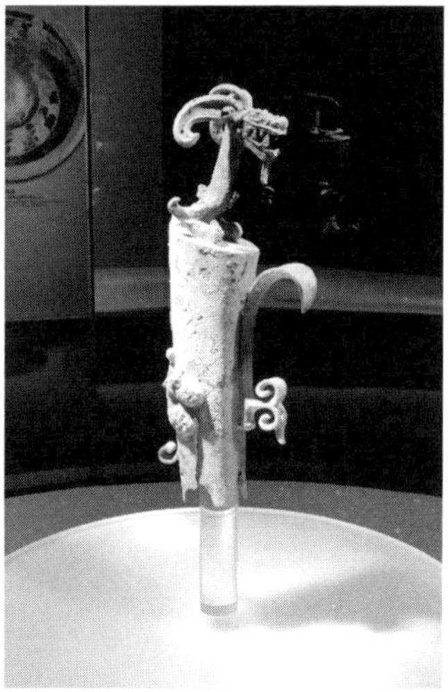

图 10–7　青铜爬龙柱形器

星堆城墙是与这里的宗教神权一道产生的，是神权政治的伴生物，三星堆是一个神权政治的中心。

三星堆古遗址中最令世人震惊、最有代表性的还是 1986 年发现的两座祭祀坑。它不仅是三星堆文化的精华，而且是探求三星堆文明之谜的关键所在，极具研究价值。其中 2 号祭祀坑位于三星堆土堆南侧 100 米左右，坑为长方形，口大底小，坑内出土各类遗物达 400 件之多。2 号祭祀坑位于 1 号祭祀坑东南，相距约 20 米，形制为长方竖穴，坑壁稍微倾斜，出土有金、铜、骨、玉石、象牙等各类器物，仅青铜器就有 439 件，玉石器 131 件。两座器物坑中所出土的文物数量之多、器物之精，令人叹为观止。最引人注意的是三星堆出土的一件大型青铜人像和数十件青铜人头像。这是中国古代文明中罕见的 3000 年前的青铜人像雕塑珍品，在东方乃至世界艺术史上都占有辉煌的一页。尤其是立人像，通高 2.6 米，人高约 1.7 米，是迄今发现的全球范围内最大的青铜铸像之一。人像面部造型逼真，浓眉阔目，鼻梁高直，方颐大耳，头上戴冠，冠上有羽毛状饰物。右臂上举齐额，左臂屈于胸前，双手握成环形，作持物奉献状，赤足佩脚镯，立于高台之上。它身着三层华丽的衣服，分别有巨龙、拳爪、人面纹、云雷纹图案。人像的神态、动作和装束具有鲜明的宗教色彩。有专家认为，这个青铜大立像可能“既象征王者，

图 10–8　摇钱树

图 10–9　巨型青铜树

又象征着最大的‘司巫’”（图 10-2）。2 号祭祀坑出土的 41 件铜人头像，大小与真人相近，面部器官的比例、神情也十分逼真，反映的也是巫师的形象。出土的人面具，厚重巨大，有垂目者，有凸睛者，皆阔嘴紧闭，面部呈安详状，具有神圣威严之态，似为顶礼膜拜的对象。因此，有的学者认为它们可能是不同层次神祇的形象。（图 10-5、10-6）

祭祀坑中还有一种奇怪的青铜器是铜树。有专家称之为具有不死或通天地功能的神树。其中最大的一棵，通高 3.9 米，由树座、主杆和三层树枝组成，体形高大，装饰华丽。树下为圆环形底盘，用三叉支架交汇成为一个山形树座，座上绘满云气纹，挺拔的树杆分为三层，每层三枝，每枝上立一鸟。树枝的枝端各有一颗桃状的华果。三层枝干中又各有一枝分为两杈，结二果，共 12 颗果实，9 只飞鸟，树座之下又有 3 个跪拜的人像。人像背朝树干，面向前方，虔诚而庄重，更加突出了铜树的神圣感。这棵神树是目前世界上发现时代最早、形体最大的一株。它可能是四川地区在秦汉以后兴起的“摇钱树”的前身。（图 10-8、10-9）

两座器物坑中所出比较重要的器物还有玉石器和青铜礼器。一提起商代玉器，人们所想到的只能是以中原为主要分布区域的商族玉雕，此外则一无所知。然而，三星堆玉器的出土，大大开阔了人们的视野。从两座器物坑出土的玉器来看，其中一部分如斧、斤、锛、凿、刀、锄、舌形器、椭圆形穿孔附饰等，显然是在当地琢制的，具有浓郁的地方特色，是蜀人固有的玉器。而另一部分，如玉璋、玉琮、玉戈、玉瑗等，则表现出中原玉器对蜀文化的强烈影响。同样，所出青铜器中，除那些极具地方特色的青铜人像、人面像（图 10-6）、人头像、铜树之外，一些礼器如八鸟四羊尊、三鸟三羊尊、四羊兽面罍等，也是本地自行铸造，只是器形与中原商文化的同类器物接近，这无疑是借鉴了中原青铜器的结果。这些精美的青铜器，表现出了早期蜀文化高度发展的铸造技术，同时也给予我们极为重要的启示：我国古代青铜文化的起源与发展同样是多中心的，在发展过程中各有自己的独创和发展。由此可见，早期成都平原的蜀文化，当是我国青铜文明的又一个发达地区。

此外，器物坑中还出土有金杖、金面罩等金器。其中的金杖，是用纯金皮包卷而成的，象征着当时蜀国最高首领的身份和权力（图 10-1）。金面罩是用纯金皮模压而成的，体薄如纸，出土时还黏贴于青铜人头像上。另有数十根象牙、数千枚海贝等，这些都是国之瑰宝，是民族文物之精华。

发掘者称三星堆的器物坑为祭祀坑，认为它们是蜀人举行祭祀活动的遗迹。“宗教信仰是三星堆古文明的一个重要精神支柱，祭祀坑是三星堆古文化中最重要最具代表性的一种文化遗存。”也有学者认为，它们是两座蜀王神庙器物的掩埋坑：一种可能是“不祥宝器掩埋坑”，是具有神性的某个蜀王的使用之物，他人则用之不祥或不能使用，所以被掩埋于地下；另一种可能是与亡国或改朝换代有关，是“亡国宝器掩埋坑”，这个政权被消灭后，敌方并没有将宝器毁弃，而是“迁其重器”，将其宗庙的器物挖坑埋藏起来。这些都是学者们通过分析作出的推断，孰是孰非，还有待于进一步的研究和考古发掘来证实。

四、独具特色的古蜀文明中心

三星堆遗址以及两座祭祀坑包含了大量古蜀文化的信息，展示了一个独具特色的古代文明中心。一个不为人知的 3000 多年前的蜀国，重新出现在世人面前，其社会影响和学术意义是十分重大的。英国《独立报》曾以《中国的青铜像无与伦比》为题，称三星堆青铜像“是世界上最引人注目的……中国的青铜制造长期以来被认为是古代最杰出的。而这次发现，无论在质量上还是在数量上，都使人们对中国金属制造的认识上升到一个新的高度……它的发现，会使人们对东方艺术做出重新评价。”英国不列颠博物馆的首席中国考古学专家杰西卡·罗森说：“这些发现看来比有名的中国兵马俑更要非同凡响，这些青铜像似乎是独一无二的。”

过去，我们囿于商代的史料，往往持有“商帝国周边尽为蛮夷、落后之地”的观点。从三星堆古城我们可以看到，在两座器物坑形成之前，这座城市已相当繁荣，这个用城墙护围的城市，出现在距安阳 1000 多公里的成都平原上，的确令人惊讶。但这些发现说明，三星堆曾是中国早期青铜文明的又一个重要中心地区，并且与其他商文明中心有着密切的联系。实际上，过去我们在殷墟卜辞中也曾发现有“征蜀”“伐蜀”“至蜀”的记载，其中一例就是作为商王武丁率兵攻打的对象出现的。商王武丁的妻子妇好，是一位能征善战的女将军，曾带兵攻打到巴蜀地区。遗憾的是，这些记载以前并没有引起人们的足够重视。不少人对商王朝军队是否有能力进入像四川这样遥远的地区作战表示了怀疑。现在看来，我们确实是低估了商人的能力和商域的规模。那么，四川与商文化的中心地区中原相距甚远，商文化又是怎样传入四川的呢？著名历史学家李学勤从三星堆两座祭祀坑若干青铜器的考察出发，主张“以中原为中心的商文化先向南推进，经淮至江，越过洞庭湖，又溯江穿入蜀地。这很可能是商文化传往成都平原的一条主要途径”。依此说来，商的势力和商文化的影响确已达到了成都平原。

当然，我们从遗迹和遗物中所感受到的只是一个高度发达的早期蜀王国文明的物质表现，其深刻的文化内涵和神秘的精神世界更加令人向往，给我们留下了更多的不解之谜。

（陈显丹）

越国王陵横空出世

——绍兴印山大墓的发现与发掘

在距今二千多年前的春秋战国时期，绍兴曾经是越国建都的地方，越王勾践曾在这里轰轰烈烈地演绎过“十年生聚，十年教训”，覆灭强吴、称霸中原的壮烈一幕。二千多年后的今天，“卧薪尝胆”

图 11-1　空中鸟瞰下的印山外围隍壕

的历史故事，仍在群众中广为传颂。1996 年 9 月至 1998 年 4 月，在绍兴兰亭发掘的印山大墓，虽在古代严重被盗，但根据其恢宏巨大的规模、特殊豪华的墓室、严密讲究的填筑、外围设置的隍壕以及残留的随葬品，结合文献考证，基本可确定它是一座春秋末期的越国王陵，墓主为第一代越王允常。这座越国王陵的发现，无疑为春秋战国时期越国那段辉煌的历史，提供了最有价值和最有说服力的实物见证。(图 11-1)

一、抢救性发掘

图 11–2　墓坑墓道炭层全景

在绍兴城西南约 13 公里的兰亭镇木栅村南侧，有一座东西长 300 余米、南北宽 200 余米、海拔高 41.7 米的印山，这里原是一座普普通通的孤立的小山，千百年来，人们一直在山上垦荒种树，谁也没有想到这孤山的腹部竟埋葬着一座规模巨大的越国王陵。

20 世纪 80 年代初，一个偶然的机会，考古人员发现在树木参天的印山之顶，突立着一个十分巨大的土包，土包呈东西向覆斗状，高耸挺拔，气势雄伟。从局部人为挖掘过的剖面上，可观察到厚 7—9 厘米的一层层小土层，结构紧实，土色略异，表明这是一座由人工分层夯筑起来的封土墩。由此可以断定，这里是一座规模巨大的古代坟墓。

绍兴印山发现大墓的消息，使文物考古人员兴奋不已，大家纷纷推测着大墓的主人和时代。

不少研究者认为，印山大墓很可能就是春秋战国时期越王的陵墓。考古是一门实事求是的科学，解决问题，需要进行实际的科学发掘，在正式发掘之前，任何猜测都是缺乏说服力的。但发掘这座大墓需要大量的经费，国家“保护为主，抢救第一”的文物工作方针，更使得这座还没有破坏危险的大墓只能像被发现之前那样，一直静卧在印山之巅。1995 年，绍兴县人民政府公布印山大墓为县级文物保护单位。

1996 年春天，浙江省文物考古研究所和绍兴市、县文物部门的文物考古人员，在对印山大墓再次进行实地调查时，发现了一个十分意外的情况：封土墩顶部出现了 3 个长 1.2 米、宽 0.8 米的长方形竖井式盗洞，其中最中心的一个盗洞深达 15 米以上，洞口周围地面上，堆积着大量从下面翻上来的青膏泥、木炭和还没有完全腐烂的木块。不好！大墓已被严重盗掘，在场的人员都惊呆了。大家意识到，或许有不少珍贵文物就在这一片狼藉中已永远失去，而且随时还有继续被盗的危险。从盗洞情况判断，这是一座深土坑木椁墓，墓内填有青膏泥和木炭，估计是目前浙江省规模最大的一座春秋战国时期的越国大墓，有着十分重要的考古研究价值，应当采取果断措施，立即进行抢救性发掘，以避免后续盗掘带来的破坏。

印山大墓严重被盗的情况，很快汇报到了各级领导，引起了各级领导的高度重视。印山大墓保不住了，必须尽快进行抢救性发掘，这是大家很快形成的一致共识。经报国家文物局批准同意，绍兴县人民政府出资，由浙江省文物考古研究所和绍兴县文物保护管理所共同派员组成的印山大墓考古队，经过一段时间的准备，于 8 月下旬进驻工地。20 世纪末，一场重要的考古发现从此拉开了序幕，默默无闻的印山，吸引来了世人关注的目光。

野外发掘工作先后历时一年半时间，至 1998 年 4 月全部结束。静卧地下二千多年的印山大墓之谜，终于被考古工作者彻底破译了。

二、巨大的规模

经考古人员的发掘得知，这是一座带宽大长墓道的深竖穴岩坑墓，墓上堆筑有高大的封土，印山周围还挖有保护大墓的围沟——隍壕。

印山是一座石山，墓坑全在山岩中开凿出来，规模显得十分庞大。墓坑呈东西向长方形，坑口长达 46 米，由于南壁开凿时曾经坍塌，坑口宽度已由当时的实际宽度 14 米扩大至 19 米。12 多米深的岩坑四壁陡直不设台阶，更显得恢宏与壮观。开在墓坑东面的墓道，开口宽 6.5—14 米，底宽 3.4—8.7 米。其内段底部基本平整，外段底部顺山势略微向外倾斜。这种基本为平底形式的墓道，与一般常见的由外面入口向墓坑倾斜形式的斜坡墓道，有着明显的不同。墓道全长 54 米，与墓坑连接后，通长达 100 米，更显得气势非凡。说实话，印山墓是一座大墓，大家事先已有估计和推测，但竟能大到如此程度，这是谁都未曾料到的。如此大墓，在浙江地区史无前例，就整个江南地区而言，这样的规模也可说是数一数二了。根据测算，营建墓葬挖去岩石近1万立方米。面对如此深大的墓坑和墓道，望着岩壁上留下的斑斑痕迹，考古队员们惊叹不已(图11-2)。试想，在尚以青铜器为主要生产工具、生产力水平还比较低下的时代，全凭手工开凿，要在印山这样坚硬的岩体中开凿出如此庞大的墓坑与墓道，要把岩壁加工得如此规整平直，那是一项多么艰巨的工程啊！其间要动用多少劳力？要花多少时间？这些都是令人难以估计的。这一切，都给人们留下了无限的想象空间。

堆筑在墓上的封土规模同样令人惊叹。整个封土墩呈东西向覆斗状，东西长72米，南北宽36米，高近10米，土方量达1万立方米左右。封土墩全系人工一层层夯筑而成。夯层厚7—9厘米，夯层分布平整，夯筑十分紧实。从夯面上留下的一个个直径6—7厘米的圆形夯窝分析，当时使用的是一种圆头状的小型单体夯具，并在墓坑和墓道的青膏泥填土中，发现了当时留下的实物。这是一种用木头加工成的夯具，长达1.8米，呈中间细长两头粗短的形状。中间细长部分为握手，长1.2米，呈细圆状，直径3—4厘米。粗短的两端夯头各长0.3米，呈粗圆状，端面加工齐平作为夯面，直径6—8厘米。这种夯具中间细长作握手，两端粗圆作夯头，既可两头交换使用，延长夯具的使用寿命，又可在竖向的夯筑使用时，增加夯筑的力度，提高夯筑效率。可见它在设计上是十分科学的。但是，如此高大的封土墩，竟要用如此细小的夯具一层层夯筑出来，而且夯筑得极其坚实，这在今天是难以想象的。在古代，墓上封土的大小往往象征着墓主生前身份地位的高低，是区别墓主生前身份地位等级的重要标志。如《周礼·春官·冢人》中就有记载："以爵等为丘封之度与其树数。"《礼记·月令》也有记载："审棺椁之薄厚，营丘垄之大小、高卑、厚薄之度，贵贱之等级。"因此，印山大墓如此高大的封土，表明墓主的身份非同一般。

这座大墓的主要特点之一是，在印山外围挖掘围沟——隍壕。这种隍壕是对大墓的一种防御性保护措施，其作用类似于城壕，它是这座大墓的重要组成部分。隍壕为敞开形明沟，总体平面分布范围呈南北向长方形，南北长320米，东西宽265米。隍壕开口宽16—29米，深2.1—2.7米，每面隍壕正中均有40—60米宽一段没有挖通，留作四面对称的通道。隍壕围大墓于其中，在形成一个气势磅礴、雄伟壮观的墓地的同时，也给墓地增添了几分神秘色彩。

三、独特的墓室

精心设计构筑的木结构墓室，不但建筑豪华，而且形制十分特殊，是印山大墓发掘的一项重大发现，墓室为两侧“人”字坡状的木屋形式，平面呈长条形，横断面呈等腰三角形（图 11-3）。这种形式特殊的木结构墓室，不但在浙江地区尚无先例，而且在全国也属首次发现。墓室内长 33.4 米，宽 4.78—4.88 米，室内平面面积达 160 多平方米。现存室内高度 4.7 米，复原高度 5 米左右。其构筑方法是：先在事先铺垫好的坑底炭层上，平铺两条东西纵向的方形垫木，其上用 65 根枋木横向平铺出长条形墓室的底面，然后在墓室的南北两侧共用 107 根枋木紧密排列，互相斜撑，形成两面斜屋顶状的断面呈三角形状的墓室两侧墙，并用直立的枋木构成墓室的后墙，再在墓室的顶部压盖半圆形的厚木。为了防止室外填筑过程中两侧墙和后墙地脚向室内滑动，室内底面四周均设有高出墓底 14 厘米的挡坎。墓室内分前、中、后三室，各室底面略有高差。各室之间有门槛，门槛上方有门梁。从保留的迹象分析，原先门槛和门梁之间设有隔墙。据统计，营建这一巨大墓室共用去木材近 500 立方米。

图 11-3　斜屋顶状的墓室外景

用于铺设墓底的枋木长 6.7 米，截面呈正方形或长方形，宽 0.4—0.75 米，厚 0.55—0.8 米。两侧墙斜撑木 5.9 米，宽 0.6—0.8

图 11-4 三角形木结构墓室内景。墓室中心地上圆木为墓主的独木棺

米、厚 0.65—0.75 米。这些巨大的枋木，除外侧面未加工规整外，其余三面均加工得极其规整平直，构筑整齐合缝，室内壁面与底面均平整如整板，充分显示出当时高超的木材加工和构筑技术，也反映了当时营建墓室的讲究程度。在当时的生产力条件下，要加工出如此巨大规整的枋木，实在是个奇迹，称得上是二千多年前木结构建筑的一大杰作。同时，这些巨大的枋木均三面上漆，表明当时是将加工好的枋木先三面上漆后再进行构筑，而且有迹象表明，墓室构建好后，又将整个室内再统一上过油漆。刚清理出来时，室内局部地方的油漆面仍光亮如新，难觅枋木间之缝隙，令人叹为观止。可以想见，墓室刚建成时，室内一定富丽堂皇，俨然一座地下宫殿！

在中室，置有一具巨大的独木棺（图 11-4）。独木棺长 6.05 米，口宽 1.12 米，深 0.4 米，其巨大的程度同样使人惊叹。它系用一直径 1.2 米以上的巨型原木对剖而成，一半作棺，一半作盖，内外上油漆。出土时，盖板已残破，西北角一小块被打破且置于墓室地面上，棺内也未发现任何遗迹遗物，当系古代盗墓者破坏所致，表明此墓在古代已遭盗掘。

四、讲究的填筑

为了使营建于墓坑底部的木结构墓室永不朽烂，大墓在设计防水、防空气的密封保护方面，做得十分严密和科学。它在营建木结构墓室前，首先在长 40 米、宽 12 米的墓坑底部，全部铺垫上一层厚 1.65 米的木炭，墓室建于其上。墓室建成后，先在呈两面斜坡状的墓室之外，包裹上 140 层左右的树皮，树皮层之外，再全部填筑 1 米厚左右的木炭层，然后将整个巨大的墓坑内全部填满青膏泥。木炭是一种吸水性很强的物质，主要用于御湿防潮。填筑在坑底的大量木炭，可抵御地下的潮湿和少量地下水的渗出；墓室两侧和顶上的木炭层，又可吸取可能透过青膏泥渗入的少量水分；而填炭前在墓室外先包裹上的 140 层左右的树皮层，在对墓室进行密封的同时，更可有效地将上面可能渗入的少量水分引向墓室两侧，排入坑底炭层，使水分不会影响到内层木结构，更不会从枋木之间缝隙渗入墓室内，其作用类似于斜坡屋顶上覆盖的瓦片，它们与木炭一起，起到避免雨水进入墓室、保证墓室干燥的作用。青膏泥是一种颗粒很细的黏土，雨水不易渗透，具有很强的密封性。炭层以上的坑内全部填筑厚达 6—7 米的青膏泥，起到了密封墓室的作用，既可有效地阻绝雨水往下面墓室的渗透，又可使墓室与外面空气隔绝。这样，印山大墓是由内而外为防潮、隔水和杜绝空气渗透而设立，分别由树皮层、木炭层和青膏泥层构筑成的三道密封保护屏障。据计算，青膏泥的填筑量达 5700 立方米，木炭的填筑量达 1400 立方米。很显然，印山大墓的木结构墓室，虽历经二千多年的风雨腐蚀和古代盗墓者的大面积破坏，但至今仍能大体保存完好，除了它所选用的巨大的优质木材外，上述严密讲究的防腐填筑措施，无疑起到了至关重要的作用。

五、劫后余“宝”

由于在古代遭到大面积的盗掘破坏，庞大墓室内原先应有的大量随葬品基本被盗走，遗留者寥寥无几，仅在中室遗留了一些当时盗墓者无意拿走的随葬品 41 件，它们主要是一些玉器，如玉镇、玉剑、玉镞、长方形玉饰和微型玉管珠，另外还有一些石矛、漆木器残件和泥质陶碎片。从出土状态看，遗物均被盗墓者扰乱或毁坏过。这些遗物虽然是盗墓者弃之不取的，但仍不失比较精美者，它们也给我们提供着一些重要的信息。如两件玉钩，形状如弯钩，钩头卷起呈龙首状，钩身断面呈方形，尾部方折内缩呈榫状，钩首和尾部方折处阴刻简化兽面纹，钩身边棱阴刻斜线羽状纹，制作精致，造型优美，反映了当时较高的工艺水平 (图 11-5)。其中一件通长 12.3 厘米，

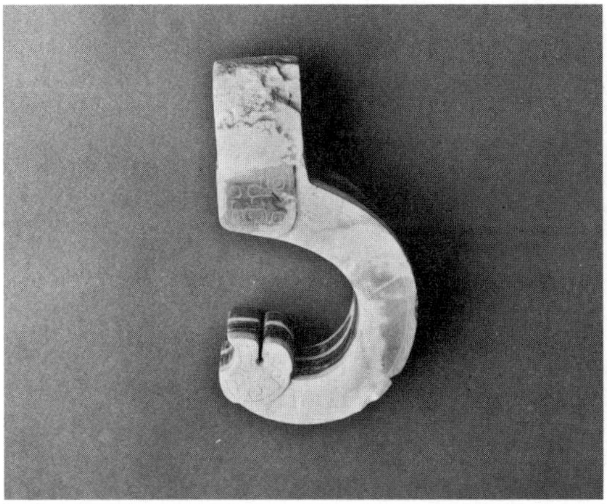

图 11–5　出土玉钩

图 11–6　玉镇

从其尾部略呈榫状及表面未经抛光刻纹的情况判断，这部分应是插在木质或其他物体上的，而这种玉钩一般是悬挂编钟或编磬等礼乐器用的。它的存在表明，墓内原先应随葬有成套青铜礼乐器。

再如玉镇，出土数量共 18 件，当时虽然它是压席子用的，但加工同样精细，纹饰优美。它的形状呈八棱形，拱形顶，弧腹，中腰以下内收，平底，实心，略有大小之异。底径 8—10 厘米，高 6—7 厘米，通体抛光，其弧顶的中心往往有一个扁圆形小纽，纽上有孔可穿丝线。除底部外，通体阴刻勾连云雷纹，显得十分精美。压席之镇过去虽有发现，但往往是陶瓷质或青铜器，如此用玉制作的玉镇，过去很少发现，说明该墓随葬品的规格很高 (图 11-6)。又如出土的一些可能是墓主身上或衣服上装饰用微型玉管珠，其中一些黑色玉珠仅如油菜籽般大小，借助放大镜可观察到，如此细小的玉珠，上面竟还有钻孔，其加工之精细令人叫绝！在二千多年前，竟能有如此高超的钻孔技术，真是令人难以置信，今天的人们也不能不为当时精湛的工艺技术而叹服！

六、价值与意义

印山越王允常墓是迄今发现的第一座越国王陵，是浙江考古继河姆渡文化、良渚文化反山大墓和瑶山祭坛之后的又一次重大发现，也是越文化考古的重大突破。它对于深入研究越国的埋葬制度和越

文化，有十分重要的价值与意义。该陵规模之宏大，构筑之精细，墓室形制之特殊与豪华，乃至巨大的独木棺和四周保存完好的隍壕设施，都为全国先秦墓葬所少见。特别是断面呈三角形的长条形两面坡木结构墓室，不但在浙江地区无先例，而且在全国也属首次发现，具有特别重要的意义。这种断面呈三角形的木结构墓室，不同于各地较普遍发现的汉以前流行的长方形或正方形平顶式木椁，是考古学上的重大收获。

以往大量的考古资料表明，浙江境内商周时期流行的越族墓葬是不挖墓穴、平地堆土掩埋的土墩墓和石室土墩墓，印山越王允常墓采用带墓道的竖穴深坑形制，与传统墓制迥然有别；其中填筑大量青膏泥和木炭，也并非土墩墓的传统；而墓葬外围设置防御保护性质的隍壕，在土墩墓中更无先例。这些都说明，自春秋晚期开始，越地的埋葬制度开始发生根本性的变化，而发生这种变化的原因，显然是受到外地文化影响的结果。它表明，越正式建国之后，出于富国强兵的需要，可能开放性地吸收了其他一些侯国的先进文化因素，包括墓葬制度。从目前的研究情况看，这种影响可能并非来自于与其相邻的楚国，也不大可能来源于中原，而主要来自陕西关中地区春秋时期的秦国，是春秋先秦秦公陵园制度南传的结果。因为，上述越王墓中表现出来的三方面并非越地传统的外来文化因素，在同时期南方的楚墓中，目前尚未发现完全相同的实例；在同时期中原墓葬中，除了墓道外，也没有发现像印山王陵这样填膏泥、木炭和外围设置隍壕的埋葬特点，而在早于印山王陵的陕西凤翔春秋时期的先秦秦公大墓中，却可以找到完全相同的实例。

图 11–7　墓坑填土中出土的青铜铎

（陈元甫）

齐国故城寻梦

——山东临淄齐国故城考古调查

历史上，姜太公是一位富有传奇色彩的人物。周文王求贤，尊他为师尚父，周族灭商后封邦建国，把太公封于山东北部的齐地，在薄姑立国即齐国。到第七代国君齐献公迁都临淄，经春秋战国至公元前 221 年秦国灭齐，临淄作为齐国的都城达 630 多年。在 630 多年中，太公的后裔承先辈之余绪，将临淄经营成当时中国规模最大、最繁华的城市之一。《战国策•齐策》记苏秦游说齐宣王的一段话说："临淄之中七万户""临淄甚富而实，其民无不吹竽、鼓瑟、击筑、弹琴、斗鸡、走犬、六博、蹹踘者。临淄之途，车毂击，人肩摩，连衽成帷，举袂成幕，挥汗成雨，家敦而富，志高而扬。"这话虽不免有些夸饰，但苏秦在齐王面前说齐都的情况，也绝不敢信口胡诌。这使齐都临淄成为人们心目中的早期名都，印象深刻。新中国成立后，考古人员对临淄故城的勘探与发掘，使我们有机会去印证文献中齐都的繁华面貌。

一、故城的调查与发掘

临淄齐国故城位于今山东省淄博市临淄区辛店以北 15 华里，它因东濒淄河而得名（图 12-1）。故城城墙的残垣至今仍断断续续地存在着，有的地方高达 5 米，当时夯筑的痕迹清晰可辨。从 20 世纪 50 年代起，在经济建设中，这里的文物古迹时有发现。为了弄清临淄城的情况，1964 年山东省文化局成立临淄文物工作队，队址设在齐都镇，国家文物局原副局长黄景略曾是该队早期的队长。从 1964 年夏到 1966 年 5 月，文物工作队在中国历史博物馆、文博研究所、北京大学历史系、中国科学院考古研究所、河北省文物工作队等单位的协助下，对临淄故城相继进行了普探，调查、搜集到不少有价值的遗迹和遗物，为确定临淄城的范围提供了有力证据。1964 年工作队在故城的东北角今河崖头村西发现有马骨暴露地面，调查当地的老人，得知清末修土围子时也曾在这里掘出过许多马骨，经钻探确认是一处马坑。当年11月工作队组织发掘，出土马骨100多具，1966年又在这里探出一座大墓和两段马坑。这些发现充实了故城的文化内容。但由于历史条件和认识水平等局限，一批有价值的资料并未引起足够的重视，如1965年对临淄齐陵镇后李官庄村遗址的试掘，试掘资料本可成为进一步发掘和研究的基础，但在“文化大革命”中化为乌有了。1971年冬季，山东省革命委员会在临淄城举办文物干部学习班，对齐城进行了发掘。1972年开始清理河崖头村大墓（该墓被盗严重，葬品荡然无存）。1982年，为研究齐国的城建技术，又对残存城垣进行了解剖发掘。1987年为适应工作需要，临淄文物工作队迁至辛店镇晏婴路，更名为山东省文物考古研究所临淄工作站。

1988年，山东省规划济（南）青（岛）高速公路建设，公路需要横穿1965年试掘过的后李官庄村的大片土地，工作站积极配合，于这年秋季到1990年上半年对后李官庄村遗址进行了山东地区有史以来规模最大的一次发掘，揭露面积达7000平方米，其中发现的春秋时期的大型车马坑，被国家列为1990年全国十大考古发现之一，并在上级主管部门同意后，于1994年9月建成遗址博物馆——中国古车博物馆，既展览发掘现场，又展示了中国古车的发展序列。济青

图 12-1　齐故城遗址

高速公路则跨馆侧通过，形成了一道独特的风景线。

40年来，工作站遵循“保护为主，抢救第一”“重点保护，重点发掘”“既对生产建设有利，又对文物保护有利”的方针，对齐城及其周围地区的文物保护和发掘做了大量工作。通过历次调查、勘探和发掘，基本弄清了齐都临淄的始建年代、城址范围、城市设施及周围墓葬、遗址的分布情况。（图12-2）

图 12-2　发掘现场

二、齐国故城的重要发现

齐国故城包括大城和小城两部分，小城在大城西方，其东北部嵌入大城西南隅，残存城垣主要是战国时期的。小城南北2.2公里，东西近1.4公里，建造年代略晚于大城，为齐国国君宫殿所在，又称宫城。大城南北长4.5公里，东西长4公里，为官吏、平民、商人等市民居住和生活的地方，又叫郭城。两城周长21.5公里，总面积30多平方公里，城外东、西为系水和淄河，南、北有城壕护卫。已探出城门11座，同史书齐城13门的记载基本吻合，估计其中2座城门已被淄水冲掉。城内街道纵横交叉，可以想见当年的繁华场面。发现的与故城密切相关的重要遗址、遗物也使人们联想到630年中齐国的强盛与发达。

1．大型建筑台基

齐国故城内外有多处高大的夯土台基，这就是当时齐国国君的宫殿和离宫别墅的房基。最突出的是宫城内西北地面上的“桓公台”，该夯土台基南北长86米，东西宽70米，台高14米(现高)。台基周围东、西、北三面150米开外有沟道围绕，可能是附属于宫殿建筑的排水系统。齐国国君的宫殿筑在高台之上，更显示出王权的至高无上。桓公台的周围还有许多夯土基址，东北一台基俗称“金銮殿”，并出土过一批具有齐国特色的建筑材料——砖、瓦当等。

图 12-3　孔子闻韶处

宫城西南有遄台，又名歇马台或戏马台，台高 5 米，长 60 多米，宽 50 多米，相传为田忌与齐威王赛马之所。城西北有梧台，文献记载，齐王曾在此宴请楚国的使者，故又有人说梧台上的建筑就是当年齐国的国宾馆。大城东门以外有雪宫台，是齐王议事、会客和游乐的地方。

2．手工业作坊

大城和宫城内都有手工业作坊遗址发现，共有冶铁遗址 6 处，炼铜遗址 2 处，铸钱遗址 2 处。宫城内的 2 处冶铁作坊、1 处炼铜作坊和 1 处铸钱作坊，无疑都是直接服务于王室贵族的。另外，在大城东北部探出制骨作坊遗址 4 处，发现大量骨料和制骨用的刀石砥砺。

3．孔子闻韶处

大城东南部今韶院村，是孔子观摩齐国乐舞——韶乐的地方。《论语•述而》曰:“子在齐闻《韶》，三月不知肉味。”据《临淄县志》(民国九年) 载：清嘉庆年间，在此掘地得古碑，碑文有“孔子闻韶处”几个大字，并于地中得石磬数枚，韶院村因以得名。后古碑下落不明，现在所见砌在砖墙上的石碑为宣统三年 (1911) 另立。可以说，这里曾是齐国的音乐宫。(图 12-3)

4. 墓葬

大城内发现两处春秋时期的齐国贵族墓地。战国时代，墓葬多迁至城南 10 公里的牛山一带。在故城周围，大大小小的古墓有数百座，1977 年被作为“临淄墓群”公布为山东省省级文物保护单位。1987 年以来发掘的齐国古墓就有 400 多座。文献中屡见记载、在齐国历史上起过重大作用的王臣，如齐桓公、齐威王、齐宣王、齐襄王、孝公、庄公、管仲、晏婴以及因“二桃杀三士”故事而家喻户晓的公孙接、田开疆、古冶子三勇士的墓都在故城内外，至今仍留有高如山丘的封土堆。(图 12-4)

图 12-4　晏婴墓

1971 年发掘清理的故城东南郎家庄的一座春秋末期的齐国贵族墓，墓室南北 21 米，东西 20 米，椁室用大石砌就。虽然此时用人殉葬已受到社会强烈谴责，殉人之风大减，但该墓封土和 17 个殉坑内仍发现殉人骨架 26 具，其中有 9 人明显是杀死后殉葬的。此墓虽经多次盗掘，但仍出土了金带钩、漆器等一些有价值的文物，殉人各有水晶、玛瑙、玉等质料的精细工艺品随葬。

5．殉马坑

大城内东北隅，今河崖头村一带的一处春秋时期齐国贵族墓地，探出大、中型墓 30 多座，其中编号 M5 的是一座石椁大墓，该墓被盗严重，没有什么葬品发现，但周围东、西、北三面有相连的殉马坑，呈曲尺形。1964 年冬发掘北面的 54 米，就清理出殉马骨架 145 具。1972 年春又在西南端 30 米内清理出殉马 83 匹。殉马均侧卧，头向外，每面两排整齐排列。若全部发掘清理，估计殉马在 600 匹以上，经鉴定，这些殉马都是参战用的骟马。用如此大量的战马殉葬，可以想见墓主当是一位勇武的国君。这是我国规模最大的东周殉马坑。1982 年，经国家文物局批准，淄博市临淄区将已发掘的西南部分建成殉马坑陈列馆，对殉马坑加以保护，供人参观。(图 12-5)

1990 年在齐陵镇后李村发掘的大型车马坑是齐城考古的重大收获。殉葬车马为上下埋葬，每层长 8 米，宽 3 米，车 3 辆，马 6 匹，车具、马饰配套齐全而精美。有战车，也有御车。车马排列有序，规模宏伟壮观。1994 年，有关部门将中国古车发展史同车马坑遗址相结合，建成中国古车博物馆，将车马坑作为展览的主体内容。

图 12-5　临淄故城殉马坑

图 12-6　临淄故城出土的错金银嵌绿松石铜镜

6．珍贵遗物

遗址、墓葬中出土的遗物主要有陶器、铜器、瓦当等。墓内多随葬铜或仿铜的鬲、豆、罐、盂、鼎、盆、盘、壶以及兵器等。尤可称道者，1979 年故城西南墓中出土的一件方铜镜，堪称稀世珍宝，该镜高、宽、厚分别为 115 厘米、58 厘米、1.5 厘米，重达 56.5 公斤，背面有龙凤纹图案，5 个镂孔钮，中间一个，四角各一个。此物的形状和重量都是十分罕见的。

1964 年城南齐墓中出土的一件圆铜镜，虽然形制上并无特异之处，但其背面布局可谓匠心独运。该镜背面有 3 个钮等距离地布置在镜的周缘，中间用银质乳钉 9 枚组成的十字形，将铜镜云纹四等分，云纹间镶绿松石，云纹突出部分错以金丝（图 12-6）。三钮镜原本就是少见的，加上其背面华贵的装饰，更使它具有了很高的研究和收藏价值。

1982 年在城南出土的一批随葬品中有一件仿牛形牺尊，重 6.5 公斤，背上有盖，以嘴为流，全身饰满花纹，错以银丝，昂首而立，栩栩如生，成为齐文化的标志性实物之一。淄博一酒厂仿照牺尊制造陶瓷酒器代替酒瓶，并配有一对小瓷爵为饮具，顿使酒价倍增。

另外，铜盂、铜簋中都有珍品，兵器中的“高子戈”因出于高氏墓地，又有《左传》等多次提到的“高子”，因而具有极高的文物价值。

三、齐都临淄的城建技术

齐国故城的城建技术和布局在我国乃至世界城建史上都具有深远的影响。

《吴越春秋》说：“筑城以卫君，造郭以守民。”齐都临淄正是城、郭俱备。从大城、小城城墙相交处的解剖看，大城城墙夹在小城城墙之中，说明当时是先建郭城，后造宫城，而宫城内宫殿皆设于制高点——高大土台之上，以显示权威，也便于控制全城。（图 12-7）

图 12–7　城墙角剖面

城墙用泥土一层层夯筑而成，墙基宽 28—43 米不等。因城墙依地形而筑，蜿蜒起伏，故不平直，有多处拐角，现保存较好的尚有 14 处。东、西墙外面的系水、淄河，成为天然的屏障，表明齐国建都临淄时是经过认真周密考察的。故城在不临河的南北两面有 13—25 米宽的城壕，与系水相接，注水可形成护城河，而壕内挖起的泥土可用于就近筑城，省却不少取土之劳。城墙历经 2000 多年的风风雨雨至今仍断续存在，可见当初夯筑得相当牢固。至于《东周列国志》演绎的齐女孟姜哭迎出征阵亡的丈夫杞梁，齐城为之塌陷一角的故事，我们就自然不去相信了（这故事还被发展为“孟姜女哭长城”）。

在城内，与 11 座城门相呼应，

图 12-8 排水道口

有10条主干街道，其中宫城内3条，郭城内7条。街道最宽者20米，最窄者也有4—6米，它们都与城门相衔接，把齐城分切成10多个棋盘格局的区域，以便于规划商业区和居民的里、社等的设置。按照苏秦的说法，“临淄之中七万户”，每户以5口计，齐都内人口不下三四十万，齐国将他们分列于21个乡，其中工商之乡6个，士乡15个(《国语·齐语》)，按职业划定居住区，井井有条。三四十万人生活在30多平方公里的范围内，除去道路等一切设施，还是绰绰有余的，所谓“人肩摩，车毂击”，那只有发生在商业网点集中的地方。

更值得一提的是，故城全城有统筹安排的排水沟和排水口(图12-8)。小城排水沟深3米，长700米，宽20米，通过西墙下的排水涵洞注入系水。郭城由两条主渠道组成的排水系统，分别注入系水和淄河。有这样的配套排水设施，城内居民可无积水内涝之虞。

发掘清理的郭城西北隅的排水道口更让人称奇。排水道口是一处用大石交错排列垒砌的涵洞，涵洞水口分上中下三层，每层5个方形水口，水口只能排水而无法进人，有防御上的考虑。道口在二三十米宽的城墙底下，这是在筑城以前就事先布置好的。由此可见，规划一座城池，不仅城墙走向、城门位置，连城内道路及排水设施等都须统筹考虑，齐国故城的科学性和当时的先进性亦在于此。

四、临淄与齐国历史

齐国是春秋战国时期列国中最强大的国家之一。当时周成王封吕尚(太公)于齐，并授予他征伐四方的特权。《左传·僖公四年》

图 12–9 齐长城锦阳关段

载管仲语："赐我先君履，东至于海，西至于河，南至于穆陵，北至于无棣。"履即践履，也就是说，齐国有权力、有义务在如此广阔的区间征伐对周室有异心的方国。凭借这一特权，齐国东征西伐，无往而不胜，很快兼并了周围的一些小国。公元前 679 年，齐桓公称霸，挟天子以令诸侯。公元前 656 年，齐伐楚，管仲还振振有词地代表周王室指责楚成王"贡苞茅不入，王祭不共，无以缩酒"。(《左传·僖公四年》) 这样，整个山东东北部尽为齐国所有。为巩固国防，春秋战国时期西起黄河河畔，东至黄海海滨，齐国用时 170 多年建筑了长达一千余里的中国最早的长城（图 12-9）。国力的强盛，使国都临淄成为当时齐国重要的政治、经济、文化中心和列国中最大、最繁华的城市之一。

在故城临淄，我们仍可领略到齐国当年的辉煌和气派。宫城内高大土台建筑的规模和气势在列国中极为突出，城、壕、排水涵洞等一系列周密防御工事的建设，大批兵器和巨量殉葬的战马，都是尚武好战习俗的明证。据《国语·齐语》记：齐桓公曾一次赠予卫国良马 300 匹。《论语·季氏》说齐景公“有马千驷”。马匹是中国古代重要的战备物资，也是衡量一国国力的重要标志，文献常有“千乘之国”“万乘之国”的说法。由于战争的需要，齐国优先发展了它的养马业，使军事装备有了可靠的保障。在当时，有马千乘（一车四马）可以为君（《左传·哀公八年》）。而在齐国盛期，显然不是用“千乘之国”所能比喻的了，它所以在春秋时期被举为五霸之首，成为战国七雄之一，又最后一个为强秦所灭，也就可以理解了。

不仅是政治、军事上的突出位置，战国时期临淄还是“百家争鸣”的策源地。齐宣王喜好文学游说之士，于稷门（城南门）外立学堂，设稷下学宫，驺衍、淳于髡、田骈、慎到等 76 人皆赐为上大夫，在稷下学宫“不治而议论，是以齐稷下学士复盛，且数百千人”（《史记·田敬仲完世家》；汉·刘向《别录》）。据载，当时的荀子、孟子等名家都曾到稷下学宫主持过讨论。稷下学士来自各国，分属不同的流派，学术观点不同，一时形成了百家争鸣的局面。诸子百家争鸣，活跃了当时的学术思想，在我国古代思想发展史上占有突出重要的地位。稷下学宫是齐都临淄的闪光点，稷门和稷下学宫在齐城的位置，也成为学术界不断求索的一个问题。

齐国的乐舞也闻名于当时。公元前 517 年，孔子来到齐国都城临淄，耳闻目睹了齐国韶乐的演奏盛况，不禁为之心醉神迷，他陶醉于音乐的世界中，竟至“三月不知肉味”，并感叹“不图为乐之至于斯也”（《论语·述而》）。韶乐是舜时乐曲，舜，东夷人也，齐人由于文化渊源上的关系，继承了舜乐的正宗和精华，孔子也称得上是一位识货的音乐家，这使得他对齐国的韶乐演奏推崇备至，如痴如狂。当我们今天踏着孔子的足迹来到韶院村观瞻孔子闻韶处的时候，已经无法想象当年令圣人忘记美味佳肴的韶乐是怎样的美妙动人了。但据说，今日山东地区闹元宵时的大型群舞——百鸟朝凤可能就是从齐国韶乐演变而来的。

临淄故城及故城的遗迹、遗物是当年齐国辉煌历史的见证，也是齐国留给后人的一笔宝贵遗产。公元前 221 年，齐为秦国所灭，齐都临淄便降为齐郡治所，秦汉时期一直被沿用。魏晋以后，大城废弃，仅用其小城，元代才在故城外另建新城，即现在的临淄城。临淄作为都城的时间和被后世沿用的时间，在我国城市史上都是较长的。

1961 年，齐国临淄故城被国务院公布为全国重点文物保护单位。

（刘兴林）

中国矿冶第一驿

——湖北铜绿山矿冶遗址巡礼

鄂东丘陵地带，东距湖北大冶市区3公里，有一座铜绿山，这里北、东两面紧靠大冶湖，水运可达长江，交通便利。据清代同治《大冶县志》记载，此山每当暴雨过后，可见无数铜绿如雪花小豆般点缀在土石之上，因有铜绿山之名。显然，铜绿山是铜矿石富集地区，现代矿山就建在这里，而古铜矿遗址的发现正是现代矿山开采中的另一收获。

一、铜绿山古矿冶遗址的发现与发掘

1965年，在铜绿山现代矿山生产建设中不断发现古代采矿、冶炼的遗物和遗迹，当时并未引起足够的重视。这种情况一直持续到1973年，湖北某矿革委会将一件铜斧寄送中国历史博物馆请求鉴定。中国历史博物馆当即派专家前往湖北，会同湖北省博物馆、地方文化馆和矿山革委会联合组成考古调查组，对发现古物的地点进行实地调查和勘测。调查中他们发现，被当地群众称为“老窿”的古代矿坑，在矿山露天开采的工地上几乎遍地都是，有许多已经塌陷或被泥沙填塞。铜绿山古矿冶遗址处在现代露天采矿场场区，矿场由于长期的开采，形成一个低于海平面16米的巨大深坑，这些老窿就是在采矿过程中发现的，采矿中挖出的古代支护老窿的木料就有上千立方米。调查组清理了一个残存的老窿竖井，从中发现了大量用来支护井壁的圆木、采矿用的铜斧、铜锄、铜锛、铜凿、木槌、木铲、铁锤、铁锄，及运载工具藤篓、木钩、麻绳等，另外还发现少量陶罐等生活用具。在老窿分布区的周围，发现数座炼炉遗迹及冶炼后弃置的炉渣约40万吨。经初步调查、试掘，认定这是一处春秋末至战国前期的矿冶遗址，距今2000多年。

1974 年 2 月，湖北省博物馆、黄石市博物馆、大冶县文化馆和铜绿山矿联合组成铜绿山考古发掘工作队，在露天采矿场选择了两处古矿井进行较大规模的发掘，发掘地点一处在矿场北端，称为“12 线老窿”，另一处在南端，称为“24 线老窿”，两处老窿相距 300 米。12 线老窿上部已在现代采矿中被挖掉，考古工作者在残存部分仅发现 8 个竖井、1 个斜井和支护木料以及部分采掘工具。24 线老窿发掘出竖井 5 个、斜巷 1 条、平巷 10 条，以及采掘工具 70 余件。这次发掘还弄清了古矿冶遗址的范围，它包括铜绿山及其附近冶炼遗址，南北长约 2 公里，东西宽约 1 公里。经鉴定，12 线老窿是春秋时代开掘的，24 线老窿开掘时代也不晚于战国中后期。

1976 年 5 月至 1979 年 1 月，湖北黄石市博物馆又对铜绿山东北坡春秋时期的炼铜遗址进行了发掘，在 1575 平方米的范围内发现炼铜竖炉 8 座和大量炼渣等。

1979 年冬，中国社会科学院考古研究所铜绿山工作队在铜绿山东北一公里处的大岩阴山发掘春秋时代的古铜矿。大岩阴山也在铜绿山矿区内，这里蕴藏着丰富的铜铁矿床，有关部门把它列为开采目标。当现代采掘机械扒掉山冈上部时，露出了几处古铜矿的遗迹，铜绿山矿领导非常重视这一情况，立即向有关部门报告，国家文物局迅速采取了相应的保护措施。该次发掘，Ⅶ号矿体 1 号点(图 13-1) 清理出一组完整的井巷结构和排水系统，增添了认识古代采掘工艺的新材料。同时在铜绿山东北坡又发掘清理出一座古炼铜

图 13-1　铜绿山矿冶遗址航拍图

炉，并夯筑了两座实验炉，成功地进行了一次模拟炼铜实验。由于这次发掘是配合矿山生产进行的应急抢救性的发掘，加上冬季寒冷，工期较短，未能将1号点第一层井巷清理完毕。1980年4月，铜绿山工作队继续进行上一年的发掘，将第一层井巷清理完毕，又发掘了第二层，并在局部地方找到了第三层，但由于井巷周围岩石发生严重塌落，第二层井巷清理完以后就无法下挖了，发掘工作只得于6月底结束，有关方面对发掘现场进行了妥善保护。

二、主要发现

铜绿山矿区历年发掘清理的4处古铜矿包含竖井、盲井、斜井、平巷，1974年发掘的24线老窿和1979年发掘的Ⅶ号矿体1号点，由多条平巷组成，平巷又有上、中、下三层，纵横交错、层层叠压，特别是一组完整的井巷组成的发掘网(图13-2)，是我们研究古代采掘工艺的重要依据。各矿竖井直径一般在80—90厘米，深40—50米，井巷内都布满支护用的粗大木料，并出土采掘工具上百件。从12线老窿附近收集来的11件大型铜斧，每件身长25厘米，

图13-2 铜绿山矿井遗址

图 13–3　铜绿山矿井遗址近视图

刃宽 22 厘米，重 3.5 公斤。24 线老窿时代稍晚，在地下 50 余米的矿坑中出土的金属工具全是铁器，有铁耙、铁钻、铁锤、铁斧、铁锄等。大铁锤 2 件，呈椭圆柱形，长 13.7 厘米，直径 8.5—10.5 厘米，重 6 公斤，相当于现在的 12 磅大锤。由于古矿井停采后很快被黄黏土淤塞，深埋地下造成缺氧环境，所以这些铁器基本没有锈蚀。各矿井出土的竹、木器，如竹篓、木槌、木铲、木钩等，也都保存完好。在 24 线老窿还出土一件木制辘轳轴，长 2.5 米，足以支架在井口之上，可以想见，当时矿工们像用辘轳打水一样将采掘到的铜矿石一篮篮从井下提升到地面的情景。在 24 线老窿和Ⅶ号矿体 1 号点，都发现比较完备的排水工具和设施，包括木水槽、木桶、木瓢等 20 多件以及开凿的水道，铺设的木制水槽和水道通往排水井，有一段水槽上部整齐地铺盖着一层木板，成为暗槽。此外，1 号点还发现两件被认为是选矿用的船形木斗，以及燃烧照明用的竹签残余。(图 13-3)

铜绿山东北坡是古代炼铜遗址，共发掘清理炼铜炉 9 座，炉的外形、结构大致相同，有炉基、炉缸和工作台。炉基用沙石、黏土等夯筑而成，台基内设有风沟；炉缸系用高岭土等组成的耐火材料筑成，发掘时多已残破；炉身均已坍塌；工作台用黏土、矿石垒筑在炉侧，台面高于炉缸底部。炉旁发现大量铜矿石和作为燃料的木炭，炼炉附近还有成套的辅助设施碎料台、筛分场和渣坑，碎料台东、南、北三面堆放着经过加工的矿石，台中部为坚硬的花岗岩石砧，石砧周围用高岭土筑成。周围发现大石球 70 多个，大小相近，直径 8 厘米。筛分场有一堆铁矿粉和一堆铁矿粒，粒度均匀，显然是经过筛分的。炼渣在炼铜炉内均不同程度地残留着，附近的渣坑中有的堆积达 1 米以上，估计矿区遗存的炉渣在 40 万吨以上。炼渣中残留铜仅为 0.7%，而 3 号炉西侧出土的一块粗铜含铜达 93% 以上。大冶湖边的螺蛳塘出土铜锭 11 个，每个重约 1.5 公斤，含铜量为 91.86%，说明当时提炼铜的技术已相当高超。

三、发达的矿冶技术

矿区从采掘到冶炼，各工艺过程的遗迹、遗物均有发现，可以再现古代精湛的矿冶技术。

1. 矿井结构 矿井结构在前面的内容中已经涉及。采矿时一般先挖竖井，竖井挖到一定深度，若没有发现理想的矿脉或因技术问题无法继续下挖时，即将其废弃，但若遇到值得开采的矿位，便向旁侧开挖平巷或带有一定斜度的斜巷。在富矿区平巷多至三层，上下层之间用盲井相通，有的盲井并未挖通，可能是用来蓄水或充填废料的。为防井巷岩石塌落，确保采掘安全，工匠们采用大量直径 5—10 厘米的粗大圆木对井壁进行支护。早期竖井用四根木料搭成的方形框架支护，木料接处为榫卯结构，凿有榫眼的两根木料的两端削成尖状，嵌进井壁以使框架稳固。每隔 40 厘米就有这样一副框架，上下框架间用小木棍相连，四壁再衬以席子等物。晚期竖井则用圆木层层搭建而成，形同一座木井。平巷或斜巷也由榫卯构成的方形木框支护，两侧用圆木，横梁和巷底用方木或半圆木，每隔 1 米左右竖一副。发掘中从未见有尸骨遗存，说明这些支护设施有效地承受了四周的压力，保障了采掘者的人身安全。（图 13-4）

2. 选矿 铜绿山古矿井大多集中在大理岩与火成岩的接触带中，这里矿石富集，含铜品位较高，岩石破碎，容易采掘。矿井平巷的走向也根据含铜品位的高低而定，表明当时矿工在选矿方面积累了丰富的经验。他们不仅已经能够通过观察自然铜、孔雀石的颜色、光泽进行目力找矿，还会利用选矿工具。1979 年在Ⅶ号矿体 1 号点发现两件船形木斗（图 13-6），类似今天的“淘金斗”，古代矿工用它作为重力选矿的工具，来测定矿石中的含铜品位，决定采掘方向。他们在采掘过程中选出富矿运出矿井，而把贫矿和废石充填于废巷和盲井之中，以减轻运送矿石的工作量。

3. 提升 矿工们把辘轳架在竖井口上，将装在竹篮中的矿石提升到地面。辘轳、竹篮、竹筐、竹篓、麻绳等提升和运载工具在古矿井中都有发现。

4. 通风 在采掘过程中要有良好的通风条件，保障巷道内有充足的氧气。铜绿山没有发现机械通风设施，矿井的通风完全是靠由井口高低不同产生的气压差所形成的自然风流来解决的。在井巷内部，用黏土、矿石等填塞无用的废弃盲井和巷道，以促使新鲜空气顺利流向采掘方向，到达深处的作业面。

5. 排水 及时排除井内积水也是矿业工作的重要一环，铜绿山古矿井多在巷道内铺设木制水槽或开凿水道将矿下水引入储水坑（有的是未挖通的盲井），再用木桶由辘轳从竖井中提升到地面。水槽一般由大树干挖空制成，放在平巷一侧或废弃的平

图 13–4　铜绿山矿冶遗址矿洞

图 13–7　铜绿山矿冶遗址出土的青铜砝码

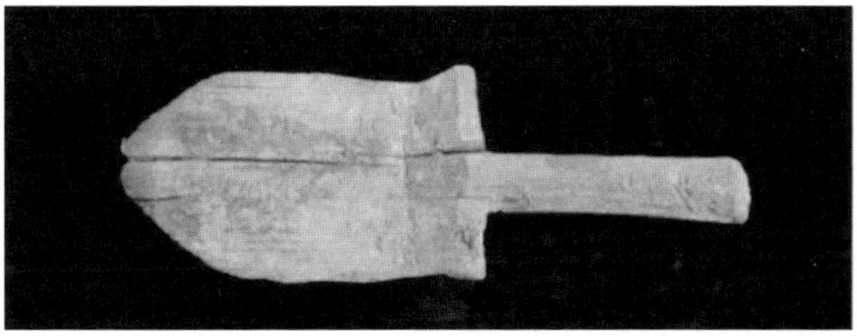

图 13–5　铜绿山矿冶遗址出土的木铲

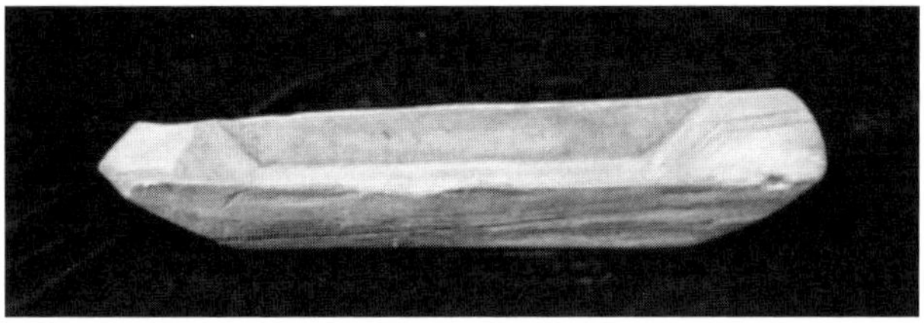

图 13–6　铜绿山矿冶遗址出土的船形木斗

巷之中，如果水槽穿过提升矿石用的竖井，为不影响提升矿石的工作，就在水槽上部整齐地铺设一层木板，成为暗槽。

6. 照明　Ⅶ号矿体1号点的井巷充填物中出土过不少竹签，竹签较短，一端有燃烧过的痕迹。这些竹签可能是矿工照明用的残余，他们将竹签编成火把带入井巷，火把可以燃烧较长的时间。考古工作者在距今4000年前的新石器时代的遗址中就曾发现将树木枝条插在墙壁上点燃照明的遗迹，树木枝条或竹签燃烧照明就是早期的烛。

7. 碎料、筛分　矿石运送到附近冶炼地点的碎石台，先用大石球进行碾磨破碎，再经人工筛分，变成大小适中的颗粒，以便投入到炼炉之中。

8. 冶炼　考古工作者根据出土的残破炼炉，复原了两座炼铜竖炉，进行模拟试验。试验炉炉身高1.5米，有两个风口，同1958年土法上马大炼钢铁不同的是，他们没有现代设备——一台小型电动鼓风机同时向两个风口鼓风。冶炼时持续投入矿料，并间断地排放炼渣和铜液。在10多个小时的实验过程中，投入矿料1300多公斤，木炭600多公斤，先后排渣14次，放铜2次，炼出红铜100多公斤，化验结果表明，铜的含量为94%—97%，略高于出土粗铜中的纯铜含量。这次成功的试验，足以说明古代铜绿山的工匠们已掌握了较高的冶炼技术，拥有丰富的冶炼经验。(图13-8)

图13–8 在原址上复建的冶炼炉

铜绿山矿炼出的红铜制成铜锭，铜锭经由大冶湖运往远方的铸造作坊，在古代能工巧匠的手下，被制作成各式各样精美的铜器。

四、王朝垄断下的矿山经营

商周时代是我国矿业大发展的时期，中国最早的地理学著作《山海经》比较详细地记载了战国以前矿业开发的情况，书中提到的产矿山地167处，其中铜矿52处。当时的楚国就不止一地产铜，湖北阳新县港下、安徽铜陵、南陵大工山、江西瑞昌铜岭、湖南麻阳九曲湾等，都发现商周时期的古铜矿。据现代地质勘探资料表明，我国大陆铜矿石蕴藏地点主要分布在长江中下游的湖北、湖南、江西、安徽等地，已发现的古铜矿包括大冶铜绿山就正处在这条丰富的铜矿带上。

由于金属在社会生产、生活中起着重要作用，政府对矿山开发实行了严格控制，垄断经营。《周礼·地官》有“矿人”一职，“矿人”是专门管理矿藏的政府官员，负责执行国家严厉的禁山政策，“有动封山者，罪死而不赦”(《管子·地数》)。楚也用严刑峻法为“采金之禁”，禁止民间私自采矿，一旦抓住犯禁者，斩首示众(《韩非子·右储说上》)。显然，铜绿山古铜矿是由楚国政府一手经营的。就40万吨炉渣及其铜的残留量和矿石平均品位估算，铜绿山已提炼出的红铜当在 4 万吨左右。那么，由这里炼出的红铜又到哪里去了呢？

1973 年，湖北随县擂鼓墩东周曾侯乙墓出土青铜器 6239 件，总重量达 10.5 吨，若除去其中的含锡成分，仅青铜器就要耗费 100 多吨铜矿石。随县与铜绿山相去不远，曾侯乙墓与铜绿山矿又处于同一时代，我们完全有理由认为它所用的铜原料取自铜绿山，只是现在尚未找到这批青铜器的铸造遗址。1976 年，安阳殷墟妇好墓出土青铜器 468 件，总重达 1600 多公斤，根据青铜器铅同位素的检测分析，其铸造原料很可能来自大冶铜绿山矿区，这同样也可用以说明殷墟其他青铜器原料的来源。大冶铜绿山发掘的早期铜矿是在春秋时期，而安阳殷墟青铜器的分析结果表明，至迟在商代晚期，人们就已经开发这里的铜矿了。铜绿山炼出的铜锭不但供应附近用户使用，还远输河南等地，它当时的重要地位和矿冶盛况就可想而知了。商王朝为了直接控制这里的矿山开采，在矿山通往中原的要冲长江北岸曾建立盘龙城，以这座城邑为据点，商人东征西伐，控制了今湖北、河南、安徽邻界的大片地区。盘龙城与大冶铜绿山仅一江之隔，又与其他几处古铜矿在同一条长江运输线上，方圆不过数公里，矿山产出的红铜在商王朝的控制下源源北上，到达都城安阳的铸铜作坊。铸造作坊也是受官府控制，为官府服务的。这样，从矿石开采到制造青铜器的整个过程都是在政府垄断下运作的。

成书于周代的《尚书·禹贡》记载，当时中央政府要求楚地贡“金三品”，所谓“金三品”是指金、银、铜，黄金为上，银次之，铜虽是下等金属，但产量最高。在商周辉煌灿烂的青铜文化中，大冶铜绿山矿区的贡献是不容低估的。正像后来我们用钢铁产量反映一国国力，在铁器出现以前的青铜时代，铜产量就是国家实力的象征。春秋时期，楚国能够问鼎中原，争霸天下，在很大程度上靠的就是丰富的矿藏和发达的矿业。

五、中国矿冶史上的里程碑

铜绿山古铜矿是我国发现最早、规模最大、开采时间最长并且也是最完整的一处矿冶遗址。它否定了过去曾经流行一时的一种“中国采矿、冶金技术进口论”。它的采掘和冶炼工艺填补了我国冶金史上的空白，堪称矿冶史上的里程碑。它的矿井支护、排水、通风和选矿的一整套技术，对于现代矿山生产仍有借鉴意义。在古矿井的下面，今天仍开采出数千吨富矿石。2000 多年前，矿工们在没有任何机械动力的情况下，仅凭铜斧等工具开掘到地下 50 多米，并挖成纵横交错的井巷网，这不能不说是人类生产史上的奇迹。

铜绿山发掘也丰富了青铜器研究的内涵。以前在青铜器研究上人们只局限在铭文、形态、用途、花纹、成分等方面，后虽涉及到铸造方法的研究，但对于材料的来源还不太清楚，也由于铸造作坊遗址附近没有发现矿石和冶炼的遗存，曾有古代铸造、冶炼分地进行的推测，铜绿山遗址的发现，证实了这一推测，并反映出从采矿、冶炼、运输到铸造都有细密的分工。这样，从原料到铸造，从器物使用到青铜器的文化意义，我们可以开展系统研究，拓宽了中国青铜器研究的领域，也使我们对楚国灿烂的青铜文化有了更深刻的理解，由此对楚文化作总体研究，已经不是可望而不可即的事了。

1982 年，铜绿山古矿冶遗址被国务院公布为首批全国重点文物保护单位。

（刘兴林）

卧薪尝胆铸利剑

——湖北江陵楚墓越王剑重现

春秋战国时期，楚国是称雄南方的大国。据文献记载，早在西周时期，楚就在南方崛起，成为周王室的劲敌。楚国依靠强大的军事力量，经常对邻近诸侯国发动战争，并先后灭掉了45个诸侯国，在“春秋五霸”和“战国七雄”的东周时期，扮演了极其重要的霸主角色。随着时间的流逝，这个昔日的强大王国，终被历史的尘土掩埋。人们对它的了解仅局限于史书中为数不多的记载，对它的经济、文化的具体面目以及与其他诸侯国特别是长江下游越国的关系等方面的认识也一直是模糊不清的。21世纪的今天，随着湖北江陵望山沙冢楚墓群的发现，考古学家的小铲子又将尘土掩埋的历史重新揭示了出来。

一、江陵楚墓的发现和发掘

江陵地区位于长江中游古云梦泽畔，西临鄂西山区，东接江汉平原，南濒万里长江，北通辽阔中原，控江带湖，形张势举，是兵家必争的风水宝地。

1965年冬，湖北省荆州地区漳河水库（今属荆门市）修造渠道工程，湖北省文物管理委员会、湖北省文化局文物工作队、湖北省博物馆的文物考古工作者配合工程进行文物勘探，在第二干渠所经江陵县境内的纪山西麓和八岭山东麓一带工程范围内，发现大大小小的古墓50多座。其中有封土堆的大中型墓葬25座，无封土堆的小型墓葬30多座。根据“重点保护，重点发掘；既对基本建设有利，又对文物保护有利”的方针，对其中的8座墓葬作了发掘清理。

发掘工作是在漳河工程总指挥部的关怀下，由省文物部门和江陵县文物工作组，与漳河水利工程总部文物考古工作队具体组织进行的。首先是进行勘探，对各墓葬的规律、形制等情况作初步了解。在此基础上又做了组织、物资、安全以及技术人员培训等准备工作。为了积累经验，减少因发掘水平不高而造成的损失，工作人员首先发掘了规模较小的沙冢1—4号墓，然后集中主要力量发掘规模较大的望山1—4号墓。

图14-1　望山1号楚墓一次就出土了近400件青铜器。

江陵地区地下水位较高，墓坑积水较多，土质情况不良，坑壁极易崩塌。而且天气严寒，常有雨雪，给发掘工作带来预想不到的困难。尤其是望山4号墓，是湖北省首次发掘的较大型楚墓，困难尤多。但工作人员顶风冒雪，群策群力，自1965年10月中旬开始，至1966年元月中旬顺利完成了田野工作。

通过发掘的情况观察，8座墓葬大多已遭不同程度的盗掘，但出土文物仍很丰富，其中保存较好的随葬品近2000件，包括陶器237件、铜器580件、漆木器460件、玉石器116件、丝织品124件、竹简273枚、其他随葬品200余件。8座墓葬中以望山1号墓出土物最为丰富，共计783件（图14-1）。望山2号墓虽然被盗，随葬器物仍较为丰富，共计出土遗物617件。所有这些出土文物，为研究春秋战国时期楚国的社会经济和文化艺术，提供了一批十分珍贵的实物资料。

二、奇宝渊源

望山沙冢楚墓的发掘，是在湖北境内采用科学方法对楚墓进行的首次较大规模的发掘。这次发掘最大的收获是出土了一件青铜剑，该剑出土时，置于棺内人骨架的左侧，并插入涂墨漆的木鞘里，拔剑出鞘，寒光耀目，毫无锈蚀，刃薄锋利，试之以纸，20余层一划而破（图14-3）。剑全长55.6厘米，剑身长45.6厘米，剑格宽5厘米，剑身满饰黑色菱形几何暗花纹，剑格正面和反面还分别用蓝色琉璃和绿松石镶嵌成美丽的纹饰，剑柄以丝线缠缚，剑首向外翻卷作圆箍形，内铸有极其精细的11道同心圆圈。剑身一面近格处有两行鸟篆铭文。(图 14-2a、14-2b、14-2c)

图 14-2a　越王勾践剑剑柄

图 14-2b　勾践剑根部铭文“越王勾践　自作用剑”

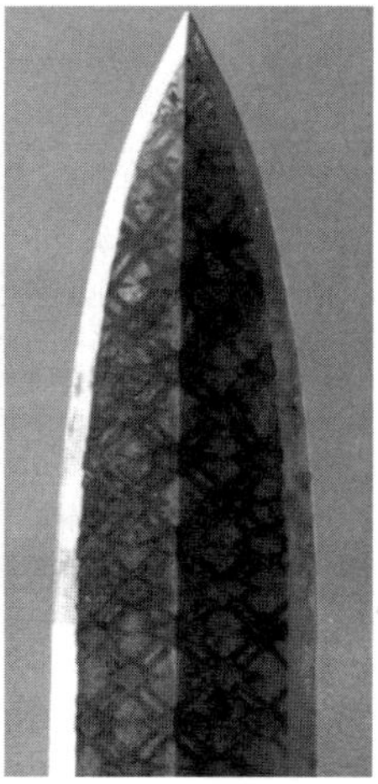

图 14-2c　勾践剑顶部利刃

这种古文字，史称“鸟虫书”，是篆书的变体，常有像虫像鸟之笔，或构成该字本身的笔画，或以之为装饰，类似今之艺术字，释读颇难。正在发掘现场指导的著名历史学家方壮猷教授领着一班年轻考古工作者连夜对铭文进行释读，想尽快弄清楚：墓主何人？剑为何人所有？在工地没有资料可以参考的情况下，“越王、自乍(作)用铨(剑)”6个字被释读，大家都深信不疑。

越国为春秋战国之际的一个诸侯国，从允常于公元前510年开始称王起，经勾践、鹿郢、不寿、朱勾……至无疆于公元前334年被楚所灭止，先后有9个王，此剑为哪一个越王“自作”呢？只有弄清剑上越王之名，才能得出结论。于是，在考古学家、古文字学家之间展开了一场以书信往来为主要方式的学术讨论。

讨论是由方壮猷先生发起的，参加者有郭沫若、于省吾、唐兰、容庚、徐中舒、夏鼐、陈梦家、胡厚宣、苏秉琦等先生。许多先生都回了信，少则一二封，多则七八封，对剑铭发表见解，相互切磋。到2月上旬意见趋于一致，公认剑上的八字铭文为“越王勾践，自作用剑”。

但地处长江下游的越国国君之剑，何以出在地处长江中游的楚国墓葬之中？它是战利品，还是作为馈赠的礼品流入楚国的呢？学术界为此再次展开热烈的讨论。有人认为是越女嫁给楚国时的陪嫁品，因为史载越王勾践的女儿是楚昭王的宠姬；亦有人认为此剑系楚国缴获的战利品，因为越国后来是被楚国灭掉的。

关于楚越之间的关系，据《史记》《左传》《吴越春秋》等书记载，在楚威王以前是很密切的，尔后才渐渐疏远，并且相互攻伐，最后楚把越灭亡。根据望山1号墓出土的大批竹简得知，该墓入葬的年代为楚威王或楚怀王前期，所以说越王勾践青铜剑是因赠送而自越传入楚，是很有可能的。

既然越王勾践剑是赠送的礼品，那么它又是怎样流入楚国的呢？《史记·伍子胥列传》记载：屈固“负楚惠王亡走昭夫人之宫”。昭夫人，《索隐》云：“昭王夫人，即惠王母，越女也。”《渚宫旧事》记载了昭王与越王勾践之女所生的儿子章，就是楚惠王。因此，楚昭王娶越王勾践之女为妃，而勾践将他珍贵的青铜剑作为女儿的陪嫁品而流入楚国，并非不合情理。

从出土的竹简记载以及墓葬形制与随葬器物特征分析考证，望山1号墓的墓主应为悼固，但悼固既不是楚昭王，也不是楚惠王，为什么越王勾践的青铜剑会随葬于他的墓中呢？从简文得知，墓主悼固在祭祀祖先时，有柬大王、声王、悼王等三个楚王的名字，而且其先后次序是固定的，说明是先后相连的三个楚王。《史记·楚世家》也有三个楚王：简王、声王、悼王。先秦时代，可以把祖父的号作姓。悼固以悼王为姓氏，应是悼王之后。这与楚庄王之后以庄为氏的情况应是相同的。悼固在祭祀先君东郈公和王孙喿时，东郈公的名字紧连于悼王之后，因而是楚悼王之子，同时也是悼固这一支的始祖。王孙喿大概是东郈公之子，所以喿称王孙。悼固虽是悼王之后，但不称王孙，说明他的辈分低于王孙喿；不过他与楚王室的关系密切，与王孙喿相隔一两辈的可能性最大，即悼王之曾孙。悼固死时很年轻（据人骨鉴定，他死时还不到30岁），楚王为了表彰他的忠心，把名贵的越王勾践剑赐予悼固。他死后就将此剑殉葬于墓中，以显示其生前的功绩，这也是

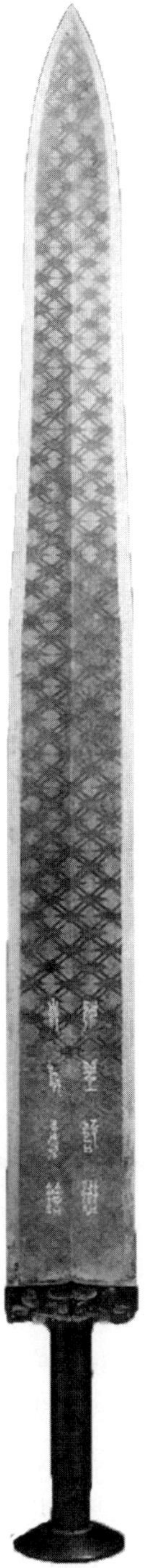

图14-3 勾践剑

很有可能的。

目前考古发现与传世的越王剑，虽然有些是作为赠品传入楚地的，但也有些是作为楚灭越时的战利品而流入楚国的。这与文献记载的在楚威王之前楚越关系相当密切，尔后才有相互敌对攻伐的情况，基本上是一致的。因此，这些越王剑的发现，为我们探讨楚越关系提供了一个重要信息。

三、越王勾践剑不锈之谜

越王勾践青铜剑，不仅铸造精致、花纹秀美，而且深埋于地下2400多年而不锈，仍保持着耀眼的光泽，其中成因确实耐人寻味。

春秋战国时期是我国历史上一个大变革时代。当时，周王室衰微，礼崩乐坏，诸侯割据，战争频繁。公元前6世纪中叶，当中原各国正在闹着内政改革之时，南方的楚、吴、越之间则开始了激烈的争战，一度形成三国鼎立的局面。先是吴楚争霸，而与吴国相邻的越国也不甘寂寞，乘吴忙于攻楚之际，经常袭击吴国。公元前496年，吴越开战，吴师战败，吴王阖闾负伤而死。公元前494年，其子夫差替父报仇，带兵伐越，使越臣服。越王勾践战败之后，不忘会稽之耻，卧薪尝胆，厉兵秣马，于公元前482年东山再起，带兵伐吴。到公元前473年，越国灭掉吴国，吴王夫差自缢而死。勾践灭吴后，争霸中原，是越国最为鼎盛的阶段。

为了应付连绵不断的战争，各诸侯国不断改进和大量制造各式各样的武器。各国都有一批铸造青铜剑的能工巧匠。处于长江下游的吴国和越国，有欧冶子以及干将、莫邪等当时最著名的铸剑能手。吴越铸造的名贵青铜剑，坚韧锋利，在各诸侯国中享有盛名。

据《越绝书》记载，越王勾践有5把青铜剑，其剑“扬其华，捽如芙蓉始出；观其钣，灿如列星之行；观其光，浑浑如水之溢于塘；观其断，岩岩如琐石；观其才，焕焕如冰释；此所谓纯钧耶。”这与考古发现的越王勾践青铜剑大体相符。

春秋末年，我国的青铜铸造，已经掌握了将器身与附件分别铸造，再用合金焊接的冶金工艺。当时的炼炉，已采用皮囊鼓风加温的新技术。我国古代第一部手工艺专著《考工记》，在“桃氏为剑”一节中，详细记载了青铜剑的制作方法：“腊广二寸有半寸，两从半之；以其腊广之茎，围长倍之……参分其腊广，去一以为首广而围之；身长五其茎长，重九锊，谓之上制，上士服之；身长四其茎长，重七锊，谓之中制，中士服之；身长三其茎长，重五锊，谓之下制，下士服之。”它是当时青铜剑铸造技术的总结。那么，这些名贵的青铜剑，又是如何制造与防锈的呢？

20世纪70年代以前，由于科学发展水平局限等原因，人们不可能对这些青铜剑进行取样测定，因此关于青铜剑的至今不锈，有人曾归因于当时采用的金、银、锡和水银等进行外镀的技术，但是关于青铜剑如何铸造和防锈，这个谜应该说当时仍未解开。随着我国科学技术的不断发展，1977 年及 1978 年湖北省博物馆与有关单位协作，在复旦大学的静电加速器上，利用原子核研究所提供的检测设备，对越王勾践剑进行了无损伤的测定与研究，终于解开了这个千年之谜。

勾践剑刃及剑身的成分表明含锡为 16%—17%，这是铸造锡青铜强度最高的成分，并保持有一定延伸率；含锡再高，强度虽有提高，但抗张强度及延伸性迅速下降，作直刺用的兵器，要保证其强度以免弯折，而不需要砍击器的硬度或韧性，越王勾践剑和同墓出土的菱纹剑都使用了合理的含锡成分，反映了吴越铸剑的高超水平。勾践剑剑身含铅、铁较低，它们应是锡和铜的杂质元素，在熔铸时或者选料精良，或者通过精炼去除了铅、铁杂质。

剑格使用了含铅较高的合金制作，这种材料流动性较好，容易制作表面的装饰。剑格表面经过了人工氧化处理，花纹处含硫高，硫化铜可以防止锈蚀，并可保持花纹的艳丽。

勾践剑上镂有八字铭文，刻槽刃痕清晰可辨，可以肯定铭文系铸后镂刻。铭文笔画圆润，宽度只有 0.3—0.4 毫米，刻字水平之高可见一斑。

越王勾践剑因剑的各个部位的作用不同，铜和锡的比例也不一样。剑脊含铜较多，能使剑韧性好，不易折断；而刃部含锡高，硬度大，使剑锋利。但不同成分的配比在同一剑上又是怎样铸成的呢？专家们考证后认为是采用了复合金属工艺，即两次浇铸使之复合成一体。这种复合金属工艺，世界上其他国家是到近代才开始使用的，而我国古代劳动人民在 2000 多年前就采用了。这在科学技术史上具有重要意义。

四、辉煌的楚文化

具有高度发展水平的楚文化是我国古代文化的重要组成部分。它独具特色的文化特征，在江陵望山沙冢发掘的 8 座楚墓中得到了充分的反映。

1．巧夺天工的漆器造型与装饰艺术

望山沙冢 8 座楚墓中出土漆木器 460 件。漆器保存尚好，其品种达 40 余种。按其用途，可分为饮食器、乐器、日常生活用具、工艺品、兵器、车马器和明器七类，涉及社会生活的各个方面。当时的人们不仅把漆器用于现实的物质生活、精神生活，同时还把它们作为重要的随葬品葬入坟墓。这批漆器的制作主要采用了斫制、挖制和雕刻三种技法。这三种制法，并非截然分开，常常是以某种为主，其他技法辅之，采用不同的方法组成一个整体。例如豆、案、几等，是榫卯接合组成。又如樽、剑鞘等，

图 14-4　东周时期楚国髹漆木雕小座屏，制作完成时间早于公元前 334 年，湖北省江陵望山 1 号楚墓出土。

是粘合而成。在工序上，木胎制成后先涂漆，然后用彩漆或其他颜料绘出各种优美的花纹图案。不难看出，其制作工艺已达到了相当高的水平。(图 14-4)

望山沙冢出土漆器的造型，有的生动优美，有的狰狞怪诞，有的庄严雄伟，有的小巧玲珑，千姿百态，琳琅满目。其造型特点，大致可以归纳为仿生型、仿物型和适用型三大类，以适用型为多，三者有机结合，相互渗透。

仿生型漆器，其原始形态虽然来自自然界的生物，但并不是简单的模仿，而是经过精心再创造，因而其形态各异。有以某种动物的整体来造型的，也有取其某一局部，如头、足等来造型的；有静态的，也有动态的，尤其是有取某瞬间动态的，更显生动活泼，表现了楚国工匠的丰富想象力。

仿物型漆器是模仿当时社会上已有的器物。春秋战国时期，随着铁器的使用和推广，用漆器仿制铜器、陶器的现象非常普遍。但这类仿物漆器，不是机械的抄袭模仿，而是别有创新。一则是因为漆器的木胎质轻，制作方便，隔冷隔热耐腐蚀，使用起来较陶、铜器更好；再则用漆彩绘可增添器物花纹与色彩的美丽，因而在仿造时，可以充分发挥其长处而使器物造型更为美观。

漆器的装饰在继承和发展青铜器装饰纹样的同时，从漆器特点出发又有许多新的创造性发展。其题材大体有动物纹样、自然景物纹样、几何纹样。这些纹饰的线条不仅流畅，组合也很有规律，显示了当时工匠们的高超技艺。纹饰纹样的用色也是丰富多彩的，主要颜色有红、黑、黄、褐、蓝、灰六种。容器大多是内红外黑，乐器、明器、工艺品则多以黑漆为地，用不同的颜色在不同的部位进行描绘，设色鲜明，搭配和谐，通过色彩使装饰纹样显得富丽堂皇、光彩夺目。

2．精巧娴熟的锦绣艺术

楚墓出土了一批丝织品和刺绣。从仅存完好的大块面实物和残片分析，丝织品中有纱、纨、绢、绳、缨等品种，刺绣品有绢地绣和锦地绣两种。锦是多彩提花丝织物，其织制精美，花纹斑斓多彩，在春秋战国时期被视为贵重的丝织品。望山1号墓出土的对兽纹彩锦残片最大的一块长62厘米、宽53厘米，中间有接缝。它是作为青铜剑上的包覆物而被留存下来的。对兽彩锦是由棕色和浅棕色两种彩线组成的双色暗花锦，可作为绶带、丝缨、流苏等装饰物使用。

刺绣是用绣针引彩线，按设计的花纹和色彩规律，在绣地上刺缀运针，以绣迹构成花纹图案或文字的工艺技术。望山楚墓出土的刺绣花纹比较复杂且布满绢面，很有楚地的独特风格。出土于望山2号墓边箱竹器中的动物花卉绢绣残片中，最大的一块长35厘米、宽24厘米。它是在绢地上绣出一个长方形框，框长18.5厘米、宽15厘米。长方框内用绣线以锁绣技法绣制的四组动物和箭头纹，交互衬托，相得益彰。绣纹粗细相配，绣技精巧娴熟。绣品的纹饰丝理和同墓出土的木雕漆器花纹特征接近，充分展示了楚绣的艺术风貌。

最值得一提的是望山1号墓出土的石字菱纹锦绣，它是在石字纹锦的地上，使用钉线绣的技法，绣制波浪形的纹饰。这是我国迄今在东周墓中第一次发现的将锦与绣相结合的艺术珍品。这批石字纹锦绣的出土，将我国的钉线绣技法的历史提早了1700余年，为研究我国古代的丝织刺绣史提供了极其珍贵的史料。

（南达仁）

音乐史上的旷世奇观

——曾侯乙墓的发掘与编钟出土

公元前 223 年，称雄中国南方并梦想盟主天下的楚国终为强秦所灭，曾经辉煌一时的楚文化也渐渐地在历史长河中湮没。后来，当人们从断断续续的史料中去找寻这个强盛王国时，却发现有一系列难解之谜，而附属于强大楚国的诸多小国的情况，更是鲜为人知。小国的君主墓会在何处出现？那些附属国里最基本的衣食住行如何？它们的科学技术又是怎样发展的？这一切，都因湖北随县（今改名随州市）曾侯乙墓的发现而初露端倪。

一、波折繁复、工程浩大的发掘过程

随县在湖北省北部。在随县县城西北约 3 公里的地方，有一个名为擂鼓墩的大土冢。由擂鼓墩往东南约 1 公里的㵐水河畔、丘陵尽端，突起两个高出河滩平地约 20 余米的大土包，两土包相距 100 余米，东边的大土包被当地百姓称为东团坡，意思为东边的圆形土包，西边的被称为西团坡。这一带依山傍水，从土包上居高环览，视野十分开阔，自然环境良好，符合古代陵墓择地的基本要素。

1977 年 9 月，中国人民解放军武汉空军后勤某部的一个雷达修理厂为扩建营地厂房需要，平整东团坡，施工人员放炮炸松了这一带的红砂岩，然后用推土机推，结果发现东团坡顶端处有一片呈不规则形的黄褐色或黑褐色软土，再往下则推出了青灰色的膏泥和石板，于是上报上级文物部门。1978 年 3 月，经省地县联合勘察古墓小组认定，这是一处木椁保存完好、墓坑呈不规则多边形、面积达 220 平方米的大型古墓葬，其中木椁规模达 190 多平方米。这是一个巨大的喜讯，因为这样大的木椁墓，在我国境内还没有发掘过，比 1972 年长沙发掘出土西汉女尸的马王堆 1 号汉墓大了整

整5倍。

然而，勘察中同时还查明，墓的中部有一个直径为0.8米的小盗洞，且顺势往下，究竟多深难以判断。大型楚墓十有九盗。这里的情况也给人们心里布下疑团，因为中国的盗墓贼有一个特点，要挖就非挖到底不可，这里究竟被盗走了多少东西，还真是一个谜。

发掘工作是艰难、细致、繁杂但又是令人兴奋的。首先涉及的是准备工作，它包括向国家文物局申报审批、发掘人员的召集培训、发掘方案的制定、所需发掘物资的筹备等等。调集的发掘人员来自湖北省博物馆、武汉大学历史系考古专业、襄阳地区博物馆、随县文教局文化馆以及一些其他地县的文物部门的干部，他们包括参加过1965年江陵出土越王勾践剑的望山1号墓和1978年比望山1号墓更大的天星观1号墓发掘工作的考古技术人员。其中包括有经验的清理人员、绘图人员、文物修复与保养人员、摄影摄像人员。筹集发掘所必需的物资更是艰难，因为涉及到当时国家计划中的控制物资或紧俏物资，包括木料、楠竹、铅丝、泡沫、薄膜等，经过反复宣传和做细致的工作，5月上旬，准备就绪，发掘工作正式开始。

发掘这样一座大墓，整个过程就像一场攻坚战。首先是清理墓坑中推土机推剩的填土，发现五花填土都经夯打，夯层厚15—20厘米，用的是直径5厘米的圆形夯。填土是从别处运来的，很少夹有杂质。接着是清理填土下的一层不规则石板，重者达一两千斤。石板往下为厚2.2米的黄褐土与青灰泥相间的夯层。再往下先覆盖一层竹网，竹网之下是丝帛，丝帛之下为篾席，篾席之下即为木椁的盖板顶部，木椁四周与坑壁的空隙里填有木炭。(图15-1)

图15-1　曾侯乙墓发掘现场照片

清理椁顶木炭的工作极其紧张。首先，必须严格按考古的要求完成资料工作。其次，粘性大的青膏泥与木炭较难分离。第三，不能破坏木炭层下的遗迹遗物，即竹网、丝帛、篾席及其之间的相互关系。第四，清理仅有半天时间，即必须在5月15日完成。5月14日天气晴朗，开夜工至晚上10点，才将木炭上的青膏泥清理完毕。而天气预报5月15日晚上起天气转阴，5月16日有雨，故而发掘资料的抢救工作必须在5月15日完成，直升飞机拍摄发掘现场全景照也定于15日下午2时许。时间一环环紧扣着，15日上午拍摄木炭层的照片后，考古人员和民工一铲铲一层层地取出运走木炭，至中午12点钟后完成，共清理木炭31360公斤。至此，墓室的椁板已全部暴露。飞机航拍过后，人们以焦急和期待的心情等待着椁盖板的揭开，然而盗洞继续穿过木炭层并在椁盖上留下了一个不足0.5平方米的洞口。墓内文物究竟保存如何，只有等到椁盖板打开之后才能见分晓。

然而，当吊车缓缓地将每块重达数吨的椁板吊起运走后，人们并没有见到期待中的文物出现，只见盗洞下的淤泥与满室的积水。当盖板全部起出，才发现东室水面飘浮起2具彩绘棺，西室则有8具。

接着，考古工作者便从捆扎吊取彩绘棺，抽取墓中积水，仔细清除淤泥一步步地往下做。随着发掘工作进一步深入，一个包括编钟在内的巨大的地下文物宝藏的真容渐渐地展露在人们面前。兴奋驱走了疲惫，发掘人员连续作战，至5月30日，淤泥基本清理完毕，墓室文物完全显现。（图15-2）

二、地下寝宫的重要发现

地下寝宫的墓坑方向正南，残存墓口东西长21米，南北宽16.5米，原深度当在13米以上，总面积为220平方米。坑内置木椁，高3米以上，分为北、东、中、西四室，均为长方形，椁室外壁和隔墙均用6块长方形木材垒成，共用成材木料约380立方米。中、北、东三室宽度一致，均为4.75米。其中中室面积最大，纵长9.75米，主要放置整架的编钟、编磬和其它多种乐器，以及成套的青铜礼器。编钟靠近西壁和中室南部，编磬紧靠北壁陈放；其它乐器如瑟、笙等列于钟磬之间；九鼎八簋等青铜礼器置于中室南部，分类陈放，井然有序。这种情景，充分反映了墓主人宴飨时饮酒作乐的生活场面。整个中室仅东北角盗洞下方的遗物较少，其余地方均未经扰动，证明盗墓者未进其室而仅在盗洞附近略加捞取，这要归功于墓室内的积水。

中室出土的青铜礼器和乐器上，绝大部分都有“曾侯乙作（持）”的铭文，标明这些器物为曾侯乙所有。同时，器物的组合说明这是一处礼乐宫，主要作祭天祀祖和宴请宾客之用。在中国古代，隆重的宴庆活动都需奏乐，中室礼乐即“钟鸣鼎食”的真实写照。

东室长9.5米，为墓主的“寝宫”，里面放置着墓主的特大型双层套棺和8具陪葬

图 15–2　墓室内出土文物分布

椁，以及1具葬宠物的狗棺。除此之外，还出土了一些以琴瑟为主的乐器，少量的兵器、马具，表面漆绘二十八宿等图案的木质衣箱，以及散落在墓主骨架周围的玉器、骨器、角器、小件金器等随葬品300余件。通过对墓中人骨的鉴定，墓主人为男性，45岁左右；殉葬的均为女性，年龄13—25岁，尤以20岁左右的居多。

北室为各室中面积最小的，南北纵长仅4.25米，主要放置大量的兵器、车马器、皮甲胄，有2件高1.3米、重300公斤的大铜缶用以盛酒，以及240多支长72—75厘米、宽1厘米左右的竹简，简文为墨书篆体，内容记载的是用于葬仪的车马兵器，所记马车有曾侯乙宫廷自备的，有他人赙赠的。从简文中知道有些曾国的官名与楚国相同，反映出曾国与楚国的密切关系。

西室与中室并列，长8.65米、宽3.25米，主要放置13具均为女性的陪葬棺，除了小件的陪葬玩具与服饰外，再无其它葬品。

田野考古发掘工作至6月底基本完成，经清理和清点，出土文物共有7000余件。为了对这一地下文物宝库有一个总体印象，我们可以稍加分类，详列出土文物如下：

图 15-3 冰鉴

图 15-4 漆豆

乐器共124件，包括青铜编钟64件、石玉质编磬32件、木腔皮面鼓4件、木质瑟12件、整木雕成的琴2件、以葫芦和细竹管制成的笙5件、竹制排箫2件、横吹竹笛（篪）2件。

青铜礼器、容器、杂器共140件，包括鼎22件、簋8件、簠4件、联座壶1对、大缶1对（2件）、盥缶4件、冰鉴1对（冰酒器，图15-3）、尊和尊盘各1件、炒炉1件、鹿角鹤1件等。

兵器、车马器共4500件，包括戈、矛、戟、殳、箭、弓、盾、甲、车軎、车伞盖、马衔、马镳、马饰等器形。

木、竹用具包括箱、案、几、盒、杯、豆等，皆髹漆，包括衣箱5件、食具箱2件、酒具箱1件、几1件、桶2件、鸳鸯形漆盒1件、豆16件（图15-4），以及竹制的竹席、竹笥、竹筒等。

金玉服饰共300多件，包括金带钩、玉璧、玉环、玉瑗、玉璜、玉玦、玉佩、梳子等器形。

金制器皿5件，有盏、勺、杯、器盖等，其中金盏重达2150克。

竹简计240多枚。

随葬品还包括丝麻织品、金属弹簧形器以及陶器等。

如此众多的文物，令人叹为观止。

三、墓主究竟是谁

考古发掘中一个极其重要的问题，就是要弄清墓葬所处的历史背景，即要确认墓主人是谁、他们的下葬年代，以及所包含的证史补史的内容。这个问题的解决，要借助于墓葬中出土的文字资料。

墓中出土的青铜器物上，几乎都有“曾侯乙乍(作)峙(持)用终”“曾侯乙乍峙”的铭文，许多兵器上也有“曾侯乙之……”的铭文，据此，证明“曾侯乙”是这个墓的墓主，“曾侯乙”为“曾这个诸侯国的君主，名乙”。同时，此墓随葬礼器中有显示相当于天子身份等级的九鼎八簋，以及编制庞大的编钟、编磬等，与在战国早期礼崩乐坏情况下有僭越行为的列国诸侯的身份是相符的。

另外，在中室出土的一件铜镈上的铭文，为判定这座墓的具体年代提供了可靠依据。铭文位于镈正面，计3行31字：“隹(唯)王五十又六祀，返自西阳，楚王酓(熊)章乍曾侯乙宗彝，寘（奠）之于西阳，其永峙(持)用享。”据记载，宋代在湖北安陆曾出土过两件铭文与此相同的铜钟，说明这样的钟或镈，当时制作多件。安陆出土的铜钟曾见于宋代著录，郭沫若先生在《两周金文辞大系图录考释》中明确考证出钟上的纪年“隹王五十又六祀”为楚惠王五十六年，即公元前433年。因此，墓主的下葬时间当在这一年或稍晚。

有了如此明确的墓主人身份和下葬年代，我们可以作一些分析和探寻。据文献记载，东周时期湖北境内列国林立，楚为头等大国，随居第二，众多小国后来均先后统一于楚。此时随州主要为随国据有，未曾见到有曾国的记载。此墓的发现以及随州及邻近的襄阳、枣阳、安陆、京山等地出土的曾国铜器，为研究春秋晚期以后文献中都无记载的曾国与随国的关系提供了第一手的资料。有人认为曾、随本是一国，也有人认为曾、随不可等同，但以楚惠王为曾侯乙作铜镈，以及赠送的用于葬仪的车子及楚、曾官制相同这些因素来说，曾、楚的关系应当是非同一般的密切。也许正是因为受到楚国的保护，国内相对安宁，能够避免直接战祸，曾国的社会生产力才得到了较好的发展，才有可能制造出如编钟、纺织品、漆器等高度物质文明与精神文明相结合的产品。

四、出土文物所反映的科技文化

先秦以中原为天下之中，因此古代文献中关于南方楚国及其附属国的记载，尤其是科学技术和典章制度方面的记载少得可怜。具有大量珍贵文物的曾侯乙墓的发现和发掘，其意义不言自明。曾国人高超的技术艺术及其技艺所蕴含的科学意义，均因这些重见天日的地下文物而展现在世人面前。

1．高超的青铜铸造技术和工艺

此墓中出土的青铜器具的品种数量之多、器型之大、铸造之精、纹饰之美、保存之完整，是已出土青铜器中独一无二的。据统计，其出土数量总计6239件，总重量近10.5吨。器型最大的为一对大尊缶，分别高1.26米和1.25米，腹部直径1.1米，重分别为327.5公斤和292公斤。一个不大的诸侯国，能够制造出这么多巨大的铸件，说明战国初期南方青铜冶铸技术的推广应用达到了一个很高的水平，超出人们原先对这个问题的估计。

在铸造工艺技术上，这些铜器大多是用传统的浑铸、分铸结合的方法制作而成，有的器物上出现了锡铅合金焊接的技术。而编钟的铸造更是娴熟地使用了分范合铸、复印花纹等技艺，把古老的浑铸法提高到了一个新的水平。八角形的甬钟表面纹饰由8块范片组成，舞部花纹和钟枚也都使用分范，整个铸件的范和芯多达七八十块。这种铸造方法使器物形制精确，花纹细致清晰，保证了音律的准确和花纹的立体感。

特别令人惊奇的是一件造型精巧、结构复杂的尊盘（图15-5）。尊是一种盛酒器，盘则是一种盛水器。出土时，尊置于盘内，二者浑然一体。从尊盘的

图15-5 曾侯乙墓出土铜尊及其尊盘

结构看，由本体、龙形附件和透空附饰三部分组成，分别采用了浑铸法、分铸法和失蜡法。特别是用失蜡法铸造的透空附饰，是由表层纹饰和内部多层次的铜梗组成，表层纹饰互不接续、彼此独立，全靠内层铜梗支撑，而内层铜梗又分层联结，构成一个千丝万缕、藤连瓜悬、鬼斧神工的整体，它高低参差与对称排比相结合，寓变化于整齐之中，达到了精妙绝伦的艺术效果。

失蜡法工艺，是先将易熔化的黄蜡制成蜡模，然后用细泥浆多次浇淋，并涂上耐火材料使之硬化，做成铸型，再经烘烤使黄蜡熔化流出，形成型腔，最后浇铸铜液成器。曾侯尊盘是我国第一件得到科学鉴定的先秦失蜡法所铸标本，将我国使用失蜡法的历史至少提前了 200 多年，在科学技术史上具有重要意义。

2．二十八宿星象图：天文学史上的重大发现

在墓葬东室西南角靠近主棺的地方，出土了一件髹漆衣箱。箱长 82.8 厘米、宽 47 厘米，总高 44.8 厘米，内壁朱漆，外壁黑漆，黑漆上绘有朱漆纹样。箱盖面一端绘青龙，另一端绘白虎，中心朱书一个象征北斗星的大“斗”字，围绕“斗”字按顺时针方向排列一圈的是篆文书写的二十八宿古代星名。这是我国迄今所发现的二十八宿全部名称的最早文字记录。这件文物一经公布，立即引起了国内外天文学界的轰动，已经定稿的《中国大百科全书•天文卷》为此改写了有关内容。

我国古代天文学家在观象授时的基础上，为了进一步对日月五星的运行及位置作系统观测，绕天一周选取二十八星座作为观测标志，叫作二十八宿。它的出现，对日月五星运行周期和运行轨道的测定，对编制较为准确的历法，以及对恒星的观测和天区的划分等，都起了重要的作用。这次衣箱盖上的二十八星象图的发现，是二十八宿完整名称的最早出现，是二十八宿与四象(青龙、白虎、朱雀、玄武)相配的最早记录，表明了北斗在我国古代天文学中的特殊重要地位，把我国二十八宿全部名称的可靠记载提前到了战国初期，为进一步探讨中国二十八宿的起源，提供了十分重要的线索和史料。

五、音乐史上的旷世奇观

曾侯乙墓发掘出土了大批的古乐器，其品种的齐全和保存的完好都大大地超过以往的发现，其中不少乐器是前所未见的，对研究先秦时期乐器历史具有重要的意义。乐器中共有编钟、编磬、鼓、瑟、琴、笙、排箫、篪 8 种 124 件，包括目前国内首次发现的排箫 2 件、建鼓 1 件、尚不知名的五弦乐器 1 件，以及与汉代以后出土品种相同的如竹笙 5 件、篪 2 件、十弦乐器(琴)1 件、短柄双面鼓 2 件、悬鼓 1 件，此外就是 12 具二十五弦瑟和全套编钟(图 15-6)。这些编钟及其它古乐器的出土，成为中外

音乐史上的一大奇观。

由于乐器最易朽坏，所以过去保存下来的实物极少，因而很难与文献中的记载对应并弄清名实关系。曾侯乙箫是用13根长短大小依次递减的细竹管并列，再用剖开的细竹管分3道缠缚而成。出土时在未脱水的情况下，其中1件有七八个箫管能够发音，可以听出它们不是按律编管而至少已是六声音阶的结构，这种形制与古壁画、石雕中所见的箫形象是一致的。篪是一种横吹竹管乐器，凿7个孔而有底，5个指孔并列，1个吹孔上出，采用叉口指法能吹出12个半音，与箫一起是首次发现的先秦实物。笙则以葫芦作笙斗，以细竹为笙管，计有12管、14管、18管三种，管内有竹质的簧片。琴有5根弦和10根弦两种，是根据现有资料尚难正确定名的乐器。瑟由整块木料雕成，并且腔体完整，彩绘精美，但因柱位不明，难以进一步探讨。鼓则为木腔皮面，皮已朽烂，仅存鼓腔，罕见的是铜盘龙座建鼓和铜立鹤架悬鼓。

对中国音乐史研究贡献最大的，当是曾侯乙墓中出土的编钟和编磬。编钟是中国具有悠久历史的打击乐器，青铜铸，是依大小和音高为序的乐钟，编组悬挂在钟架上，演奏时以小槌或木棒敲打而鸣，音色清脆洪亮，幽静而柔美。曾侯乙编钟有64枚，另有楚惠王赠钟1枚，共计65枚，编成8组，出土时悬挂在三层铜木结构的曲尺形钟架上，由6个佩剑的青铜武士和几根圆柱承托。全部甬钟有碎龙交错的浮雕花纹，大钟还错嵌红铜。每件钟上都有关于乐律的铭文，总字数达2800个左右。此外，出土时有两件粗大的撞钟棒依

图15–6 曾侯乙编钟

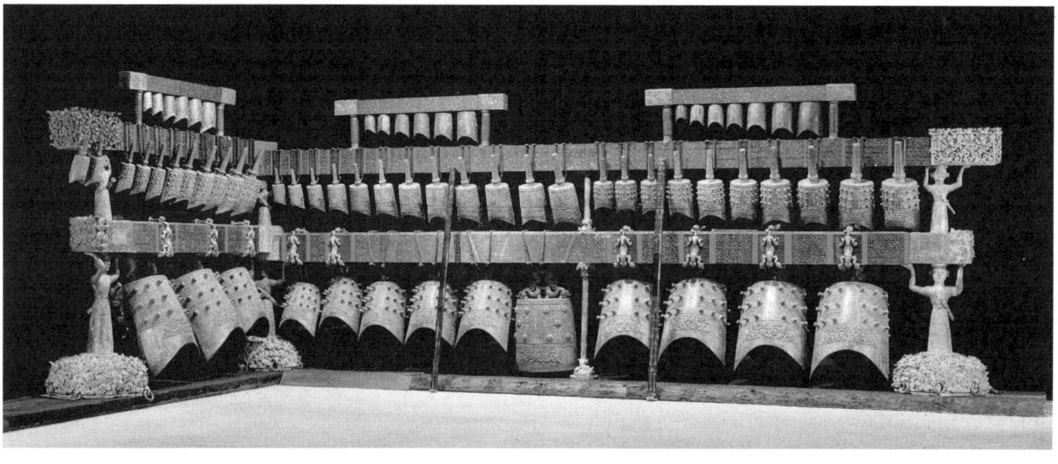

架而立，6 件 T 字形钟槌在铜架附近，说明这些棒槌是和编钟配套使用的。编磬为古代敲击乐器，磬由玉石、青石或石灰石琢制而成，悬挂于架上，敲击发声。曾侯乙编磬全套共 32 件，分列 4 组，磬架铜质，由两只鹤状怪禽支撑，上下两层分别悬挂石磬。磬面刻有文字，残存约六七百字，内容与编钟的相近，均为音律、音阶的名称和编号。由于编磬长期浸泡水中，石质溶蚀朽坏，目前已不能测音。

按照编钟上的乐律铭文和实测证明，每件铜钟都能敲击出两个乐音，整套编钟的音阶结构与现今国际上通用的 C 大调七声音阶属同一音列。它的音域宽广，从最低音到最高音，跨越了 5 个八度，仅比现代钢琴的两端各少 1 个八度，其中心音域，12 个半音齐备，可以旋宫转调。经过试奏，证明在旋宫转调的情况下，用这套编钟能够演奏古今中外的多种乐曲，并可以用来伴唱。演奏效果表明，它的和音、复调和转调手法的运用已相当成熟，且音色优美，悦耳动听，效果甚佳，从而推翻了“中国的七声音阶从欧洲传来”的传统说法，极大地丰富了我们对先秦乐律学的认识。(图 15-6)

钟铭所使用的乐律学术语，在科学概念上表现出相当精密的程度。这些乐律学术语约有三分之二以上不见于过去的乐律学著作，因而事实上已提出了一个对于中国传统乐律史重新估价的问题。

曾侯乙墓编钟及其它乐器的学术价值已为世界所公认。这说明远在战国早期，中国已具有了非常丰富多彩的音乐文化。这一音乐史上的空前发现，使失传了 2400 年的华夏古声——“楚声韶乐”得以恢复。如今，在复制成的曾侯乙乐器的基础上创作的《编钟乐舞》，众乐齐奏，八音和鸣，再现了楚声韶乐的迷人魅力。

（南达仁）

中国第一帝陵与世界第八大奇迹

——始皇陵与秦兵马俑的考古发现

一、中国第一帝陵

在陕西临潼的骊山北麓，耸立着一座覆斗形封土的陵墓，它就是中国封建社会第一位皇帝秦始皇的陵墓。骊山又名丽山，因“其阴多金，其阳多玉，始皇贪其美名而葬焉”。秦始皇姓嬴名政，是历史上颇有远见的有作为的封建帝王，他13岁即位，第二年就不惜耗费巨资，修宫造墓。到公元前221年，39岁的他统一六国称始皇帝后，又由丞相李斯主持，大将章邯监工，大规模修陵10年，人数最

图16–1　1914年2月陕西临潼县秦始皇陵。法国人沙畹摄。

多时筑陵刑徒达 72 万之众。我们仿佛可以看到，在那遥远的 2200 多年前，通往秦都咸阳的驿道上，一队队面容憔悴、衣衫褴褛的“罪人”(刑徒)，在身着铠甲、手持长戈的兵卒押解下，艰难而缓慢地行进着，去为秦始皇修建陵墓。(图 16-1)

秦始皇陵规模宏大，陵冢现高 46 米，全部为人工夯筑。但当年却不是这样。据《史记·秦始皇本纪》集解引《皇览》称：秦始皇陵“坟高五十余丈，周回五里余”。《三辅故事》说：“始皇葬骊山，起陵高五十丈。”秦时一尺约为 23 厘米，陵高 50 丈即 115 米；秦汉时一里为 1800 尺(合 414 米)，封土周长五里余即超过 2076 米。其规模着实非同一般。秦始皇三十七年(前 210)，始皇第五次东巡，暴死于沙丘平台(今河北省广宗县)，终年 50 岁，死后两个月，尸体才运回咸阳，举行丧葬仪式，葬入骊山北麓的陵中。

地宫是陵墓建筑的核心部分，是放置棺椁和随葬器物的地方，位于封土堆下。始皇陵封土下地宫的情形，因尚未进行考古发掘，不能确切了解其详情，但因文献记载较多，加之考古工作者进行的考察和勘探，地宫的奥秘仍可作一些探讨。据《史记·秦始皇本纪》记述：始皇陵墓内的情况是：“穿三泉，下铜而致椁，宫观百官，奇器珍怪，徙藏满之。令匠作机弩矢，有所穿近者辄射之。以水银为百川江河大海，机相灌输。上具天文，下具地理。以人鱼膏为烛，度不灭者久之。”《汉书·刘向传》记载：“秦始皇帝葬于骊山之阿，下锢三泉，上崇山坟……石椁为游棺，人膏为灯烛，水银为江海，黄金为凫雁。珍宝之藏，机械之变，棺椁之丽，宫馆之盛，不可胜原。”《水经·渭水注》也记述：“秦始皇大兴厚葬，营建冢圹于骊戎之山……上画天文星宿之象，下以水银为四渎百川五岳九州，具地理之势。宫观百官奇器珍宝充满其中。”此外，《汉旧仪》《三秦记》《博物志》等文献也各有记载。这些文献反映了地宫的平面、立体结构及埋葬物，据此大体上可作如下推测：地宫应具有斜坡墓道，垒石作墓圹，中心部位放棺椁象征咸阳宫，四周置一些回环相连的隧道和别室、耳室象征咸阳宫周围的离宫别馆。墓顶上绘天文星象图，墓底下凿江河湖海并灌之以水银。金玉珍宝，分藏诸室。这些推论，已较多地被考古工作所证实，如勘探发现的斜坡墓道，封土中心区的强汞异常含量等。

秦始皇陵园设计周密，布局仿秦都咸阳，分内城和外城二重，外城周长 6210 米，内城周长 3870 米，均以夯土筑成。西侧内外城垣之间的区域内，发现有大型马厩坑、跽坐俑坑、珍禽异兽坑，以及大片的地面房屋建筑地基；封土以北的内城垣内，发现有寝殿、便殿遗址；封土西侧约 20 米处，发现了平面呈“巾”字形的铜车马坑，内有大型彩绘铜车马两乘；外城东边的上焦村一带和内外城西垣之间，发现以真马陪葬的马厩坑各一处，象征京都的厩苑，一在城内，一在城外；子女后宫等人的陪葬墓主要在内城垣北部、陵西的内外城垣之间、外城垣东侧三处；陵东侧 1.5 公里的西杨村南，则发现了举世瞩目的1、2、3号兵马俑坑。然而，项羽入关后的一把大火，将始皇陵的地面建筑烧得荡然无存。

二、兵马俑坑的发现与发掘

兵马俑坑位于始皇陵园东门大道的北边。这里原是一片柿子树林，地上沙石堆积，荒冢累累。其东、西两端不远处各有南北向古河道一条。一位古稀老者回忆说，他10岁时父亲打井，已经见了水，可忽然在井壁上发现了跟人一样高大的怪物(陶俑)，井随之干涸，其父认为是怪物兴风作浪，便把它吊上来放在太阳底下曝晒，以除妖气，结果还不见井中出水，于是又将陶俑吊在树上以示惩戒，最后用棒打碎了之。1974年3月，陕西临潼县晏寨公社西杨村的社员，在骊山秦始皇陵东侧约1.5公里的地方打机井，意外地发现了与真人大小相仿的陶制人头、人身和手，一时传为奇闻。临潼县文化馆的赵康民先生闻讯后立即赶赴现场，一方面收集散失文物，另一方面做了初步的清理。这时，适逢新华社记者蔺安稳回临潼探亲，他便把秦始皇陵发现大型陶俑的消息在内部报道了，李先念副总理阅后批示，要妥善保护好发现的文物。于是，国家文物事业管理局会同中科院考古所有关专家前往现场视察，并批准由陕西省组织考古队进行勘探发掘。1974年7月15日秦俑考古队进入发掘现场，至1975年上半年，揭露清理了1号兵马俑坑的东端，基本摸清了俑坑的范围和内涵。国家对此发现也非常重视，为了妥善保护遗迹遗物并便于中外各界参观、研究，决定建立1号兵马俑坑遗址展览大厅。随后考古工作继续开展，1976年4月23日，在1号兵马俑坑的东端北侧，又发现了2号兵马俑坑。接着5月11日又在1号兵马

图16-2 武士俑

俑坑的西端北侧，发现了 3 号兵马俑坑。在 1 号兵马俑坑的中部北侧，发现了一个未建成的兵马俑坑，未建成的原因应与秦末农民起义有关。

1 号兵马俑坑东西长 230 米，南北宽 62 米，深约 5 米，是座坑道式的地下土木结构建筑，坑道底地面铺着绳纹砖，过洞地面两边墙根挖有渠槽，里面平卧着方木，方木上立壁柱。过洞顶和土隔梁上都搭有巨大棚木，上面铺席，而后再填泥加土。从砖面到顶棚高约 3 米，内置兵马俑。目前经局部发掘，已出土各类武士俑 1087 个、木质战车 8 乘，和真马大小相似的陶马 32 匹，各种青铜兵器 39000 余件。据推测，1 号坑内总埋藏的陶俑陶马约有 6000 件，2 号坑内埋藏的陶俑陶马 1400 余件，3 号坑内埋战车 1 乘和 68 个卫兵俑。秦俑这一古代文明伟大奇观的发现，引起了全世界的广泛瞩目，被誉为“世界第八大奇迹”“人类古代精神文明的瑰宝”。(图 16-2)

三、细说秦俑

俑，是我国古代墓葬中模仿生人形象而制作的一种陪葬品。在奴隶制时代，由于残酷的人殉制度，劳动力受到严重的破坏。封建地主阶级取得政权后，为了富国强兵，注重耕战，劳动者的地位也有所改变，于是仿照活人形象制成俑，以满足统治阶级借以表现他们生前的权势和享乐生活的需要。因此，以俑随葬是人殉制度的继续，它是牺牲者的替身。由于俑是一种代替活人殉葬的陪葬品，而殉葬者又都出自社会的下层，所以，他们的形象都是当时现实生活中人物的再现。

秦始皇陵兵马俑是为秦始皇陪葬而设，俑坑以其庞大的规模，成为陵园建筑的重要组成部分。兵马俑的布置以陈兵的形式出现，显示了扫除六国的精锐秦师的宏大气势。

以大量兵马俑作为陪葬，在秦代以前尚无先例，而秦以后，这种葬仪似乎成为一种风气。

秦俑身高 1.75—1.76 米，容貌神态各异，而且均有彩绘。从兵种看，分为步兵、车兵、骑兵。步兵包括作跪射和立射式的弩兵和一般武士俑；车兵包括御手和车士。从职务分，有将军俑、武官俑和武士俑。俑的穿戴和兵器配备，随职务和兵种不同而有差异。比如一般武士兵卒，身穿短褐或不带花边的铠甲，头挽发髻，也有的戴软帽，腿扎行藤，足穿方口齐头浅履。中下级武官则身穿带花边的前胸甲，头戴单卷尾长冠，足登长靴，他们在兵卒中间靠前。而中级以上的将军俑则身披甲片小得多的彩色鱼鳞甲，头戴双卷尾长冠，胡须较长，年龄也大得多，他们在队伍中一般靠后(图 16-2a)。其他如骑兵俑、御手俑、车士俑、弩兵俑和跪射俑等，也都装束各异，并各自作出自己的姿势（图 16-2b)。

陶马分车马和乘马两种，雕塑细腻，制作精工，神态逼真。车马(图16-3)，即战车四马，两骖两服(中间两马为服，两边两马为骖)。马首直立，作嘶鸣状。两耳间分鬃外卷、缚尾，尾端辫结。马首有笼头，颈套铜管项圈。乘马，即鞍马，骑兵坐乘，四马一组。两耳间分鬃外卷，马尾长而细，辫结。马背雕有鞍垫，鞍面质地似为皮革，满布钉头，涂有红、白、赭、蓝四色。鞍下有垫。周围有缨络短带，两条肚带将鞍垫固定。马鞍形状与现在的大体相同，唯无马蹬。无论是车马或乘马，均与真马大小相似。它们都昂头竖耳，目瞪口张，大有喷鼻嘶鸣、跃身飞驰之势。有人说这些陶马的体型有点像现在新疆的和田马，是一种既善于奔跑又有耐力的良种战马。

陶俑、陶马均系泥塑烧制，质地坚硬细腻，呈青灰色。其制法是塑模并用，分作拼合，然后整体烧制而成。从身躯断面可知，它的制作工艺是先做脚和腿，粘结稍干后，在它们的上面用泥条盘筑成体腔。手臂单做。从陶俑的残片断面可见，泥胎分内外两层，内层厚于外层，有的表面有麻点、指甲纹，为盘筑时工具及手指纹印。外壁为粗绳纹，是用绳纹工具加工打印，以加固与外层敷泥的粘结。其制作程序大致为：头、手、臂、脚、腿、体腔和踏板分塑大样，粘结大合，是为粗胎(大形)，然后再在其外敷细泥多层，稍干，进行“二次敷泥制作”雕塑，刻画衣领、衣褶纹、行藤、甲片、眼、嘴、下巴、发髻、胡须等细部。成型干燥后，装窑火烧，出窑上彩。陶马的制作，比陶俑更为复杂细致，马的腿、体腔、颈、头尾分作，套合粘结。除耳、绺、下巴、尾部手制外，其他部分均系模制。初胎敷泥，雕塑刻画筋腱、肉褶纹、毛丝纹及马饰等；再通体涂细泥

图16–2a 秦始皇陵出土的将军俑

图16–2b 秦始皇陵出土骑兵俑

图16–3 四马战车车士俑

一层，打磨，使之圆润光滑。马腹一侧或两侧有直径7—11厘米的圆孔，似为烧制时的排气孔，并兼作粘接套合时抹平内壁的工作孔。

陶制器的成型和烧结是一个复杂过程，不仅坯形有影响，而且火候要求严格，所谓“水火既济而土合”。秦陵大型兵马俑的烧制成功，证明在秦朝我国已有相当成熟的烧陶经验。

秦俑给人们的第一个强烈印象是大、多、真。所谓“大”，是指陶俑、陶马的形体高大，和真马大小相似；所谓“多”，指数量众多，显示了一种恢宏的气概和巨大的力量；所谓“真”，是指它们是许多富有个性特征的秦国战士真实的形象记录，具有写实风格和肖像雕塑的特征。例如对人物的塑造，不作繁琐的雕饰而仅求其形似，手法十分洗练，为使形象生动、传神，也作了必要的艺术夸张和重点刻画。如表现须眉，作者并没有拘泥于刻画毛根出肉的真实，而是用夸张的手法，把须眉塑制得有角有棱，特别是胡须，有些塑得飞动、竖起，或翻卷起来。造型上则比较熟练地掌握了人体的比例和形体结构的一般规律，把外部形体与内在精神气质融为一体，体现了“形具而神生”的中国传统的审美要求。

据专家们研究，这些陶俑、陶马原来都是有着漂亮彩绘的，但由于后来的火烧和浸泡，大多已剥落或变色，现仅存部分残片，经化学分析，多为矿物质颜料，有红、绿、紫、褐、黄、黑、白等多种颜色。

秦始皇陵兵马俑坑的发现和大批珍贵文物的出土，为研究秦代

图16–4 秦始皇陵一号陪葬坑兵马俑

的历史、军事制度及文化艺术，提供了极为重要的实物资料。

四、兵马俑军阵

三个从葬坑的兵马俑以多兵种混合编组，组成肃穆的大型军阵，其作用象征御林军，为死后的秦始皇守卫陵墓。经钻探测知，坑中约有 8000 位武士，600 匹战马，125 辆兵车。车是木质的，武士与马是陶塑的。这一地下兵团井然有序地列成兵阵，再现了 2200 年前秦始皇统一六国时秦兵的阵容。

1 号坑的东端为南北向长廊，排列着面向东方的三列横队，每列有 70 个武士俑，除了 3 个领队陶俑着铠甲外，其余都着短袍，扎裹腿，免盔束发，持弓挎箭，像是军阵的前锋。后面有东西向的过洞 11 个，其中 6 个过洞配有 4 匹马拉的战车，5 个过洞是步兵。这样就组成了一个佩剑执矛的武士俑与兵马战车相间的 38 路纵队，为军阵主体（图 16-4）。俑坑的南北两边过洞外侧及西端，各有一列武士俑，分别面向南、北、西，这可能是卫队，以防侧尾受袭。这种军阵的布局，有前锋，有侧翼，有后卫，使用的兵器都是长戈和弓弩，正是古代兵书上说的“长兵强弩居前”“材士强弩翼吾左右”“材士强弩以备我后”的兵阵。其作用是保证主力部队向前攻击时，预防敌人从两侧及后面突然袭击。

2 号坑呈曲尺形，是由 1000 余武士俑、80 余乘战车、300 余匹弩马、100 余匹鞍马混合组成。这里战车密集，又有立射、蹲射的武士，反映了“车以密固”的操练情况。

3 号坑呈倒置的凹字形，内有战车一乘，68 名武士俑。武士俑有的面内环立，有的在通道处夹道排列，拱卫森严。根据 3 号坑所处的位置和武士俑的排列方式，可以认定它是古代的“军幕”，是统率 1、2 号坑的指挥部。

1、2、3 号坑的兵马俑，构成庞大的军阵体系，生动地再现了秦朝三军方阵训练有素、兵强马壮的情景。以战车、步兵相间排列的 1 号兵马俑军阵是为右军；以战车、骑兵和弩兵组成的 2 号兵马俑军阵是为左军；未建成的 4 号俑坑，当为拟建的中军；第 3 号兵马俑坑是统帅右、左、中三军的军幕。与《孙膑兵法 • 十阵》中方阵的布置完全吻合：“方阵之法，必薄中厚方（旁），居阵在后。”整个军阵的驻军象征着驻在京城外的宿卫军，为我们研究秦代军队的编列提供了宝贵的实物资料。

五、铜车马

秦始皇以铁腕统一中国以后，五次出巡，驰骋万里，射鲛于东海，封禅于泰山。他出巡的乘舆是富丽堂皇的金根车，前有开路的导从车，后有百官们乘坐的属车。行进时，79 辆属车都披上虎皮，后两辆则悬之以豹尾，浩浩荡荡，好不威风。当年，还只是个亭长的刘邦，见了始皇的威仪曾啧啧赞叹说：“嗟乎，大丈夫当如此也！”在会稽，年纪轻轻的项羽见后脱口而道：“彼可取而代也！”闻听此言，其叔项梁立即把项羽的嘴给捂住了。

图 16–5a　秦始皇陵铜车马出土情形

始皇第三次出巡走到博浪沙(在今河南省中牟县北)，突遇伏击，一个重达 120 斤的铁锥误中副车，始皇幸免于难。第五次出巡，始皇病死沙丘（今河北省广宗县），丞相李斯等共谋，密不发丧，载其尸于辒辌车中以还。这几段历史都提到秦始皇的御用车辆，诸如金根车、副车、辒辌车等。这些车辆早已不存，古代简册的记述又甚为简略，所以后世已难知其详。正当中国学术界为之遗憾的时候，陕西省的考古学家却取得了令人震惊的新成就——他们找到了一个大型陪葬坑，这个陪葬坑可以说是秦始皇的车马库。

图 16–5b　秦始皇陵出土的形体大、制作精、形象美的铜车马

1980 年 12 月，考古人员在始皇陵墓冢西侧的一个陪葬坑内发现了铜车马 (图 16-5a)，这组铜车马共有 2 乘，前面的铜车马称作高车或叫立车，也称戎车。高车车舆前挂一铜弩机，车舆左角的长方形箭箙中装有弩矢，车的右角内有一个盾袋，装有一面铜盾。车舆中立一圆形铜伞；铜铸的驭官头戴鹖冠，穿长襦，佩长剑，站立车中，双手执驭；车前驷马，攒蹄欲奔。后面的铜车称作安车，也有人叫辒辌车。它也是单辕驷马，但是长方形的车舆比较宽大，人可躺卧，上面有一个椭圆形的车盖盖着；车厢两侧有窗，车门在后。车舆前室，坐着一尊铜驭官，双手前伸，握六辔，作驾车状。

这两乘铜车马一前一后，合为一组，它们的大小相当于真车真马的一半。它们的惊人之处，在于一是形体大，二是制作精，三是形象美。两车长达 5 米多，宽近 2 米，重 2 吨多。这样大的青铜器，在国内国外，很少见到。其名曰铜车马，即车、马全用青铜制成。古代匠师将铸造、焊接、镶嵌以及子母扣、开合口等机械制造连接技术综合运用，制成了这两乘完整的铜车马。其工艺之精，令人叹为观止。马络头是用金管、银管套接的，至今灵活如初。铜车的表面以彩绘的方法，装饰成仿衣被形状。即在车舆四周、车盖、伞盖上，用朱红、橘红、蓝、天蓝、绿、白等颜料，堆绘成夔纹、流云纹、方格纹、菱形花纹图案，不但色彩艳丽，且具有浅浮雕的效果。两尊铜驭官一立一坐，比例匀称，双手前伸执辔，双目微启，目光下视前方，专注而肃穆，表情恭谨，充分反映了两位忠于职守的高级驭手的形象。始皇陵铜车马将古代冶铸工艺与彩绘、雕塑完美地融为一体，给人以多方面的知识和启示。(图 16-5b)

六、余论

秦始皇统一中国，在历史上曾经起了进步作用。但是，他横征暴敛，在当时的生产条件下，征发这样多的人力和物力，进行如此浩大奢华的工程，使人民深受其害。他幻想死后同在人间一样，统驭天下，尽享荣华富贵。但历史的发展总是与统治者的愿望相反，始皇入葬仅 4 年，他的陵园即被项羽纵火焚毁，兵马俑也被殃及。

地下王国是地上王国的再现。据分析考证，秦始皇陵是一幅理想的宫城图，所有的地上地下建筑都有一定的象征意义。如果说皇陵内城象征着宫城的话，那么从兵马俑坑所处位置，以及陶俑的姿势来看，这支队伍可能是象征驻在京城外的宿卫军。这是他们进行操练演习的坐阵，而不是出征的战阵。

图 16-6　在秦始皇陵发现的夔凤纹大瓦当

秦始皇陵的兵马俑，反映了秦代雕塑艺术的水平，它们令人信服地显示了秦代艺术家和工匠们的聪明才智。所有陶俑、陶马，与真人、真马大小比例相仿，许多细部刻画得真实精巧，富于质感。特别是俑头的塑造，更是惟妙惟肖，通过肌肉纹理和眉、眼、口、鼻的细致处理，展现了陶俑的表情和性格。陶俑造型大多具有关中人的特征：方脸宽额，大嘴厚唇，留八字胡，抬头挺腹，身材高大健壮，身高有的达 1.90 米以上。还有一些陶俑模样很像西北的少数民族。

穷奢极侈的秦始皇已是一去不复返了，但巍然屹立的秦始皇陵成为我国古代劳动人民劳动和智慧的丰碑；兵马俑坑也已辟为博物馆，成为世界文化宝库中璀璨夺目的瑰宝。

（南达仁）

凿山为藏古崖墓

——狮子山楚王墓与徐州汉代王陵发掘记

1984年底，一条爆炸性新闻从古城徐州传出：徐州狮子山发现大量的汉兵马俑。从国内的《人民日报》、中央电视台到国外的“美国之音”、路透社、塔斯社，都报道了这一重大新闻，消息震动了海内外。事隔十年，主墓——狮子山汉墓又以奇特的结构、宏大的规模及精美绝伦的陪葬品再次轰动海内外。

一、兵马俑坑的发现

狮子山位于徐州市东郊，是一座形似卧狮的小山，海拔高度仅50余米。西有一小山包名绣球山，故又有“狮子滚绣球”之说。狮子山西南地势开阔，不远处有黄河故道（古泗水）自北向东南流过。狮子山一带依山傍水，按照古代的风水之说，这里是“藏龙得势，藏风聚气”的风水宝地。

狮子山兵马俑是在推土机的轰鸣声中被发现的。1984年11月的一天傍晚，有两位文物爱好者叩开徐州博物馆的大门，反映在狮子山砖瓦厂附近发现了许多“泥人”。这一线索引起了徐州博物馆的高度重视。第二天一早，博物馆即派人前往狮子山进行调查。经过近四个小时的寻找，终于在狮子山砖瓦厂的取土场发现了人们所说的“泥人”。只见被推平的地面上有两个乱坑，周围到处都是瓦片及俑的头、臂、腿等，现场一片狼藉。原来，古代黄河曾夺泗入淮流经徐州数百年，含沙量极大的黄河经常决口，在两岸淤积了很深的沙土。临近故黄河的狮子山乡就利用这种淤积的沙土烧制砖瓦。狮子山砖瓦厂建厂较早，厂方准备将取土后留下的大坑推平后养鱼。推土机是在夜间作业的，推斗在机身的后面，因此，陶俑被推出后，驾驶员并未发现。第二天，路过此地的小学生发现了这一情况，并很快传开，才使兵马俑坑免遭更大破坏。为进一步了解陶俑的数量和范围，为将来的保护方案提供依据，徐州博物馆随即对陶俑坑进行了抢救性发掘。经过几个月的艰苦工作，终于让这一重大考古发现展现于世人面前(图17-1)。

兵马俑坑位于狮子山西南约400米的山坡地带，目前共发现各类俑坑6个。最早被推土机推出的即为后来编为1、2号坑的后部(东部)。整个狮子山俑坑是一个组织严密、多兵种配合的军事布阵，其由先头部队、主力部队及仪卫队三部分组成。5、6号坑位于1、2、3号坑西北100余米处，东西向并列，坑中均为骑马俑，其中一件马俑身上刻有“飞骑”二字。从位置看，骑马俑坑位于整个军阵的最前部，当为快速、灵活的先头部队，也就是《孙子兵法》中的所谓“奇”兵。1、2、3号坑均长28米、宽1.5米，呈东西向平行排列。现1号坑根据出土状况进行了复原,2号坑保持了出土时的原状，3号坑经勘探后未发掘，就地保护。此三个俑坑当象征先秦时期的左、中、右三军，其均由步兵和车兵组成。车兵位于俑坑中部，作跪坐状，包括驭手(车士)和甲士，基本上没有战车。驭手俑双手前伸作驾驭状，有的身背箭箙，从手的姿势看，当为左手持弓、右手握箭，主要进行远距离的作战。步兵亦称徒兵，主要位于车兵前部，后部数量较少，均作站立状，戴平顶盔或留发辫。上身着双层紧袖长襦，下垂至膝，有的外罩短袖圆领衣或甲衣，身背箭箙，下身着扎行藤长裤。整个装备给人以既灵活精悍而又护卫森严之感。从其

图17-1 狮子山汉兵马俑坑

双手的姿势来看，有的手持弓弩，有的持戈、戟、矛等长兵器，有的一手持盾牌，一手握短刀，既可远距离发射弓箭，又可近距离持械搏击。在 1 号坑的中部有一位头戴盔甲、身着深衣的将军俑，立于一辆四匹马拉的指挥战车上，其双手拱于腹前，神态自若，大有运筹帷幄、决胜千里之外的非凡气度。该俑高 54 厘米，是俑群中最高的。为将军驾车的四匹马雄健有力，为两骖两服，马后的木质战车已朽，仅存华丽的漆皮痕。这个将军俑当是这支部队的最高指挥官，而将军俑的位置亦反映出右军在当时的特殊地位。1、2、3 号坑的主力部队也就是《孙子兵法》中所谓的“正”兵。

4 号坑位于 1、2、3 号的后部（东部），与之垂直，出土的俑均着华丽的及足长袍，双手持长器械作警卫状。从衣着看，这类陶俑不便作战，当仅具仪卫性质。北洞山汉墓墓道两侧出土的陶俑与之相同，从其绶带上墨书“中郎”“郎中”等题铭来看，身份显然较高。将这些俑放在最后当含有督战的性质。

目前，狮子山兵马俑坑中共发现陶俑 4000 余件。以步兵为主，仅有少量的骑兵俑，车兵俑的数量较步兵俑明显为少，未设战车，只有驭手俑和甲士俑，象征意义十分明显，反映出西汉早期的军队组成和战术已发生了变化，步兵已成为部队的主力，战车的作用显著降低，以战车的数量作为军队实力标准的时代已一去不复返。同时，骑兵已开始崭露头角，越来越成为部队的一支重要力量。就艺术特色而言，俑群在制作上采用模制的形式，彩绘表现眉目、衣着、铠甲等。步兵俑高 45 厘米左右，而车兵俑仅高 25 厘米，远不能与宛若真人大小的秦始皇兵马俑相比，所持器械也均为木质模型，仅具象征意义。因此，狮子山兵马俑更突出的是写意。

俑是古代用来殉葬的偶人，它是奴隶社会人殉制度延续的产物。由于人类社会的进步及奴隶地位的提高，用活人殉葬日益受到社会的谴责和奴隶的反抗，奴隶主便改用人的模拟品即偶人来殉葬，这便是“俑”。孔子曾对“俑”陪葬进行过猛烈的抨击，认为“为俑者不仁”，并且诅咒“始作俑者，其无后乎”。兵马俑是墓主人以将士车马集结的军阵来进行陪葬的，它反映了墓主人强烈的军权意识和曾经拥有强大军队的事实。其与主墓共位一体，担负着为墓主人警卫与守备的任务。既然兵马俑坑是墓的陪葬坑，那么，是谁有如此大的气派？他的陵墓又在哪里呢？

二、狮子山主墓

狮子山汉墓的寻找工作经历了一个曲折的过程。狮子山兵马俑面西背东，说明主墓应在东，即在俑群背后的狮子山上。由于狮子山为泥质页岩结构，表面易风化，加之狮子山南坡居民众多，民房依山建筑，鳞次栉比，为找墓工作增加了很大的难度。从 1985 年开始，考古人员就在狮子山周围进行了广泛的勘探与调查，先后三次邀请省市的60多位勘探专家，使用微伽重力仪、地震雷达仪等10余种先进仪器进行探测，均无结果。1990年，考古人员对偶然听到的“早年曾有人在山上挖过很深的红芋窖”的信息产生警觉：山上应该都是岩石，怎么能挖很深的红芋窖呢？会不会红芋窖正好挖在墓道上？带着疑问，考古人员立即找到挖地窖的人，确定了早年地窖的方位，之后进行了探掘。1990年7月12日，在挖到地下3米左右时，终于发现了外墓道，寻找了近6年的主墓终于被发现了！1994年由南京博物院考古研究所与狮子山兵马俑博物馆联合组成考古队，开始对狮子山汉墓进行发掘。（图17-2）

狮子山汉墓位于狮子山南麓，为一大型的竖穴式崖洞墓。它由墓道、天井、甬道、耳室、前堂及后室等部分组成，结构复杂。墓道总长约68米，分前、中、后三段，其宽度依次递减。外墓道两侧的填土中以小陶俑陪葬。墓道中段东北部有一陪葬墓，根据出土的“食官监印”分析，其为负责墓主人膳食的官员。墓道后段上部为庞

图17-2　狮子山楚王墓发掘现场

大的天井，长 18.6 米、宽 13.2 米、深 11 米，仿佛是一座宽敞的院落，气势宏伟壮观。墓道及天井中均填以夯土，夯土间还置有大型块石。在墓道后段两侧天井下，凿有三个耳室，均未经盗掘，保存完整（图 17-3）。由三个耳室出土的封泥可知，耳室内的物品基本上是墓主人属下送的礼品，有兵器、炊器、青铜容器、玉器、鸡鱼食品等。墓道北端为主墓室入口，底部距天井口达 16 米。中间为甬道，长约 40 米，前部用四组双层双列共 16 块塞石封堵。盗墓者在塞石上打出牛鼻眼，将右上角一列塞石拉出。甬道两侧共凿出 6 个耳室。其中西侧耳室 2 个，东侧耳室 4 个，主要是御府库、储藏室、钱库等。另外，还有两座女性陪葬墓。甬道尽端为棺椁室，前部有门道。东部为棺床，高 30 厘米，其上放置棺椁。后室位于棺椁室后部，有过道相连，为宴享歌舞场所。

从棺椁室、后室的位置及结构看，棺椁室本应是祭祀宴饮之所的前堂，后室为棺椁室，后因时间仓促，后室未完成（现四周仍不规整），且上部又有一大的裂隙直通墓顶，遂临时调换了前堂、后室的用途。另外，除墓室中出土的随葬品外，在盗洞及甬道中散布着被盗墓者带出的钱币、印章、玉器及大量的碎陶片等。该墓因故未完工，不仅墓道前段底部残石参差，除墓道中、后段及甬道做的规整细致外，所有的墓室均非常粗糙。后室虽基本上做出了模样，但未形成规整的形状；甬道中东侧一耳室仅仅做了个开头。其他墓室虽大致完成，但墓顶及转折处皆呈弧形。在前堂的顶与壁转折处有一提前做出的标尺，前堂显然未按标尺要求完成。

图 17-3 狮子山内墓道西侧南耳室出土铜器

狮子山汉墓虽经盗掘，但遗留的随葬品仍相当可观，据初步统计，有 2000 余件（套），其数量之大、品种之丰富、造型之精美，居已发现的诸楚王陵墓之首。

玉衣亦称“玉匣”，是汉代帝王及高级贵族的葬服。汉代人认为：玉可以防止人的精气外泄，保护尸体不朽。因此，死后用特制的玉器塞住双眼、双耳、鼻孔及阴部，即所谓“七窍”，再将玉片用金、银、铜丝编缀成玉衣。据《后汉书·礼仪志》，玉衣皇帝用金缕，诸侯王、始封贵人、公主用银缕，大贵人、长公主用铜缕。文献记载汉武帝的玉衣“形如铠甲，连以金缕，其上镂有蛟龙、鸾凤、龟鳞之像，世谓之蛟龙玉匣”，由此可见其制作之精美。西汉时期，玉衣的等级区分尚未形成定制，诸侯王经特赐，亦可使用金缕玉衣。河北满城中山王墓及河南永城梁王墓中均出土过金缕玉衣，但其玉质较差，玉片亦较大，一件玉衣需玉片 2100 余片。而狮子山所出玉衣，用玉片达 4000 余片，玉片较小，有些仅 0.5 厘米见方。俗曰“一分小，一分巧”，玉片越小，制作难度越大。这件玉衣所用玉片均为质量上乘的新疆和田白玉，晶莹剔透，温和润泽，加之制作细致，抛光精美，是以往发现的任何玉衣无法比拟的，堪称世间绝品。墓主人还使用了玉棺。在发掘过程中，墓内发现许多散置的菱形、三角形、正方形玉片（图 17-4），以及不同形状玉片粘连在一起组成的图案，表明墓主人的葬具是一具玉棺。玉棺亦称“镶玉漆棺”，史书中没有记载，考古中也很少发现。1968 年，满城中山王后窦绾墓中出土的一件玉棺曾引起很大轰动，它主要是用 192 块长方形玉片在里面镶嵌，外面镶嵌 26 块玉璧。而狮子山玉棺比它复杂多了。首先，它是棺的外椁，显得既庄重又气派；其次，玉片全镶嵌在外面，共用各种形状的玉片 1800 余片，玉片粘连组成各种图案。图案之间镶嵌以玉璧，或在大玉片中刻画出玉璧图案。其他未镶嵌玉片、玉璧之处绘以云气、神仙等，整个形制异常华贵。

图 17-4　棺床前散存玉璧、玉环等

除玉衣、玉棺外，墓中还出土了其他各类玉器 200 余件，多以和田玉精制而成，造型优美，工艺精湛，大致可分为礼器、装饰佩玉及酒器等几类。礼器主要是璧、环、璜等，其中玉璜共达 60 余件。有一件长 19 厘米、宽 3 厘米，两面对称雕出 20 多条龙纹图案，布局匀称，疏密有致，加上玉质精纯，堪称玉中极品。装饰佩玉主要有龙形佩、冲牙、舞人、剑饰等。酒具中有耳杯、卮等。另外还有威猛有力的玉豹、小巧精致的玉蝉、华贵的玉枕等。在墓道西侧第一耳室中出土有两条金扣腰带，其在织物上缀有三排海贝，贝间配以嵌有绿松石的金花，两端为纯金带扣，最重的一块达390克。带扣面铸两熊噬马的图案，铸工精绝。

此外，墓中还出土龟钮银印5方、铜质官印200方、封泥80余枚，一座墓中出土如此多的印章和封泥，为国内首见。印章大致有三种不同的内容：反映王室官制的如“楚侯之印”“楚太史印”“楚太仆丞”等；反映军事建制的如“楚司马印”“楚千骑人”等；有关疆域的如“武原之印”“丞令之印”等。这些印章当为墓主人所用，为用于分封和任命的信物。封泥是楚王属下进贡楚王的信物，如“彭城丞印”“楚中尉印”“符离丞印”“兰陵丞印”等。狮子山汉墓大量印章和封泥的出土是墓主人管辖区域的重要佐证，为确定墓主人身份提供了重要线索。该墓还出土有大型铜、银容器近百件，器形有鼎、壶、钫、鉴、盘、钟等。所出两件银盆口径达47厘米，器表刻有“容六斗十升重十二斤十四两九铢”十五字铭文，较为罕见。

三、墓主是谁？

从狮子山汉墓的形制及出土器物看，墓主当为西汉早期分封在彭城的某一代楚王。

汉六年(前201)，高祖刘邦封其异母弟刘交于楚，都彭城(今徐州市)，辖东海、彭城、薛三郡三十六县。西汉楚国共传了12代。目前，在徐州周围共发现属楚王陵的崖洞墓8处，其以龟山汉墓为界分为两期：前期包括楚王山、驮篮山、北洞山、狮子山4处；后期包括龟山、卧牛山、东洞山、南洞山4处。龟山汉墓为南北并列、中间有壶门相通的夫妻合葬墓（图17-5）。该墓规模宏大，甬道长达60余米，15个墓室，堪称“地下宫殿”。从墓中出土的“刘注”龟钮银印可知：墓主人为第六代楚襄王刘注，其卒于武帝元狩六年(前117)。卧牛山汉墓规模较小，根据墓中出土的“大泉五十”“大布黄千”钱币及玉觿等女性装饰用品，可基本认定其为第十二代楚王刘纡夫人的陵墓。刘纡于王莽篡位后被废。东洞山汉墓三墓并列，2号赵姬墓，以出土大量的“明光宫”铭铜器而闻名。从3号墓仅凿出10余米长的一段甬道，并结合其他现象分析，东洞山汉墓当为第八代楚王刘延寿，其于宣帝地节元年(前69)因谋反自杀，楚国亦被削除。南洞山为两墓并列、中间有门道相通的合葬墓，墓主可能为第九代楚孝王刘嚣。刘嚣为宣帝子，甘露二年(前52)被封为楚王，卒于成帝河平四年(前25)。

根据墓葬形制及出土器物，前期四处楚王陵墓的排列顺序当为楚王山、狮子山、驮篮山和北洞山。根据这一排列，每一处墓葬只能是相邻的两个楚王之一。楚王山共有墓葬 4 座，其中 M1 为主墓，位于一小山顶部，封土高大，封土与山体间凿有排水沟。其为大型石坑竖穴洞室墓，前部有斜坡墓道，两侧对称设置耳室，墓室为一券顶的高大洞室。该墓还不是完全意义上的崖洞墓，明显地表现出由竖穴墓向崖洞墓过渡的特征。据记载楚王山为元王刘交的家族墓地，此说当为是。北洞山汉墓规模宏大，共发现墓室 26 个 (包括小龛)，附属墓室结构特殊。该墓出土随葬品以色彩艳丽、造型优美的 200 余件仪卫俑最为著名 (图 17-6)。北洞山汉墓在结构上明显表现出由早期向晚期过渡的特点，墓主人可能是第四代楚文王刘礼或第五代楚安王刘道。刘礼为刘交之子，任宗正，封平陆侯，“七国之乱”后被封为楚王，仅立三年，于景帝前元六年 (前 151) 卒。刘道为刘礼之子，卒于武帝元光六年 (前 129)。驮篮山汉墓为两墓东西并列，规模宏大，其中 1 号墓有墓室 15 个，由墓道、甬道、耳室、前堂、后室、侧室、武库、厕所、浴室等部分组成，封堵复杂严密，墓室制作精细规整，是徐州楚王陵墓的典型代表。该墓早年被盗，除陶俑外，其他随葬品极少，墓主人可能是第三代楚王刘戊。刘戊为第二代楚夷王刘郢之子，景帝三年 (前 154)，因组织和参加“吴楚七国之乱”，兵败

图 17–5　龟山 2 号墓第 7 室（局部）

自杀。

关于狮子山汉墓，发掘者认为墓主人应为第三代楚王刘戊。该墓因时间仓促而未完工，但刘戊在位达 21 年，21 年的时间仍未完工，这颇令人费解。从山东长清双乳山济北王刘宽墓及徐州宛朐侯刘埶墓的情况看，因他们参与谋反失败而被迫自杀，在丧葬规格上较其原来身份都有明显下降，表现最明显的是很少使用玉器，特别是不用玉衣陪葬。而狮子山汉墓中出土的各种玉器达 200 多件（套），特别是还用金缕玉衣、玉棺等陪葬，显系一地位很高的诸侯王在正常情况下埋葬的，与刘戊身份有所不符。综合各种现象分析，墓主当为第二代楚夷王刘郢（《汉书》作刘郢客）。刘郢在位仅 4 年，建造狮子山这样的大墓，时间显然紧张，正与墓葬未完工相合；从墓中出土封泥可知，墓主人去世后，许多属县送了礼物，这其中除属彭城郡的彭城、相、吕、萧、符离等县外，还有属东海郡的兰陵、下邳等县。史载景帝二年，削楚之东海、薛二郡，也正是这一行为直接导致了吴楚七国之乱的爆发。因此，至景帝二年以后，东海、薛二郡已不在楚的管辖之下，自然也就不存在此二郡属县给楚王送礼物的问题。从该墓出土的钱币看，绝大多数为极轻的“半两钱”，据香港关汉亨先生的考证，这种劣质的榆荚钱主要流行于文帝初。《史记·平准书》亦记载，文帝初，钱益轻薄。在狮子山汉墓道陪葬墓中出土的钱币基本上都是文帝四铢“半两”，证明墓主人下葬时已开始流行四铢半两。而墓主人在世时正处于榆荚半两与四铢半两的交

图 17–6　北洞山楚王墓墓道小龛出土男性彩俑

替时期。四铢半两初行于文帝五年，而刘郢正好亦卒于这一年，正与之吻合。刘郢为元王庶子，高后元年去长安，不久被任命为宗正，封上邳侯。元王刘交死后，因长子刘辟非早卒，文帝遂以刘郢嗣位，是为夷王。刘郢立四年，于文帝五年卒。因元王刘交在汉初备受尊宠，“子生，爵比皇子”，且刘郢又任九卿之一的宗正，与汉中央关系密切，因此，其享受如狮子山汉墓这样的礼遇就是很自然的了。

四、余韵

徐州狮子山汉墓是我国1995年的重大考古发现，不仅墓葬结构奇特，而且出土了大量极富历史价值和艺术价值的珍贵文物，填补了汉代考古学中的一些空白。因此，该墓的发掘意义重大。

狮子山与其他楚王陵墓一起构成了比较完整的崖洞墓发展序列，并成为我国最大且极富特色的崖洞墓群。过去人们普遍认为，西汉诸侯王崖洞墓系仿效文帝霸陵，事实上，第一代楚元王刘交的楚王山1号墓已具有崖洞墓的雏形，即使已经是完全崖洞墓的狮子山汉墓亦较文帝霸陵早近20年。因此，西汉崖洞墓的源头应是徐州楚王陵墓。另外，还有人认为崖洞墓是受砖室墓的影响而发展起来的，从狮子山汉墓结构看，崖洞墓显然与大型土坑墓有密切的关系，特别是狮子山汉墓，虽然已是典型的崖洞墓，但仍明显保留竖穴墓的特征，“天井”的运用正是“竖穴”在崖洞墓中的反映。

狮子山汉墓出土陪葬品2000余件(套)，不仅数量大，而且质量高，这还是盗墓者洗劫后的遗留，其原来的陪葬品的数量应该更加惊人，它极大地丰富了人们对汉代丧葬制度的认识。

狮子山兵马俑是我国继咸阳杨家湾和始皇陵兵马俑之后的又一重大发现，这些兵马俑虽然形体较小，但数量大、种类多，对于研究汉代的雕塑艺术、军事历史等均具有重要的意义。

目前，徐州已成为我国两汉文化研究的重要地区，“两汉看徐州”成为越来越多人士的共识。狮子山汉墓的发掘，更加丰富了两汉文化的内涵，并把徐州两汉文化的研究推向了新的高度。

图片来源

图17-1、图17-2、图17-3：引自王恺、葛明宇：《徐州狮子山楚王陵》，生活•读书•新知三联书店，2005年。

图17-4：引自狮子山楚王陵考古发掘队：《徐州狮子山西汉楚王陵发掘简报》，

《文物》1998年第8期。

图17-5：耿建军拍摄。

图17-6：引自中国国家博物馆、徐州博物馆编辑《大汉楚王》，中国社会科学出版社，2005年。合并后修改。

（耿建军）

两千年古尸话春秋

——长沙马王堆汉墓的考古发掘

1972 年 5 月的长沙，天气已显得十分闷热，湖南省博物馆门前却早已排起了长长的队伍。工作人员紧张地维持着秩序，但还是挡不住拥挤的人流，装有玻璃的大门也被挤碎了。据统计，每天前来参观的人数有 10000 多人，最多时可达 14000 人，长沙市的流动人口为此剧增至 50000 人以上。有的人等到晚上 12 点还不肯走，有的人早上 4 点就来排队，长沙市出现了万人空巷的景象。人们不禁要问：究竟是什么对人们有那么大的吸引力呢？是古尸，一具 2000 年前的古尸！

一、"马王堆"里出女尸

马王堆位于长沙市东郊五里牌外。旧传五代时楚王马殷及其家族丧葬于此，故名"马王堆"。据宋《太平寰宇记》记载，这是汉长沙王刘发葬景帝程、唐二妃（刘发母亲）之处，号曰"双女坟"。刘发思母心切，即在其母坟上竖一高杆，挂以红灯，以便晚上登高远望。在发掘 1 号墓 (M1) 时，还有些人根据出现的圆洞，以《郭沫若答日本记者问》为题，编造了一个荒诞不经的故事，该故事竟不胫而走，传遍各地。湖南省有一个话剧团，据此还写出了一个剧本——《彩娥恨》，流传一时。地面残存土冢两个，大小相仿，高约 16 米，底径各约 40 米，顶部较为圆平，直径约 30 米。1951 年，原中国科学院考古所副所长夏鼐先生曾对马王堆进行过调查，初步认定其为汉墓群。

1971 年冬季，湖南军区所属的一个医院为修建地下战备医院在该地施工。第一个掘进口选择在东土冢东侧，第二个掘进口选择在东西两冢中间。在掘进过程中，出现了塌方，当挖掘者用铁棍四处探测时，从下面冒出了气体，用火点燃出现蓝火，据此人们认定下面有"宝贝"。三天后，湖南省博物馆接到报告，并派人前往调查，决定配合该工程进行发掘，这就是后来发现的马王堆 1 号墓。1973 年又对 2 号墓和 3 号墓进行了发掘。

在 1 号墓的发掘过程中，出现了许多可疑现象，一是夯土台阶上出现的一个电线杆大小的圆洞，一是出现几处盗洞，但随着发掘工作的深入，这些疑团一一解开。经过两个多月的艰苦工作，一个完整无损的大椁室终于被揭开。去掉椁箱上的层层盖板，头箱、脚箱和两边箱全部显现出来，里面器物完整无损，让人惊喜不已。打开两层椁板后，又发现四层套椁，工作人员费了好大周折，最后完整地把四层套椁全部吊了上来，并安全运至博物馆。之后，经过近一周的辛勤工作，揭开了两层衾被、18 层衣物，露出了一具不仅让工作人员惊叹，而且让全国乃至全世界惊叹的千年女性尸体。

二、地下多彩的寝室与寝具

M1 为长方形土坑竖穴墓，方向正北，由封土、墓道、墓坑、墓室四部分组成；现存封土约 4 米，顶部圆平。封土的下部稍经夯打，在与墓口交界处有白膏泥层。墓道位于墓坑北边正中，内填夯土。下设二层台，二层台向下墓道壁稍内斜。墓道底部呈阶梯状，无棱角，断面似波浪形。封土下即为墓口。墓口向下有四层较为平整光滑的台阶，每层四壁均向内收(图 18-1)。

图 18-1　马王堆 1 号墓发掘现场

第四层台阶下便是斗形墓坑，直达墓底。椁室之外填塞木炭和白膏泥，木炭乌黑发亮，足有 5000 公斤，装满了四辆大卡车。

墓室在墓坑的底部，中间放置棺椁。

椁顶平铺黄色竹席，共 26 幅，分 4 行，互相衔接。令人惊奇的是，每张席的角上都有墨书的“家”字。白膏泥和木炭的严密封闭，使椁室与外界隔绝，并使这个墓形成一个罕见的“火坑墓”(又称火洞子)。《汉书 • 外戚传》载 :“开丁姬椁户，火出，炎四五丈。”气体火焰颜色类似酒精灯，明火无烟，应是墓内埋藏的有机物分解形成的沼气。正是这样严密的封闭，使尸体、葬具及大量随葬品得以完整保存。

图 18–2　黑地彩绘棺

马王堆 M1 的葬具由椁室、四层套椁以及垫木组成。棺椁放置于墓室底部正中，南北向，里外共六层，连同垫木，共用木板 70 块。这些木板约合成板材 52 立方米，最大的板材重约 3000 斤。70 块木板均用榫卯扣合，制作极为精细。许多板材上有墨书文字和系绳孔眼。椁室中央的棺房内放置了套合紧密的四层套棺，它们形制相同，作长方形，内涂朱漆，外部髹漆各异。第一层为黑漆棺，素面无纹饰 ；第二层为黑地彩绘棺 (图 18-2)，棺内朱地彩绘奔马和人物，棺外纹饰繁密，外缘有带状云纹，内绘神怪操蛇、仙人降豹、歌舞休闲、狩猎格斗等场面，生动而形象 ；第三层为朱地彩绘棺，其在红色地纹上以各种明亮的色调彩绘龙、虎、朱雀、鹿和仙人等祥瑞图案，反映了古代人民丰富的想象力 ；第四层为锦饰内棺，其在黑漆棺外，横缠两道帛束，然后在盖板和四壁上分别粘贴一层带菱形勾连纹的贴毛锦，壁板外贴毛锦周边，又加饰一条铺绒绣锦，中间横贴一道，形成“日”字形。

三、令世界惊叹的文物宝库

马王堆 M1 出土的随葬品集中放置于四个边箱中。北边箱象征死者生前的生活场面，四壁张挂着丝织的帷幔，底部铺以竹席。中部陈设着漆钫、漆勺和陶壶等酒器，以及放置在漆案上的卮、耳杯和盛有食品的小漆盘等宴享用品。西部陈设着漆屏风、漆几、绣枕、

图 18–3　东边箱出土的彩绘俑

熏囊和梳妆漆奁等起居用具，东部有歌舞俑和彩绘乐俑等。东边箱放置了一个高冠锦衣的男俑和 59 个彩绘立俑 (图 18-3)，还有占总数 80% 的漆器和鼎、盒、罐等陶器以及部分竹笥等。312 枚竹简亦出土于东边箱。南边箱放置了一个高冠锦衣男俑和 39 个彩绘立俑以及钟、钫、釜、甑等陶器，部分漆器和竹笥等。在漆器、陶器和竹笥中，往往盛有食品。西边箱主要放置竹笥和竹篓。竹笥内盛放丝帛衣物、食品和模型明器等；竹篓内则盛放大量的泥质冥钱，另外还有盛放在麻布袋里的粮食等物。在锦饰内棺的盖板上，覆盖一幅彩绘帛画，棺内有一具保存完好的女尸和裹尸的衣物等。

M2（2 号墓）、M3（3 号墓）的墓葬形制基本等同于 M1，早年被盗。M2 内出土有泥饼和半两钱币等；M3 出土大批帛书以及简牍、帛画、乐器、丝织品等。

如此众多的出土文物，令人眼花缭乱，在此很难一一列举，现仅将考古史上几个重要的发现介绍如下：

1．两千年前的古尸

古尸出于锦饰内棺中，女性，身长 1.54 米，体重 34.3 公斤。出土时，棺内有 20 厘米深的无色液体，有奇臭。女尸皮肤呈褐黄色，润泽有弹性，脸型方圆，头缀各种贴金叶的漆花木饰，头发稀疏，下半部缀连假发，作盘髻状，内插发笄，脸上覆盖两件丝织物；双手握绣花香囊，内盛香草；双足着青丝履。身体内着“信期绣”罗丝锦袍，外着细麻单衣，两臂缚以酱色丝带；外面包裹各式衣着及丝麻织物 18 层，外横扎丝带 9 道，再在其上覆盖印花敷彩黄纱锦袍、“长寿绣”绛红绢锦袍。(图 18-4)

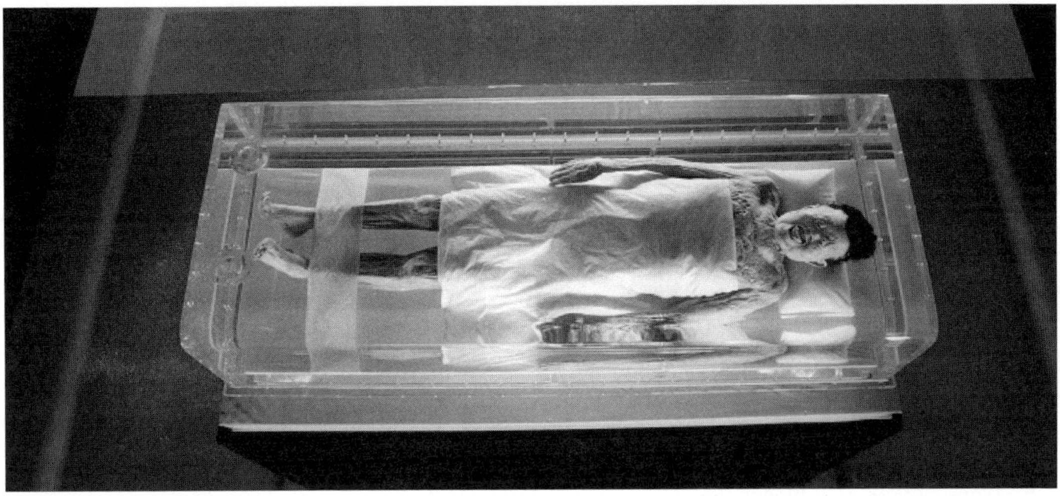

图 18–4 轪侯利苍夫人辛追千年不腐尸体

这具 2000 年前的古尸出土后，受到国内外的广泛重视，不仅引起了考古界的轰动，而且被认为是医学史上的一大奇迹。我国医学科研人员对古尸进行了解剖，结果查明：这具尸体不仅保存了完整的外形，而且内脏器官完整，肢体内血管结构清楚，硬骨组织和软骨组织均保存完好。另外，从中还发现了一部分精细的显微结构。所有这些足以说明，这具 2000 年古尸保存的质量是相当高的。目前，我国发现的古尸，主要分布在新疆地区，东部地区发现较少；湖北江陵及荆门的楚墓中发现过古尸，其时代虽较马王堆的早，但保存质量差。因此，马王堆汉墓古尸可以说是创造了世界尸体保存记录中的一大奇迹。

图 18–5 根据干尸复原的辛追像

各方面的病理检查表明，死者生前患有多种疾病，如冠心病、动脉硬化和多发性胆结石症。死者年龄在 50 岁左右，脂肪丰满，皮肤没有褥疮，应为急病而死。根据病症推断，由胆绞痛引起冠心病发作致死的可能性很大。根据死者食道、胃及大小肠内有瓜子 138 粒半推算，死者是在吃过甜瓜不久后死去的，死亡时间当在瓜熟季节。另外，通过检查还发现，死者第四腰椎间隙变窄，左上肺有结核病灶，右前臂曾经骨折，而且在其直肠和肝脏内发现有鞭虫卵、蛲虫卵和血吸虫卵。经鉴定，

死者血型为 A 型，生前曾生育过。(图 18-5)

马王堆 M1 古尸的保存当与墓内夯填白膏泥和木炭有密切的关系，它们使整个墓室成为一个与外界完全隔绝的封闭空间，地下水无法渗透，微生物无法生存。这种“真空”的形成，当是古尸得以完整保存的主要原因。

2．彩绘帛画

在 M1 内棺的盖板上覆盖着一幅彩绘帛画，即“铭旌”，竹简上称之为“飞衣”。画面呈“T”形，上宽下窄，通长 2.05 米，顶端宽 92 厘米、末端宽 47.7 厘米。这幅帛画的画面可分为上、中、下三部分，上部表现的是天上景象，顶部正中为人首蛇身的“烛龙”，右为日载三足鸟，左为月载蟾蜍、玉兔，中间悬挂一铎形物，两侧各有一兽首人身的动物，手内牵绳，骑在异兽上，向左右飞奔，似在振铎作响，两侧又有飞龙升腾。下为阙形天门，门内为职掌人间生死的大少司命。在这些画面之间，还配有扶桑木及八个小太阳、嫦娥奔月、飞鸟等画面。中部表现的是人间的景象，最上边为华纹、鸟纹构成的三角形天盖，天盖下有鸟在飞翔，两侧由双龙交蟠于璧中，璧下系彩羽并悬一磬，彩羽上立两只相对的人身鸟首像。由交蟠的龙身将中部分为上下两段，上段绘一老年妇女拄杖缓行，后有三个侍女随行，前面有两个仆人跪迎，并捧进盛食品的案。此老夫人应即墓主人肖像。下段绘有供墓主人享用的宴饮用具及役使仆人等。下部代表地下，在画面中占部位较少，正中为神祇载地，腿下横跨一蛇，脚下踏象征人死复苏的交错呈璧形的双鱼，两侧各绘一口吐云气的巨龟。(图 18-6)

图 18-6　马王堆一号(M1) 墓出土的 T 型西汉帛画

这幅作为铭旌的马王堆帛画，具有色彩绚丽、线条流畅、构图严密对称等特点，表现了高超的艺术水平，为我国美术史上罕见的杰作。特别是它反映了当时的神话传说，同周汉以来的文献记载基本一致，其中的一些内容，曾屡见于《楚辞》《山海经》《淮南子》诸书，因此它不仅是一件稀有的艺术品，也是一件珍贵的古代历史文化的实物资料。

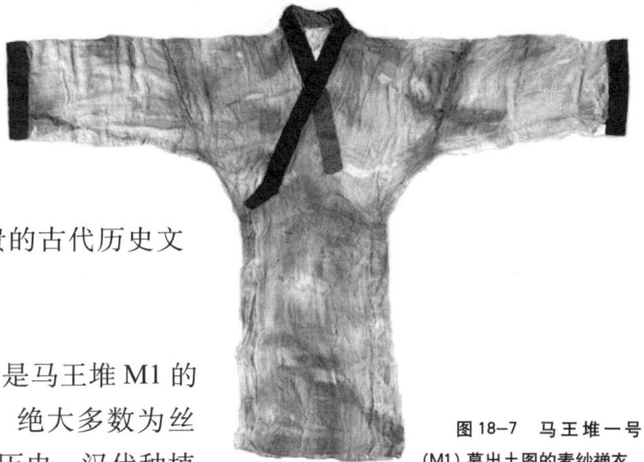

图 18–7 马王堆一号（M1）墓出土图的素纱禅衣

3．精美的丝织品——素纱禅衣

色彩绚丽的纺织品和各种服饰，是马王堆 M1 的又一重要发现。它们除少数麻布外，绝大多数为丝织物。种桑养蚕和丝织在我国有悠久历史。汉代种植桑麻地区不断扩大，中央在长安设少府，其下有东西织室，设织室令，管理丝织生产。在各郡国，也有专门管理织机的机构。这些丝织物，可分为平纹的绢、纱，素色提花的绮、罗绮以及彩色提花的锦等。

在马王堆 M1 出土的 58 件保存较好的衣物中，有一件素纱禅衣堪称绝世精品。文献记载中把没有衬里的单衣称作“禅衣”。《说文解字》：“禅，衣不重也。”《释名・释衣服》：“禅衣，言无里也。”

这件素纱禅衣，长 160 厘米。素纱系平纹方孔纱，纱孔清晰，方正，大小一致，并且利用了拈回方向的不同，使纱面具有縠皱的感觉。它的重量只有 48 克，不足一两，真是“薄如蝉翼”“轻若烟雾”了。（图 18-7）

素纱禅衣反映了当时缫丝技术的进步，同时还反映了我国在 2000 多年前就已使用了较为复杂的提花机并掌握了先进的纺织品加工工艺，显示了我国古代手工业工人惊人的创造才能。

4．包罗万象的竹简和帛书

M1 出土竹简 312 枚，因编缀的绳索朽断，出土时自然落为五个小堆。竹简系用细竹劈开制成。背面竹皮大多保存青绿色，完整无损。简上文字为墨字隶体，部分带有小篆笔法，墨迹清晰，字体秀美。从文字和笔锋分析，似非一人书写。简书共 2063 个字，多可辨识。简文所反映出来的汉初物产，丰富多彩。饮食方面，主食、副食品种繁多，烹调方法也很讲究。简文几乎包括了《礼记・内则》所载全部饭、酒、食，还有许多为《内则》所未载，其中如粮食，

图 18–8　马王堆帛书

计有稻、米、麦、菽、葵等，果品有枣、梨、梅等。M3 出土的简牍共计 410 支，具体记录了各种物品的名称和数量，数字和内容大大超过了 M1。其中车骑、仆从、乐舞和兵器等方面的内容，是 M1 简文所没有的。

马王堆出土的这批竹简系一册随葬品的清单，即一份“遣策”，与随葬品两相对照，内容基本相符。

帛书发现于 M3，其高度有 48 厘米和 24 厘米两种，即分别用整幅和半幅的帛书横放直写。整幅每行 60 字到 70 字，半幅每行 30 余字。凡有篇题的，都写在末行的空白处。经整理小组考释确认，帛书内容共有书籍 20 多种，总字数达 12 余万字，另外还有几幅图籍。主要有 ：

（1）《老子》和附写佚书。有甲、乙二本。特别是乙本卷前古佚书，被国外学者称为“填补了我们对中国早期思想史认识上的空白”“是具有世界性意义的文献”。

（2）《易经》及其附写佚书。字间有句读号。帛书《易书》要早于目前所传的四家（施、孟、梁、宗）注引的《易书》100 年左右。

（3）战国册书和其他书籍。原无书名和篇题，章次既不按时代，也不按国别，各章连书。内容七国史皆有，以燕、齐、秦、三晋之事居多，年代属战国中晚期。

（4）天书。原无书名。内容主要是关于五大行星运行的记载，前半部是五星占，后半部是五星度表。星表原件的发现是我国天文史上的一件大事。

（5）相马书。原无书名。主要是关于相马外形学的论述。它是汉武帝输入大宛马以前的著作，比传世的完整的相马资料要早 600 多年。

（6）医书。原无书名。其内容主要包括经脉等医学许多方面，比武威医简更早。

（7）导引图。原无图名。图前有一段关于医理方面的论述，图上分四排绘出 40 多个男女的各种运动姿态。后世的气功和拳术应是对导引运动的继承和发展，反映了我国古代健身运动由来已久。

（8）地图。共三幅。第一幅是长沙国南部八县的舆地图；第二幅是长沙国南部的驻军图，主要绘有今湖南道县以南至广东连县以北的地区；第三幅是一个县城的平面图，绘有城垣和房屋等。M3 出土的地图，年代比《华夷图》和《禹迹图》石刻早 1300 年，是我国现存最早的古代地图。而且它们绘制准确，体现了我国古代测绘技术已达到了很高的水平。

马王堆帛书的内容，涉及了古代哲学、历史和科学技术等许多方面，不仅内容丰富，价值重大，而且在考古学上的意义十分重要，使我们第一次获得古代帛书的式样，被中外学者称为“随葬器物中具有特殊价值的随葬品”。(图 18-8)

马王堆 M1 内出土的漆器款识均为“轪侯家”，缄封竹笥、陶罐等物的绝大多数封泥为“轪侯家丞”。因此，马王堆汉墓当与西汉侯国轪有着密切的关系。M1 葬具为四棺一椁，属列侯级葬制，也与轪侯的身份相符。据《史记·惠景间侯者年表》记载，汉惠帝二年 (前 193) 四月庚子，封长沙相利苍为侯，利苍立八年卒。侯子利豨袭爵，但未继任长沙相，第三代为利彭祖，第四代为利秩，曾出任东海太守。从马王堆汉墓出土的器物看，时代显然较早。根据 M2 出土的三枚印章，可以确认该墓主人为第一代轪侯、长沙丞相利苍。令人惊喜的是，在 M1 出土的一个五子奁中，出土 1 枚似为泥质或蜡质，现已干缩如指甲状的印章，它方形、盝顶，穿孔系丝带，边长 2.7 厘米，阴文篆书“妾辛追”三字，当为死者的名章。因此，M1 主人应为利苍之妻辛追；M3 主人为利苍的儿子。他们的下葬时间都应在西汉初期。

长沙马王堆汉墓的发掘，是我国考古工作的一项重要收获。其具体年代清晰，男性死者见于史书记载，为汉初这个重要历史时期的考古资料的研究，提供了可靠的断代标尺。

沉寂了 2000 多年的古墓揭开了，它和那具 2000 多年前的古尸一并陈列在古城长沙，供后人参观凭吊。长沙马王堆汉墓的考古发现，使我们有幸亲眼目睹那些已经失落了 2000 多年的历史的模样。

（刘尊志）

鄱阳湖畔葬废帝

——南昌西汉海昏侯刘贺墓的考古发掘

鄱阳湖——中国第一大淡水湖，赣江水由南向北匆匆流过注入鄱阳湖中，生生不息地滋养着赣鄱大地。在南昌新建区大塘坪乡观西村，这个江南的鱼米之乡，千百年来人们日出而作、日落而息，在这一片土地上人们习惯了碧波浩淼的鄱阳湖面和那夕阳下归途中耕牛的背影。但他们不会想到，世世代代居住的村庄东南大约1000米的墎墩山会有什么不同，他们祖祖辈辈都早已习惯了它的存在，但是在2011年之后它被彻底改变了发展的轨迹。

2011年3月23日，对于江西省文物考古研究所研究员，也就是后来的南昌西汉海昏侯墓考古发掘领队杨军来说，注定是一个难忘的日子。这天傍晚，已经下了班的杨军接到了时任南昌市博物馆馆长的李国立的电话，说有老百姓反映，在南昌市新建县大塘坪乡观西村东南约1000米的墎墩山上，发现了一个盗洞，可能是盗墓贼所为，让他赶紧去看看情况。正是这一个紧急电话，为我们揭开了墎墩山汉墓——海昏侯墓的面纱。

一、海昏侯的前世传奇

海昏侯刘贺（前92—前59），又称汉废帝，是汉朝历史上在位时间最短的皇帝。他出生于皇族，血脉高贵，先后经历了王、帝、侯三种身份的变化，这在我国历史上也仅此一例，其一生跌宕起伏，充满戏剧性。但史书中对他的记载很少，多半也是集中在霍光、金日磾等人的传记中，且内容多是关于刘贺因淫乱被废的描述。尽管如此，我们仍然可以根据仅有史料记载，大致勾勒出海昏侯刘贺短暂的人生轨迹。

后元元年(前88)正月，武帝之子、第一代昌邑王刘髆薨，谥号哀，史称昌邑哀王，时年5岁的刘贺于始元元年（前86）嗣位，成为西汉第二位昌邑王。刘贺做了14年的昌邑王之后，公元前74年6月5日，汉昭帝驾崩，由于汉昭帝无子，大将军霍光等朝臣迎接19岁的刘贺入主长安。7月18日，刘贺即皇帝位，成为西汉帝国的第九位皇帝。但是好景不长，据《汉书·霍光金日磾传》记载，刘贺“受玺以来二十七日，使者旁午，持节诏诸官署征发，凡一千一百二十七事”。霍光以其荒淫无度、胡作非为，不堪重任，与大臣商议后，奏请15岁的皇太后（霍光的外孙女，汉昭帝皇后上官氏）下诏，于8月14日废黜了他，刘贺遂成为汉代在位时间最短的皇帝之一，随后被逐回昌邑。同年，霍光尊立卫太子唯一的遗孙、18岁的刘病已（刘询）为帝，是为汉宣帝。在这场皇帝废立的闹剧中，刘贺成了一个彻底的失败者，他只能接受胜利者所书写的历史。作为失败者，他不过是霍光玩弄权术的一个政治道具而已。

被废后的刘贺，返回原封地昌邑，但此时昌邑国已被废除，改设为山阳郡。王的爵位没有了，但是朝廷特许他继续享受食邑3000户。刘贺可能是吸取了自己帝位被废的教训，终于学会夹着尾巴做人，每天就是住在自己的王宫里，深居简出，他也深知没有了皇帝头衔的保护，可能一不留神就会招来杀身之祸。就这样，在这之后十年的时间里，霍光病死，汉宣帝亲政，但宣帝内心仍然忌惮这个曾经的废帝。据《汉书》记载，元康二年（前64），汉宣帝派人试探刘贺，得到的结果是，刘贺久居深宫，闭门不出，疾病缠身，行动不便，已无任何不轨之心和非分举动，于是汉宣帝这才觉得刘贺已不成气候，彻底打消了对于这个前朝废帝的顾虑。

元康三年（前63），刘贺被汉宣帝改封为海昏侯，送到豫章郡，在距今天的南昌60公里处建城，食邑4000户。这个“海昏侯”，乍听起来似乎是个不太好听的封号，是否因为刘贺昏庸无能而采用的恶称呢？其实并非如此。古人将大的湖泊称为海，这里的“海”指的就是鄱阳湖，而“昏”是太阳落山之意，表示方位是西，“海昏”一词意为“鄱阳湖以西”的地方。当时的豫章郡还是一片荒蛮之地，封至此地，形如发配。而且几年之后，刘贺又因妄议政事被扬州刺史上报弹劾，最终被宣帝削去三千户封邑，最终变成了一个无足轻重的千户小侯。

公元前59年，刘贺薨逝，葬于南昌墎墩山。对于刘贺的逝去，《汉书》中仅仅以“后薨”二字轻轻带过。这个前朝废帝，就这样暗淡如同秋天飘零的一片枯叶，墎墩山成了他最后的归宿。刘贺死后，海昏侯爵位本应由其子继承，但嗣子刘充国早逝，世子刘奉亲也没能活到继承爵位那天，汉廷认为这是天意要绝昌邑王族，便下令废除海昏侯国。

随着这次海昏侯墓的发掘，更多考古资料的出土，刘贺帝位被废的原因便成了人们热议的话题。虽然据《汉书》记载“昌邑王以淫乱废”，说他登基27天干了1127件荒唐事，但是这个观点让很多人难以置信。历史学家辛德勇也认为，要是刘贺的行为真的危及社稷，理应尽人皆知，然而，当时的实际情况，却是“群臣皆惊愕失色”，显示出（被废）并没有相应的征兆，其间必有隐情。刘贺在被废前，大力提拔其从昌邑国带来的亲信，也正着手调整宫廷禁卫兵马，诏命“王相安乐迁长乐卫尉”，这是控制上官太后的紧要职位，霍光对此当然已经忍无可忍，废黜其位不过是时间早晚的事情。

那么刘贺究竟是一个怎样的人？真如史书上记载的那样淫乱昏庸吗？这样的“汉废帝”给人无限想象的空间，而如今发掘的南昌西汉海昏侯墓，可能会给我们一个最接近历史真相的答案。

二、海昏侯墓惊奇现世

两千年的岁月在平静中匆匆而过，其间墎墩山上的海昏侯墓虽经几次盗扰，但都安全躲过。在 2011 年年初，随着几声敲打声，这座沉睡了 2000 年的墓葬被惊醒。墎墩山是附近村民的祖坟山，平常除了祭扫，墎墩山是一个人迹罕至的荒山野岭。但就在 2011 年春日的一个夜晚，这里的祖坟山上开始不断地传来动静，村里的狗开始半夜狂吠起来，并且一连数晚都是如此。附近的村民感觉奇怪，便上山一探究竟，结果发现地上被人挖了个很深的洞，刨了好多土出来，旁边还有个搭建的小棚子，边上还有手套、八宝粥罐、塑料瓶等物品。村民判断肯定有人在此进行盗墓活动，便赶紧报了警。

考古发掘领队杨军到达盗墓地点后，映入他眼帘的是巨大的封土，他初步判断这座墓葬等级很高。令人惊讶的是，墓葬的盗洞竟然已经深达 14.8 米，正好打在椁室的正中央，把椁室底板都打通了。不知是天意还是墓主人的故意设计，主棺并没有在正中间，盗洞正好打在了一个没有随葬品的位置，但是其离主棺的棺室也只有 5 厘米。同时还多亏了当地村民的及时发现和政府各级主管部门的高度重视，这才避免了墓葬被进一步破坏，海昏侯墓得以完整保存。当杨军第一次从盗洞下去的时候，墓室内散发的香味扑鼻而来，这说明之前这座墓葬一直处于密封状态，从没有被盗扰。

刘贺墓封土高约 7 米，呈覆斗形，与夫人墓共建于墎墩山顶，东西并列，属同茔异穴合葬墓。刘贺墓坐北向南，平面呈“甲”字形，墓室口南北长约 17.2 米、东西宽约 17.1 米、深约 8 米，墓道南北长 15.65—16.17 米、东西宽 5.92—7.22 米，总面积约 400 平方米。椁室由主椁室、过道、回廊形藏椁、甬道和车马库构成。椁室中央为主椁室，东西长约 7.4 米、南北宽约 7 米、通高约 3 米，面积约 51.8 平方米，高出周围回廊形藏椁约 0.6 米。主椁室由木板隔墙分成东西室，中间有一门道。东室宽约 4 米，南部东西两侧为窗，中间为门；西室宽约 2.9 米，南部西侧为窗，东侧为门，门宽约

0.9 米。主椁室北、东、西三面按功能区分环绕有回廊形藏椁，主椁室与藏椁之间辟有宽约 0.7 米的过道，主椁室和墓道之间有甬道。甬道主要为乐车库，甬道东西两侧为车马库，北藏椁自西向东为钱库、粮库、乐器库、酒具库，西藏椁从北向南为衣笥库、武库、文书档案库、娱乐用具库，东藏椁主要为厨具库的“食官”库。主棺位于主椁室内东室的东北部，有内外两重棺，棺盖较完整，侧面有龙形帷帐钩。外棺南北长约 3.71 米、东西宽约 1.44 米、残高 0.46—0.96 米，根据倒塌前挡板和后挡板高度推测，棺原高约 1.36 米。棺床高约 0.26 米，下安 4 个木轮，外棺盖上有漆画痕迹。（图 19-1）

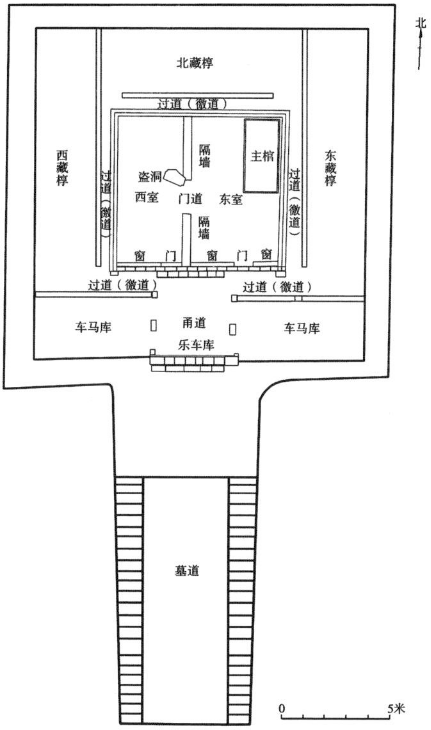

图 19–1 海昏侯墓平面图

三、五色炫曜——万余件随葬品尽显汉家气派

南昌海昏侯墓出土了种类繁多的随葬品，按材质有青铜器、漆木器、玉器、金器、木牍、竹简、陶瓷器、铁器、银器等 2 万余件，这些珍贵器物生动形象地向世人展现了汉代贵族的厚葬风俗，同时也反映出汉代贵族生活的奢华程度，也为我们从侧面了解刘贺的个人形象提供了一个新角度。

（一）青铜器

海昏侯墓出土了 3000 余件（套）青铜器，有日用器、乐器、兵器、车马器、印、铜镜和铜钱等。日用器有“蒸馏器”、蒸煮器、壶、鼎、提梁樽、提梁卣、缶、壶、釜、博山炉、灯、烛台、席镇、滴漏、杈、杵、臼和勺等，乐器有编钟、錞于、铙等，兵器有矛、戈、剑等，车马器有错金银、包金、鎏金车马器，还有数十吨重的五铢钱。青铜器上常有制造者名字、机构、器物大小、重量、制造时间等文字，“昌邑”文字出现最频繁。

墓中出土的一件青铜蒸馏器引起了世人的关注，因为我国古代有关蒸馏酒及蒸馏器的记载，最早见于元代文献《饮膳正要》中，考古出土的制酒蒸馏器最早也出现在元代古墓葬里。如果海昏侯墓中出土的这件器物确实是用来制作蒸馏酒的，那无疑是科技史上的一项重大发现，有可能将中国蒸馏酒的历史提前一千多年！

在墓室内，远离墓道口的北藏椁中，考古工作者发现了10余吨重、约200万枚的五铢钱，密密麻麻，堆成了一个小山，按汉制换算约相当于当时的50千克黄金。如此多数量的铜钱的出土，反映了西汉高等级贵族的陪葬需求。这些钱币中的一部分可能是朝廷的赙赗助丧之物，体现出朝廷对列侯丧葬的关注、干涉及助丧等内容；另有一部分或从昌邑国带来，或为侯国的积累。海昏侯墓中所体现的赙赠制度与汉代丧葬制度的健全，以及盛行的厚葬风俗息息相关。在清理钱堆时，考古人员还发现了一个特殊的现象，即两端都有绳结的一串五铢钱经过计数后刚好为1000枚。专家组经过仔细考证后认为，这很有可能改写我国古代“千文一贯”钱币校量制度的历史，文献中记载的“千文一贯”最早见于宋代，海昏侯墓的新发现证明了最迟在西汉时期就已有这种钱币校量的方式，将“千文一贯”的认识提前了一千年左右。

（二）漆木器

漆木器也是海昏侯墓随葬品中的大宗，出土了约3000件。这些漆木器多为实用器，少量为明器，按胎质可分为木胎和夹纻胎两种，依据功能可分为饮食用器、生活用器、兵器及兵器用具、乐器及乐器用具、明器共五大类。饮食用器中，数量最多的是耳杯，计有567件。耳杯均为椭圆形，两侧均为月牙形耳，圆唇、弧壁、平底，矮圈足，内侧髹红漆，外侧髹黑漆，外侧还饰有云气纹、水禽纹。生活用器主要有盒、奁、笥、杖、几案、棋盘等。兵器及兵器用具有盾、弩、剑鞘、剑盒，乐器及乐器用具有瑟、瑟禁、摇铃、编钟架，明器以木俑为主。

在主椁室出土的一件衣镜引起了大家的注意。衣境由镜掩（盖）、镜框和青铜镜三部分构成。其中镜掩和镜框为木质髹漆。镜掩（盖）残损严重，破损为数十块，且大部分图案文字已不清楚，仅有较大的两块尚能辨识。镜掩正反两面均有彩绘和墨书文字，正面的墨书文字，暂名为“衣镜赋”，其内容是对衣镜的功能及上面的图案内容作了描述，彩绘图案有仙鹤（朱雀）等。从残存的文字和图像判断，反面为孔子弟子图像和传记，这是迄今为止我国发现最早的孔子画像，为研究孔子的形象提供了珍贵的实物资料，也从侧面反映了汉代统治阶级对孔子及儒家学说的推崇。根据“衣镜赋”的文字和考古工作者的考证，最后认定这件衣镜镜框上部所绘的两个正坐人物形象分别为东王公和西王母。之前学界普遍认为，西王母在战国时期已经出现，东王公的形象是在东汉时期为了和西王母对应而创造出来的。孔子衣镜从文字和图像两方面将东王公的出现由1世纪提前到了公元前1世纪前叶，以刘贺去世的神爵三年（前59）为下限，并且证明了东王公作为男性的“阳仙”与女性的“阴仙”西王母相对应的传说及其图像组合模式在西汉宣帝时期已经成型。

海昏侯墓出土漆木器数量众多，器形丰富，纹饰精美，工艺繁复。海昏侯墓出土漆木器不仅在数量上远超同时期墓葬，在质量上更是代表了汉代王侯等级的漆木器最高制造水准，尤其是写有“昌邑”款识的器具，代表了汉代诸侯王乃至皇室成员的漆木器用器标准。海昏侯墓漆木器的出土，为研究汉代漆木器制造工艺、纹样装饰、器物形制及用器等级提供了宝贵资料。

（三）玉器

海昏侯墓出土玉器约 400 件（套），包括约 40 种器形。全部玉器分散存放在墓室的不同区域，表现为不同区域器形有别，具有不同的功能属性。娱乐用器库出土组玉佩、器盖纽和嵌饰等，嵌饰又分为人饰和物饰两类；文书档案库与娱乐用器库之间的漆箱内出土以小型玉璧、石圭、玉环、玉佩、玛瑙贝形饰等人饰为主，另有众多玉剑饰以及大量片状玉材和半成品玉片；武库出土除一枚玉印外，其余均为玉剑饰；主椁室西室出土以小型物饰为主，另有可能是礼仪用玉的蟠虺纹龙首纹龙形玉饰；主椁室东室南部出土玉羽觞、玉印、玉带钩等生活用玉，玉剑饰、凤形石饰等物饰以及大量几何形嵌饰，而佩饰只有韘形佩；主棺外棺盖板上出土均为玉剑饰；内、外棺之间南部出土大型玉璧；内棺内部出土以玉璧为主，其次是玉眼罩、玉勒、玉枕、琉璃席等丧葬用玉，玉带钩、玉印等生活用玉以及一些小型佩饰。

可以印证墓主人身份的“刘贺”玉印是在主椁室中发现的。在对棺椁进行整体打包提取进行实验室清理后，发现了墓主人的遗骸痕迹。遗骸已朽，仅保存有牙齿。头部被镶玉璧的漆面罩覆盖，腰部发现了刻有“刘贺”名字的玉印。此外，墓中还出土有一枚“大刘信印”印章。这枚印章只有指甲盖大小，约 1.7 厘米见方，上面篆刻有“大刘信仰”四个字。古时“巨”和“大”相通，汉印中也有“巨 + 姓氏”的先例，海昏侯作为刘氏宗族，“大刘”即是“巨刘”之意，带有明显的家族指向性。（图 19-2）

（四）金器

金器的出土是海昏侯墓考古发现中的一个亮点。所出金器计有 478 件，约 115 公斤，有金饼、马蹄金、麟趾金、金板等。（图 19-3）

考古工作者在清理主椁室时发现了大量黄金，经清点，马蹄金和麟趾金共 25 个，两盒金饼总共 187 个。之后墓中又陆续发现金饼、金板等金器，是迄今我国汉墓考古中金器发现最多的一次。金饼、麟趾金、马蹄金等基本为朝廷赐予，是高等级贵族间交易或馈赠的物品。据传，太始二年（前 95）三月，汉武帝去郊外朝拜上天，他登上

图 19-2 “大刘信印”（左）、“刘贺”（右）

了陇山，结果意外获得一头周身纯白的麒麟。无独有偶，此时敦煌出了一匹天马，泰山出现了黄金。汉武帝大喜，认为这都是难得的祥瑞，便改元元狩，还将黄金改铸为麒麟脚趾状和马蹄状，作为赏赐诸侯王的重要物品。就海昏侯墓中的这些金质货币来讲，其直接来源估计大致有三：一是朝廷赐予，而刘贺做过皇帝，可能也有一定积存；二是来自昌邑国；三是海昏侯国的积累，其中也应有相当部分来自朝廷赐予。此前，出土同类金器最多的是中山怀王刘修墓，该墓出土了大小马蹄金各 2 件、麟趾金 1 件、大金饼 2 枚、小金饼 40 枚，震惊了考古界。而海昏侯墓中满满当当的金器，数量之多超乎想象，也远远超过了之前历次考古发现中金器的数量。

（五）木牍、竹简

一手文字材料是研究历史的重要资料，因此，海昏侯墓中出土的木牍、竹简也有着不容忽视的重要价值。

墓中所出木牍约 200 版，包括属遣策类的签牌和奏牍（图 19-4）。签牌是系在竹木笥或漆箱上的标签，上面写有盛器编号及所盛物品的名称和数量等。经过考古人员的反复研究得知，出土的木牍开头部分写有“臣某”等字样，可能是海昏侯写给当时皇帝的奏章副本，至于具体内容，还需要古文字专家进一步考证。

竹简发现了约 5000 支。从目前实验室初步清理和保护情况看，竹简的内容大约包括《悼亡赋》《论语》《易经》《礼记》《孝经》《医书》《五色食胜》等，其中《悼亡赋》中有描写冢墓的文字。《论语》中发现《知道》篇，它很可能属于《论语》的《齐论》版本。《易经》的经文首先解释卦名，自《彖》传以下的内容与《日书》类似，虽然排序与传世《易经》相同，但内容和传世《易经》的差别较大。《医书》的内容与养生和房中术有关，它在马王堆帛书《天下至道谈》中记述的“八道”之上增加“虚”“实”而成为“十道”。《五色食胜》记述的是以五种颜色代表相应食物，类比于“五行”相生相克的方术内容。此次出土的木牍、竹简文字均为墨书，是汉隶上品，是迄今为止汉代考古中最为集中的一次发现，为研究汉代历史文化、复原汉代贵族的日常生活提供了丰富的资料。

图 19–3　金饼、马蹄金与麟趾金

（六）陶瓷器

墓中出土陶瓷器约500件，有日用器皿和建筑材料等。日用器皿有陶罐、青瓷罐、青瓷壶、漆皮陶壶等，建筑材料有板瓦、筒瓦、瓦当、滴水等。

另有少量银器如车马饰件等，铁器有带钩、刀、剑等。

图 19–4　木牍

四、昌邑国、海昏侯国与海昏侯墓园

随着南昌西汉海昏侯墓的发现，海昏侯刘贺的身世和他的传奇经历也成了人们津津乐道的热点话题。但是，从刘贺被改封为海昏侯并迁入豫章郡到他去世，不过短短四年，他一生中的大多数时间仍然生活在他最初的封地——昌邑国。昌邑故国位于今山东菏泽地区，刘贺就是从这里出发前往长安继承帝位，旋即遭废后又被送回，在宣帝改封他为海昏侯后，他又从这里动身前往豫章郡。可以说，昌邑是刘贺人生中一个重要的中转站。海昏侯墓中出土的很多随葬品都带有“昌邑”字样，如大量漆器残片上带有“昌邑九年”“昌邑十一年”的字样，此外还有带“昌邑籍田”铭文的青铜鼎，带有“昌邑”年号的青铜豆型灯等。这些遗物正是刘贺在昌邑国的积累，后来带到了豫章郡海昏侯国。

海昏侯墓的发现也为解决一些过去的考古疑案提供了线索。于1977年结束发掘的山东巨野红土山西汉墓是一座崖墓，关于其墓主的认定学界一直存在争议。发掘者认为墓主人是昌邑哀王，也就是刘贺的父亲刘髆的可能性更大，但也有学者认为红土山西汉墓的主人是山阳哀王刘定。国家文物局派驻海昏侯墓专家组的副组长张仲立从玉器类、金属器类、药用器类和车马器类等几大器类对两墓随葬作了深入比较，发现两墓随葬器物相似度很高，尤其一些高度契合的器类，清楚表明了两墓的亲缘背景，为红土山西汉墓的定性提供了有力支撑。红土山西汉墓墓主为第一代昌邑王刘髆，当是确定无疑的。

海昏侯墓园由两座主墓、七座陪葬墓、一座陪葬坑、门阙、祠堂、厢房等组成。两座主墓就是海昏侯刘贺（M1）及其夫人墓（M2），它们占据了墓园最中心的位置。封土下有大型夯土基座，平面呈方形，与文献记载中的“堂坛”相印证。封土基座共二层，下层基座和位于其东面的夫人墓共用，且共用一个东西长约100米、南北宽约40米，总面积约4000平方米的礼制性高台建筑，该礼制性建筑由东西厢房、寝和祠堂构成。M2封土存在叠压M1封土现象，说明M2晚于M1，也就是说侯夫人下葬年代晚于侯本人。目前夫人墓正在发掘之中，相关资料有待发掘完成后整理、公布。（图19-5）

在主墓（M1）的西侧，有一个占地约80平方米的长方形土坑，这就是海昏侯墓的车马陪葬坑。柱子均腐朽殆尽，仅留痕迹。从修建木椁时留下的熟土二层台和二层台上腐朽殆尽的椁顶板痕迹判断，椁室高约1米。不同于墓内乐车库和车马库内的模型车，坑内有木质彩绘车5辆，分属安车和轺车。马车经过拆卸，被拆卸下的车马器装入彩绘髹漆木箱内放置在椁底板上。坑内有马匹约20匹，骨架已腐朽殆尽，仅存痕迹。根据考古人员的复原，可知当时每辆车驾有4匹马，这是王侯出行的最高等级。这批真车马应为刘贺生前出行所用，这与史书所载刘贺生前荒淫无度可能无太大关系，而是其身份地位的展现。此前真车马陪葬仅见于北方，这是在我国长江以南地区首次发现的真车马陪葬坑。

七座陪葬墓中已发掘了3座（M3，M4，M5）。根据出土的写有“刘充国”名字的铜印，并结合海昏侯刘贺墓中出土的木牍以及《汉书》等文献记载，确定M5墓主是海昏侯刘贺早逝的嗣子——刘充国。刘充国下葬时未成年，墓中出土了一件虎型青铜器件，数个微缩版青铜壶，考古专家预判为墓主人的玩具。海昏侯陵园的其他陪葬墓和祭祀附属建筑遗址还在发掘过程中，其完整的陵园布局对汉代列侯陵园制度的研究也将起到非常重大的作用。

五、海昏侯墓的重大考古意义

自 2011 年起，经过几年的艰苦考古发掘，南昌西汉海昏侯墓已经取得了重大的考古发现，出土文物两万余件（套），具有极高的历史价值、艺术价值和科学价值。

一是南昌西汉海昏侯墓墓园，是我国迄今发现布局最完整、拥有最完备祭祀体系的西汉列侯墓园，对于复原西汉列侯埋葬制度、西汉列侯园寝制度研究价值巨大。二是海昏侯墓发掘了一座葬有真车马的陪葬坑，反映了西汉列侯车舆制度，属于我国长江以南的首次发现。三是海昏侯墓再现了西汉时期高等级贵族的生活，是西汉列侯“事死如事生”的典型标本，也是江西省迄今发现的出土文物最多、种类最丰富、工艺水平最高的墓葬。特别值得一提的是，其中出土的数以万计的竹简、木牍是我国考古史上极其重大的发现，具有十分重要的科学、历史、文学、艺术价值。一次出土上万枚竹简，在考古史上极为罕见，它的文献价值是空前的。四是海昏侯国遗址是我国目前发现的面积最大、保存最好、内涵最丰富的汉代侯国聚

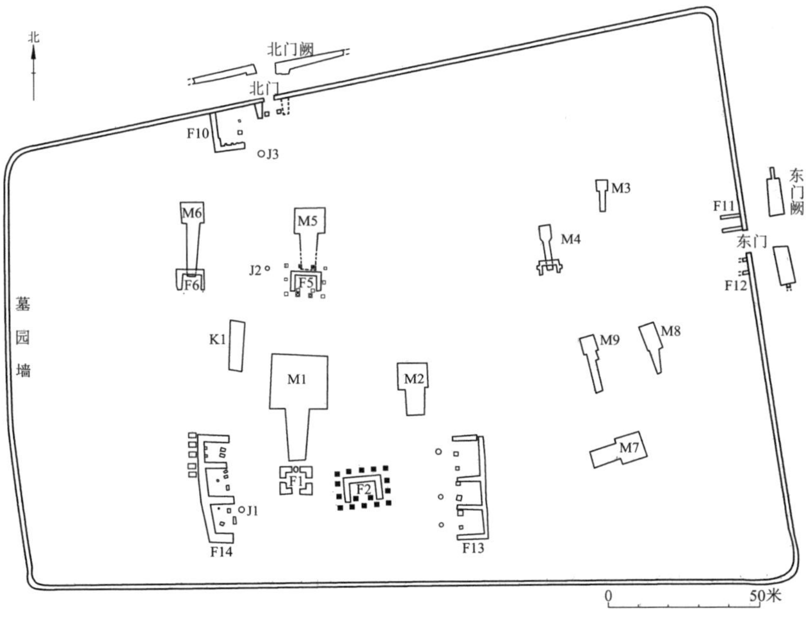

图 19–5　江西南昌海昏侯墓园平面图

落遗址，是重要的国家级历史文化遗产，是研究西汉侯国历史最独特的遗址。

往事越千年，大汉帝国的波澜壮阔与繁华早已湮灭在历史的尘埃中，唯有这墎墩山见证了两千多年的历史沧桑。鄱阳湖依旧如往昔一般粼粼波光，人们生活得宁静而祥和。“青山依旧在，几度夕阳红。”那曾经的往昔，刘贺已没有机会向人诉说他所经历的一切，他的故事只能靠我们后人从他的墓葬及相关文献来慢慢解读。

参考文献

[1] 江西省文物考古研究所、南昌市博物馆、南昌市新建区博物馆：《南昌市西汉海昏侯墓》，《考古》2016 年第 7 期。

[2] 刘子亮、杨军、徐长青：《汉代东王公传说与图像新探——以西汉海昏侯刘贺墓出土“孔子衣镜”为线索》，《文物》2018 年第 11 期。

[3] 江西省文物考古研究院、北京师范大学：《江西南昌西汉海昏侯刘贺墓出土漆木器》，《文物》2018 年第 11 期。

[4] 江西省文物考古研究院、中国人民大学历史学院考古文博系：《江西南昌西汉海昏侯刘贺墓出土铜器》，《文物》2018 年第 11 期。

[5] 江西晨报、江西省文物考古研究所:《发现海昏侯》，江西教育出版社，2015 年。

[6] 江西省文物考古研究院、厦门大学历史系：《江西南昌西汉海昏侯刘贺墓出土玉器》，《文物》2018 年第 11 期。

图片来源

本文图片皆来自江西省文物考古研究所、南昌市博物馆、南昌市新建区博物馆:《南昌市西汉海昏侯墓》，《考古》2016 年第 7 期。

（牛广余、符云逸）

石刻汉画艺技绝世

——沂南画像石墓的发现与研究

山东中南部有一个县名叫沂南，境内山峦起伏，丘陵密布，低低的荒秃秃的小山与别处没什么两样。看惯了中华大地的雄山大川，人们实在不愿多睇这儿一眼。但是，当一座大型画像石墓在群山环绕的小山村——北寨村被发现后，沂南小县便再也不能平静，人们被那精美的画像石吸引来了。面对这一块块带画的石头，现代人仿佛感受到了遥远的充满郁郁生机的汉代生活：威武壮观的车马出行，其乐融融的家居宴饮，端庄冷峻的忠烈先贤，变幻迷离的仙界幻景……先人们大胆夸张，合理想象，创作出一幅幅丰富多彩的石雕艺术，引得无数学人将关注的目光投向北寨村。

北寨村在沂南县城西八里，处于一四面环山的小盆地的北部，西临汶河，东倚团山（又名界湖山）。界湖山为一石山，供给当地人丰富的石料，此地民居皆为石建，覆以草顶，村里居民在农业生产闲暇的时候，多以采石为副业。聪明的先人，用自己的智慧和汗水将界湖山上卑微的石头，雕刻成一块块珍贵的艺术品，给后人留下了一座精美的石刻艺术宝库——沂南画像石墓。

画像石墓位于北寨村内的打谷场里，当地人叫它“将军冢”，四周都邻有民居。据村中82岁的老人郭伯巨称：“此墓原来封土很高，有如土山，顶上长着合抱的大树，往年山洪暴发，墓上可供数家避水居住。”无意之中，墓主人也算做了一件“恩泽后世”的善事。村民长年累月在此取土，封土渐次挖去，至1947年间，墓顶突然露出，当时解放区的民主政府怕文物散失，曾组织力量发掘，可是用了300多个工，只得一件灰色陶狗、若干五铢钱，于是又把墓填死了。

时间推移到1953年，沂南中学教师周克从群众口中得知此墓，便把消息反映到文艺报社。1954年春，华东文物工作队与山东省文管会合组力量前往清理，一个星期才清理完毕（图20-1）。墓内遗物甚少，仅有一灰陶质、内外涂朱的完整小盘，一三

图 20–1 沂南画像石墓发掘现场

角锥形铜矢镞，以及一些残砖块、碎陶片。规模庞大的墓室，仅出此几件器物，说明此墓不止一次被盗。然而，就是一座空空如也的画像石墓，就足可以令后人惊叹不已了。

二

规模庞大的墓室，全部用石头建成，这些石头都出于村东界湖山。石料的充足，为墓葬建筑提供了便利的条件。

墓室如同生人住宅，分前、中、后三个主室，并附有东西侧室，东三侧室，西二侧室，总计八室。整个布置相当平衡，均在一中轴线上。主轴为南北向，前、中两室各有两个开间、一个进深构成，后室是由两个开间、一个进深构成。在室与室之间，都有门直通。东北角的侧室是从中室的东侧室进去的，在室内的北头有一隔墙，厕所就在这隔墙内。在墓门的横额和支柱上都施以较突起的浮雕，雕的图像非常明显。墓门显得气魄雄伟，成为整个建筑非常突出的一部分。前室两间都是抹角结构藻井，这样的结构，可用较短的材料得到较长的跨度，在建筑用材上是非常好的打算。中室面阔两间，进深两间，较前室略大，建筑特点与前室相同。后室面阔两间，进深一间，每间长宽之比为3∶1，是安置棺木的地方，但是棺木早已没有了痕迹。前、中、后室皆以石块铺地，所有石块均对缝紧凑严密，表面上精磨细琢。（图20-2、20-3）

图20–2 沂南汉画像石墓墓室

总之，整个建筑结构是由地面、台子、支柱、墙壁、横额、中柱、过梁、横枋、抹角石等垒筑起来，基本上是横直相交的线条，只有少数斜线和曲线，使得整个建筑显得非常简朴而又宏伟。古代匠师技术高超，墓室未建之前，心中早已画好蓝图。这座墓在施工过程中，采取了预制构件然后进行安装的施工方法。先将石材分别做成墓室的各部分构件，再把这些构件按既定的位置安装起来。这种施工方法，在当时是一种相当进步的技术。

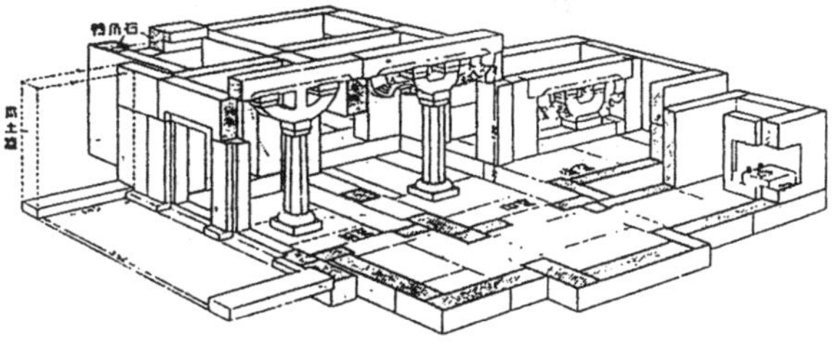

2

图20–3 画像石墓立体图

全墓所用的石材，不论大小，总计280块，其中画像石42块，有的一面有画像，有的两面，有的周身都有，这样加起来画像共73幅，分别刻于墓门上及前、中、后三室内。从表面来看，它们是零散的，每幅是各有主题的，但仔细看来，它们又是有内在联系而成为整体的。所有的画像组合在一起，表现出墓主人生前“伟大的功绩”，安富尊荣的生活，死后丧祭之仪的隆重，并希望他长眠于这宏丽的墓室中，有山神海灵的护持，千年永固。全部画像石可分为四组：第一组为墓门上画像，第二组为前室画像，第三组为中室画像，第四组为后室画像。每组各有主题和明确思想。在每组的画像中，有些是表现主题思想的，有些是衬托主题思想的，而在前、中、后三室中，还有些是专作装饰用的。

第一组画的主题思想是墓主人生前最重要、最值得景仰纪念的人的事迹——曾率领军队打败异族的人，是用攻战图来表现的（图20-4）。而衬托这主题思想的，则是墓门两侧的伏羲、女娲、东王公、

图 20—4　攻战图（局部拓片）

西王母以及羽人异兽等图（图 20-5）。用它们表现人类的起源、神仙的灵异，可能还含有辟除不祥、保护墓主人的意思。

第二组画则以反映墓主人身后的哀荣为主题。说明他死后有多少人来献祭，致祭者如何虔诚，接连用了三幅图来表现。南壁的伐鼓图和拥彗图是从属画像，描绘祭祀的仪节；武器图和捧盾图表现死者的身份，和祭祀图还是有间接联系的。室中的神话人物、奇禽异兽图则对主题思想起到衬托作用，也同墓门一样，含有百灵呵护的意思。此外有专作装饰的图案画，如拱上、藻井上的画，在整组画中起附属补充的作用。

墓主生前的身份和他的富足安逸的生活集中表现在第三组画像中。在这一组的主体画中，四幅相联接的出行图最重要，画出墓主的大官僚身份。其次为乐舞百戏图，画出墓主生前的享乐生活。南壁马厩图是墓主生前生活的一部分，为主体画的从属画。衬托这组主题思想的，是室中各幅历史图画。这些故事可能是墓主人生前乐道的故事，故事中的圣贤豪杰，可能是墓主人生前景仰的人物。

第四组画在后室内，后室是安置棺木的地方，如同活人生前的寝室，因此这组画的主题思想是刻画墓主人夫妇生前起居生活，用仆人涤器图、侍女捧奁图、衣履图和送馔备马图来表现。同前室和中室一样，也有衬托主题思想的奇禽异兽的画和作补充的图案画。

四组画虽各有其主题思想，但各个主题并不是孤立的，而是互相联系的，它们共同构成墓主人的一部“荣哀录”。因此，所有这些画都是有目的、有意图地创作的，而不是兴之所至地随便乱刻的。

精雕细刻的画像，结构复杂的墓室，修造这样的一座墓可谓费时费工。据一位有经验的石工估计，这座墓所用的工，包括采石、搬运、琢磨、绘画、雕刻、掘土、砌石、封土等，按现在的工作进度计算，共需4700个工以上。由于古代条件的不同，例如工具不及现在的先进合用，运输比现在更加困难等，当时实际所用的工，一定还多些。如此兴师动众、耗费巨资建造墓室，墓主人究竟出于何种目的呢？

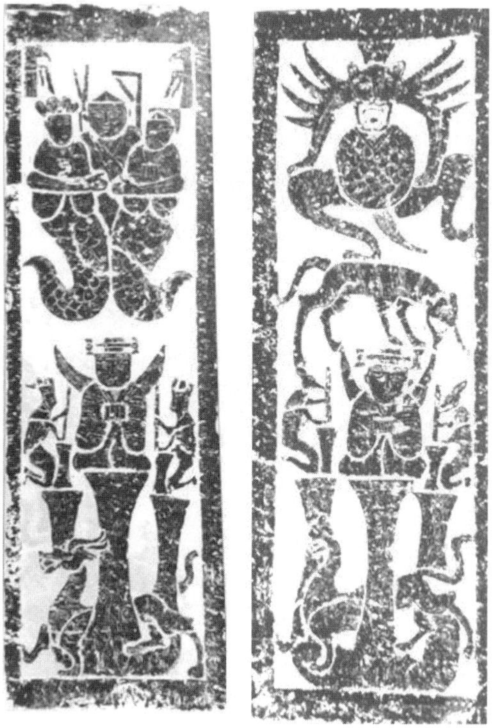

图 20–5　墓门东西侧画像拓片

二

翻阅两汉历史，我们可以看出，沂南画像石墓的产生，是和两汉社会丧葬观念密切联系的。汉代厚葬风气盛行，东汉王符《潜夫论》记载："今京师贵戚，郡县豪家，生不极养，死乃崇丧，或至刻金镂玉，檽梓楩楠，良田造茔，黄壤致藏，多埋珍宝、偶人、车马，造起大冢，广种松柏，庐舍祠堂，崇侈上僭"，又"世以厚葬为德，薄葬为鄙"，皇亲国戚、官僚富绅更是依仗雄厚的经济实力，做墓时往往"积土成山，列树成林"。上行下效，一般庶民百姓，亦不惜倾家荡产而为之。《盐铁论》载"故黎民相慕效，至于发屋卖业"，由此可见，厚葬之风弥漫整个社会。其次汉代社会流行"事死如生"的观念，认为人死之后，灵魂不灭，仍像在世间一样生活，因此，建墓时竭力摹仿地面住宅。流风所至，沂南自不例外，该汉画像石墓就是在这样的社会背景下产生的。沂南画像石墓，有前堂，有后室，有天井，有厕所，俨然是搬入地下的阳间住宅。幻想灵魂不死的墓主人，早在生前就为死后做了苦心孤诣的安排，建造了这座规模庞大的地府。今天看来，这仅仅是墓主人一厢情愿的妄想罢了，他本为自己建造的阴宅，却为后人留下了丰富的历史实物资料，它如同一面镜子，映出了两汉真实的社会生活。

从这些画像中，我们可以考证出有关古代的社会经济状况、阶级矛盾以及风俗人情、典章制度、衣冠文物、宗教哲学思想等许多方面，有些可以和古代的记载相印证，有些又可以补典籍记载之缺失。

汉代社会，儒家以“礼”治天下，礼仪制度严格，有一套完整的仪式，这从沂南画像石出行图上可见一斑：画的内容是一个大官带着随从出行、其属下官吏迎候的情形。首先看迎候的人，除双阙内捧盾走出的人和最前列一个捧盾、一个拥彗的人外，有三列捧笏而立的人，一列捧笏伏地的人，还有停在那里的车子和系在树上的马。其次看前导的车骑仪仗，计有一辆斧车，七辆轺车，揽辔而行的两骑，步行的有持幢吹管的两人，携弓箭的两人，持便面长挺的两人。最后看后拥的仪仗，有两骑、一辆轺车和两个步行的人，另外还有迎候的人和前导后拥的车骑与步行的人。这幅图可与汉代史书所载当时的有些制度和习俗相印证。首先是捧盾迎候制度。瞿中溶于《武祠前石室画像考》指出捧的人是亭长，说得似过于肯定，但可说是亭长一类的武职官。大致当时属官迎接上级时，一般的人都捧笏，低级的武职官有时捧盾。沂南出行图中捧笏的如此之多，捧盾的只两个人的事实，可证明这个揣测。其次是拥彗习俗。《史记》载：“后高祖朝，太公拥篲迎门却行”，说明古代习俗，迎接高贵的人，先用扫帚清道，以示恭敬。沂南图中凡拥彗而立的人，都是迎候的人，与记载相合；再者关于车骑导从制度，《续汉书·舆服志》也记载得相当详细。将沂南出行图与该书相对照，图中前导的吹管荷幢的人与“车前吹管”和“持幢旁毂”的记载是相合的。再看吹管人后面的斧车，史书上虽没有详细记载斧车制度，但从此图可知，斧在车中直立，并有矛剑一类兵器同藏。

图 20–6 沂南北寨汉画像石伐鼓图拓片

汉代的乐舞百戏，张衡在《西京赋》里作过综合描述，我们将它与沂南石刻相参照来看，对于百戏杂陈的盛况，不仅可以想象，而且可以有相当了解。在沂南舞乐百戏画像中，有作戴竿之戏的、有伐鼓的（图 20-6）、有列坐的乐队，这是百戏中的主要节目，刻在画像石的突出位置；而飞剑跳丸的、作七盘舞的、撞钟的、击磬的、走绳的、作豹戏的、跑马的，则极其有机地活动在恰到好处的位置。整个画面充满动感，看了它，我们仿佛置身于一座高台上，临着前面广场，看见场内百戏杂陈，听到音乐齐奏。其次，沂南画像石中的历史故事，诸如“苍颉造字”“尧舜禅让”“完璧归赵”“荆轲刺秦王”“鸿门宴”等，一幅连着一幅，简直是一部图录的历史，口耳相传的故事到这儿变成了可以触摸的历史。其实，刻画历史故事于墙壁上的风俗，至迟起于战国时，而此风气自汉以后，更为盛行，故王延寿《鲁灵光殿赋》云：“图画天地，品类众生……忠臣孝子、烈士贞女、贤愚成败，靡不载叙。”从画像石上，我们可以了解汉代社会的方方面面，正如已故著名历史学家翦伯赞所说：“我以为除了古人的遗物之外，再没有一种史料比绘画更能反映出历史上的社会之具体的形象。”因此，以沂南画像石作参考，考古工作者可以准确地考察汉代社会生活的原貌。

沂南画像石是古代佚名艺术家以石为地、以刀代笔集体创作的作品，两汉建筑艺术、绘画艺术、雕刻艺术在这一独特的艺术形态中得以充分体现。不论画像描写的是人间社会还是天上图景，无不带有两汉社会淳厚朴实、大气雄浑的风采。直到今天，建筑工程师、美术工作者观赏画像石仍能从中得到灵感和启发。因此，沂南画像石不仅具有重要的历史价值，而且在建筑学、美学上也具有重要的价值。

从建筑艺术来看，沂南画像石墓是一个实用与美观相结合的建筑。整个墓室平面布局巧妙，分前中后三室，前、中两室又各附有东西侧室，这是一种对称的布局方法。但中室比前室面积要大些，几间侧室的面积也不完全一致，使人感觉整个布局有变化、不单调。东北角又筑一长条形的侧室，侧室后面设一厕所，这种布局方法，使人一下就感受到生活的气息。墓室结构整齐规矩，一丝不苟。地上的铺石、墙壁的转角、室顶的叠涩和抹角结构，都很规矩，没有丝毫走样。除斗拱、倒衔的双龙与柱础覆盆外，整座墓全是由线条组成的，连斗拱与双龙，也在曲线中含有直线意味，因此，全墓更显出一种整齐划一的风格。斗拱所加的双龙，可以帮助斗拱承载过梁的重量，它们和拱起着同样的作用，应是拱外再加一拱（见图 20-7a、20-7b）。假设当时也把它们做成两个散斗、一个拱的形状，那将显得多么笨拙！现在把它们巧妙地刻成双龙，它们的曲度和拱相适应但又具有鳞角，栩栩如生。这种将高度实用价值与高度艺术价值的合而为一，实在是天才的创造。

从雕刻艺术来看，这座画像石墓的刻法，简略地说，只有阴阳两种，细分起来，计有五种：平面浅浮雕、阴线刻、半立体的浮雕、立体的浮雕、透雕。当时的雕刻家按照一定的原则，将多种方法灵活运用，雕刻出各种各样的形象。他们在墓门上的横额和门的支柱上都施以较突起的浮雕，目的是将几幅主题画特别显出，并增加墓的雄

图 20–7a 沂南汉画像石墓中室支柱斗拱

图 20–7b 支柱斗拱拓片

伟气概。但对室内的雕刻，则尽量保持墙壁的平面感。用浅浮雕和阴刻线纹来显出事物的形象，使雕刻服从于建筑物。

最后，我们从沂南画像石的内容来看，画像无疑有好些是极优秀的现实主义作品。《丰收宴饮图》就是这样的一幅作品，不大的篇幅里，雕刻家却画出了宏大的劳动场面：量谷子的、扫谷子的、杀猪的、宰牛的、剖羊的、烧火的、做菜的、和面的、传递饮食的，只有两个监收粮食的袖手坐在席上，席前还放着酒器。粮仓的大门紧闭着，门外群鸡在争啄粮食……我们可以想象到这粮仓的主人是怎样逍遥自在地享受着丰收的快乐，等候着粮食储满自己的仓廪。人物众多却不显拥挤，雕刻家对整个画面的处理可谓匠心独运，既包罗了必须登场的人物，又生动地有机地突出了主题。

有几幅小画是特别动人的，它们充满了生活的气息。如马厩图，一匹马拴在柱上吃草，粪便从身后落下来，下面三个马夫拿着马具，商量着举步前进，这是一部多么逼真、多么细致的图画！又如猫捉老鼠图，老鼠才从放食物的台上跑下来，猫蹿出来捕它，老鼠惊恐万状；猫的轻捷、注意力集中、向前猛扑的情形，跃然石上。这些日常生活中常见的小事，被画家们用生动的笔调画出来。

沂南画像石中最成功的是对动物的描绘。它们各种姿势都被表现出来，有正立的、有侧立的、有两足直立的、有奔跑的、有飞翔的、有俯冲的，都画得生动活泼而又真实。那个正立展翅的朱雀，显得那样庄严，使人看后想到孔雀开屏的样子；那两个鸿雁交颈而鸣的形状，让人看了就像听到它们清脆的鸣叫。

当时画家们对动物的处理，是奇妙的。他们把好多动物人格化了，分明是一条龙或一只虎，却让它持着兵器而立着、挥舞着，俨然同人一样；分明是一只乌龟，而让它举着一把大钺。这是多么大胆的、奇妙的创造！而且他们把人和动物的各部分自由地配合起来，而且配合得十分和谐，十分自然。那条双人头的蛇，似乎在凌空飞行，上举的长毛迎风飘着；那条九个人头的龙，头是那样巧妙地分排着，好像一顶华冠戴在龙的头上，龙在大跨步前进着，而我们不感觉它头上负荷的沉重。从这些动物画以及那些人格化的动物画，可以看出当时人们除对宇宙具有一种原始的神秘的信仰外，还发生了一些美丽的想象。他们似乎认为宇宙中万物都是可以由人类来改变形状的。

三

从上古到现在，各类艺术品，绝大多数是民间艺人的创造，汉以后，绘画艺术才逐渐转到士大夫手里，因此汉代制作画像石，在绘画和雕刻上，是大致没有什么严格的分工的。武梁碑文云："良匠卫改，雕文刻画，罗列成行。摅骋技巧，委蛇有章。"据此来推，似可断言汉代画像石全系良匠们摅骋技巧所制成，沂南画像石自然也不例外。因此，这些1700多年前民间艺术家们所创造出来的具有高度艺术水平的作品特别珍贵。

内容丰富的沂南汉墓画像石，可与武氏祠相媲美，但雕刻艺术比起武氏祠又有显著发展。其全部画幅都是有机联系，排列的位置适当，其主要部分是优秀的现实主义作品。它们代表着当时绘画和雕刻艺术极高的成就，也代表着我国造型艺术发展的一个重要阶段，即古代艺术优秀传统到此而集大成，并且有了新的创造。因此，作为研究汉代艺术不可多得的实物资料，沂南北寨村汉墓画像石在中国美术史上是值得华章大书的造型艺术。

（鲁圣君）

沧海桑田话碣石　魏武传奇现中原

——西高穴曹操高陵发掘纪要

2006年春节刚过，河南安阳市安丰乡西高穴村的村民徐焕朝在自家的田头浇地时，偶然发现一个奇怪的洞，怎么浇都浇不满，他越发觉得不对劲，于是果断上报乡政府。这一发现引起了安丰乡党委书记贾振林的重视，他邀请当时正在安丰乡固岸村主持发掘工作的考古队队长潘伟斌去现场查看，确认此为一盗洞，盗洞下通一座大型墓葬。经过多次走访、调查、现场勘测，潘伟斌认为该墓葬极有可能是曹操高陵或曹操高陵中的一座大型陪葬墓。其实早在1998年4月23日，西高穴村村民徐玉超挖土时意外发现的“鲁潜墓志”志文中便提到了“故魏武帝陵”的相对位置，因缺乏直接证据而未引起学术界和社会的广泛关注。但此后，西高穴村的这一大墓吸引了不法分子的贪婪目光，大墓先后多次被盗掘，直到2006年盗洞的发现，才揭开了科学发掘该墓的序幕。2008年12月至2009年12月，河南省文物考古研究所（今河南省文物考古研究院）成立专门的考古队，对此墓葬进行了抢救性发掘，经过考古工作者的辛勤工作和不懈探索，最终确定该墓为一代枭雄曹操的墓葬。这一考古发现震惊全国！

一、从“七十二疑冢”到西高穴大墓

长期以来，受文学、戏剧和曲艺作品的影响，曹操在人们心目中一直是狡诈、自私、残暴无情的形象。许多人深信，曹操为了防止后人报复、盗掘墓葬，对自己的墓葬进行精心安排，实行秘藏，加之曹操的墓葬一直未被发现，其墓葬所在就变得更加扑朔迷离，相关的传说轶闻也深入人心，其中流传最广泛的当属“七十二疑冢”之说。明代罗贯中在《三国演义》中写到，曹操死前命人在彰德府讲武城外设立七十二疑冢，并对身边人说“勿令后人知吾葬处，恐为人所发掘故也”，而后长叹一声，泪

如雨下，不久便气绝而死。早在罗贯中之前，南宋罗大经在《鹤林玉露》中就曾提到，漳河河岸上有七十二冢，相传是“曹操疑冢”。元代纳新《河朔访古记》载，讲武城外错落分布着七十二个高丘，世人都说是曹操疑冢，用来迷惑后人，保护真正的曹操墓，冢间有一座华丽的宫殿为曹公庙。清末民初，由于饥荒战乱，漳河北岸那些相传为“七十二疑冢”的墓葬相继被盗掘，直至20世纪70年代，考古工作者对这些墓葬进行的调查和发掘显示，这里是东魏和北齐的皇陵区，并非所谓曹操设置的“七十二疑冢”。

除此之外，对于曹操墓所在之处的其他猜测与描述也层出不穷，如漳河河底说、许城城外说、彭城说、亳州说等。但这些说法都没有科学根据，直到西高穴大墓的发现，才确定了曹操墓的真正所在。

二、幽穴内的“劫”后余宝

曹操高陵位于安丰乡西高穴村村南，其墓葬所在之处是一黄土深厚的台地，背依太行、左携南岭、右揽大河、前踏闸门沟，为形胜之地。高陵共有两座墓葬，由北向南分别为M1和M2。M1位于西高穴村正南的一处高岗地上，南侧20米处为M2，北临寝园北墙。M1平面呈刀把形，坐西向东，由墓道、前堂、后室三部分组成，墓道南北两边各有一排长方形坑两两相对，长方形坑两边又各有一排圆形柱洞。后室与前堂有门相通，后室内底部西南处有一竖井式窨井。M1出土的文物有铁刀1把、铁棒1根、方形陶片1件，还有若干陶盆残块。

与M1相比，M2规模更大、规格更高。M2是一座坐东朝西的砖砌多室墓，地面未见封土痕迹，因此推测该墓并没有封土。墓圹平面呈“甲”字形，分为墓道和墓室两大部分。墓道平面呈长方形，长39.5米，宽9.8米，最深处13米，距现在地表15米。墓道南北两壁分别有七个台阶，呈阶梯状逐级内收。整个墓室的墙壁用长48厘米、宽24厘米、厚12厘米的大青砖砌成，厚约一米。墓底用大青石铺地，十分平整。室内部结构复杂，由砖砌护墙、墓门、封门墙、前甬道、前室、后甬道、后室和四个侧室等部分组成（图21-1）。前室平面近方形，为四角攒尖顶（图21-2），东西长3.85米、南北宽3.87米，高约6.4米。前室南北有两个侧室，用以放随葬品，平面均为长方形，南侧室南北长3.60米、东西宽2.40米，券形顶；北侧室南北长1.83米、东西宽2.79米，为四角攒尖顶。前室靠近甬道处发现一头骨，经鉴定为男性，年龄60岁左右。后室结构与形状与前室相同，东西3.82米、南北3.85米，高约6.5米。后室南、北侧室平面均为长方形，大小相同，南北3.6米、东西1.9米，券形顶。后室两个侧室各有一口棺材，木头都已腐朽，后室扰土中出土两具遗骨，都为女性，年龄一个

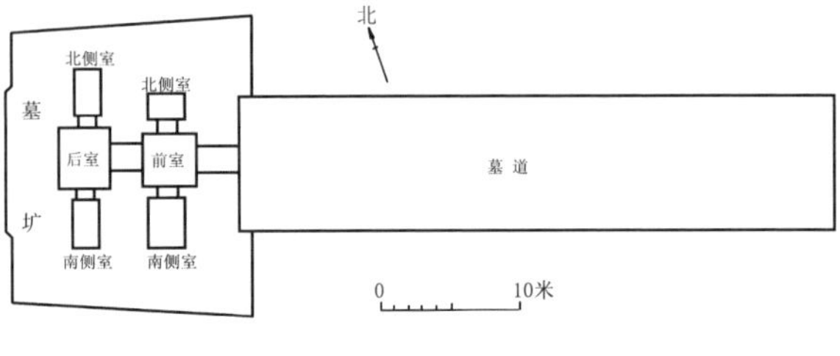

图 21–1 河南安阳西高穴 M2 墓葬平面图

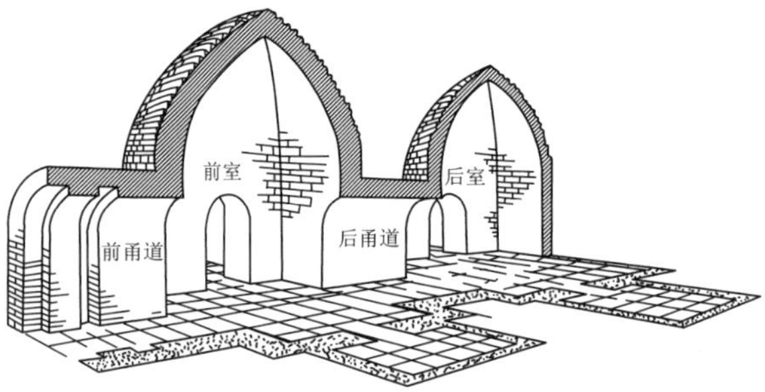

图 21–2 河南安阳西高穴 M2 墓室剖面图

20 多岁、一个 50 多岁。“四角攒尖”式墓顶结构在东汉中期之后才出现，西高穴 M2 单墓道、前后室及四侧室（耳室）、穹窿顶砖室墓等特征，与东汉时代晚期诸侯王墓和魏晋时期高等级墓的墓葬形制相同，但又略有差别，体现出由东汉向魏晋墓过渡的特点。

M2 随葬品种类繁多，数量丰富。目前已修复出来的文物就达 900 多件，根据材质可分为金、银、铜、铁、玉、云母、陶、瓷、木、石、骨、漆、竹等不同类别：瓷罐 11 件，破损严重；陶器均为明器，包括鼎、灶、釜、甑、臼、盆、炙炉、盘、碗、瓢勺、汤匙、笊篱、叉、案、耳杯、多子槅、熏炉、砚台、陶俑等；石质文物包括石牌、石圭、石璧、无字石板、画像石等；铜器均为饰件和实用品，包括鸟形钗、三珠钗、戒指、带钩、带扣、泡钉、印、五铢钱、灯、耳勺、匕、剑格、伞具和车配件、家具饰件等；金银器数量极少，且器形较小，多为饰件；铁器数量大，包括铠甲、胄、镞、刀、剑、蒺藜、匕首等兵器，马衔、马镳等车马器，锤、刻刀、铲等生产工具，镊子、剪刀、错金铁镜等生活用器；玉石器出土数量不多，有珠、饼、璧、觿等；骨器有骨尺、牙签、骨簪、骨雕、骨质板形器等；此外，还有漆木器、纺织品与编织物、云母、煤晶虎雕、珍珠等文物。

其中，比较有特点和代表性的当属刻铭石牌，总计 66 块，可分两类，一类为圭型石牌（10 件），另一类为六边形石牌（55 件），石牌上面均刻有铭文，记录随葬品的名称和数量。六边形石牌将一类物品统一记录在一块石牌上，然后注明该类物品的数量（图 21-3）。圭形石牌形状与许昌市受禅台旁所立的禅让碑的形状完全一样，记录的内容均为“魏武王常所用”之物，如“挌虎大刀”“挌虎大戟”“长犀盾”等兵器，往往成对或多件出现，且一件兵器对应一块石牌，说明此类石牌应代表一种较高的规格。加之在一块六边形石牌中明确记载随葬品中有“卤簿”，推测这类石牌所指之物应是墓主人生前所使用的仪仗，即“卤簿”。M2 曾被多次盗扰，而这些石牌清晰地记录着陪葬物品的名称和数量，一定程度上有利于我们了解曹操墓的随葬情况，为曹操

图 21-3　西高穴 M2 出土石牌

图 21-4　西高穴 M2 出土刻铭“魏武王常所用慰项石”渠枕（2）

墓的丧葬礼制和东汉晚期帝王陵墓的随葬制度研究提供了极大的方便。

除出土的石牌外，警方还从盗墓分子手中追缴回来一件石枕。石枕整体为长方形，长 24.6 厘米、宽 17.3 厘米，厚 8.4 厘米，正面中部呈弧形凹陷，背面平整，竖刻有“魏武王常所用慰项石”九个汉隶大字（图 21-4）。根据铭刻石牌的记载可知，该石枕的名称应该为“渠枕”，可能是曹操生前所用，这一方面说明该墓葬随葬品中生活用品的重要地位，体现了曹魏时期追求薄葬的思想，另一方面据研究推断，此渠枕可能对治疗头痛有一定的作用，与史书上对曹操有头痛症的记载相契合。

在出土的铁器之中，比较有代表性的就是分为大、中、小三型的 17 件钢质残刀，多出土于墓室的扰土之中，是曹操戎马一生的有力佐证。据史料记载，曹操曾下令制造“百辟刀”五把，其中一把赠送给五官中郎将曹丕，对于另外四把，他的安排是“吾诸子中有不好武而好文学，将以次与之”。根据曹植的《宝刀赋》记载，有两把为曹植与曹林所得，另外两把由曹操自己保留。在 M2 出土的众多兵器中有铁刀一把，可能是曹操所锻造的百辟刀。

三、尘埃落定——瘠薄之地葬曹操

西高穴曹操高陵考古发现公布之后，在社会上引起了广泛的关注和热烈的反响，但也引来了一些质疑之声。经过考古学家和历史学家们不断考察、交流、论证，最终确认，西高穴大墓的墓主就是曹操。

首先，墓葬位置符合文献中有关高陵的记载。据《三国志·魏书·武帝纪》记载，曹操于建安二十三年（218）六月下令说：“古之葬者，必居瘠薄之地。其规西门豹祠西原上为寿陵，因高为基，不封不树。”西门豹祠的遗址在今河南省安阳县安丰乡，而西高穴村在西门豹祠遗址以西七公里，M2 所处地势高亢，地面没有封土遗存，符合曹操“不封不树”的薄葬思想。同书记载，建安二十二年（217）“天子进公爵为魏王”。

又载，曹操于建安二十五年（220）去世时，“庚子，王崩于洛阳，年六十六。……谥曰武王。二月丁卯，葬高陵”。M2 出土的带有“魏武王常所用”铭文的石牌，其称谓与上述文献记载相同。唐代《元和郡县志》记载 ：“魏武帝西陵在县（唐代邺县，即魏晋时期邺城故址）西三十里”，今西高穴村东距邺城遗址 15 公里。西高穴 M2 的地望与上述文献记载的方位是一致的。其次，从墓葬的形制规格来看，M2 与已发现的东汉晚期诸侯王墓、魏晋时期的高等级墓葬形制相同，均是由墓道、前室、后室和侧室或耳室组成的砖室墓，规格也相近。由此来看，M2 应为王陵。第三，从考古发现遗迹与遗物来看，墓内发现三枚五铢钱、有“魏武王”铭刻石牌 7 件，物疏石牌 51 件，均不晚于东汉晚期或曹魏初期，因此可判断其时代为东汉晚期或曹魏初期。第四，从出土石牌上的文字和书法特点来看，含“魏武王常所用挌虎……”的石牌中的“魏武王”，从东汉晚期到曹丕称帝之间只能是曹操。“常所用”是汉魏之际所使用的语言，“挌虎”是当时常用语，“挌”同“格”，如《魏书》有“格虎车四十乘”的记载。而且 M2 出土的刻铭石牌，尤其是记录物品名称及数量的石牌，应该为“物疏”，即一般所说的“遣策”，就是随葬品记录，流行于战国时代至魏晋时期 ；上面的文字，绝大多数为汉隶，是东汉时代流行的书法。第五，从人骨的遗存鉴定结果来看，M2 发现人骨个体 3 个，经鉴定，其中 1 号个体为男性，年龄约为六十岁（图 21-5）。而根据《三国志·魏书·武帝纪》记载：建安二十五年（220）春正月“庚子，王崩于洛阳，年六十六”。M2 发现男性个体头骨的鉴定年龄，与曹操去世年龄基本吻合。最后，从其他一些旁证也可证明西高穴 M2 就是曹操墓，如前文所提到的鲁潜墓志的志文记载 ：“（鲁潜）墓在高决桥陌西行一千四百廿步，南下去陌一百七十步，故魏武帝陵西北角西行四十三步，北回至墓明堂二百五十步。”墓志上述文字记载锁定魏武帝高陵就在西高穴村。此外，西高穴村以东 14 公里为曹魏都城——邺城遗址。根

图 21–5　西高穴M2出土的男性头盖骨

据中国古代帝王陵墓埋葬规律，一般帝王陵墓安排在帝王都城附近。曹操以邺城为王都，其陵墓理应埋葬于邺城附近。曹魏邺城的“魏王”只有曹操，这里东汉晚期的王陵也非曹操莫属。

综上所述，西高穴 M2 就是曹操墓，从墓葬形制到出土文物再到相关文献记载，其所形成的严密的证据链无一不说明 M2 就是曹操墓。对于 M2 是否为曹操墓的争议，终于尘埃落定。

四、凋敝古墓的前世今生——曹操墓的“毁”与“盗”

曹丕《终制》云 ：“夫葬也者，藏也，欲人之不得见也。骨无痛痒之知，冢非栖神之宅，礼不墓祭，欲存亡之不黩也。为棺椁足以朽骨，衣衾足以朽肉而已。”因此，在建立魏国不久的黄初三年（222），就以古不墓祭为名，下令毁去曹操陵上的寝殿建筑，取消墓祭。考古人员对陵园的发掘也证实了毁陵行为的存在。整个陵园揭露的垣墙和相关建筑地面以上荡然无存，仅剩的基槽和柱础部分表面较为平整，附近不见建筑废弃的堆积，在柱洞边缘形成了取走柱子时留下的长椭圆形外扩的坑，建筑内外均未发现同时期的人类活动痕迹，陵园内部出土遗物极少，而考古发现的汉代陵园建筑如杜陵陵园、永成西汉梁王陵寝等往往都存在大量的建筑废弃堆积，相比之下高陵陵园几乎不见废弃建筑残存，可能是由于曹丕毁陵后出于对父亲的尊重，对陵园地面进行清理所致。种种现象都指向了一个方向，那就是高陵陵园的地上建筑在建成之后的几年内就被毁于一旦。

其实，曹操在规划自己的丧事之时，就要求薄葬，即陵上“不封不树”，墓室内“敛以时服”“无葬金玉珠宝”。究其原因，除却扭转奢侈、厚葬的世风及爱惜民力之外，还有一层深意，即防止后人盗掘，祈求自己死后的安宁。曹丕深谙其父的心思，生前亦遗诏薄葬，黄初四年（223），他对臣下说 ：“自古及今，未有不亡之国，亦无不掘之墓也。丧乱以来，汉氏诸陵无不发掘，至乃烧取玉匣金缕，骸骨并尽，是焚如之刑，岂不重痛哉！祸由乎厚葬封树。”

尽管如此，曹操墓也曾多次被盗。考古发掘表明，该墓葬第一次被盗掘的时间是在南北朝之前。虽然曹操墓不封不树，但考古人员在曹操墓的墓室上面发现两个砖砌竖洞（图 21-6），推测为标识曹操墓位置所设，从而指点后人祭祀，并且便于在卞氏死后合葬时找到曹操墓的位置，而早年的盗洞则恰恰直接开于这两个标识之间。在曹操墓中，所有能够标志曹操生前身份和权位的随葬品都被破坏，有帝王身份标志性作用的圭被从中间折断，璧被摔为数块，陶鼎被砸碎。墓葬中三个头骨的面部全被破坏，一般的盗墓贼不会破坏墓主的头骨。那些铁刀、铁剑都是实用器，是曹操使用过的珍贵兵器，盗墓者没有盗取这些钢性很强、坚硬和锋利无比的上好兵器，却将之折断为数段。那些刻有“魏武王常所用”的石碑从中间断裂，甚至碎为数块，而没有刻“魏武王”三个字的记录随葬器物的六边形石碑都保存完好。这些只能说明一个问题，那就是盗墓者是有选择地破坏的，而且并非以盗取文物为目的。这次盗掘曹操墓，是一种政治上的报复，是一种迷信上的破风水，是担心曹氏有复辟的可能性。

考古人员推测，这次对曹操墓的早期大规模盗掘是西晋成都王司马颖所为。晋惠帝元康九年（299）正月，成都王司马颖受命，成为镇北大将军、监邺城诸军事，镇守邺城，负责监控曹魏逊帝陈留王曹奂。当年四月，邺人张承基等打着曹魏宗室的旗号，企图造反，而且还建立了权力组织，聚集数千人反抗当朝统治。此时正值“八王之乱”，西晋宗室斗争激烈，司马颖是八王之乱的主角，一方面要与诸王争斗，另一方面又要维持邺城的安定。巩固邺城、监控陈留王与曹魏宗室，防止曹魏死灰复燃，是西晋王朝赋予司马颖的主要任务，且只有邺城稳固，他才能放心逐鹿、问鼎中原，投身于与诸王的皇位争夺。所以，他不能容忍邺城发生动乱，必须警惕曹操及其孑遗的精神影响。一旦有与曹魏相关的风吹草动，将其消灭于萌芽之中，便是他的不二之选。因此，平息邺人张承基叛乱后，毁曹操高陵、毁平夷堂，不仅是司马颖的厌胜之术，更是他巩固邺城的重要举措。

从M2的扰土中发现一个现代烤瓷茶缸，上面印有“为人民服务”等文字，茶缸里有半缸融化了的蜡烛油，推测第二次盗掘应是在20世纪70年代的“文革”晚期。2005年年底，盗墓分子利用春

图 21–6　河南安阳西高穴 M2 墓室顶部的砖砌竖洞

节放鞭炮的机会，用炸药炸开后室墓顶的早年盗洞进入墓室，为单人作案或两人作案，此次文物被盗情况不详，但墓壁基本保存完好；此次的盗洞口并未被及时封堵，许多村民出于好奇通过盗洞进入墓室，对墓室内进行了一定扰乱，部分文物因此流失到村民手中，之后又有多批盗墓分子对这座墓葬进行盗扰，直至 2008 年 7 月河南省文物局决定对此墓葬进行抢救性发掘，才避免了进一步破坏。多次的盗掘对墓葬造成了一定破坏，后室顶部被凿开两个盗洞，个别墓内的铺地石遭到较大破坏，大量文物流失，但 M2 的整体结构保存得还算完整。

五、千年古墓里的人间烟事——M2 的合葬者与 M1 墓主问题

西高穴 M2 是一座合葬墓，出土人骨包含三个个体。1 号个体出土于前室，主要包括残颅骨片，还有带两枚残牙的右侧残上颌骨，经初步鉴定，1 号个体是年龄在 60 岁左右的男性，应为曹操。2、3 号个体发现于后室，头骨较小，前额平直，骨壁较薄，判断为女性。根据颅骨的骨缝刚开始愈合、牙齿磨损程度较低可知，2 号个体较年轻，为 20—25 岁，很可能是曹昂的生母刘氏。3 号个体是老年女性，死亡年龄应是 60 多岁，发掘者潘伟斌经考证认为她可能是曹丕的母亲卞皇后。

在高陵的陵园内，M2 北 20 米处发现了 M1（图 21-7）。M1 由墓道、前堂和后室组成，后室自下而上全部为夯土填实，没有真正的墓室，也没有发现葬具和墓主人的遗骸，推测为一座陪葬的衣冠冢。其墓主是谁呢？考古人员推测是曹操的长子曹昂。曹昂早死，被魏文帝曹丕追谥为丰悼公，后来追封为丰悼王，成为诸侯。M1 墓主为曹昂的原因有三：其一，从位置与墓向上看，M1 与曹操墓在同一个陵园内，距离曹操墓位置近，位于曹操墓右前方，位处尊位，是陪葬诸侯的位置。墓向坐西向东，从西高穴 M2、曹操亳州祖茔内曹腾、曹嵩墓葬及洛阳发现的曹休墓可知，曹魏皇室成员墓葬皆为坐西向东，且作为儿子的曹嵩墓（一号墓）也位于作为父亲的曹腾墓（二号墓）北面前方，西高穴 M1 也位于 M2 曹操墓的北前方。其二，M1 虽然规格低、规模小，但基本布局和地面附属设施与 M2 相似。表明西高穴 M1 与 M2 的墓主关系密切，应为诸侯级别，至少是曹操的被分封为列侯的儿子。其三，曹昂虽然早死，但他是曹操的长子，曹操十分看重与喜爱他；曹丕曾对大臣们说过：“家兄孝廉，自其分也。若使仓舒在，我亦无天下。”这从侧面说明了曹操对曹昂的重视。曹操在去世之前，还对臣属们说，“如果死人有灵魂的话，曹昂问我‘我的母亲过得如何’，我怎么回答”。意在让后继者对曹昂和他的母亲刘氏有所安排。曹丕在称帝的第二年，下令追赠亡弟曹冲（字仓舒），谥号邓哀侯，后又追加其号为公，将其墓葬迁至高陵，因此，有理由推测，曹丕也有可能将曹操喜爱的长子曹昂迁葬到高陵，借此显示自己对父亲意愿

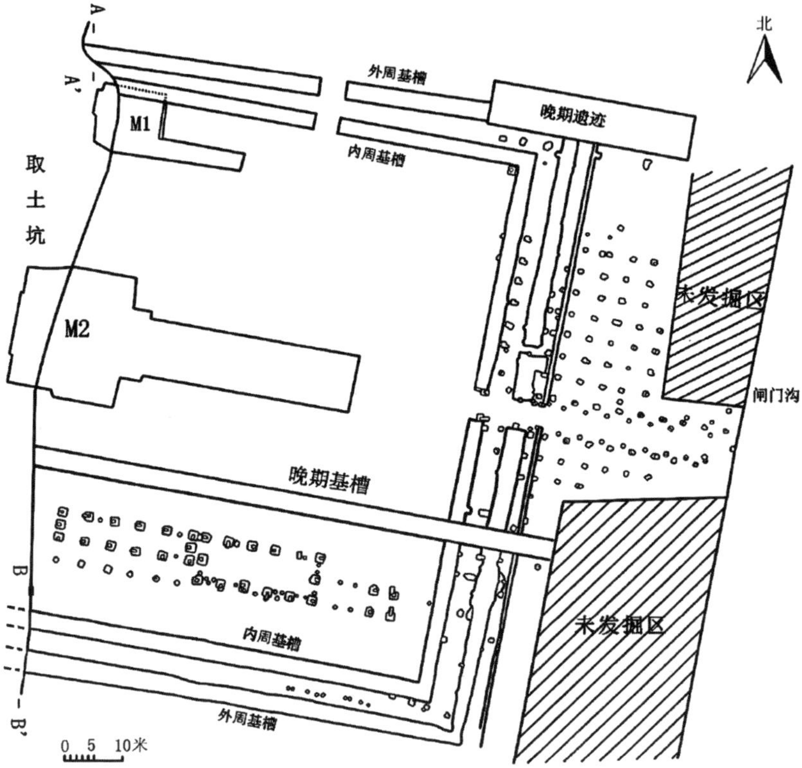

图 21—7　高陵陵园总平面图

的尊重，向世人彰显自己对父亲、兄弟的孝悌之情。其四，西高穴 M1 中出土了一把铁刀，与 M2 中的一把完全相同，曹操生前曾铸造五把百辟刀，其中一把送次子曹丕，一把送四子曹植，另一把送曹林，剩下两把留作自用。曹昂尸骨未存，为了显示曹昂与曹操的父子关系，曹丕将曹操的一把百辟刀随葬于其墓中，也是可能的。

六、承前启后，彪炳千秋

曹操去世和入葬的年月清楚，纪年明确，高陵的发掘为东汉、魏晋时期墓葬的断代提供了标尺。高陵陵园是目前经过发掘的第一例东汉晚期诸侯王陵园，其陵园和墓上建筑规模均低于东汉时期的帝陵，但是与同时期诸侯王墓相比，高陵的陵园内建有墓园，说明曹操的地位明显要高于其他诸侯。曹操在当时已经权倾朝野，地位远不是其他诸侯王能比，但是他并不愿意取代东汉皇室，其陵园反映的这种现象是与此相符合的。

将高陵与目前所知东汉帝陵陵园进行比较，高陵陵园的朝向、垣墙、壕沟及神道两侧立柱等特征均与东汉帝陵不同，其布局特征唯一相似的地方，在于除院墙以外的建筑分布于东侧和南侧。高陵垣墙外周设置有壕沟，这一特征与北魏长陵十分相似，另外高陵神道两侧立柱与北魏的神道石刻功能也应有相似之处。这种现象说明高陵的陵园制度在一定程度上具有承前启后的特征，可能对北魏陵园制度的形成有一定影响，为研究东汉时期帝王陵寝制度及其在汉魏时期的演变提供了新的线索。

曹操 20 岁举孝廉，30 岁破黄巾、控兖州、讨陶谦、战吕布、伐董卓，42 岁“挟天子以令诸侯”，推行屯田、充实仓廪，而后征讨中原。他在官渡之战中创造出以少胜多的传奇，也曾在赤壁之战中经历过落败而西逃的悲凉，纵有统一天下的雄才大略，也不得不接受“三足鼎立”的无奈现实。他是史学家笔下青史留名的超世人杰，却是文学家眼中奸诈狡猾的乱世奸雄。曹操墓的考古发现，不仅拂去了关于曹操葬地的种种疑云，也使今人朝历史上真实的有血有肉的魏公更近了一步。

参考文献

[1] 安徽省亳县博物馆 :《亳县曹操宗族墓葬》,《文物》1978 年第 8 期。

[2] 龙振山 :《鲁潜墓志及其相关问题》,《华夏考古》2003 年第 2 期。

[3] 刘庆柱 :《曹操高陵的考古发现与研究》,《中原文物》2010 年第 4 期。

[4] 河南省文物考古研究所、安阳县文化局 :《河南安阳市西高穴曹操高陵》,《考古》2010 年第 8 期。

[5] 黄震云 :《关于安阳西高穴“曹操墓”石刻的名物名称》,《殷都学刊》2011 年第 1 期。

[6] 潘伟斌、聂凡 :《曹操墓首次被盗问题探讨》,《中原文物》2012 年第 4 期。

[7] 河南省文物考古研究院、安阳市文物考古研究所、曹操高陵管理委员会 :《安阳高陵陵园遗址 2016—2017 年度考古发掘简报》,《华夏考古》2018 年第 1 期。

[8] 河南省文物考古研究院 :《曹操高陵》，中国社会科学出版社，2016 年 10 月。

图片来源

图 21-1　河南省文物考古研究所、安阳县文化局:《河南安阳市西高穴曹操高陵》，《考古》2010 年第 8 期。

图 21-2　河南省文物考古研究所 :《曹操墓真相》，科学出版社，2010 年 5 月，第 100 页。

图 21-3、4、5、6　河南省文物考古研究院：《曹操高陵》，中国社会科学出版社，2016 年 10 月，彩版第 79、82、89、122、39、27 页。

图 21-7　河南省文物考古研究院、安阳市文物考古研究所、曹操高陵管理委员会：《安阳高陵陵园遗址 2016—2017 年度考古发掘简报》，《华夏考古》2018 年第 1 期。

（延李超、李冬静）

滇文化的地下宝藏

——一个匿名电话引起的考古发现

一、劫后余存

1998年4月22日，一个匿名电话打到云南省文物管理委员会，称“小板桥附近的羊甫头村昆明武警边防学校进行训练场建设时挖出了大量文物，许多文物贩子争相收购，交易额估计已达上千万”。

得到消息后，我同考古所的刘旭同志迅速前往学校调查。结果我们发现，训练场基建工地1.5万多平方米的场地已被推平，遍地皆是青铜碎片和陶片，还有几根粗大的椁木横七竖八地堆在一旁，在一个施工基槽剖面上，几座墓葬清晰可见。

我们意识到问题的严重性，要求校方停止施工，需要的手续和有关问题，由我们的上级部门与学校领导或武警总队领导进行协商。

回到单位，我立即将调查情况向文物处熊正益处长做了汇报。我认为：这是个大型的墓地；由于发现有大型椁木及铜提梁壶、贮贝器残片，可能还有大型墓葬。熊处长对此十分重视，迅即与徐发苍副厅长一道同武警总队及武警学校进行了协调，并指示我马上向国家文物局申请发掘执照。

发掘的准备工作从8月份开始进行，其中最重要的是发掘经费的筹集。考古队由云南省文物考古研究所、昆明市博物馆、官渡区博物馆共同组成。笔者担任发掘领队。9月27日，发掘羊甫头墓地的序幕正式拉开了。

羊甫头墓地位于昆明市官渡区小板桥镇的大羊甫村，北距昆明市四公里，西临滇池四公里。这里是昆明坝区（盆地）边上的第一级缓丘台地，向东即接连绵山地，西北有宝象河流过，昆河铁路、昆玉公路从其近旁通过。这墓地是滇池东岸众多滇文化墓地中较北的一处。

墓地分布在一个面积约为4万平方米的圆形缓丘上，训练场在这一缓丘的西面。由于整个地表已被推平，训练场东部地区已由地表下削了2—3.5米。现存地表稍一刮平，残存墓口便露了出来。北部地区较低，所推土层较浅，小型墓葬一个接着一个几无下脚空间，工作人员忙着清理墓葬、绘图和起取随葬品。在发掘区南部，除小型墓外已连续发现了大中型墓近10个。

随着清理墓葬数量的增多，一个现象引起了我们的注意：许多墓葬的填土显得十分松软，土中还夹杂着残铜片等物。挖到底一看，全是挖掘机的齿印。施工时推土机将场地推平后，许多墓口便显露出来，挖掘机是刻意对准墓葬进行盗掘的。有的墓葬已被盗得一干二净；有的墓葬中部被盗光，仅墓底四周残存了少量随葬品。这是明显的盗掘行为。我们立即向官渡区公安分局报案，分局刑侦队随即着手调查，将个体施工队老板及有关人员逮捕归案，并从有关人员家中搜出藏匿的尚未出手的文物几十件。后经统计，在已发现的16座大中型滇文化墓葬中，有13座半被机械盗掘，小型墓葬被盗掘的达60余座。通过对整个墓地墓葬分布密度的分析，被盗掘及推掉

图22–1 第113号墓东侧腰坑的随葬品

的墓葬可能多达 400 余座。这种破坏和盗掘简直就是一场浩劫。

发掘工作开始后，重要发现层出不穷，其中 113 号墓的发掘引人注目。113 号墓发掘之始，我们便发现该墓已遭挖掘机的破坏，填土松软且有碎椁木等物。发掘至 2 米深，由粗大的松木搭建的椁室露了出来，椁室部分已被破坏，残存高度约为 1 米，椁室底是用厚约 20 多厘米的木板铺垫，木板上挖掘机齿印清晰可见。椁室内的随葬品大多已被盗走，仅从一侧角落里清理出 20 余件器物。大家都非常气愤，要不是被盗掘的话，保存这么好的椁室内随葬品一定十分丰富。我们将椁室底清理干净，发现室底东侧还有一槽，室底木板是通过这个槽嵌入横放的椁木里的，就像活动木板门一样。将这些木板一块块起取，发现室底积满了水，水上还漂着葫芦质的葫芦笙以及木雕的漆杖头等物。我意识到这可能是个大型腰坑，一定会有重要发现，于是集中人手，将水舀干。这时，一坑的随葬品隐约显现。除去淤泥，在黑暗中沉睡了两千多年的一捆捆的漆木柄，一组组的铜釜、鼎和陶器重见天日。(图 22-1)

稍作休整后，考古队开始对第 113 号墓进行清理。由于有漆木器的出现，我们先在墓口部用厚的塑料编织布搭起个遮阳棚，买来喷雾器及纱布，将先露头的漆木柄遮盖起来，不时喷水以保证湿度。一坑的随葬品下不了脚，我们便找来搭板，工作人员跪坐在搭板上清理腰坑。随着漆木器的不断出土，我们请来湖南省博物馆技术部的魏象老师，在魏老师的指导下对漆木器进行了暂时性处理。经过一个多月的清理，从腰坑内出土了 400 多件精美而珍贵的文物。其中有带祖的铜铲（祖：男性生殖器），还有一组带牛头、鹿头、猴头、人头、鹰爪、兔头、猪头的漆木祖，以及一件跪坐在鼓形物上的

图 22-2a　孔雀盖铜觚

图 22-2b　云南晋宁石寨山墓群出土的骑士贮贝器

贵妇人形象，妇人身后还横立一条马腿。它们形象生动逼真，色彩鲜艳，仿佛刚从工匠手中生产出来的一般。

第一阶段的发掘至 1999 年 1 月 20 日告一段落。1999 年 3 月 1 日，第二阶段的发掘开始，主要是对训练场西部、北部区域的发掘。在第二阶段的发掘中发现，西部地区滇文化墓葬逐渐减少，而东汉墓葬逐渐增多。东汉墓葬中滇文化特点已完全消失，取而代之的是房屋、灶、水田模型以及猪、狗等动物模型。东汉墓葬多带有墓道，墓坑较大但随葬品较少，只有 268 号墓中出土了一匹长和高各约 1 米的铜马，昂首奋蹄，形象生动。

二、民族特色浓郁的出土文物

羊甫头墓地出土的青铜器极具特点，集实用与装饰审美于一身，具有浓郁的民族特色，其最典型的有以下几件：

图 22–3 双鹿横銎铜啄

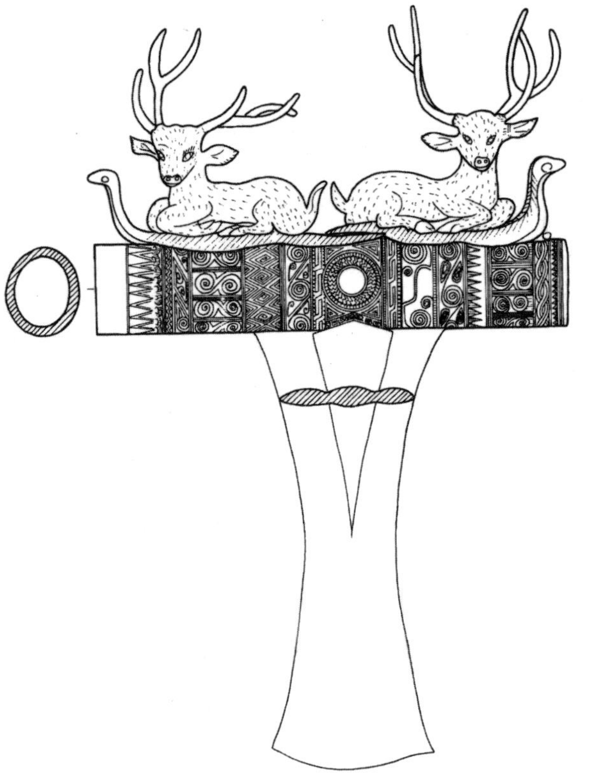

孔雀盖铜觚（图 22-2a）。通高 52.4 厘米，觚高 22 厘米，觚口径 10 厘米，底径 7.2 厘米，盖口径 11.3 厘米。觚体作圆筒状，器口大于圈足，敞口，方唇，口部及底部饰弦纹、三角纹饰。盖似宝塔状，分为五层，底层两侧立二锦鸡，昂首挺立，顶层立一孔雀，盖中空，造型奇特，工艺精湛。觚，作为一种酒器，滇人已不满足于其简单的盛装功能，而更讲究其装饰及审美情趣了。

双鹿横銎铜啄（图 22-3）。整体造型作 T 字状，銎横出于刃部上端，銎口残留木柲，銎上均匀密布弦纹、三角纹、波浪纹、圆涡纹、菱形回纹、太阳纹、绳纹等，既纷繁复杂，又井然有序。銎背雕铸二鹿二蛇，二鹿短尾上翘，相背而对，四蹄下跪，鹿身卧于蛇身之上；二蛇尾尾相对，蛇首仰起。鹿角弯曲作树枝分叉状，耳向两侧展开，似在聆听周围的动静，神态安祥，难以找寻到鹿蛇为敌的痕迹。

铜铲。全长27厘米。一头是用于耕作播种的生产工具，一头是生殖器，其中所隐含的祈求生殖繁衍、促进生产之意似已不言而喻。当然，也不排除它可能作为某种祭祀品的用途。

铜箫和葫芦笙（图22-4）。作为一种乐器陪伴主人长眠于地下。铜箫一组三支，上有竹节、箫眼及吹口。葫芦笙也为铜质，刚出土时仍青幽黑亮，所有附件一应俱全。

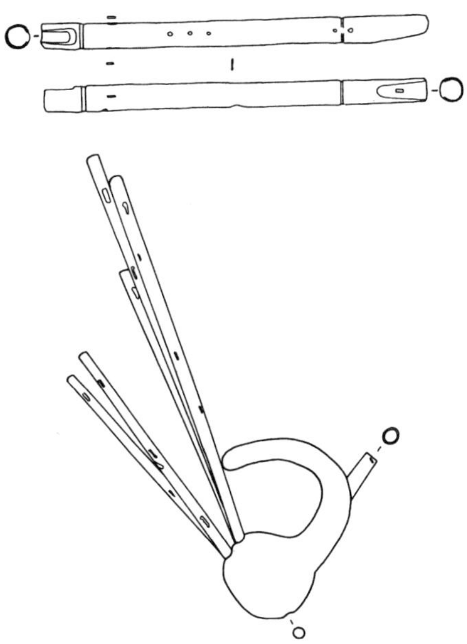

图22-4　铜箫（上）、葫芦笙（下）线绘图

刻纹铜箭箙。器身正面通体线刻纹饰，背面有四长方形搭扣及若干圆形穿孔。箭箙带一弧形盖，其上线刻一圈旋纹。箭箙正面分二部分五段，装饰线刻花纹。第一部分为双线斜旋纹，呈圆涡状；第二部分以绞索纹为外框。中分五段图案装饰：第一段为孔雀开屏纹，孔雀两两相对，头微垂，羽屏高展，中间飞旋二只蝇。第二段为怪兽纹，怪兽似龙，两两相背，中间两头合而为一，头上有角，鼓目，张嘴，露出利齿及毒信，张牙舞爪。第三段为两虎噬牛纹，一虎双爪搂于牛背，头前伸，似在呼唤同伴前来援助，一虎被牛角挑翻作倒立状，后爪仍按于牛颈上，一前爪撑地，头上仰，作挣扎状；牛四足踏地，低头，顶角还击。第四段是与第二段相同的怪兽纹。第五段为四人缚牛纹，三人站立抱牛身，前面一人手臂交叉紧抓牛角，一人下蹲拽住牛尾，牛已无任何还手之力，静静地站立着等待人们的处置。整件器物纹饰采用阴刻手法，纹饰华丽，工艺精湛。这种动物搏斗、人兽相争的图案在滇文化器物中比较常见，且多出现于扣饰、臂甲、贮贝器、刻纹铜片等器形上，而且用于雕塑的动物绝大多数是在实际生活中存在的。

漆木柄兵器、木具、农具和造型各异的木雕的出土，是这次发掘的重大成果之一。它们不仅色彩鲜艳，保存完好，且均为云南地区首次出土，极大地丰富了滇文化的内涵，也为研究农具和兵器的木柄如何与金属头安装成一体增加了实物依据。前面介绍过的双鹿

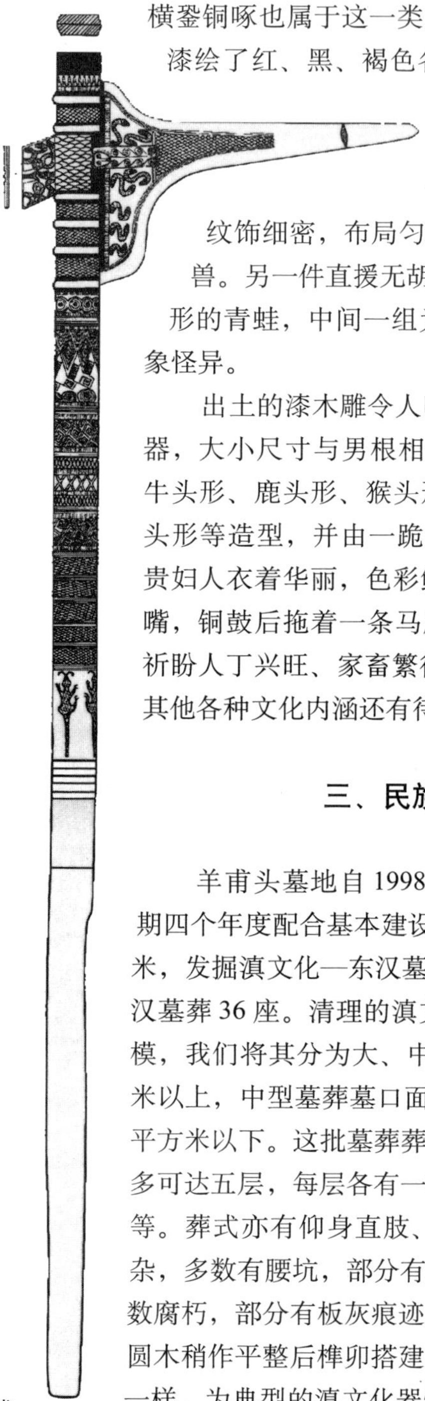
图 22–5　木柲铜戈

横銎铜啄也属于这一类，只是柄残断而已。大多数木柄都分段漆绘了红、黑、褐色各类图案，常见的有弦纹、三角纹、方格纹、编织纹、圆圈纹、怪兽纹等图案，长度在 50—170 厘米之间。如 113 号墓出土的一件直援有胡方内戈，纹饰细密，布局匀称，色彩艳丽，末端为一圈四足长尾怪兽。另一件直援无胡方内戈则绘饰了二组怪兽纹，一组似变形的青蛙，中间一组为变形的穿山甲和虾，均体态丰满、形象怪异。

出土的漆木雕令人叫绝。木祖一端是呈勃起状的男性生殖器，大小尺寸与男根相仿，光滑逼真；另一端雕刻成鹰爪形、牛头形、鹿头形、猴头形、人面形、水鸟戏鱼形、兔头形、猪头形等造型，并由一跪坐在铜鼓上的彩漆木雕贵妇人统领着。贵妇人衣着华丽，色彩鲜艳，发型高贵，但面相丑陋，呲牙咧嘴，铜鼓后拖着一条马腿（图 22-6 左）。这批木祖反映了滇人祈盼人丁兴旺、家畜繁衍的生殖崇拜。当然，这其间所透射的其他各种文化内涵还有待于专家们做进一步的研究与探索。

三、民族文化融合的实物见证

羊甫头墓地自 1998 年 9 月初至 2001 年 6 月初，进行了为期四个年度配合基本建设的考古发掘，共计发掘面积 1.5 万平方米，发掘滇文化—东汉墓葬 839 座，其中滇文化墓葬 803 座，东汉墓葬 36 座。清理的滇文化墓葬均为竖穴土坑墓，根据墓葬规模，我们将其分为大、中、小三类。大型墓葬墓口面积 20 平方米以上，中型墓葬墓口面积 6—20 平方米，小型墓葬墓口面积 6 平方米以下。这批墓葬葬俗多而奇特，有叠葬，一般为三层，最多可达五层，每层各有一套随葬品。另外还有合葬、从葬及殉葬等。葬式亦有仰身直肢、侧身曲肢、解肢等。墓室结构也较复杂，多数有腰坑，部分有脚窝，生、熟土二层台。小型墓葬具多数腐朽，部分有板灰痕迹。大、中型墓葬有棺有椁，椁木以整根圆木稍作平整后榫卯搭建，其中的随葬品同石寨山、李家山墓地一样，为典型的滇文化器物。出土大量的青铜兵器、工具、农具

图 22–6　左图为人面形木祖，右图为彩漆木雕女人头像

及生活用具、纺织工具及乐器，如铜鼓、贮贝器、圆形扣饰、浮雕扣饰、铜质葫芦笙等，都为典型的滇文化器物。这批墓葬出土的陶器数量之多，是以往发掘所少见的。无论大、中、小型墓葬，陶器都以较稳定的组合出现。如大中型墓以形体较大的陶釜、罐、尊、瓮、豆为组合；小型墓则以形体较小的釜、罐及纺轮为组合。漆木器的出土在云南地区属首次，极大地丰富了滇文化的内涵。这批墓葬属滇文化中晚期，即相当于中原西汉时期。铜鼎、陶鼎的出现，反映了汉文化对它的影响。

东汉墓葬均为竖穴土坑，墓口面积 6—40 平方米。其中四座带斜坡墓道，部分有生、熟土二层台。葬具除个别椁木保留部分外，多数都只存板灰痕迹。由于尸骨无存，葬式均不明。随葬品已完全汉式，同中原地区已无大的差别。陶器以灰陶罐、尊、甑、水田模型、房屋模型为基本组合，铜器则以耳杯、案、甑、提梁壶为组合。

该墓地的发掘较大地丰富了滇文化的内涵，特别是大量较完整的漆木器的出土在云南地区尚属首次，为云南出土文物填补了一个空白，也为研究农具和兵器的木柄如何与金属头安装成一体这个问题，增加了实物依据。墓地时代跨度较大，清楚地显示了滇文化逐渐被汉文化融合的脉络，为研究滇地区域民族文化及中原文化对边疆地区的影响，提供了重要实物资料。

2000 年 3 月，官渡区法院公开审判了破坏及盗掘古墓的犯罪分子。2000 年 5 月底，国家文物局在北京公布了 1999 年度全国十大考古新发现，羊甫头墓地的发掘被评为该年度全国十大考古新发现之一。

（杨帆）

沙漠中的绿洲古国

——沉寂千年的楼兰古城掠影

在丝绸之路上，曾经活跃着一个高度文明的古代王国——楼兰。作为汉代西域三十六国之一，它曾有过一段辉煌的历史。公元4世纪以后，这个王国突然神秘地消失，成为“城廓巍然，人物断绝”的不毛之地。昔日名城陆沉于流沙之下，通往楼兰的古道也被

图 23–1　楼兰地区的雅丹地貌

沙漠淹没，留给人们无限的悲凉与悬念。围绕楼兰古国兴衰的一系列问题遂成千古之谜。楼兰绿洲是怎样衰退的？楼兰古城是如何兴废的？楼兰人又是如何生产生活的？这些问题千余年来，始终牵动着人们的心弦。然而，茫茫戈壁，楼兰古城究在何处？

一、“沙漠百慕大”

楼兰位于新疆塔克拉玛干大沙漠的东部边缘。这里地势险要，沙丘纵横，风蚀而成的雅丹地形如同此起彼伏的波涛（图 23-1），四周没有任何植物，全然一片浅黄和浅灰，是一个没有生命的荒凉寂寞的世界。（图 23-2）古往今来，不计其数的商贩、香客、僧人、盗墓贼、探险家在此迷路丧生，楼兰因而有了“沙漠百慕大”之称。东晋僧人法显赴印度取经曾途经此地，他在游记中形容这里的自然景观：“沙河中多有恶鬼、热风，遇则皆死，无一全者。上无飞鸟，下无走兽，遍望极目，欲求度处，则莫知所拟，唯以死人枯骨为标帜耳。”13 世纪初，意大利著名旅行家马可•波罗从欧洲到中国也途经楼兰，他形容说：“这片沙漠是许多罪恶与幽灵出没的场所，它戏弄往来的旅客，使他们产生一种幻觉，陷入毁灭的深渊。”1980 年，我国著名科学家彭加木赴楼兰考察地质，只身外出找水，不幸迷失于沙漠之中。事后，数万军民在飞机的引导下从敦煌、若羌和库尔勒三个方向入楼兰寻找，结果一无所获。20 世纪 90 年代，中国探险家余纯顺只身一人横穿罗布泊沙漠，壮志未酬，魂断楼兰。古人的描述、今人的遭遇，给楼兰蒙上了一层神秘的面纱。

图 23–2　楼兰遗址佛塔废墟

二、冒险家的乐园

19 世纪以前，人们对塔克拉玛干沙漠地带的古代文明几乎一无所知，这里只有极少数来自邻近地区的盗墓贼问津。他们把沙漠古城中发现的文物带到和田及喀什集市上叫卖，这引起了欧洲旅行家的注意。（图 23-3）

1895 年 2 月，瑞典探险家斯文·赫定（图 23-4）首先闯入罗布泊地区，打破了罗布泊沙漠的沉寂。在考察过程中，由于突遇风暴，斯文·赫定险些丧命，亏得一只水鸟将他引至一小水潭边，才使他幸免于难。

斯文·赫定的第二次塔克拉玛干之行，则充满了戏剧性。1899 年 9 月，斯文·赫定在瑞典国王奥斯卡和百万富翁贝尔的资助下，开始了对塔克拉玛干的第二次探险。斯文·赫定一行驾小舟沿叶尔羌河进入塔里木河，抵达若羌绿洲。1900 年 2 月，他又组织一班人马向罗布泊荒原进发，3 月 29 日深入到罗布泊西北岸。在准备宿营时，他发现铁铲不慎遗失在昨天停留的地方。茫茫沙漠，水是性命攸关的东西，而铁铲又是他们唯一的挖水工具。斯文·赫定不得不命令向导艾尔德克（图 23-5）回去寻找。艾尔德克强忍饥渴

图 23–4 斯文·赫定（Sven Hedin）（1865 年 2 月 19 日 –1952 年 11 月 26 日），瑞典人，世界著名探险家，他从 16 岁开始，一生从事探险，因为探险，他终身未婚，与姐姐相依为命，走完他的人生之路。他的名字，在他的祖国，不但路人皆知，而且为人们所热爱崇敬，与诺贝尔有齐名之誉。

图 23–5 斯文·赫定所画艾尔德克

图 23–3 古楼兰居家遗址

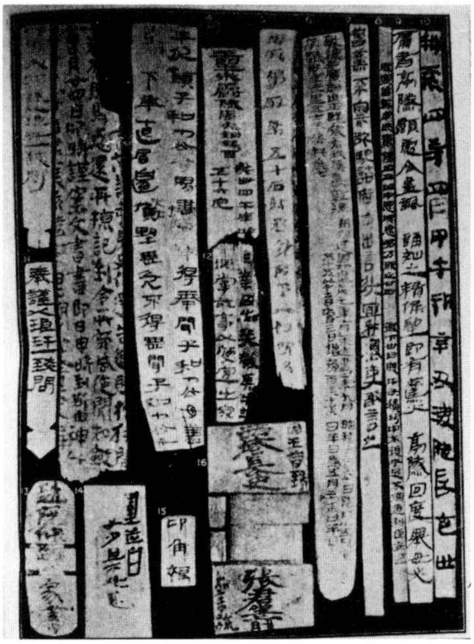

图 23–6　楼兰等处发掘出的木简

立即出发，幸运地找到了这把铁铲。就在他返回途中，突然狂风大作，飞沙打在脸上使他无法睁眼，他迷失了方向。风暴停息后，艾尔德克面前出现了一些高大的泥塔和房址，起初他以为这是千年难遇的“海市蜃楼”，但走进一看，才发现这是一座被风沙埋没的古城。当艾尔德克带着古城中的木雕回来，并将所遇的一切告诉斯文·赫定时，斯文·赫定欣喜万分。他的工作日记记录了这位探险家当时激动的心情：“这些精巧的蜗卷文和草叶文雕刻使我眼花缭乱了，我打算再回去，但是这想法太愚蠢！我们只有两天的用水，于是我决定明年冬天作好准备，必定要回到那座古城去。”由于斯文·赫定预感到艾尔德克的发现极为重要，将会“使亚洲中部古代史上得到不曾料到的新光明”，所以他迫不及待，于第二年初春，就重返沙漠中那座神秘的古城。“在泥塔底下支搭帐篷”，大肆盗挖了一个多星期，共掘获 150 件魏晋时期的汉文木简残纸（图 23-6）、少量佉卢文书和大批汉唐古币及各类精美的丝织品和雕刻品。回国以后，斯文·赫定根据古城出土的佉卢文简牍上的“Kroraina”一词，认定这座古城正是我国古代史籍所记载的楼兰。消息一经传出，立即轰动世界。此后，楼兰便成了塔克拉玛干沙漠著名的考古圣地之一，楼兰古物也成为各国冒险家激烈争夺的对象。

继斯文·赫定之后，更多的西方“探险者”纷至沓来。1906 年和 1914 年，英籍匈牙利人斯坦因先后两次对楼兰及周围遗址进行盗掘，出土的各类古物包括汉代丝织品、建筑构件以及大批汉文、佉卢文、粟特文的木简残纸，皆被他席卷而去，其中有不少珍品至今还保存在大英博物馆里。（图 23-7、23-8）

接踵而来的是日本人橘瑞超，他在楼兰掘获了大批魏晋时期的汉文、佉卢文木简残纸。著名的“李柏文书”就是他这次发现的。李柏其人见于《晋书·张骏传》，前凉时期任西域长史。这件文书的发现为了解前凉如何经营西域，提供了详实的一手资料。但橘瑞超未能准确记录文书的出土地点，以至关于这批文书发现地点之争至今仍在继续。1910 年橘瑞超经俄国进入新疆，重访罗布泊西岸，再次获得大批楼兰古物。

图 23–7　斯坦因等在楼兰故城遗址。前排坐中间扶狗者为斯坦因。

图 23–8　斯坦因的护照

与此同时，俄国人也加入争夺楼兰古物的行列。1909 年，俄国人奥登堡来中亚考察，1910 年 2 月下旬抵达罗布泊地区。据说，奥登堡在楼兰曾与德国考察队的格伦威尔相遇，但是，至今没有见到他们在楼兰考察的报道，无人知晓他们究竟掠走了多少楼兰古物。

1927 年春，德国汉莎航空公司计划开辟柏林—北平—上海的航线，委托斯文·赫定再次对楼兰地区进行考察，遭到中国学术界的强烈反对，德国人的计划一度搁浅。后经刘复等人以中国学术团体协会的名义出面交涉，于同年 4 月 26 日中德双方联合组成西北科学考察团。合作双方协定，各项经费由斯文·赫定负担，考察标本须交中国方面保存，考察报告也要在中国出版，后来虽未完全执行这些规定，但中国学者抵制外来文化侵略的爱国精神值得后人称道。实地考察从 1927 年 5 月开始，一直持续到 1933 年。这次考古的主要收获是在楼兰东郊发掘了一批汉代墓葬。除此之外，中国学者黄文弼还在罗布泊北岸发现了土垠遗址，该遗址后被认定为汉代居庐訾仓故址。

三、“丝绸之路”寻古

中华人民共和国成立后，楼兰曾一度被列为考古禁区。20世纪70年代末，中央电视台开拍“丝绸之路”电视系列片，为楼兰考古带来了契机。随着中国学者对楼兰古国研究的日益深入，楼兰古城逐渐露出了历史的本来面目。

1979年，受中央电视台的邀请，新疆考古研究所组织了楼兰考古队，开始对楼兰古城古道进行调研考察。在通向楼兰的孔雀河下游，考古队发现了大批的古墓。其中几座墓葬外表奇特而壮观：围绕墓穴是一层套一层共七层由细而粗的圆木，圈外又有呈放射状四面展开的列木，整个外形像一个大太阳，不由得让人产生种种神秘的联想。它的含义究竟如何，目前还是一个未解之谜。木棺中还保存了几具较为完好的楼兰女尸。这些“楼兰美女”脸庞不大，下颏尖圆，鼻梁高，眼睛大，双眸微闭，体态安详，她们的头发浓密微卷，散披肩后，充满了青春气息。头上戴有素色小毡帽，帽缘缀红色毛线，帽边插几支色彩斑斓的雉翎。女尸裸体，周身裹毛织毯，以骨针或木针连缀为扣，双脚着短统皮靴。墓中出土了木器、骨器、角器、石器、草编器等器物。木器有盆、碗、杯和锯齿形刻木。有5件木雕半身人像，其中4件具有明显的女性形象，双乳丰隆，臀部肥大。这批墓葬标本，经碳十四测定其年代距今约4000年，相当于中原夏商时期，这是目前所知最早的楼兰人墓地（图23-9）。

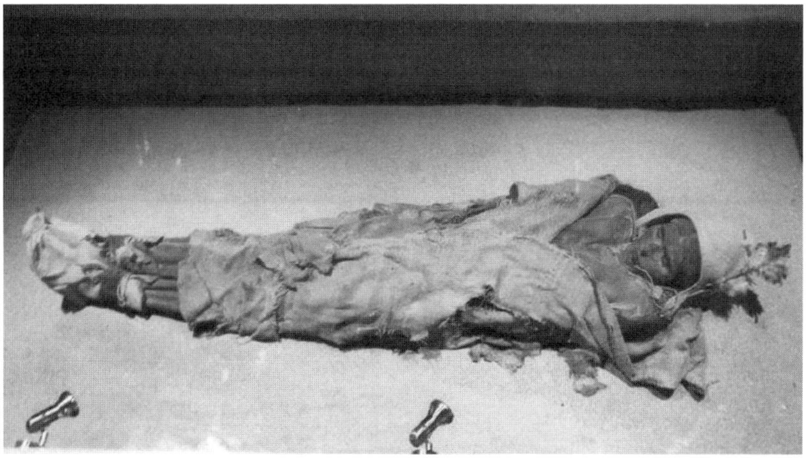

图23–9 1934年夏天，瑞典考古学家贝格曼罗布泊沙漠小河墓地中发现的具有欧洲体征的女尸。经测定，这位女性生在距今3800年前，是在楼兰发现最早的干尸。

1980 年 3 月，楼兰考古队再次进军楼兰，对楼兰古城又进行了一次全方位考察与发掘，这是一场规模空前、声势浩大的沙漠考古。

考古队从马兰出发，汽车沿库鲁克塔格山脉行驶，穿行在山间的盆地中。起初，路边还能见到一些掉了叶的胡杨、红柳，偶尔还有一些野兔和黄羊从车前奔驰而过。当队伍折向东南逐渐靠近孔雀河北岸时，地面已变成戈壁滩，满眼全是毫无生机的砾石。队伍在戈壁滩东行 70 多公里来到前进桥，这里与楼兰古城的直线距离约有 18 公里，但这段路是汽车无法通行的雅丹地形，行装和给养只能靠骆驼运送。驼队从马兰到前进桥，冒着风沙寒冻，行进在水草缺乏的 300 多公里的艰苦路程中，最快也得一个星期。利用等待驼队的时间，考古队以前进桥为中心，沿孔雀河展开了考察活动。

在西南面，工作人员考察了一处佛教废墟。这个遗址是斯文•赫定在 1900 年发现的，1906 年斯坦因也曾到这里发掘过。它主要由三组建筑构成，工作人员在那里采集到了五铢铜钱、小陶灯、陶器残片等古物。

沿东北向，考古队顺着当年黄文弼先生发现土垠的路线去寻找古代丝绸之路的踪迹。车子穿过小丘陵和戈壁进入盐渍地，这里的地面高低不平，车子行驶了五六个小时，古道却毫无踪迹，只好失望而归。不料当倒车后转时，一条古道在夕阳映照下，神奇地闯入工作人员的视野，大家激动万分，立即下车辨析：古道上大车轮碾压印很深，这就是“丝绸之路”！

在前进桥的北面，有一座化石山，考古人员在那里发现了许多核桃大小的海燕化石。据地质工作者鉴定：这种海燕化石距今约有 1.2 亿年。海燕化石的出现，证明罗布泊洼地那时是一片广阔的海域。

一星期后，驼队运来给养，队伍继续向楼兰进发。这里的雅丹沙冈深沟实在难走，穿行其间，就像置身于无际的海洋。工作人员必须时刻注意不能偏离方向，否则就有难以想象的危险。考古大队经过两昼夜艰苦的行程，终于到达楼兰古城遗址，工作人员在古城佛塔西南避风处搭设帐篷，安营扎寨。

四、撩开神秘的面纱

考古大军进驻楼兰，打破了古城禁锢于沙漠、隔世千年的宁静。面对扑面而来的黄沙，大家首当其冲的任务是搞清楼兰古城的全貌。工作人员决定从寻找古城墙展开工作，但楼兰的城墙在哪儿呢？极目四望，人们只看到顺东北风势侵蚀的条条凹地和一个个孤岛似的台地。为了寻找城墙遗迹，大家多次在古城穿行。经过多天艰苦细致的工作，他们发现这是一座大致呈方形的古城：东西长约 335 米，总面积约 108240 平方米。根据古城所在的实际位置，工作人员核定：它位于东经 89°55′22″，北纬

40° 29′ 55″，再次纠正了斯文·赫定和斯坦因测定的错误。城墙采用夯筑法建造，在厚度80厘米的夯土中夹压芦苇和红柳枝。这是一种典型的汉代筑墙方式，敦煌附近的汉长城亦如此。在南北城墙的中段各有一个缺口，大家推测这可能是城门的位置；在西城墙的中部也有一个缺口，缺口两侧还有两个突出的土台，可能是城门及附属建筑，但因风蚀严重，已无法判定其本来面目。

在楼兰城中，有一条东西走向、穿城而过的石砌渠道遗迹，与城外的河道相连。渠道上残留了许多水螺壳，表明古渠道曾是淡水通道。以古渠为中轴线，古城被分割成东北和西南两大部分。东北部以佛塔为标志，西南部以土块垒砌的三间房为重点，散布着一些大小宅院。佛塔残高10.4米，是城中最高的建筑物，其外形如同覆钵，与古印度佛塔相似。它的塔基为方形，每边长约19.5米，塔身为八角形，用土坯夹木料垒砌而成，中间填土充实。塔顶为圆形，直径约6.3米。塔身的木方外缘残留雕刻纹饰。在塔基与塔身之间，南侧有供攀登的土坯阶梯，宽约0.3米（图23-2）。在佛塔附近，人们还发现了木雕坐佛像和饰有莲花的铜长柄香炉等物品。佛塔南面有一片大型建筑遗址，地面上有许多错乱放置的粗大木材。这些木材都经过加工，或有整齐的榫孔，或有流畅的旋形纹样。斯文·赫定和斯坦因等人都曾在此发现各种精致花纹的装饰木板和木雕佛像。工作人员在这里采集到许多精美的丝毛织品、两汉五铢钱、各色饰珠，还有来自异域海岸的贝壳和珊瑚。这些物品表明，楼兰古城曾是早期丝绸之路贸易的中继站。

图 23–10　楼兰故城三间房遗址。远景土堆为佛塔废墟。

楼兰城中最显眼的建筑遗迹，是西南部的“三间房”遗迹（图23-10）。这是楼兰城中用土垒砌的唯一现存的建筑踪迹。它位于城中稍偏西南，东北紧靠古渠。现存布局看似门形，东西两墙尚存红柳夹芦苇的墙壁和房基木。考古人员在三间房最东间清理出织锦、丝绢、棉布和小陶灯等物，并且还发现一件比较完整的汉代文书。从文书的内容来判断，这里应是官署遗迹。

在三间房西35米处，有一大片“垃圾堆”。当年斯坦因曾在此大肆挖掘，饱掠而归。工作人员在清理这个“垃圾堆”时，意外地获得木简60枚。这些木简文书中有绝对年号的是曹魏景元四年(263)至西晋永嘉六年(312)，文书内容大致与三间房出土物相同。

三间房西南有一片低矮的房屋建筑，工作人员选择其中一组进行清理和测量。它由南北两间组成，面积约32平方米，墙壁建材为红柳夹芦苇。清理出的物品有骨雕花押1件、门斗2只、木盘1个、木桶1只、木纺轮1只、木板门两半扇以及牛羊骨等。这些显然都是房子主人的日常用品和食物，反映出当时一般平民的生活状况。

工作人员还在古城内外采拣到石器、木梳、饰珠、铜钱、铜盆、铁器、漆器等古物若干。所有踏上这片土地的人，无不被楼兰城俯拾即是的文物所震撼。呈现在眼前的石、陶、铜、铁、丝等类器物，都在无声地诉说着楼兰的昔日文明和沧海桑田。

五、消逝的绿洲文明

惊心动魄的楼兰考古，唤醒了沉睡千年的沙漠古城。目不暇接的古物资料不仅勾勒出楼兰人日常生活的各个侧面，也反映了楼兰与内地文化交流的情况。正是借助这些实物资料，人们得以了解楼兰的社会情况和物质生活。

图23–11　楼兰墓中发现之中希混合风格的毛织品

4000年前楼兰女尸的出土，表

明楼兰人早在史前时期就生活在罗布泊地区。他们世世代代在此繁衍生息，创造了属于自己的绿洲文明。西汉时期，中原王朝开始经营西域，楼兰王国逐渐丧失其相对独立的地位。据《汉书·西域传》载，楼兰国在元凤四年（前77）被汉朝征服，接受汉王朝的统治。此后，楼兰改名为鄯善。东汉时，汉朝政府以楼兰城为西域长史府，设西域长史及属吏，负责处理该地区的军政事务。但汉文史料对这一时期的西域语焉不详，楼兰这段历史依然扑朔迷离。这里发现的佉卢文书却比较详细地记录了鄯善王国的历史状况，搞清了六位鄯善王的名字和他们在位的确切年代。大批通行证件和中央给鄯善国王的诏书说明，这时的楼兰是受中原王朝控制的一个封建城邦。楼兰故城出土的汉文木简和文书纪年多数集中在270年前后，这些文书主要是当地行政机构和驻军的各项公文及公私往来信件，内容比较丰富，从中可以看出楼兰城的驻军概况和各屯区农业生产、水利与生活的一些情况，可以了解到楼兰城内生活的有关情形，如城内

图 23–12 斯坦因探险队在发掘楼兰大殿遗址

设有仓库、客栈和医院，有制造铁工具和兵器的手工业，有以谷物丝帛作价的商业活动。此外，文书还记录了一些有关城内居民与户口、法律等方面的情况。

考古发现还表明，丝绸之路贸易给这个王国带来了空前的繁荣。经济繁荣又推动了楼兰人的文化生活的提高，他们已开始用文字表述自己的语言，广袤疆域内林立的寺院充实了楼兰人的精神生活，荟萃东西方文化艺术的精美绘画和雕刻品给楼兰人带来了高度的艺术享受。

然而，就是这样一个绿树环绕、水流清澈的可人绿洲，一个丝路商旅翘首以望、寄托情思的贸易中继站，一个楼兰人世代眷恋的家园，却在公元 4 世纪以后，突然人去“楼”空，成了一个黄沙覆盖的废墟。究竟是什么造物力量让昔日盛极一时的古国突然幻灭了呢？从楼兰古城遗址得到的汉文简牍中可知，楼兰士兵的口粮呈渐次减少的趋势，甚至有“宜渐节省使相周接”之语。导致粮食紧张的主要原因是环境恶化，生态失衡，水源日益不足。在出土文书中还有不少关于用水紧张、不能下种，要求配水和水源严格控制的记录。这些都表明，4 世纪罗布泊地区的自然环境发生了较大变化。虽然楼兰人曾经顽强地与恶劣的自然环境作过斗争，但最终仍不得不放弃他们心爱的家园。

漫漫黄沙遮盖了昔日绿洲上的城市，一个辉煌的文明就这样永远地消失了(图 23-12)。

（鲁圣君）

一代帝王魂归处

——江苏曹庄隋炀帝墓的发掘

2013年以前，人们并不知道隋炀帝墓具体在什么位置，于是与数量众多的“曹操墓”一样，出现了多处“隋炀帝墓”。清代嘉庆年间学者阮元认为，扬州城北槐泗镇槐二村为隋炀帝墓；此外，今陕西武功县西塬也有一座隋炀帝墓，1957年即被陕西省人民政府指定为省级文保单位；再有，河南洛宁县东宋镇郭村柏山上也有一座隋炀帝墓。那么，隋炀帝墓究竟在哪里呢？

2013年，扬州市曹庄中星海上紫郡房地产项目工地开工，由于其所在的曹庄是扬州市四个重点文物保护区之一，不时会有古代墓葬发现，考古工作组便按规定进驻项目工地，对相关古代遗迹进行钻探和调查。春节前的一天，技工老吴偶然在瓦砾堆中发现了疑似墓砖的东西，赶忙向所里报告。随后扬州市文物考古研究所便开始在此处进行考古发掘，发现了两座墓葬。4月11日，考古工作者在其中一座墓中发现了一合墓志，“随故炀帝墓志”几个字顿时让所有人兴奋并紧张了起来。

各种迹象表明，这两座墓葬很可能就是隋炀帝及其皇后的最后安葬之所。事关重大，国家文物局立即组织召开专家会议，对墓葬进行初步认定。根据国家文物局和江苏省文物局的指示及专家意见，由南京博物院、扬州市文物考古研究所以及苏州市考古研究所组成的江苏曹庄隋唐墓葬联合考古队，对这两座墓葬及其周边进行考古勘探和发掘。2013年11月16日，国家文物局和中国考古学会在扬州召开隋炀帝墓考古发掘成果新闻发布会，正式对外确认扬州市发现的隋唐墓为隋炀帝杨广和皇后萧氏的最后埋葬之地。此消息一经公布，顿时引起全社会的广泛关注。

一、隋炀帝的帝王之路

隋炀帝杨广（569—618），一名英，小字阿摐，弘农华阴（今陕西华阴）人，是隋文帝杨坚与文献皇后独孤伽罗次子，隋朝第二位皇帝。

隋炀帝在开皇元年（581）被封为晋王，官拜柱国、并州总管，时年十三岁。后又受任左武卫大将军，进位上柱国、河北道行台尚书令等，屡有战功。开皇十年（590），他奉命赴江南任扬州总管，这期间他学习当地语言、了解江南文化、团结江南士人，调整政策，采取多种措施努力打破隋朝与被征服地区的文化隔阂，促进了南北文化的再统一，对稳定叛变局势颇有成效。此外，他作风简朴、不好声色、礼贤下士，由此赢得了朝野赞颂和隋文帝夫妇的欢心。

杨勇是隋文帝杨坚长子，文帝即位，杨勇就被立为皇太子。开皇末年，杨勇与隋文帝夫妇的矛盾爆发，杨广趁机而入，争夺储位，博得了独孤皇后和右仆射杨素的支持。开皇二十年（600），隋文帝废黜长子杨勇，立次子晋王杨广为皇太子。

据《资治通鉴》记载，仁寿四年（604）七月，隋文帝卧病在床，杨广写信给杨素，请教如何处理隋文帝后事和自己登基事宜。不料送信人误将杨素的回信送至隋文帝手上，隋文帝大怒，随即宣杨广入宫，要当面责问他。正在此时，宣华夫人陈氏也哭诉杨广在她前来寝殿途中意图非礼她。隋文帝顿悟，拍床大骂："畜生何足付大事！独孤诚误我！"急忙命人传大臣柳述、元岩草拟诏书，废黜杨广，重立杨勇为太子。杨广得知此讯后，立即将柳述、元岩抓捕入狱，并将隋文帝周围的侍从打发走，只让右庶子张衡入隋文帝寝殿侍疾，不久隋文帝驾崩。

仁寿四年（604）七月，杨广即位后不久便假拟隋文帝诏书赐死杨勇，并追封其为房陵王。杨勇虽然是杨广政治上的敌人，但毕竟还是他一母同胞的兄长，也曾执掌东宫 20 年，而杨勇从失败到身亡完全是由杨广一手构陷造成，所以登上宝座的杨广便按照太子规制将其厚葬。杨勇墓发现于陕西省潼关县高桥乡税村，是迄今为止我国发掘的规模最大、等级最高的隋代墓葬。墓全长 63.8 米，深 16.6 米，由斜坡墓道、7 个过洞、6 个天井、4 个壁龛、砖券甬道和墓室等部分组成。墓道至墓室通壁绘壁画，墓道所绘出行仪仗图，画工高超，保存良好，代表了隋代人物画的高超艺术水准。墓室内出土了一具画像石棺，体量巨大，制作精美，线刻画布局缜密，内容繁复，具有很高的历史和艺术研究价值。

杨广登基后，册封晋王妃萧氏为后。史料记载，萧氏是西梁孝明帝萧岿之女，因出生时间不吉利，被交由萧岿六弟东平王萧岌收养。不幸的是，萧岌夫妇抚养萧氏不满一年就双双去世，萧氏转由舅父张轲收养。后来，隋文帝为杨广在梁国选妃，萧氏被选中，成为了晋王妃。

隋大业十二年（616）七月，杨广第三次下江都。大业十四年（618）三月，充当护卫职责的骁果军虎贲郎将司马德戡奉宇文化及之令，与另一虎贲郎将元礼、监门直阁裴虔通等谋乱，在江都东城集兵数万发动兵变。司马德戡领兵从玄武门进入宫内，炀帝闻乱换了便服逃到西阁下，裴虔通、元礼等追踪而至。后宫有位美人以手势相告兵变士兵，校尉令狐行达拔刀直进，俘获炀帝，宇文化及等挟杨广至朝堂，令狐行达即以练巾将杨广“缢杀”。

隋炀帝死后，萧皇后与宫人用漆制床板做成棺材，将他葬在了江都宫流珠堂。叛军首领宇文化及离开江都后，镇守江都的大将陈棱为其发丧并改葬于吴公台下。公元622年，唐高祖李渊下令将隋炀帝帝陵迁到雷塘。隋炀帝去世后，萧皇后受到礼遇，于贞观二十一年（647）逝世，享年81岁，唐太宗以皇后规制将其葬于隋炀帝陵。经专家考证，从隋炀帝陵的墓室用砖与隋江都宫一致、曹庄大墓与东西两侧密集的墓葬迹象的关系推测，隋炀帝第一次下葬的吴公台、后来改葬的雷塘以及今天的曹庄大墓，其实是同一个地点。很有可能的是，这里的“改葬”并非“迁葬”。与墓址的迁徙相比，改葬更多的是礼仪层面上的行为，即更多地表现在冢高、卤簿等外在的方面。

人们在谈到隋炀帝时，总认为他一无是处，说他是荒淫无道的暴君，是奢侈无度、践踏江山的浪荡子，有的则不承认他曾是皇帝，直以杨广呼之。其实这种说法不符合史实。作为一位封建皇帝，隋炀帝的一些做法确实存在问题，但他的所作所为为当时乃至以后的社会发展做出了不小的贡献。他在位期间，推行科举制度，削弱了门阀大族世袭的特权；修建隋朝大运河，沟通了南北交通；拓宽丝绸之路渠道，维护了边防安全；营建东都、迁都洛阳，对其后中国历史产生了很大影响。

二、帝后千年埋骨处

（一）隋炀帝墓

隋炀帝墓由墓道、甬道、主墓室、东耳室、西耳室五部分组成（图24-1）。墓道呈缓坡状，长19.5米，残深2米。墓道结构特殊，墓壁凹凸不齐，极不规则，上宽下窄，近底部留二层台，墓道底、壁均经火熏烤。甬道位于主墓室南侧中部，东西长1.72米，南北宽0.85米，与墓门之间有凹槽结构，推测有木门结构。墓门平砖封砌，与墓道连接处有两道封门。主墓室近方形，南北长3.92米（内长，下同），东西宽3.84米，残高2.76米，顶部不存，东、西、北壁各有一龛。有东、西两耳室，耳室结构相同，口部无券顶，应有木质门楣结构支撑，室内顶部发券。隋炀帝墓虽盗扰严重，但仍出土了一些文物，有陶器、铜器、漆器、玉器等遗物180余件，其中主墓室出土十三环蹀躞金玉带、鎏金铜铺首、铜壶、铜碗、陶罐、“随故炀帝墓志”（图24-2）等20多

图 24-1　隋炀帝墓全景图

图 24-2　隋炀帝墓志

件遗物。东耳室出土灰陶罐、陶灯、漆箱（仅存漆皮）等，西耳室出土灰陶文吏俑、武士俑、骑马俑、骆驼俑、狗俑、双人首鸟身俑等130余件，部分俑有彩绘，工艺精湛，刻画生动。下面将介绍几个有代表性的出土文物。

1. 隋炀帝墓志

有盖，盝顶，志盖与志身均为石灰岩质。因地下水的侵蚀，志身表面漫漶严重，石髓纵横，唯右上方保存良好。根据资料，可释读的文字有50多字，即“随故炀帝墓志　惟随大业十四年太岁……一日帝崩于扬州江都县……于流珠堂其年八月……西陵荆棘芜……永毕苍梧……贞观□年……朔辛……葬炀……礼也方……都府长……”

墓志虽然毁坏严重，但仍可以清楚地辨识出“随故炀帝墓志”六字，这是证明墓主人身份最直接有力的证据。此外，志文虽然断断续续，但主要信息与史料吻合。墓志中的“贞观□年”是一个关键的时间点，可以判定此墓志是贞观年间雕刻，与阮元在《修炀帝陵记》中记载的“贞观中，以帝礼改葬于雷塘之北”相一致。

2. 牙齿

在这次考古发掘中，最令人惊喜的就是隋炀帝墓中两颗牙齿的

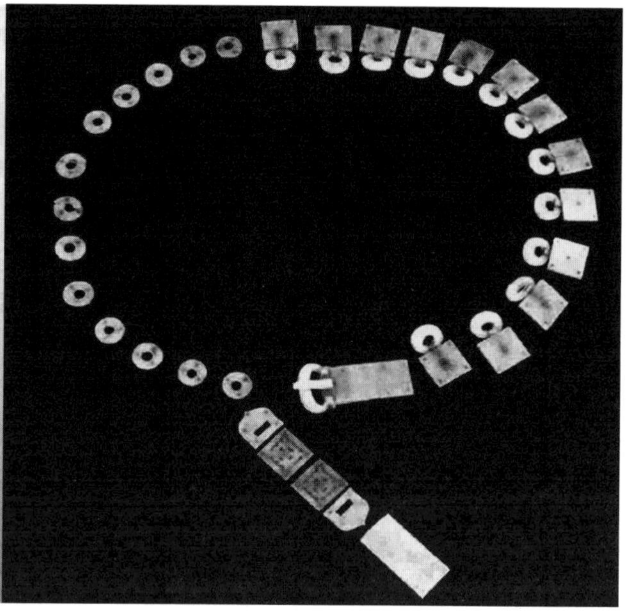

图 24—3　鎏金铜铺首

图 24—4　十三环蹀躞金玉腰带

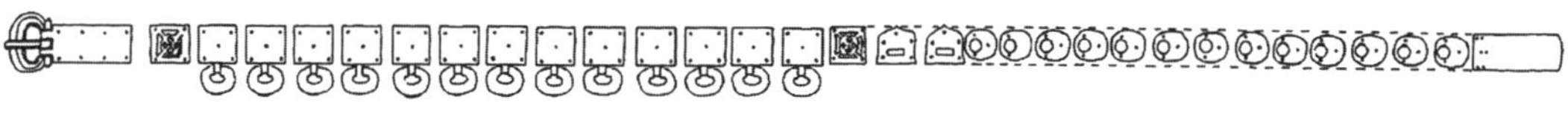

图 24—5　隋炀帝墓出土十三环蹀躞金玉带复原图

发现。据了解，这两颗牙齿出土于墓内靠近东耳室处，属于同一个体，一颗为右侧上颌第三臼齿，一颗为右侧下颌第二臼齿。根据牙齿磨耗判断，死者齿龄为 50 岁左右，与隋炀帝被弑杀时的年龄相符。

3. 鎏金铜铺首

共出土 4 件，为雄狮造型，双目圆睁，显得十分威严。相传铺首是龙的九子之一，警惕性极高，所以古人用其装饰大门，还有类似门把手的作用。此次出土的铜铺首，通体鎏金，兽面直径 26 厘米，与唐大明宫遗址出土的铜铺首大小相近，为皇室用品，所以可由此推测墓室主人身份等级较高。由于甬道中木门的痕迹只有一道，故推测这 4 件鎏金铜铺首不太可能是木门上的装饰，可能是唐初最终改葬时的外棺棺饰，亦可用于棺柩的牵引或升降。历史文献记载，唐朝主张对隋炀帝以礼改葬，这与隋炀帝墓出土高规格的铜铺首相互印证。也有人认为，鎏金铜铺首当初可能是作为江都宫门上的装饰品，后来作为陪葬品，放置于隋炀帝墓中。（图 24-3）

4. 十三环蹀躞金玉腰带

首先，什么是蹀躞带呢？蹀躞是一种附有钩子的小带子，用来悬挂物品，有蹀躞的腰带叫做蹀躞带。蹀躞带原为北方游牧民族的装饰，为适应马上需要，通过带子把常用生活物品都系在腰间。这种北方民族所特有的生活方式，大约在魏晋南北朝时期传入中原，在隋唐时期最为流行，官服所佩蹀躞带均为玉带。据专家考证，在南北朝后期至隋代，最高等级的蹀躞带装十三环，《隋书·礼仪志七》载："高祖朝服亦如之，唯带加十三环，以为差异。"《周书·李贤传》记载，高祖"降玺书劳贤，赐衣一袭及被褥，并御所服十三环金带一要。"《周书·李穆传》记载，李穆"遣使谒隋文帝，并上十三环金带，盖天子之服也"。这都证明了十三环金玉带为皇帝所服。此次出土的蹀躞带由13块方形玉片组成，每块玉片下方由小钩连接一个带环。隋炀帝墓出土的蹀躞金玉带是迄今为止国内出土的唯一一套最完整的十三环蹀躞带，它填补了中国古代舆服制度中的一项空白。此副金玉带虽然出自隋炀帝墓，但并不是隋代制作的。通过与北周若干墓玉带的比较，无论是从玉色、玉材还是形制、规格及制作工艺作判断，它们都应是同一时期的作品。这副金玉带极有可能是北周宇文邕时期制作，由宇文邕将金玉带赐给李穆，李穆将此带献给杨坚，支持其称帝。隋文帝杨坚死后，金玉带再传到隋炀帝杨广手中，炀帝杨广死后虽多次迁葬，但代表皇帝身份的这副十三环蹀躞金玉带一直随身陪葬。一套蹀躞带，见证了两个王朝的盛衰兴亡与数次权力斗争。如今历史烟云散去，只有它依然静静地留在地下守候。(图24-4、24-5)

图24–6　萧后墓全景图

（二）萧皇后墓

萧后墓位于隋炀帝墓的东南方向，由墓道、甬道、主墓室、东耳室和西耳室组成，墓葬通长13.6米。墓道呈南高北低的斜坡状，墓道壁做法特殊，砖壁与土壁相间隔。甬道与墓道间有盗洞，长2米，宽

2.05 米。墓道东、西两侧各有一壁龛。主墓室长 5.97 米、宽 5.9 米，呈腰鼓形，由前室和后室两部分组成，后室高于前室，为棺床部分。耳室位于主墓室南部的东、西两侧，券顶。萧后墓亦早年被盗，但残存的随葬器物丰富，有陶器、瓷器、铜器、漆木器、铁器、玉器等 600 余件（套）。其中陶器均为灰陶，有罐、炉、钵、灯、磨、几等，还有动物和人俑，如牛、马、猪、鸡、骆驼、执盾武士俑、双人首蛇身俑和文吏俑等。铜器有编钟一套 16 件，编磬一套 20 件，除此之外还有凤冠、灯、豆等。瓷器有青釉辟雍砚、三彩小辟雍砚各 1 件。漆木器有盒、木箱等。玉器有 1 件白玉璋。下面介绍萧后墓出土的有代表性的文物。（图 24-6）

1. 铜编钟、铜编磬

编钟、编磬在隋唐时期为宫廷乐器，《隋书》卷十五《音乐志（下）》载："二曰编钟，小钟也，各应律吕，大小以次，编而悬之，上下皆八，合十六钟，悬于一簨虡。""石之属一，曰磬，用玉若石为之，悬如编钟之法。"《音乐志》又载，隋朝"又增房内乐，益其钟磬"。所谓"房内乐""主为王后弦歌讽诵而事君子，故以房室为名"，可见钟磬是皇后身份的象征。萧后墓出土铜编钟 16 件、铜编磬 20 件，足以说明该墓为皇后等级的墓葬。这套青铜编钟、编磬是迄今国内唯一的隋唐时期的编钟、编磬实物资料，对研究隋唐音乐史具有重大价值。

2. 凤冠

这套凤冠制作工艺精湛，组合复杂，由冠壁、金花、簪笄、钗、翅翼等组成，鎏金，镶嵌珠玉，为女性用品，具有很强的礼仪性，是身份尊贵、地位崇高的象征。令人惊奇的是，唐史所载，皇后凤冠花树数量为 12 棵，而萧后墓出土的凤冠则有 13 棵；此外，凤冠在发掘时并非戴在头上，而是摆在棺椁东侧一个长约 0.6 米、宽约 0.4 米的木箱内。如此高规格的凤冠，如此摆放位置，与文献所反映的唐太宗给予萧后的哀荣相符合。（图 24-7、24-8）

发掘过程中，考古人员从萧后的墓室里清理出 8 把钗，随后凤冠被送至陕西省文物保护研究院实验室进行考古清理，从中又发现了 4 把钗，这与史书中关于隋代皇后佩戴 12 把钗的记载相吻合。这 4 把钗，钗首和钗脚中空，透过 X 光发现钗首和钗脚由两根管状物连接。经过进一步的提取分析，文物工作者认为管状物应该为木销。为了让钗首和钗脚插得更加紧密，当时的工匠在木销上包裹了棉花，这些棉

图 24–7　萧后凤冠上的圆锥形、水滴形、人形花蕊

图 24–8　萧后冠仿制品

花至今仍保存完好。扬州地处湿润的江南地区，木制品和棉制品本来难以保存，所以这些棉花是比较珍贵的。此外，铜钗中的棉花有利于进一步研究中国使用棉纺织品的时间问题，具有重大的历史意义。

3. 一具人骨

这具人骨保存状况较差，牙齿仅存 4 颗，分别为右侧上颌侧门齿、左侧上颌侧门齿、左侧上颌第二前臼齿、牙根。经鉴定，墓主人是一位大于 56 岁、身高约 1.5 米的老年女性个体。这符合史料中萧后死后被送至江都与隋炀帝合葬的记载。

从墓葬形制、规模和陪葬品来看，隋炀帝墓略显寒酸。但是，无论是隋炀帝墓中出土的两颗牙齿、十三环蹀躞金玉腰带、鎏金铜铺首，还是墓志，都清楚直接地证明了隋炀帝墓主人的身份。而萧后墓的凤冠、人骨和铜编钟、编磬等，不仅反映了历史文献记载的帝后合葬之说，而且更加有力地证明了扬州曹庄墓为隋炀帝最后的埋骨之地。

隋炀帝墓的发掘证明了隋炀帝的最后葬身之处，解决了之前的数个疑冢之争，其陪葬品也具有补史、证史的重大历史价值，为今后对隋炀帝的历史研究添上浓墨重彩的一笔。

三、真假帝王墓：炀帝墓的考证

从 2013 年 4 月对外宣布在扬州曹庄发现隋炀帝陵以来，这一结论一度受到了部分史学研究者、文化学者及大众媒体的质疑。这些质疑大多基于墓里出土的墓志，质疑的焦点主要集中在以下几个方面："陵"中出现了墓志而未见玉册，墓志中出现了"大业十四年"纪年、与"隋"国号不符的"随"字。有些学者对于这种质疑有了进一步的研究，研究成果也受到学界的认可。

首先，他们认为“大业十四年”是合理且科学的纪年。除了隋炀帝墓志，在史籍中包括其他墓志中也出现有“大业十四年”的纪年，这是没有疑问的。此外，大业十四年（618）三月，杨广被缢杀；在长安，义宁二年（618）五月，隋帝杨侑禅位于唐王李渊，李渊成为唐帝，并改义宁二年为武德元年；稍后在洛阳，隋朝越王杨侗即皇帝位，改大业十四年为皇泰元年。要而言之，杨广死难的618年，既是隋大业十四年、义宁二年、皇泰元年，又是唐武德元年。杨广的墓志中，既承认了其“帝”的身份，当然就应该而且只能使用杨广的纪年，也就是大业十四年。

其次，用墓志而不用玉哀册也在情理之中。一方面，就玉哀册言，其最重要的特征是为本朝先帝先王先后书刻，并且入陵。如此，作为唐朝的皇帝，无论李渊还是李世民，都没有理由也没有礼制依据，为前朝皇帝杨广制作玉哀册。除此之外，就目前考古发掘发现来看，还未曾见过唐朝以前的陵墓出土有玉哀册。较早的有唐中宗李显长子李重润陵中所出之玉哀册。这样，隋末唐初是否使用玉哀册陪葬，也就无法确知。另一方面，帝王崩而有墓志的情况也有不少例子，比如卒葬宣陵、追谥昭武皇帝、庙号太祖的闽王王审知，被契丹虏去而后死于建州的后晋末帝石重贵，以及南唐后主李煜等。因此，隋炀帝陵出土墓志而非玉哀册并不奇怪。

最后，之所以用“随”而不用“隋”，这跟“隋”国号的来源有较大关系。今湖北随州市一带，先秦有随国；随国灭亡以后，历置随县、随郡、随州等。北周武成元年，杨忠以扬威汉沔，得封随国公；忠子杨坚袭封，并进爵随王。及杨坚篡周，以“随”寓意不祥而改为“隋”，杨坚着意斟酌出的新国号“隋”，颇受后人嘲讽。唐朝建立后，于“隋”国号复多增笔作“随”，但是否有非常明确的意识将“隋”改回了“随”，史无明文。查阅碑林博物馆编《隋代墓志汇考》，即使在隋朝，用“随”的事例也不在少数。因此，即使在隋朝的日常社会生活中，“隋”和“随”的区别也不是非常严格。进入唐朝以后，“隋”和“随”的混用亦然，就连初唐墓志中用“随”的事例也不只隋炀帝陵一例。

专家对这些质疑的解释不仅回应了大众，也间接证明扬州曹庄墓即为隋炀帝墓这一事实。

时间流逝，虽然隋炀帝墓发掘工作已经结束，墓主身份也已确定，但隋炀帝墓的后续整理、保护和研究工作并没有结束，社会各界对隋炀帝墓的关注也还在继续。2013年4月16日，以“流星王朝的遗辉”为主题的隋炀帝墓出土文物特展在江苏扬州博物馆一楼展厅展出。该展览有百余件隋炀帝墓及萧后墓出土文物亮相，展现了一代帝王隋炀帝的辉煌与陨落，体现了隋炀帝的命运与扬州、大运河的重要关系，从而揭示出扬州在中国历史中的重要地位。

参考文献

[1] 束家平、薛炳宏、秦宗林:《江苏扬州曹庄隋炀帝墓考古成果专家论证会纪要》,《东南文化》2014 年第 1 期。

[2] 南京博物院、扬州市文物考古研究所、苏州市考古研究所 :《江苏扬州市曹庄隋炀帝墓》,《考古》2014 年第 7 期。

[3] 胡阿祥 :《有关扬州隋炀帝陵“质疑”的质疑》,《南京晓庄学院学报》2013 年第 4 期。

[4] 刘思哲 :《隋炀帝墓发现的十三环蹀躞金玉带及相关问题的研究》,《考古与文物》2015 年第 5 期。

[5] 陕西省考古研究院 :《潼关税村隋代壁画墓》,文物出版社,2013 年 1 月。

[6] 童岭 :《皇帝•单于•士人 :中古中国与周边世界》,中西书局,2014 年。

[7] 杨军昌、束家平、党小娟、柏柯、张煦、刘刚、薛炳宏 :《江苏扬州市曹庄 M2 隋炀帝萧后冠实验室考古简报》,《考古》2017 年第 11 期。

[8] 王小迎、束家平 :《扬州发现隋故炀帝及夫人墓》,《大众考古》2013 年第 6 期。

[9] 郭桂香:《千年华冠的精彩“重生”——扬州隋炀帝萧后冠实验室考古与保护》,《中国文物报》2016 年 9 月 30 日第 5 版。

图片来源

图 24–1、24–2、24–3、24–6 均引自南京博物院、扬州市文物考古研究所、苏州市考古研究所 :《江苏扬州市曹庄隋炀帝墓》,《考古》2014 年第 7 期。

图 24–4 引自王小迎、束家平 :《扬州发现隋故炀帝及夫人墓》,《大众考古》2013 年第 6 期。

图 24–5 引自刘思哲 :《隋炀帝墓发现的十三环蹀躞金玉带及相关问题的研究》,《考古与文物》2015 年第 5 期。

图 24–7 引自杨军昌、束家平、党小娟、柏柯、张煦、刘刚、薛炳宏 :《江苏扬州市曹庄 M2 隋炀帝萧后冠实验室考古简报》,《考古》2017 年第 11 期。

图 24–8 引自郭桂香 :《千年华冠的精彩“重生”——扬州隋炀帝萧后冠实验室考古与保护》,《中国文物报》2016 年 9 月 30 日第 5 版。

（王玉莹、裴玉洁）

西安城下长安城

——隋唐长安城的发掘与研究

当今西安城下掩埋着一座规模宏大、布局整齐的隋唐都城，它也是当时世界上规模最大的城市。它集中体现了我国劳动人民的智慧和创造才能，继承了我国古代都城建设的优良传统，并有所创新发展，在我国城市建设史上占有十分重要的地位。它就是隋大兴唐长安城。对于这样一座城市的勘察、发掘和研究，是我国隋唐考古工作中的重点工程。数十年来，考古工作者一直对它进行着探索，至今探索仍在继续。

一、创造性的精心设计

隋朝建立之初，仍以汉长安城旧址为都城。由于形势的发展，汉代旧都已不敷使用，隋文帝杨坚于开皇二年(582)开始谋建新都。据《隋书》等记载，杨坚和他的谋士们执意营建新都的主要原因是，汉代长安城已经使用了800年，“凋残日久，屡为战场，旧经丧乱；今之宫室，事近权宜”。更重要的是，汉长安城污染严重，“水皆咸卤，不甚宜人”。

开皇二年七月，在汉长安城东南的龙首原规划创建新都，总设计师是太子左庶子宇文恺。宇文恺曾到洛阳和邺城进行了实地考察，吸取了北魏洛阳城和东魏、北齐邺城的优点，并根据新都地形地貌的特点，进行了精心的设计。他利用龙首原固有六条冈阜的自然特点，使之东西横亘全城，当时称为“六坡”。宇文恺把这一自然现象视为《周易》乾之六爻，“故于九二置宫阙，以当帝王之居；九三立百司，以应君子之数；九五贵位，不欲常人居之，故置玄都观、兴善寺以镇之”。实际上，这样的设计完全是为了控制京城的制高点，不仅宫室、百官廨署占据高地，就连长安、大兴县治也不例外。

据文献记载，这座规模宏大的城市，仅用了不到两年的时间就初步建成。新都取名大兴城，这与隋文帝初封大兴公有关。这座新城东依浐、灞，西靠沣、潏，南临终南，北接渭水，依山带水，形势险要。《隋书·地理志》记载，大兴城“东西十八里一百十五步，南北十五里一百七十五步”，是现存明代西安城面积的七倍。

唐代仍以大兴城为都城，更名为长安城，并不断修建和扩充，

图 25–1　西安唐代长安城平面图

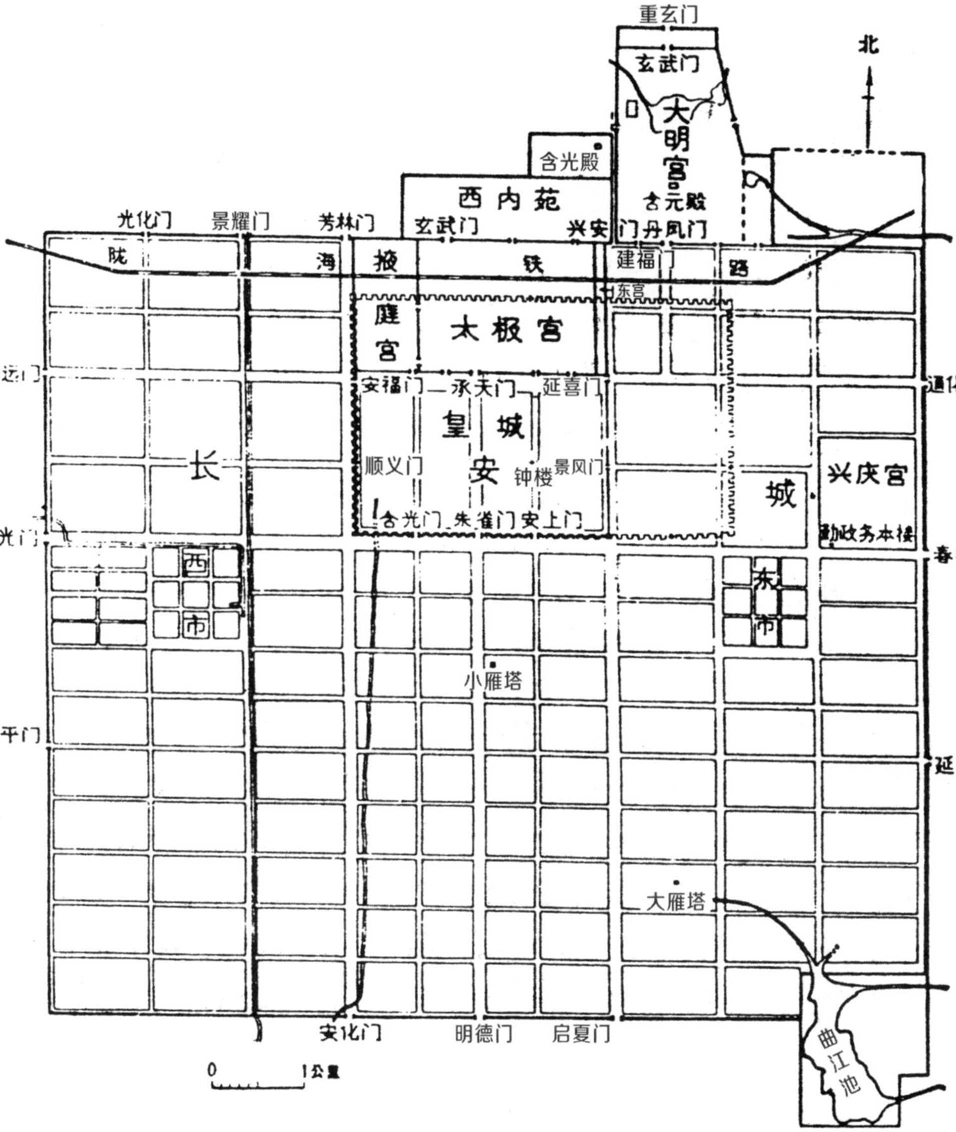

使之更加宏伟壮丽。最突出的是新建大明宫和扩建兴庆宫，对郭城也进行了多次整修。(图 25-1)

隋大兴唐长安城经历了 322 个春秋，至唐末天祐元年 (904) 朱全忠挟持唐昭宗移都洛阳，“毁长安宫室百司及民间庐舍，取其材，浮渭沿河而下”，长安城中“号哭满路……月余不绝”。至此，一代豪华的帝都，举世瞩目的繁荣城市遂成废墟。如今，只有大小雁塔依然屹立，成了历史的见证。

对于唐长安城的研究，一直为广大学者所关注。早在盛唐时，著名学者韦述就著有《两京新记》一书，较详细地记述了长安城的规划和布局，成为后世研究唐长安城不可缺少的文献依据。之后，历代都有不少有识之士悉心研究，留下了不少传世名著，如北宋仁宗时宋敏求的《长安志》，南宋程大昌、赵彦卫所著《雍录》和《云麓漫钞》，元代至正四年 (1344) 李好文的《长安志图》，清代徐松的《唐两京城坊考》等。

然而，上述著作限于当时的历史条件，大多缺乏深入的调查和充足的实物资料。60 年来，考古工作者对长安城有计划地进行了大规模的考古勘察和发掘工作：1957—1960 年完成了对外郭城、皇城、宫城以及城内街道、坊市、水渠的初步勘察。1961—1962 年进行了全面复查和核实，绘制出世界上第一张隋唐长安城遗址实测平面图 (图 25-1)。与此同时，还发掘了大明宫遗址、兴庆宫遗址、西市遗址、明德门遗址等。之后，有目的有计划地发掘了三清殿、清思殿、朝堂、翰林院、含耀门遗址、青龙寺遗址、含光门遗址等，对大明宫的布局和建筑群的结构有了进一步的了解。由于考古工作者的不懈努力，这座荒废了上千年的古城的平面布局、坊市形制、宫殿分布及其建筑的基础结构等，又逐步展现在人们的面前。

二、世界第一大城的平面布局

横空出世的隋唐长安城，是当时世界上独一无二的大城，它由外郭城、宫城和皇城三部分组成。宫城先筑，皇城次之，外郭城最后完成。宫城和皇城位于都城北部中央，外郭城内的各坊从东、西、南三面拱卫宫城和皇城，以正中的朱雀大街为界，东西分属万年 (隋大兴)、长安两县，根据已发表的考古资料，隋唐长安城的布局如下。

外郭城　亦称罗城，至今仍保留在地面上的城垣遗迹仅存玄武门附近和安化门处各一小段，残高 1—2 米。而地面以下外郭城墙基大多保留相当完整，墙基的西北角在今任家口村以北，西南角在今木塔寨以西，东南角在今胡家庙的西北，东南角因曲江池和芙蓉园位于此，形成曲尺形转折，在今新开门村西北。

外郭城的城墙是夯土版筑，每版厚约 9 厘米，仅在城门两侧的内外表面砌砖壁，墙基宽度保存较好的有 9—10 米。外郭城实测 (包括城墙厚度在内) 自东春明门至西金光门为 9721 米，自南明德门至北玄武门偏东处为 8651.7 米，周长 36.7 公里，呈东西长、南北略窄的长方形，实测所得的数据与文献记载基本相符。

外郭城东、南、西三面各开三门，它们是东墙的通化、春明、延兴门；西墙的开远、金光、延平门；南墙的启夏、明德、安化门。北墙中段与宫城北墙共用，有芳林、景耀、光化、兴安门等。除明德门是 5 个门道外，其余各门均是 3 个门道。明德门是长安城南面正门，位于长安城的中轴线上，北对皇城的朱雀门和宫城的承天门，规模宏大壮观。据发掘得知，门址东西长 55.5 米，南北宽 18.5 米，五个门道均宽 5 米，门道间的夯土隔墙厚 2.9 米。据排柱的柱坑可知，在城门上原有高大宏伟的门楼建筑。门道内的青石门槛上有清晰的车辙沟槽四条，说明当时它们可容两车并行（图 25-2）。

皇城　又名子城，位于宫城之南，东、西两墙与宫城东、西两墙相接，南墙即今西安城南墙，北边无墙，与宫城之间以“横街”相隔，此街据记载有三百步之宽，实测残宽尚有 220 米，俨如一个大广场，起着卫护宫城的作用。皇城的形制亦呈长方形，南北长 1843.6 米，东西宽 2820.3 米。

皇城是百官衙署所在。城内有七条街，衙署及其附属机构都分布于街的两侧。南墙的含光门是当时的主要通道，一直沿用着。

图 25-2　杨鸿勋先生复原的明德门图样

1986年对含光门遗址（图25-3）进行了发掘，清晰地看到了明、元、宋、唐四代所修筑的城墙的叠压关系。含光门是座三门道的城门，整齐的柱础石和大量的红烧土块证明，当时城门之上有宏伟的木结构门楼。

宫城 是供皇帝及皇族居住和处理朝政的地方，包括太极宫、东宫和掖庭宫。它位于郭城北部正中，南接皇城，北连禁苑，实测南北长1492.1米，东西宽度与皇城相同，周长8.6公里多。城墙均为夯土版筑。基部一般宽18米左右。据记载，宫墙“其崇三丈五尺”，是长安城中最高的。宫城南墙正中的承天门遗址已探有三个门道，门基铺石条或石板，这是其他门址所未见的设施。宫城北墙有三门：玄武、安礼为太极宫北门，至德门是东宫的北门。历史上著名的“玄武门之变”，即发生在太极宫北面的玄武门。宫城内中部为太极宫（隋名大兴宫），正殿名太极殿（隋名大兴殿），是皇帝的正衙，共有16座大殿。其他的楼、阁、亭等建筑更是不计其数。太极宫宽1285米，其东向为东宫，实测宽832.8米；掖庭宫在太极宫之西，实测宽702.5米，南北长度与宫城相同。

图25-3 唐长安含光门遗址

街道 外郭城中有南北向大街 11 条，东西向大街 14 条，其中贯穿于城门之间的东西、南北各三条街道是长安城内的主干大街，号称“六街”。六街中南北向正中的朱雀大街宽达 150—155 米，有“天街”之称。考古发掘证明，长安城内街道相当平坦，在街道两旁有宽 3 米、深 2 米以上的水沟。

里坊 隋代称里，唐代曰坊。上述南北 11 条街和东西 14 条街纵横交错地把外郭城内分为 114 坊。东西两市各占 2 坊，芙蓉园也占 2 坊，故实有 108 坊。当时设计时，宇文恺精心考虑南北向安置 13 列坊，象征一年有闰；皇城以南 4 列坊，象征四季；南北 9 列坊，象征“王城九达”。虽是牵强附会，也由此可见他煞费苦心。考古工作者勘探了大部分坊，也重点发掘了几个坊，从中知道，坊墙均是夯土版筑，墙基的厚度大致相同，约 2.5—3 米。坊的面积各不相同，朱雀大街两侧 4 列坊最小，南北长 500—590 米，东西宽 550—700 米，只开东西二门；位于这 4 列坊之外迄顺街的 6 列坊次之，南北长 500—590 米，东西宽度达 1020—1125 米；皇城、宫城两侧的 6 列坊最大，南北长 660—838 米，东西宽 1020—1125 米，均是四面开门，中设十字街的街宽为 15 米左右。

坊内的区划，学者们很长时间争论不止。日本学者认为日本平城京的坊，分为十六町，是日本都城形制的特点之一。但 20 世纪末在长安城内发掘了永宁坊、怀德坊、安定坊等，都清清楚楚地发现了小十字街、墙址及井等，因而可以认为，日本平城京的坊分为十六町，也是模仿长安城的。

两市 隋代两市东曰都会，西曰利人，对称地置于皇城外东南和西南，唐代称其为东市与西市。两市各占两坊之地，形制相同，周围筑墙，每面各开二门，有南北和东西向街道各 2 条，街宽约 16 米，交叉成井字形，将市内划分为 9 区，每区四面临街，各种行业的店铺临街而设。据考古发掘得知，此处店铺非常稠密，店铺一般面阔 4—6 米，有饮食店、珠宝店和手工业作坊等。市内大街两侧，均设半圆形的排水沟。

渠水 隋唐长安城内水渠主要有四条，其中龙首、清明、永安三渠开凿于隋初，分别从城东、城南引浐水和洨水、潏水进城，主要用于美化城市和宫苑的环境；漕渠开凿于唐天宝初，引潏水由金光门附近入城，流入西市，是专门运输南山的木材和薪炭的。

三、壮丽辉煌的大明宫

唐代除了更进一步完善长安城的建设外，主要变革反映在新建了大明宫，增建了兴庆宫和夹城等。

唐太宗贞观八年 (634)，于太极宫东北禁苑内的龙首原高地建永安宫，是为太上皇李渊修筑的一座避暑宫殿，次年改名为大明宫，后因李渊去世停建。显庆五年(660)武则天开始被“委以政事，权与人主侔”。为了政治上的需要，她于龙朔二年(662)重修大明宫，次年即迁大明宫听政。自此大明宫取代了以太极殿为中心的旧宫殿区，成为唐代主要的朝会之所。

1957年，考古工作者开始对大明宫遗址进行勘察和发掘，60年来取得了丰硕的成果。经勘测，大明宫西墙为一南北向直线，长2256米，有近1700米的残垣尚留在地面。北墙长1135米，墙址高于地面2—5米，当地人称之为“骆驼岭”，是大明宫城墙保留最完好的一段。东墙由东北角起向南偏东1260米，东折304米，然后再向南折1050米与南墙相接。南墙即唐长安城北墙的一部分，长1674米。由此可知，大明宫的平面形状应是南部呈长方形，北部呈梯形的组合。城垣全部为夯土版筑，仅在城门的附近及城墙转角处的内外表面包砌砖壁，其东、西、北三面都筑有与宫墙平行的夹城，构筑时间约为唐宪宗时期。

大明宫北部有太液池，供皇室成员游乐。南部有3道东西向平行的宫墙，显然是为加强内部护卫而设。宫城共有11个城门，南部

图25-4 唐长安大明宫麟德殿遗址

5个，以居中的丹凤门为正门，门南为宽120步(约176米)的丹凤门大街。北边3个门，中间的玄武门与北面夹城上的重玄门对直。东墙只开1门，称左银台门，门外驻左三军。西墙开2门，南为右银台门，北为九仙门，门外驻右三军，左右三军是禁卫宫廷的所谓“六军”。重玄门内有统领这些禁军的所谓“北衙”。中唐之后，由于宦官掌握了北衙军权，非常跋扈，尤其到了晚唐时期，宦官干预政治，甚至可以决定皇帝的废立。

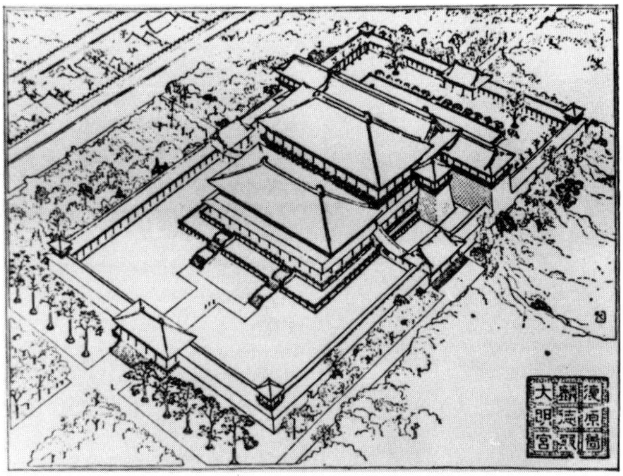

图 25–5　大明宫麟德殿复原图

大明宫内殿亭等建筑遗址已勘查到40余处，绝大部分在宫城北部，已经发掘的有含元殿、麟德殿(图25-4、25-5)、三清殿、清思殿、朝堂、翰林院等遗址。其中含元殿建于唐高宗龙朔二年(662)，是大明宫的正殿，重要大典都在此举行。其遗址位于丹凤门正北龙首原的南沿上，高出地平线15.6米，建于长方形夯土台基之上，东西宽75.9米，南北长41.3米，殿址面阔11间，进深4间，殿外四周有宽5米多的副阶。含元殿是大明宫中巍然耸立的大殿，左右两座高阁对峙，中间配以自上而下的三条阶道，以其威严壮丽的雄姿居于诸殿之首。在含元殿正北300米处为宣政殿和紫宸殿遗址，它们和含元殿同在整个宫城的中轴线上。宣政殿是皇帝常朝之所。紫宸殿是内朝正衙，群臣入紫宸殿朝见，称之为“入阁”。含元、宣政、紫宸三殿组成一组完整的宫殿群，我国宫城三殿制就由此始，一直沿用到明清时期。

图 25–6　民国初年的唐大明宫含元殿遗址

此外，必须提及的是唐长安城内兴庆宫和夹城遗址的发掘。兴庆宫原是唐玄宗李隆基为太子时的藩邸，玄宗即位后，于开元二年(714)改邸为宫，进行了扩建并置朝堂，开元十六年(728)竣工，之

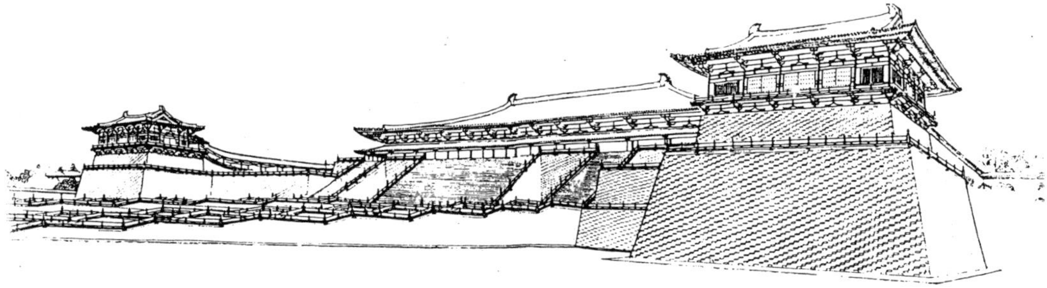

图 25–7 含元殿复原图（线图）

后玄宗即移兴庆宫听政，成为唐代又一主要朝会之所。兴庆宫平面呈长方形，南北长 1250 米，东西宽 1075 米，宫城四面设门。宫内南部有龙池。龙池以北为宫殿区，以南为皇帝宴游之园林区。1957—1958 年发掘了位于宫城西南隅著名的勤政务本楼和花萼相辉楼，除基本清楚了建筑结构外，还出土了大量琉璃瓦和多达 70 余种的莲花纹方砖及瓦当，探明兴庆宫的豪华富丽远在大明宫之上。这一遗址现已辟为兴庆公园，供游人憩息。

唐玄宗时期除修建兴庆宫外，还修建了一道与长安城东墙平行的北至大明宫、南至芙蓉园曲江池的夹城作为复道，以便皇帝往来潜行，“外人不知之”，所以杜牧曾讽咏云：“六飞南幸芙蓉苑，十里飘香入夹城。”夹城遗址亦已勘查和发掘，城墙版筑夯土，甚至比郭城还坚实。

隋唐长安城创建时，把古代风景区芙蓉园、曲江池与都城结合为一体，不仅美化了城市，也提供了游览场所，是古代城市规划的一大创举。9 世纪中叶以后，唐代统治者在曲江、芙蓉园纵情恣欲，不仅皇室新造亭楼，不少达官显要、商贾等也在曲江各置船舫，进士开宴常寄其间，“大中、咸通已来……曲江之宴，行市罗列，长安几于半空”（《唐摭言》卷三）。晚唐统治者的侈靡由此略见一斑。

四、深远的影响

隋唐长安城是当时世界上的第一大城，它的规划、形制等深深影响着周边地区和邻国的城市建设，受其影响最为明显的是渤海国、新罗国和日本国。

渤海国是我国东北少数民族满族的先世粟末靺鞨人建立的地方

政权。武则天时，封其酋长乞乞仲象为震国公。7世纪末乞乞仲象之子大祚荣统一了除黑水部以外的靺鞨诸部，“筑城居之”。唐玄宗先天元年(712)册封大祚荣为左骁卫大将军、渤海郡王，以其统治的地区为忽汗州，令大祚荣兼都督。从此，粟末靺鞨去靺鞨号，专称渤海，成为唐朝政府管辖下的东北边陲的一个州。

渤海上京龙泉府是渤海国五京之一，位于今黑龙江省宁安市西南60多里处，因其地理位置在渤海北方，故称上京，天宝末年就迁都于此。之后曾一度迁出，贞元十年(794)又迁回，此后龙泉府一直为首都，直至辽天显元年(926)灭渤海。

上京龙泉府城的形制与布局，与唐长安城如出一辙，只是范围缩小了。全城平面呈长方形，东西长约4.6公里，南北约3.4公里，周长约16公里。城垣用石块砌成，外有城壕，共设10个城门，南北各3个，东西各2个，位置对称。除正南门可能有3个门道外，其余都仅有1个门道。居中的一条南北向大街，自正南城门直通宫城的南门，俗称“朱雀大街”，宽度达110米，将城分为东西两部分，各条大街纵横交错，将全城划分为许多长方形区域，其间设坊，各坊分布在“朱雀大街”两侧。宫城与皇城也与长安城一样位居北部正中，周围筑石墙。宫城正门俗称“五凤楼”，相当于长安城的承天门。宫内有五个大殿，自南而北排列在中轴线上，俗称“五重楼”。极有意思的是，第一宫殿殿址平面础石的排列情况与唐大明宫含元殿相似，也为面阔11间、进深4间的建筑，而殿正中减6柱又与麟德殿相似。

图25–8　唐章怀太子墓出土的壁画《阙楼仪仗图》之局部

朝鲜半岛长期以来分裂为新罗、百济、高丽三个国家。7世纪中叶新罗灭百济和高丽，统一了朝鲜半岛，统一以后的新罗国与唐朝之间的政治、经济、文化交流得到了进一步的发展。据不完全统计，在100多年间，新罗向唐朝派遣使者达21次之多，民间商人、学者、僧侣的交往更是频繁。

新罗自建国起，一直以今庆尚北道的庆州为都城，都城的规划以宫城月城为中心，同样是以南北东西的街道、纵横交错形成棋盘状的里坊制，有的地方还残存着里坊的围墙。这种整齐的规划制度，同中国的隋大兴唐长安城遗址颇为相似。遗址中出土较多的莲花纹砖和莲花纹瓦当、石柱础等，与唐朝常见的砖、瓦、础石几乎一样。

日本在隋大业三年 (607) 曾以小野妹子为使者，出使隋朝。入唐之后，曾留学中国的学问僧等奏请天皇："大唐国者，法式备定，珍国也，常须达。"自唐贞观四年（630）派出第一批遣唐使至大和八年 (834) 止，共派 19 次，人数由最初的 120 余人，增至 650 余人。此外，日本还千方百计地从唐朝招聘工匠、僧人等去日本直接传播大唐的物质文化。元明天皇和同元年 (708)，日本决定自藤原京迁都，命"造平城京司"负责在今奈良市营造新都平城京，和同三年 (710) 迁都平城京。

考古发掘表明，平城京东西约 5.9 公里，南北约 4.8 公里，平面呈长方形的形制，主要是仿唐长安城，同时也受唐洛阳城的影响。宫城在北部中央，称平城宫。平城宫既是天皇家属的禁宫，也是政府衙署之所在，周围筑围墙，墙外有壕。平城京内的正殿也名太极殿，在朝堂院北部，太极殿建于台基之上，上有础石，立柱建屋。太极殿北面，即为天皇的宫室。平城宫南中央直达罗城门的纵贯南北的大街，称为朱雀大路，全长约 3.8 公里，宽 72 米。朱雀大路将全城分为东西两半，分别称左京和右京，两京各由东西向和南北向的道路交错划分为南北九条、东西四坊，模仿了唐两京的里坊制度。平城京还模仿唐长安城的东西两市，分别在左京的八条三坊设西市，在右京的八条二坊设东市。这种区分形式与唐长安，尤其是与唐洛阳城坊的结构是一致的。日本著名历史学家井上清坦言："平城京可以说万事都仿效长安，是长安的翻版。"

（鲁圣君）

盛唐的风范

——乾陵及其陪葬墓的勘探与发掘

乾陵是唐高宗李治和女皇武则天的合葬陵。高宗李治葬于文明元年(684)，武则天葬于神龙二年(706)。乾陵在中国帝陵发展史上占有重要的地位，乾陵的地面布局、神道石像生的安置等，对唐代以后各朝的帝陵都有深远的影响。

一、固若金汤的乾陵

1997年10月17日《四川经济日报》上刊登一则《武则天墓有“秘密武器”》的短文说，美国宇航员爱德宁于1971年7月26日在阿波罗宇宙飞船上用摄影机俯视中国大地时，发现在渭北高原有九个一字排开的奇异小黑点，西边的黑点最为显著，他怀疑是中国的秘密武器，于是报告了五角大楼和尼克松总统。1981年爱德宁来中国旅游，专程到渭北高原，发现那九个奇异的小黑点只是汉唐陵墓而已。西边最显著的黑点正是乾陵。文章还说，民国初年孙连仲的部队用炸药炸开乾陵墓道三层竖立的石条，那里顿时冒出一股浓烟盘旋而上，七个士兵当场吐血身亡。文章的结语含糊其辞地说：“武则天墓为什么能出现在宇宙飞船的摄影机上？有人说，是因为陵墓内灌满了水银，也有人说，陵墓中集中了大量的奇珍异宝。”对于这则近乎荒诞的报道，我们没有必要去认真考证。但是，乾陵确实是座固若金汤的帝陵，也是关中唐代18座帝陵中唯一没有被盗掘的，这也是事实。

唐陵的构筑可以分为两类：一是“封土为陵”，这是秦汉以来的旧制，唐高祖献陵、敬宗庄陵、武宗端陵、僖宗靖陵都属此类。这些帝陵都建于塬上，塬高土厚，便于深埋，即《旧唐书·虞世南传》中所说：“高坟厚垅，珍物毕备。”二是“依山为陵”或“因山为陵”。它利用山的自然形势，往往在山腰上开凿墓室。唐代关中其余14陵都属此类。依山为陵的初衷是为了“薄葬”，实际上是为了使陵寝更为坚固，防止后世的盗掘。然而，随着唐朝的覆亡，关中唐陵几乎悉数被盗，其中一次最大规模的盗掘是由臭名昭著的军阀温韬组织的。温韬其人在新、旧五代史中均有传，原为李茂贞的部将，唐亡后为耀州节度使，“韬在镇七年，唐诸陵在其境内者悉发掘之，取其所藏金宝”。“惟乾陵风雨不可发”，才幸免于难。

“风雨不可发”，只是一种托词而已。乾陵的构筑使其无能为力是事实。1961 年陕西考古工作者曾对乾陵墓道进行过部分试掘。乾陵墓道开凿于梁山正南半山腰上，深入山体，实测长 63.10 米、宽 3.90 米。墓道内用约长 1.25 米、厚 0.50 米的石条，由南向北作阶梯式叠砌，近墓门的一层，计叠 39 层 (即深 19.50 米)。根据墓道长度测算，墓道内至少有石条 3000 块。每层石条与石条之间均用每只重 5—10 公斤的铁栓板 (亦称铁细腰) 固定，并用熔化的铁水浇灌，然后再在上面填土夯实。这样的构筑与文献记载乾陵“玄关石门，冶金锢隙”是相符的。乾陵如此坚固的构筑，当然称得上是固若金汤了。

二、乾陵的地面布局

唐代自乾陵开始，陵园的地面布局已成定制，以后诸陵的布局都是仿照乾陵而建，差异只是规模大小不同。因此，剖析乾陵的地

图 26–1 民国初年乾陵神道。法国人沙畹拍摄于 1914 年 3 月。

面布局，可窥唐陵的全貌。

自乾陵开始，唐代陵园的地面布局是模仿长安城的建制设计。唐长安城由宫城、皇城、外郭城三部分组成，宫城是皇帝居住及处理朝政之所，皇城为百衙云集之地，外郭城系居民区。乾陵的地面布局也可分为三部分，自北向南由三对门阙加以区分。第一对门阙之北为陵寝，这是陵园的主体建筑。乾陵高踞梁山之上，依山为陵。经勘查，陵园内城城墙遗迹清晰可辨，墙厚 2.8 米，南北墙基各长 1450 米，东墙长 1582 米，西墙略短，有 1438 米。城墙四周亦设城门，每面一个，门址宽约 2.7 米。从残存的门址遗迹可知，门址为夯筑，外用砖包砌，门楼上原有雄伟的建筑，现存的柱洞、砖瓦堆积和大量的红烧土块是最好证明。城门外各有石狮一对，北门加置六马。这一部分可视为长安城的宫城。自第一对门阙至第二对门阙之间，长约一公里，是陵墓的神道所在，南端门阙之内，以一对高大的神道石柱为标志，由南向北依次排列百余件石像生，所列置的石像生既是卤簿队伍的象征，也是朝仪的反映，它犹如长安城中三省六部九寺衙署所在，可视其为长安城的皇城。第二与第三对门阙之间，长近 3 公里，星罗棋布地分列着国戚勋臣的陪葬墓，可视其为长安城的外郭城。三对门阙至今依然存在，最南的一对在今张家堡附近，尚存高达 8 米的土阙一对；第二对门阙利用天然山势，在东西对峙的两峰上修筑门阙，远望如高耸的双乳，俗称奶头山，门阙上的包砖痕迹仍清晰可辨；第一对门阙即内城的南门。三对门阙犹如长安城的承天门、朱雀门和明德门。乾陵的地面布局俨然是长安城的缩影。（图 26-1）

三、乾陵石刻的风范

乾陵神道石刻，无论是在数量上、题材的内涵上，还是雕刻技法上，都是以前帝陵所无法比拟的。它不仅体现了大唐帝国的风范，更为值得重视的是，自乾陵开始，形成了一套固定的制度，为唐代以后各陵所沿用，并对以后各朝陵墓石刻群组合产生了深远影响。

乾陵原有石刻 123 件，现存 111 件，部分虽已残缺，但位置未变，仍基本保持了原貌。内城四门各有石狮 1 对，北门立 6 马（今存 1 对），其余石刻均列置于陵前神道两侧，自北至南有六十一王宾像、述圣记碑、无字碑、石人 10 对、石马和牵马人 5 对、鸵鸟屏 1 对、翼马 1 对、石柱 1 对。简述如下：

石狮　以狮子或狮形石兽装饰坟茔，自东汉以来就有，它与佛教传入中国、狮子作为护法神兽有关。但是，陵前置石狮以示皇权至上，并以此成为定制（人臣墓前只能置石虎、石羊）是从乾陵开始的，一直沿用到明清。乾陵石狮，身躯巨大、造型雄伟、雕刻精美，雄踞陵前，威视“御道”，增添了墓中人君临天下的气势。（图 26-2）

六十一王宾像 高约1.60米。据记载，高宗时有70多个国家和地区与唐朝保持友好往来，高宗死后有61个国家和地区派遣使臣前来参加葬礼。《旧唐书·冯元常传》载："俄而天下岳牧集乾陵会葬。"武则天为了夸示后世，将六十一王宾像刻石立于乾陵。原来其背后部有国别和人名，因年代久远，已漫漶不清，目前尚有7个尚依稀可辨。石像的头部在明清时全遭破坏。(图26-2)

述圣记碑 碑共七节，故又称"七节碑"。高6.30米，每边宽1.86米，碑额为庑殿顶，中间七节为碑身，下层为碑座。由武则天撰文，中宗李显亲书，内容是颂扬高宗的文治武功，共6000余字，并填以金屑。至今，个别字中金屑仍隐约可见。

无字碑 高6.30米、宽2.10米、厚1.03米。碑额高浮雕八条首尾相交的龙纹，碑侧线浮雕云龙纹。初立时，未刻一字。历来以为是取《论语》"民无德而称焉"之意，武则天也曾表示：千秋功罪，留于后人评说。我们分析，武则天晚年，迫于李唐势力，只好取消大周国号，还政于唐。当时统治集团内部两种势力斗争十分尖锐，武则天死后，是否与高宗合葬，曾引起一场大争论，在那种形势下无人也无法为武则天撰写碑文，这应是历史的现实。无字碑上自宋、金以后，就有人往上刻字，最著名的是：金天会十二年(1134)用女真文刻的、旁有汉文翻译的"金都统经略郎君行记"。女真文已绝迹，这些字是研究女真文和我国少数民族历史文化的珍贵资料。(图26-3)

图26-2 民国初年的乾陵石狮和六十一王宾像。法国人沙畹拍摄于1914年3月。

鸵鸟屏 雕于高1.80米、宽1.30米、厚0.80米的石屏上，也被称之为鸾鸟。它亦是始于乾陵，是中外友好和文化交流的象征。《旧唐书》中载：波斯、吐火罗、康国等曾向长安贡献鸵鸟，为了纪念这种友好往来，刻石以志之；称它为鸾鸟，亦有"见者天下安宁”“至者国家安乐”之意。

石柱 通高8米，直径1.12米。柱身八棱形，雕有华丽的卷草纹，柱座刻有兽纹及云纹等。有人把陵前石柱称为“华表”，其实华表和石柱有别。华表，汉时原名桓表，亦称桓楹，陈、宋间讹桓为华，江右遂云华表，其制以大板贯柱四出。石雕的改四出为二出，是因为接榫不易的缘故。而且，华表用于朝、庙、堂之前，未见用之于陵墓的，用于墓前的只应称石柱，是作为陵墓位置的标志物存在的。

四、乾陵陪葬墓的发掘

据《文献通考》记载：乾陵有17座陪葬墓，经实地调查勘察陪葬墓的数字与记载相符，现已发掘的有永泰公主李仙蕙墓、懿德太子李重润墓、章怀太子李贤墓等。永泰、懿德、章怀这三座陪葬墓在乾陵中具有典型意义。

发掘这三座墓葬的初衷，不仅仅是为了了解乾陵陪葬墓的形制、内涵，而且也有为今后发掘乾陵作准备的意思。乾陵实在太诱人了，郭沫若生前曾多次向中央建议发掘乾陵，想目睹一代女皇武则天的丰姿、高宗的飞白书法，但是条件并不具备。先发掘三座陪葬墓，既可了解这一时期的文物情况，也可积累经验，为有朝一日乾陵的发掘作些准备。

图26–3 武则天无字碑

这三座陪葬墓中，永泰公主墓于1960年至1962年率先进行发掘。永泰公主李仙蕙是唐中宗的第七女，据文献记载：永泰公主以郡主下嫁武则天侄武承嗣之子武延基。大足元年(701)，与其夫及懿德太子李重润等窃议张易之兄弟何得恣入宫中，被武则天杖杀，时年仅17岁。中宗复位，于神龙二年(706)让她与武延基合葬，陪葬乾陵。由考古勘察与发掘得知，永泰公主墓地面有覆斗形封土堆，原有围墙，残存有土阙1对、石狮1对、石人2对、石柱1对；地下结构是一座长斜坡多天井双室砖墓，全长87.5米、深16.7米。由墓道、5个过洞、6个天井、8个小龛、前后甬道和前后墓室组成。其前墓室的右侧有个盗洞，直贴墓壁而下。盗洞底部有一副骨架及盗墓用的凿子、锤子等，说明当时盗墓者应有两人以上。打通盗洞后，一个盗墓者进入墓室盗宝，宝物用绳索吊至地面，地面守候的人，见财忘义，落井下石，杀害了地下的盗墓者，独吞了财宝。这个盗洞正好打在前墓室与甬道之间，前有墓道填土所阻，后为墓室砖壁所挡，唯有此处能进入墓室，选点之准确，盗洞之垂直，令人惊叹。(图 26-4)

永泰公主墓中出土文物 1300 余件，有石、陶、金、玉、铜、铁、锡制作的器皿，且不乏精品。但更令人瞩目的是墓志和壁画，墓志长、宽均为 1.19 米、厚 0.25 米，志盖阴刻“大唐故永泰公主志铭”九字。志文中说 :“自蛟丧雄锷，鸾愁孤影，槐火未移，柏舟空泛。”说明武延基先于永泰去世。之后永泰公主去世的原因并非死于武则天杖杀，而是“珠胎毁月，怨十里之无香”，昭示死于难产。对永泰公主骨骸进行检验，她的骨盆确实小于常人，因此，她死于难产是可能的。

永泰公主墓的壁画布满了整座陵墓内，墓道东、西壁绘青龙、白虎，六组仪仗队和戟架 ；前室东、西壁绘宫女 (图 26-5) ；后室顶部绘天象。其中最负盛名的是前室东壁的宫女图，宫女九人，都是云鬓高耸，髻型各异，有半翻髻、回鹘髻、惊鹄髻等。髻上不施金翠首饰，也不戴耳环，是开元年间以前的典型装束。宫女上着小袖罗襦，上罩“半臂”，披帛结绶，酥胸微露 ；下穿绛裙，长裙曳地，脚穿昂头重履，手中各持玉盘、烛台、食盒、团扇、如意、拂尘和玻璃杯等，象征着公主宫内掌筵、掌严、掌藏、掌食、掌医等女官。

图 26-4　永泰公主墓壁画

画中的九个宫女神态安详自若，各有不同表情，刻画得精细入微，极为生动。人体比例确当，气韵生动，神态、身份、内心活动都通过线条色彩栩栩如生地跃然壁上，所有的线条都是用刚劲利索的手法，明快地一挥而就。这种画风是晋代顾恺之线型的发展，又是初唐阎立本和盛唐吴道子画风的结合，实为我国壁画艺术中罕见的珍品。

图 26–5　永泰公主墓仕女图壁画

懿德太子李重润是唐中宗的长子。文献记载他于大足元年（701）与永泰公主等同被武则天所杀，死时才 19 岁。唐中宗复位后，于神龙二年 (706) 将其坟由洛阳迁至乾陵与裴粹亡女冥婚合葬，追赠皇太子，号其墓为陵。

懿德太子墓长达 100.8 米，由墓道、6 个过洞、7 个天井、8 个小龛、前后甬道和前后墓室组成。甬道和墓室为砖砌。在墓后室西侧置石椁一具，石椁墓门上精雕盛妆凤冠命妇，高冠卷云，前后插金玉步摇，佩玉制度亦极严正，在唐代图像中为仅见的珍贵资料。一对命妇不仅形象端庄、比例确当，而且雕刻极为纤细，毫发毕露，服饰花纹栩栩如生，是难得的艺术珍品。

懿德墓的壁画与永泰墓一样布满全墓，面积达 400 平方米。其中阙楼图及仪仗队体现了懿德太子的显赫地位和宫廷生活的奢侈排场，具有极高的史料价值和艺术价值。阙楼后壁面紧接着绘制了一幅阵容严整的仪仗队壁画，画面最前面是队列整齐的步行仪仗，中间是成队的骑马仪仗，最后是三辆豪华的马车，据《旧唐书·舆服志》记载，壁画上所绘的车应属太子大朝所用之辂车。壁画中的骑马仪仗和步行仪仗象征着太子仪仗中的左右卫。这幅壁画是太子大朝仪仗图的再现。值得一提的是，壁画中绘列戟二十四杆，据《唐六典》《唐会要》等记载，仅在太庙、社稷及宫殿门，可列戟二十四杆，懿德太子墓是号墓为陵，所以列戟二十四杆也是与其身份相符合的。

懿德太子墓早年被盗，残存大理石哀册和1000多件随葬品，哀册残片发现于甬道中，共11片，楷书、阴刻、填金，是现存哀册实物中较早的一例。残存的随葬品集中在过洞两边的小龛内，计有陶俑834件、三彩俑69件、木俑162件。其中以贴金铠甲骑俑为前导、音声俑随后的出行仪仗俑群最为珍贵，也是迄今发掘的唐墓中最为完整的皇室仪仗队。它为研究唐代仪仗制度提供了珍贵的实物资料。

章怀太子李贤，是唐高宗第六子，文明元年(684)被武则天流放巴州后自杀，时年32岁。中宗复位后，于神龙二年(706)以雍王身份将其陪葬乾陵。景云二年(711)重开墓室，以章怀太子身份与妃房氏合葬。李贤初葬时身份为雍王，因此他的墓略小于懿德太子墓和永泰公主墓，陵前也不置石狮，而置石羊一对；地下结构全长71米，由墓道、4个过洞、3个天井、6个小龛、前后甬道和前后方形墓室组成。甬道和墓室为砖砌，墓室亦略小于号墓为陵的懿德墓。

章怀太子墓早年也被盗掘。残存随葬品600多件，绝大部分为陶器。其中三彩骆驼、牵驼俑、马、牵马俑以及镇墓兽等，颇具特色，为研究唐三彩的演变提供了重要资料。章怀太子墓的壁画具有浓郁的生活气息，尤以《出行图》《马毬图》《客使图》最引人注目。《出行图》由40多扈从马队及二匹骆驼组成，衬以青山绿树，所有马鞍均有豹皮或虎皮，马上扈从头戴幞头，身着各色短袍，腰佩弓及箭

图26–6　章怀太子墓壁画《客使图》

囊等，有的手持大旗，有的抱狗，有的架鹰，骆驼负着铁锅和木柴等，浩浩荡荡，场面十分恢宏，真实地反映了皇室成员出行时的显赫气势。《马毬图》在西壁，与《出行图》互相对称，共有20多个打马毬者，左手执缰，右手执偃月形鞠杖，飞驰于球场上，作出球、抢断、追赶、守护等状。马毬也称波罗(Polo)球，发源于波斯，传入中国后，经唐太宗的提倡，在宫廷和王公贵族中习以成风，盛极一时，玄宗为太子时，曾以一人击败吐蕃队传为美谈。这幅《马毬图》是研究唐代马毬活动的重要资料，同时也是我国与波斯等国文化交流的实物见证。《客使图》（图26-6）也可称为《礼宾图》，是李贤墓所独有，可能与其生前曾“自顷监国，留心政要”有关，图中共6人，前导3人头戴笼冠，身着红长袍，腰束带，长绶曳地，一人手执笏板，应是唐代鸿胪寺官员。其后一人光头、浓眉、深目高鼻、阔嘴，身着翻领紫袍，腰束带，脚穿黑靴，双手叠于胸前，与文献对照此人可能是东罗马的使者。另一人身着大红领长白袍，双手拱于袖中，腰束白带，脚穿黄靴，推测此人可能是高丽或日本的使者。再一人头戴皮帽，身着围领大氅、皮裤、黄皮靴、腰束带，双手拱于袖中，此人可能是东北少数民族的使节。这幅壁画具有强烈的写实精神，鲜明的时代特征，是唐代中外友好往来的历史画卷。

五、乾陵地宫试探

乾陵虽未进行发掘，但已发掘了它的多座陪葬墓，尤其是“号墓为陵”的懿德太子李重润墓和永泰公主李仙蕙墓，此外还有前蜀王建墓和南唐二陵李昪钦陵、李璟顺陵的发掘，为探究乾陵地宫的构筑，提供了十分重要的实物资料。参照文献记载和考古发掘资料，我们可以作以下推论。

关于地宫的平面布局。根据昭陵自墓门至玄宫深七十五丈、有石门五重的记载，乾陵也凿有相当长的埏道。因为是依山为陵，不可能开凿天井，既无天井也就无过洞。同时，地宫是生前殿堂的缩影，三殿制在高宗时已成定制，因而乾陵也应有前、中、后三室，以象征三殿制。距唐不远的南唐二陵及前蜀王建永陵的地宫布局均为前、中、后三室，可作佐证。乾陵地宫三墓室都安置有石门，加上埏道口和埏道内各有一重石门，也如同昭陵一样，有石门五重。三室之中后室面积可能最大，是安放棺椁之所。墓室两侧开凿众多的侧室，以替代小龛，其中将放置大量的随葬品。

关于葬具。已发掘的两座“号墓为陵”的陪葬墓以及勋臣墓，都使用了石椁，乾陵当不例外，必是使用雕琢精致的石椁。此时虽已大量使用石棺，但高宗、武则天都在洛阳去世，灵柩护送至京，“大驾长驱，千乘万骑”，从死到安葬近一年时间，石棺不宜固封，估计使用的还是木棺。当然，也不排除外层用石棺内为木棺——双层棺的可能性。

关于玉册。据《旧五代史》卷一四三载，“魏晋郊庙祝文书于册，唐初悉用祝版，唯陵庙用玉册”，可证唐陵中应有玉册无疑。懿德太子墓中已出土大理石质哀册，乾陵内理应放置作为皇权象征的玉册、宝盝、谥宝。

关于壁画。唐墓壁画十分普遍，亦具特色。依山为陵是否也绘制壁画？虽不能完全定论，但是从墓道勘查中出现的壁画痕迹，可以推断乾陵内当有巨幅壁画，若存在壁画，后室中将绘日月星辰的天象图，地面有山岳江河，中、前室将绘制侍从行列，墓道内则绘有庞大的卤簿出行、各类侍役以及列戟、宫阙图等。

关于随葬品。众所瞩目的是，《述圣记碑》中记载，高宗临终时要把他所喜欢的书籍、法帖、墨宝等随葬。他生前酷爱钟、王墨宝，自己也写得一手好字，称为飞白体。假如这些都还存在，无疑可解开我国长期争论不休的许多学术难题。至于俑类、金银器等项更是毋庸置疑的，而且都将是国之瑰宝。

诚然，推断决不能替代事实。乾陵地宫究竟如何？待到地宫重启之日，庐山真面目自会大白于天下的！

（南达仁）

千年古寺“佛光”再现

——青州龙兴寺的发现与发掘

1996年10月7日至15日，在山东省青州市博物馆南邻一土建施工工地抢救发掘了一处龙兴寺佛教造像窖藏，参加现场评鉴的国家及省文物局、北京大学、山东大学等专家认为，造像出土数量之大，跨越年限之长，造像品种之多，雕刻技法之精，贴金彩绘保存之好，

图27–1　龙兴寺遗址全景

在我国佛教考古史上实属罕见，应为我国佛教考古工作的重大发现。随后不久，此发掘被评为1996年“全国十大考古新发现”之一。

作为业务主持人，我自始至终地参加了这次考古发掘。我是1966年北京大学历史系考古专业毕业的，开始分配到山东省博物馆工作，参加过济南无影山西汉墓群、曲阜九龙山汉墓、临淄齐国古城殉马坑、日照东海峪等多次重大考古发掘。为了更好地施展和提高自己的专业特长，后来我请调到历史上的名城重镇、文物古迹极为丰富的青州，先后参加和主持了青州地区几十次考古发掘，调查出近500处古文化遗址。这次抢救发掘的龙兴寺佛教窖藏，更使我惊喜异常。

1996年10月6日，青州市博物馆馆长王华庆同志早晨散步路过青州市博物馆南土建工地时，偶然发现了一个可疑盗洞（图27-2）。经请示上级业务部门同意，由我担任现场考古发掘业务主持人，组织了十余人的精干队伍，第二天即进入工地，对其正式进行抢救性发掘。清理完“盗洞”，我们惊奇地发现离地表3.5米左右处有为数众多的石佛造像，职业敏感使我意识到，这是个重要发现。为了摸清情况，我们立即请山东省考古钻探队进行钻探。钻探的结果让我们大吃一惊，这里竟是一个东西近9米、南北近7米的大型窖藏。按照考古发掘的程序，应将表土、窖藏的填土一层层地去掉后，再逐层清理出石佛造像，然后进行电视录像、照相、绘图、编号、提取文物……但是，这次是在土建工地上进行的抢救性发掘，为了确保佛教造像的安全，我毅然决定：打破常规，分块发掘。造像清理后立即对其进行了必要的资料记录和临时编号，博物馆库房工作人员现场接收，然后马上装车运往专用库房。

图27-2　窖藏土坑坑口

窖藏上部地层因土建机械施工已被铲平，从残留的局部观察，叠压窖藏的地层共分三层：

第一层，现代耕土，厚30厘米；第二层，黄土，厚50厘米，为明朝初年增筑青州城墙所留；第三层，浅灰土，厚15—45厘米，为金元时期的遗留。该窖藏开挖于生土中，东西长8.7米，南北宽6.8米，坑底距地表深3.45米，坑内偏东部有一宽0.9米、长6.3米的南北向斜坡。窖藏四壁垂直，拐角明显。其西半部偏南有一直径1米的盗洞，盗洞直达窖藏底部，洞内填土较乱，有淤泥。窖藏西南角有一直径2.5米的废井，井底上距窖藏底4米，井内填土松散，内含部分造像残件和明代砖瓦残件。

窖藏内埋藏的造像中，以石灰石造像为主，并有少量的汉白玉、花岗岩造像。这些石造像，特别是石灰石造像，绝大部分都有当时的颜色保留，并有不少贴金残件出土。众所周知，我国的佛教寺院中的造像都有颜色，各种颜色将那些本无生命的造像变得栩栩如生，让那些虔诚的信徒们拜倒在它们的脚下。我国石质造像带颜色的已不多见，少有的一些也是后期人们重新施彩。在出土的石造像中，保留颜色的更为罕见，1987年和1994年，青州曾出土过几尊带色造像，我们想尽一切办法将颜色保留下来，它们因此而成为无价之宝，

图27–3　考古人员正在发掘背屏式造像

这么大批量的带颜色的石造像出土，在我国实属罕见（图 27-3）。我们当即决定：造像入库以后不急于清洗，待泥土晾干后再行处理。青州地区土质为带碱性的黑土，造像通体粘附着这种黑土，刚刚挖出时如果立即刷洗，颜色就会被刷洗下来，只能待土晾干后，用水慢慢冲洗，让土溶于水变成泥浆下来，造像的颜色才不会脱落，对此我们已有成功的经验。所以，我们在发掘清理时，有意在造像上保留了一层泥土，以便于保护这些珍贵的颜色。

除石质造像以外，此次发掘还清理出几尊铁造像和部分陶造像，并有木质造像和一批泥胎彩塑。我们根据不同情况对其分别进行了处理：铁造像用密封容器保存，并用干燥剂对其进行吸水处理；陶造像烧制火候极低，我们将其阴干，然后再进行了除土处理；木质造像因长期埋于地下，木质已朽，仅油漆保留，我们做好记录，采集标本；彩塑出土量较大，但因掩埋时间长，又加上存放时置于最底层而被石质造像挤压，仅有部分能清出一点眉目，且这种泥胎彩塑无法取出，我们根据这一情况，仔细地清理了这些残部。有一尊彩塑佛头像，发髻保留较好，该发髻为宝蓝色彩绘，发髻中的螺髻饰件系制作成形以后用火简单烧过，然后根据要求一个一个地安于未干佛头上的。我们清理时，发现这些螺髻大小有别，即外层为上螺髻，内层为大螺髻。这一现象引起我们的注意，经仔细观察，发现此彩塑的面部也分两层，说明这尊彩塑在经过一段时间后可能因局部有破损而被重新整塑过。在窖藏的东北部，我们发现了一个陶盆，仔细清理，又发现有一处高约 30 厘米的硬土质，我们将其进行特殊的处理，原来这是一尊小型泥塑的佛像，再往下清，发现这尊泥塑的胎内存放有用火烧过的骨灰。看来，这尊泥塑佛像是用僧侣的“灵骨”做胎制成，下部还用陶盆加以承托。这种现象，以往十分少见。为什么这位僧侣的骨灰没有被掩埋而被做成泥塑？这尊泥塑为什么要用陶盆承托而不直接搬来置于窖藏之中？对此我们一时很难弄清，还有待于深入细致的研究。

窖藏内，造像分三层排列，且有一定的规律：残头像置于窖藏边缘，面部向内；残身呈东西向排列；造像残块上面用较大的造像碑残件覆盖，到这些残块清理出土时，上面未粘上泥土。在三排造像的顶部，造像上有席纹的痕迹，部分造像上还有烧过纸张后留下的灰烬和熏迹，造像之间发现一批不规则放置的铜、铁货币。这些现象引起了我们的关注和思考：第一，这处窖藏的位置应该在《益都县图志》记载的龙兴寺内（这一点，被以后的钻探所证实），是龙兴寺的僧侣们开挖了这一窖藏，在开挖时，有意在中间留下一个斜坡通道，然后将被砸毁的造像小心翼翼地抬到窖藏内；第二，在造像排放上，事先有周密的安排，先放彩塑、木质、铁质造像，然后再放石质造像，最后将各种残头像放置于坑壁边缘，这样一层层排列，使其井然有序；第三，待造像全部进入窖藏之后，由龙兴寺的住持方丈出面，在窖藏周围举行法事祭祀活动，并在造

图 27–4 整理出土的龙兴寺佛造像现场

像上燃香烧纸，向窖藏内撒放钱币，然后盖上苇席进行掩埋。从此，这批瑰宝就在窖藏内沉睡，直至被发掘出土才又重现“佛光”。

10 月 15 日，清理工作正式结束，9 天 9 夜的连续工作既劳累又兴奋。我拖着疲惫的身子，走进了库房（一个用展厅临时改造的面积 200 平方米的房间），库房的情景使我惊叹不已！这么大的库房，竟被发掘出的文物摆得密密麻麻，连下脚的地方都没有，很多造像因无处单排，只好暂时堆放起来，虽然这种存放办法不符合规范要求，也只好暂时这样，待以后另作安排。这次发掘出土的造像数量十分可观，计有佛头像 144 尊，菩萨头像 46 尊，带残身的头像 36 尊，其他头像 10 尊，还有一批被砸毁的头像、造像残身 200 尊以上。（图 27-4）

此次出土的这批造像，从造像的质地分类，除铜造像未有出土外，石灰石、汉白玉、花岗岩、铁、陶、木、泥塑 7 种质地的造像均有出土；从造像的形制分析，造像碑、单体造像均有大量出土，造像碑有大有小，单体造像有立姿、坐姿，它们中有佛像，也有菩萨像，还有罗汉像，其大小差异较大；从造像的年代分析，这批造像有北魏时期的大型造像碑，也有北宋时期的罗汉像，其年代包括了北魏、东魏、北齐、隋、唐、北宋共500余年。可以认为，这批造像是青州乃至今山东地区这一时期佛教艺术的缩影。

这批造像，雕刻技法极为高超，线条极为流畅，其雕刻刀法为平直刀和圆润刀。造像碑中不论作品大小，均以三尊像为主，也有除三尊外另加二弟子的造像碑，二胁侍脚踩莲蕊，莲蕊之下刻出极细微的莲茎、莲花、荷叶等，在它们与本尊之间又刻有栩栩如生的飞龙。飞天雕刻得更为精美，有几尊飞天被雕刻成镂空式，其形象更加生动活泼。单体造像雕刻得更为生动，无论是佛像还是菩萨像，其面部加工都很细微，栩栩如生。这些造像中，有些身上不出现衣纹，仅用身躯表现其丰满；有些则衣纹重叠，飘逸自然；有的饰品遍身，显出雍容华贵；有些仅用线刻，线条简洁明快。这些，均充分显示了当时雕刻技艺的丰富多彩，也充分证明了当时雕刻技法之精细。更为珍贵的是，这批造像大部分还保留彩绘和贴金。彩绘用朱砂、宝蓝、孔雀绿、赭石等天然矿物质色料。贴金主要在佛像皮肤的裸露部分，另外，菩萨、供养人、飞天、火焰纹、龙体等也部分装饰贴金，其中有几件小型造像碑本尊的面部、胸部贴金仍完整地保存至今，实属少见。

此窖藏出土的这批造像，因掩埋前均被程度不同地破坏，仅有部分造像大体保存完整，例举如下：

图 27–5　韩小华造弥勒像

图 27–6　尼智明造佛三尊像

1．永安二年（529）韩小华造弥勒像（图27-5）。高55厘米，宽51厘米，顶部为方形圆角，碑下为长条形基座，基座上左右刻“乐醜儿供养”“韩小花（华）供养”，并各有一线刻跪姿供养人。供养人中为二尊护法狮子，二尊狮子中间为人托式转经轮浅线刻，造像为三尊像，均立于莲蕊之上，本尊螺形高髻，面相清瘦，袈裟下摆外侈，二胁侍头戴高冠，面相清瘦，长裙曳地。三尊头饰黑发，唇涂朱红，三尊像后有略向前倾的背光，使其与造像碑形成两层的三角形空间，此空间雕日月天神，造像左侧有题记四行：“永安二年二月四日清信女韩小华／敬造弥勒佛一躯为亡夫乐丑儿与／亡息佑兴廻奴等后己身并息阿虎愿／使过度恶世后生生尊贵世世侍佛。”

图27-7a　龙兴寺出土的佛造像

2．天平三年（536）尼智明造佛三尊像（图27-6）。残高83厘米，宽66厘米，下有高17厘米的长条形基。造像为三尊像，均立于覆莲基座上，造像上部残。本尊褒衣博带袈裟，袈裟下摆多折且微外侈，胸、足部贴金，袈裟着朱砂红，背光、头光为朱红、赭石、深红、宝蓝、孔雀绿、金六色，头光外侧为忍冬花环；右胁侍面部以上残，其面部清瘦，冠带垂直肩部，宽博的披帛，左手执瓶，右手执莲蕊，裙下摆外侈；左胁侍与右胁侍基本相同；造像两侧彩绘僧侣像，僧侣像均面向三尊。在基座上有题记十五行：“大魏天平／三年六月／三日张河／间寺尼智／明为亡父／母亡兄弟／亡姊敬造／尊像一区／愿令亡者／托生净土／见在蒙福／又为一切／咸同斯庆／敦达郭明／侍佛时。”

图27-7b　龙兴寺出土的北齐贴金彩绘菩萨造像

3．北齐彩绘造像（见图27-7a）。残高112厘米，头、左手、足残。造像身无衣纹线条，而以躯体体现身材，为标准的北齐造像风格。造像袈裟彩绘精细，用朱砂绘出袈裟大体图案后，在大框之间精心绘出各种人物图画。胸上部12厘米×15厘米的方格内，用浅绿底色，上绘结迦趺坐的佛像。该佛像蓝发髻，赭石线条的头部，朱砂袈裟；右肩部5厘米×6厘米的地方，在朱砂底色上绘制三人，他们有的黑发上卷，但均为深目高鼻，有较浓的黑胡须，穿对襟长衫，长衫分别为绿、蓝、黄色，脚穿长筒黑皮靴，其线条流畅，构图准确，人物形象逼真，为一件文物“极品”。

4．菩萨像（见图 27-7b）。高 1.36 米，榫高 28 厘米。菩萨头戴透雕花冠，冠微残，冠中有一化佛（佛头残），该佛双手握佛珠一串。菩萨面相较丰满，眉清目秀，双耳垂肩（耳垂下部略残），颈佩连珠状圆形项链，链下饰一嘴含五个花蕊的兽头，兽头嘴两侧有连珠细链。极为精美的缨络从两肩垂至膝间，宽博的披帛饰于双肩后衬托缨络下垂膝间，与缨络同时交叉上卷至胁间用手握住后，再飘然下垂。宽博的裙带从胸间下垂至脚面，裙带上有浮雕立体佛像、忍冬花等图案，腰间两侧有连珠串饰垂于脚部。菩萨左手自然下垂握住披帛，右手半举（手残），赤足立于莲蕊上，莲蕊上有红、绿等彩绘。造像宽博的裙带、丰秀的面相等，为青州地区北齐时期的特征。故此件应为北齐的观音菩萨像。

根据这处窖藏提供的线索，我们请来山东省考古研究所钻探队，对窖藏周围地片进行普探。随着一个个探孔的打出和图纸上标出的数据及现象，一个寺院遗址的面貌完整地展现在人们面前：在南北长 200 米、东西宽 150 米的范围内，最南端有从东到西宽 30 米的砖铺地面，应属于大门内的某种建筑遗迹；往北有南北向的三条轴线，中间和东侧的两条轴线由三座大殿组成，大殿基础有 30×25 平方米、30×12.5 平方米和 25×20 平方米三种规模。西轴线则由东西宽 20 米、从北到南的大型僧舍根基组成，与中轴线之间还有部分较大的建筑基础，估算这处遗址的建筑面积近 1 万平方米。我们清理发掘的窖藏，就在中轴线北部大殿后 7 米处。从钻探出的结果分析，殿基有深有浅、有大有小，这应该是建造有早有晚的缘故。但奇怪的是，六座主殿前均无东西配殿，而目前中国现存寺院均有配殿。我跑到北京，请教宿白先生，宿白先生一听这个情况反倒特别高兴，他说：“没有配殿就对了，证明这个龙兴寺遗址是唐和唐以前的，中国的寺院北宋以后才出现配殿。”听完宿先生的话，我非常激动，也为没带钻探图纸来给宿白先生看而内疚。

经过初步整理，我们即将此次抢救性发掘龙兴寺窖藏佛教造像的情况上报国家文物局等主管部门。国家文物局张柏副局长等立即批示文物要上报中央领导。11 月 16 日，也就是龙兴寺窖藏佛教造像出土后一个月，专家评鉴会在青州举行。专家们在实地考察了龙兴寺遗址并观看了出土的造像之后，作出如下的评论：龙兴寺窖藏出土的佛教造像数量之大，在我国佛教考古史上罕见；造像品种之多，在我国佛教考古史上罕见；造像雕刻技法之精，在我国佛教考古史上罕见；造像贴金彩绘保存之完好，在我国佛教考古史上罕见。

根据《益都县图志》记载：“龙兴寺在（青州）府城西北隅，寺中旧有宋碑，金

人刻其阴曰：（南）宋元嘉二年（425）但呼佛堂。该寺北齐武平四年（573）赐额南阳。隋开皇元年（581）改曰长乐，又曰道藏。则天天授二年（691）改名大云。开元十八年（730）始号龙兴。宋元以来，代为名刹。明洪武初拓地建齐藩，而寺址遂淹。”从此记载可以看出，龙兴寺已存在近千年。现在，龙兴寺遗址的发掘工作正在准备阶段。相信该遗址的发掘，一定会有许多新资料和更多的珍贵文物出土。从出土的造像和其他文物确定，窖藏埋于北宋末年宋徽宗以后或金朝初年，但毁坏这批造像的原因，还在研究之中，现在仍没有定论。我们相信，随着整理工作的不断深入和研究工作的不断加强，这一历史疑问一定能得到解决。这批出土的佛教造像和原有的驼山、云门山石窟佛教造像，以及新近论证的北朝青州山体巨佛（图 27-8），说明青州在历史上曾经是齐鲁大地的一个佛教文化的中心。所以，龙兴寺窖藏佛教造像的出土和龙兴寺遗址的发现，不仅有助于我国佛教文化的研究，也将在我国古代雕塑、美术等研究领域产生重要影响。

图 27-8　青州卧佛。由四座山体组成，从螺髻至喉结全长 2500 米。北齐时由人工在自然山体的基础上加工改造而成。

（夏名采）

黄沙淹埋的文化艺术宝库

——敦煌莫高窟佛教艺术管窥

敦煌莫高窟是举世闻名的艺术宝库。她饱经沧桑，历经1600余年的风风雨雨，至今保存着编号洞窟492个，彩塑2450余身，壁画4500多平方米，唐宋木构窟檐5座。她还曾拥有在一个洞窟中发现自北魏至宋代的文书、刺绣、绘画等艺术品5万余件的记录。在敦煌，美术家、音乐家、工艺家、舞蹈家、宗教家、文学家、考古学家、历史学家、民俗学家、建筑学家等，都可以获得他们需要研究的资料，对敦煌的研究已成为一种专门的学问——敦煌学。

一、乐僔法良法其宗

敦煌位于甘肃省的西部，处在新疆、青海、甘肃三省区的交界点上，自古以来就是交通枢纽之地。汉武帝时，张骞通西域，敦煌更成了中西经济文化交流的咽喉。据《汉书·地理志》载："敦煌郡统县六：敦煌、冥安、效谷、渊泉、广至、龙勒，户万一千二百，口三万八千三百三十五。"已是西陲一个相当繁荣的地方了。所以汉代应劭注解"敦煌"字的意义说："敦，大也。煌，盛也。"敦煌的繁荣与其境内的两个著名关隘即玉门关和阳关有关。它们是古人至西域的两个必经之处。唐人对这两处关隘颇多歌咏的诗句，有些成了脍炙人口、千古传颂的佳句，如王之涣的《凉州词》："黄河远上白云间，一片孤城万仞山。羌笛何须怨杨柳，春风不度玉门关。"王维的《渭城曲》："渭城朝雨浥轻尘，客舍青青柳色新。劝君更尽一杯酒，西出阳关无故人。"

在玉门关和阳关之东有两座独特的山：三危山和鸣沙山。三危山因山有三峰、危岩欲坠而得名，夕阳西下时，它霞光四射，映出神奇的色彩。鸣沙山为流沙积聚而成，人从山顶滑下，沙石磨擦，轰声如雷，因而得名。闻名于世的莫高窟就开凿在鸣沙山东麓断崖上（图 28-1），原有窟龛千余，故有千佛崖之称。

莫高窟的创建年代，目前学术界都根据唐代武周圣历元年（698）李怀让《重修莫高窟龛碑》中所载，定为苻秦建元二年（366）由僧人乐僔始创，之后法良禅师也随之营建，是为莫高窟滥觞之时。碑文是这样写的：

图 28–1 20 世纪初期的敦煌莫高窟

莫高窟者，厥初，秦建元二年（366）有沙门乐僔，戒行清虚，执心恬静，尝仗锡林野，行至此山，忽见金光，状有千佛（下缺五字），造窟一龛。次有法良禅师，从东届此，又于僔师窟侧更即营建，伽蓝之起，滥觞于二僧。后有刺史建平公、东阳王（下缺七字），后合州黎庶，造作相仍，实神秀之幽岩，灵奇之净域也……乐僔法良法其宗，建平东阳弘其迹，推甲子四百岁，计窟室一千余龛。

另据敦煌遗书《莫高窟记》《沙州城土镜》《李义修佛龛碑》等测算，石窟开凿年代大致为 364 年、353 年等。总之，都与建元二年相距不远，把莫高窟开凿年代定在东晋中是比较确当的。至今属于东晋、十六国晚期的洞窟仅存七个。之后经过北魏、西魏、北周、隋、唐、五代、宋、西夏、元诸代相继凿建，遂成为规模宏大、内容丰富、历史长久、位列全国石窟之首、享誉世界的石窟群。

二、崖壁绽出佛殿堂

石窟是佛教的产物，它与佛教同时传入我国。石窟大多开凿在远离尘嚣的悬崖绝壁之上，用以供佛教徒修炼礼拜。莫高窟的开凿时间晚于新疆克孜尔等石窟，它的窟形较之印度石窟的窟形已有极大的改观，大致可分为六类：

1. 中心塔柱式

这是北朝洞窟的典型形制。这种形制可以说是由印度支提窟演变而来。只是支提窟中的舍利塔已为方形塔柱所替代。此类洞窟平面一般都是纵长方形。由前、后两部分组成。前部有“人字披”顶，并凿出影做椽子、斗拱等，俨然是仿木结构的房屋；后部是平顶，略呈正方形，中心部位凿出直通到顶的方形塔柱，柱身四面凿龛，龛内塑佛像，龛外有菩萨像。塔柱四周为通道，可容人绕塔顶礼膜拜。洞窟壁面都是平面，后壁和左右壁都凿有佛龛，前壁入口通道上方凿出明窗以采光。这种中心塔柱式的洞窟形制盛于北朝，隋和初唐时还有很少几个。

2．毗诃罗式

在莫高窟仅存3个，都是早期洞窟。可能开凿于十六国晚期的一组洞窟，是由一条通向主窟的甬道、主窟及南道两侧的各两个小支洞组成。小支洞仅1平方米左右，只能供一僧徒打坐。另二处面积稍大，而且有人字披顶，表明它也已向我国民族形式靠拢了。隋唐以后，随着佛教更重义理，少倡戒行，石窟形制也随之发生变化，中心塔柱式和毗诃罗式逐渐消失，继而兴起的是覆斗式。

图 28–2　莫高窟覆斗式洞窟及其佛教壁画

3．覆斗式

覆斗式洞窟都是方形，覆斗顶，无中心柱，后壁开一大龛。这类洞窟在北魏时已有出现，是隋唐时期洞窟最基本的形制，直至元代，覆斗式窟仍有凿造。

覆斗式洞窟，顶中央高起，形成自拱，承受压力使窟顶不至于坍塌。由于取消了中心柱，窟室内更为宽敞，信徒们不必再绕塔回行礼拜，可以聚集在殿堂里宣讲经义，进行供养礼拜活动。因而这类窟形也可称作殿堂式。（图 28–2）

4．涅槃窟

“涅槃”是梵文Nirvana的音译，意译“圆寂”等。为了宣传这一思想，就在洞窟里塑造释迦牟尼涅槃像。这些塑像都是卧像，神情安详、宁静如睡梦一般。莫高窟中有两座都是唐代建造的，规模相近，进深约7米，横长17米，后壁有一米多高的通长大台，上有榻形小台，佛像卧于其上。佛像为石胎泥塑，长约16米。从现存题记得知，它是中唐时期开凿的。

5．大佛窟

在莫高窟中仅有两处：一处为初唐的，窟内大佛像高达33米，是武则天天册万岁元年（695）所造；另一处是盛唐开元时开始营造的，佛像高达26米。这两窟的窟底空间都不宽阔，人在窟内仰视大佛，更觉佛的庄严伟大而感到自身的渺小。这种窟通向窟外的通道都不只一个，而是分上下两层共二至三道。上层的通道，不但可供登临就近瞻仰大佛面容，同时也是大佛头部的光线来源。这些采光口，使大佛上身不至于处在一片漆黑之中，使头部和胸部得以明亮，腹部以下转暗，突出了佛像造型上的重点。在窟前原来都建有楼阁式的建筑，从遗留的许多梁眼遗迹来看，楼阁估计至少有三层以上。

6．背屏式

所谓“背屏”是在凿窟时在坛后沿留出一面石壁，石壁直达窟顶，厚约1米，宽约4米以上。背屏式的窟形接近覆斗式，平面为方形，覆斗顶，顶的四角常有稍稍凹进的弧面，弧面上画天王。背屏式窟的四壁都不开龛，而将佛、菩萨等造像安置在窟内中部的坛上，坛四周与壁之间保持一定距离，可作道场（图28-3）。由于坛紧靠石壁，主尊正好安置其上，所以习惯上称这样的石壁为“背屏”。背屏式是五代和宋朝的代表窟形。

上述六种窟形，从数量上以覆斗形最多，除盛行于隋唐时期外，其他各代都有凿建。涅槃窟、大佛窟都是为了满足某种特殊需要而开凿的，所以数量极少。从窟形的变化分析，毗诃罗式和中心塔柱式尚有与印度石窟形制存在相通之处外，其余四种形式则都是我国所特有的石窟形制。它从一个侧面反映了佛教和佛教艺术传入我国之后，为中国传统文化所融合，逐步完成了中国化的进程。

三、天国神像降人间

彩塑是洞窟的主人。这是指彩塑在洞窟中的地位而言。因为彩塑是供奉的主体，佛教徒顶礼膜拜的对象。就艺术而论，莫高窟是塑、画并重。壁画在洞窟内并不仅仅起着烘托作用，而是与塑像共同形成不可分割、统一和谐的完美整体。

莫高窟开凿在砾岩上，石质疏松。砾岩上可以开窟，但不能用以雕琢，所以一开始就采用传统的泥塑妆銮。聪敏的艺术家以捏、塑、贴、压、削、刻等传统技法，塑出形体，然后用点、染、刷、涂、描等绘画技法赋彩，画出细节，体现质感，唐人称之为“塑容绘质”。这造就出了一尊尊流传千古的不朽艺术精品。

莫高窟现有492个洞窟中，保持原型塑像的有110个洞窟，总计塑像约2450躯（不包括1000余躯影塑）。其中基本完好的塑像约有1400余躯。属于魏窟塑像约300余躯，隋窟塑像350躯，唐窟塑像670余躯，五代、宋、西夏、元窟等塑像100余躯，还有清代彩塑和重塑的近千躯。塑像数量之多和延续时间之长，是世界上任何一个雕塑艺术博物馆都无法与之匹敌的。

莫高窟彩塑艺术的发展、演变，粗略地可以分为早、中、晚三期。

早期 包括北魏、西魏、北周三个朝代。这一时期主体性圆雕塑像多为佛教崇拜的主要偶像，如弥勒像，释迦、多宝并坐像，说法像，禅定像，思维像，以及中心塔柱四面表现释迦生平事迹的苦修、降魔、成道、说法等像。佛像一般都有胁侍菩萨，成一佛二菩萨的组合。这其中以弥勒为主像的数量最多，一般都安置在上层阙形龛中，表示弥勒高居“兜率天宫”，往往是扬掌交脚而坐，因而常称之为“交趾弥勒”（图28-3）。弥勒是佛教中的未来佛，佛经中说：只要信奉弥勒，忍辱苦修，来世就可以升入兜率天宫，享受天国之乐。这种教义对当时苦难的人们有抚慰作用，因此弥勒造像甚多。其次禅定像也较多。“禅定”就是“思维修”，意思是澄心静虑，坐禅入定，忘却尘世一切烦恼，使精神世界臻于明彻的境界，逐渐接近于天国。其中，第259窟的北魏禅定像是典范。此像姿态端庄，面庞圆润秀丽，双眼微闭，嘴角轻露一丝发自内心的微笑，把蕴藏在内心的悟性表现得淋漓尽致。虽然丰满而略长的脸型还保留着西域风格，但所显露出来的含蓄、内向、娴静而又坚定的美感，完全展示了东方民族特有的

图28-3 莫高窟第275窟交趾弥勒佛

气质。

早期的塑像，无论是人物造型、衣冠服饰、体格形态，乃至艺术风格，都还没有完全脱离印度犍陀罗艺术的手法，人物的特征是额部广阔、鼻梁高隆、眉眼细长、唇薄额突、波形发髻、体格硬直，只是衣着已经中国化了。它们薄纱透体，具有史称“曹衣出水”之感。这种情况并未持续太久，到北魏孝文帝太和改制以后，就又有了重大的变化，南方“秀骨清像”的艺术风格很快传到了敦煌，佛像内穿交领襦，外套袈裟。菩萨或上身半裸，着羊肠大裙，披帛交于胸前；或金冠高履，褒衣博带，成了南朝士大夫的形象，且面貌清瘦者居多。塑像表现的内容也增多了，佛的庄严慈祥、力士的威猛粗犷（图 28-4）、菩萨的清秀恬淡、飞天的飘逸闲畅等所谓“通脱潇洒”的风貌风靡一时。

中期 包括隋唐两代，是莫高窟雕塑的极盛时期。隋唐洞窟，多为覆斗式的佛殿，正面大龛列置一组以佛为中心的群像：正中为佛像，两侧侍立两弟子、两菩萨、两天王和两力士，有主有从，有坐有立，有文有武，成为隋唐造像的定制。

佛像位居正中，体形最大，肉髻螺发，面相丰满，眉如彩月，双目秀慧，鼻梁挺拔，嘴角稍翘，微露笑意，双耳垂肩，圆融和谐，端庄慈祥，身着通肩袈裟，衣纹简朴无华，结跏趺坐于莲座之上，既使每一个顶礼膜拜的人都会感到具有至高无上的非凡气概，又感到亲切可近。菩萨的塑造是最美的，早期的菩萨多为男像，唇上有蝌蚪形小胡子，入唐之后它们逐渐变为女像，形象更为丰富，有作“游戏坐”的；有身躯倾斜作“S”形，柔姿绰态的；有合掌向佛、温婉虔诚的；有挺胸直立、健康丰腴的。所有的菩萨都是比例匀称，衣着华丽，头戴宝冠，身佩璎珞，薄薄的贴身衣裙，具有极强的动感。唐代艺术家对菩萨的塑造可说是情有独钟，他们在泥土和麻草中注入了自己的生命，也创造了生命。他们是在颂扬“神”，而更多

图 28-4 力士彩塑

的是在歌颂人类女性的善良、美丽、智慧和尊严。

唐代艺术家把对女性的美，超现实地倾注于菩萨的塑造上，把男性的阳刚之气则凝聚在对天王力士的雕塑上。天王力士是佛的守护神，《维摩诘经注》中说："护世四王，各治一方，护其所部，使诸恶鬼神不得侵害也。"他们的职责是保护"天国"的安宁。唐代洞窟中的天王力士俨然都是世上久经沙场、能征善战、"胡尘未尽不为家"的大将。天王身穿盔甲，脚登毡靴，攥拳怒目，脚踩恶鬼，威武凶猛；力士则是上身裸露，肌肉突起，横眉怒目，令人生畏。加之赋彩装金，浓墨点睛，须发蓬松，飘逸洒脱，动感极强，收到了泥塑不易达到的效果，大大增强了艺术的感染力。

晚期 包括五代、宋、西夏、元等时期，是莫高窟雕塑的衰落期。五代、宋初的塑像，形象衣饰等仍保留有唐代遗风，但是远不如唐塑，它们缺乏内在的活力；佛、菩萨的表情显得淡漠，甚至是无可奈何的。到了西夏和元代，保存至今的塑像甚少，只有释迦多宝并坐像、说法像等，内容、手法与宋代相似。近期发现可定为西夏小龛的二身供养天女像，穿着西夏贵族妇女礼服袿衣，纯系世俗装束。到了清代，又加上了些道教的神像，显得极不协调。

综上所述，敦煌莫高窟的彩塑艺术，已经脱离印度艺术的束缚，创造出完全中国化的佛教雕塑艺术，它与西方雕塑最重要的不同是讲究舍其形而取其神，不仅要塑造出形似的美，而且要塑造出高于现实的美。把人与神、肉体与精神完美地统一在一起，这就是美轮美奂的东方艺术。

四、神笔描绘佛世界

莫高窟中45000余平方米宗教艺术的壁画，是根据佛教经典，由我国历代艺术家、画匠呕心沥血用如椽神笔绘制而成的。但是它们所涵盖的内容不仅限于佛教，而且涉及政治、军事、经济、社会、文化等诸多方面，可以说是无所不包、博大精深。其种类大致可以分为佛或菩萨的尊像画、佛本生和因缘故事画、各种经变画、供养人画像、装饰图案等。

尊像画在莫高窟壁画中是大宗，包括佛、菩萨、阿罗汉、小千佛、说法图以及密教的曼荼罗。"佛"是"佛陀"的简称，意思是"觉者"或"智者"。我国佛教属大乘系统，提倡三世十方有无数佛，在北魏时以释迦和阿弥陀为主像，都以"说法图"出现，之后有药师佛、炽盛光佛、卢舍那佛等等。宋代以后，几乎不见单尊佛像，大都被组织在经变画之中。菩萨是梵文菩提(Bodhisattva)的音译简称，在壁画中大量存在，在尊像图中，菩萨最为优美而富于变化。她是俗家装束，早期菩萨唇上有小胡子，以后完全绘作女像。单尊菩萨像在隋代开始，唐代盛行，其中最多的是观音和地藏，地藏作少年和尚装束，文殊、普贤菩萨像也流行。阿罗汉在壁画中作为佛的胁侍出现，早期只有迦叶和阿难，唐代中期以后发展到四身。晚唐五代时有十六罗汉，并单独绘制。小千佛在莫高窟中数量相当多，没有固定的地位，早期在四壁，以后升到窟顶藻井四周。

“本生”就是指释迦的前生。印度的佛教徒相信轮回，认为释迦在降生前就经历了许多世，便把许多民间的寓言和传说等，演绎成了佛“本生经”。本生经故事中，尽管主角的名字有许许多多，但始终正义一方代表佛的前身，佛的仇敌调达或波旬的前身则都是坏人。这些故事在前期壁画中占了主要位置。起初是独幅画，后来发展成连环画形式，如尸毗王本生、萨埵那本生（图 28-5）、鹿王本生等等。这些故事的共同点是提倡自我牺牲精神，劝人为善。“佛传”是指释迦一生的事迹，通常都是投胎、降生、灌顶、踰城、苦修、降魔、得道、涅槃等等。本生和佛传故事到唐代几乎被经变所取代。

“经变”的“经”就是“佛经”，“变”是“变相”或“变现”的意思，简单说，经变就是佛经的图像。经变是莫高窟壁画的主体，占了最主要的位置，面积大数量多。佛教经典很多，因此经变的题材也很多，如西方净土变、东方药师变、法华经变、维摩经变、华严经变等，其中最多的是西方净土变，有 120 多壁。在北魏和隋壁画中，经变还只是萌芽，到了唐代壁画中则几乎成了一片经变的海洋。唐代经变的题材，都是赞颂佛国的欢乐，明示皈依佛教，必得善果，即使是悲剧也是以喜剧收场，这和唐代社会经济繁荣、人民生活比较安定有关。宋代中期以后的经变逐渐走向程式化，像千佛图卷一样，难辨其题材内涵，而元代的经变就成为各种密教曼荼罗了。

“供养人”就是那些出钱修窟的人。他们把自己的像画在墙壁上，表示这窟内的佛、菩萨是他们所供养的，是他

图 28–5　莫高窟第 254 窟萨埵那太子舍身饲虎壁画

们的功德，所以供养人也就是“窟主”或“功德主”。供养人是现实世界的人，穿着服饰都与其当时的社会身份相符，是研究历代服饰和社会生活的极为珍贵的材料。

装饰图案布满各窟，犹如百花竞放的花圃。莫高窟的装饰图案可说是集图案之大成，千姿百态，变化万千，美不胜收。

五、满壁丹青写春秋

艺术是现实生活的反映，莫高窟壁画原本是为了描绘天国佛世界而创作的，但是虚幻的佛国世界不可避免地折射出真实的人世间的活动，又为我们谱写了一幅以图画记录的历史长卷。它较集中地反映在供养人和各种文化史迹中，是壁画中极为重要的内容。

供养人在壁画中属于肖像画的范畴。北朝时期的供养人都是数十小像，位置在说法图和本生故事下方，身体前倾，面容瘦削者居多，这与顾恺之所说的刻削为容仪相符。供养人旁大多有题名，现存最早的题名见于北魏第248窟龛下“信女素金一心供养”。隋代供养人，已由单身像发展为全家，还有车马、伎乐、随从等。第64窟是一个小窟，不但绘制了成陁罗一家10口的供养像，还有牛车等，应是一户普通人家发愿凿窟，具有浓郁的生活气息。唐代供养人画像是最为繁荣的时期，一般都绘在甬道两侧和经变下方，但无一定格式，有的竟绘在经变画之中作为听众的一部分，有的甚至绘在菩萨两侧，简直欲与菩萨平起平坐了，而且有的供养人像已从一尺左右的画像，发展到与真人等身的大像。内容十分丰富，有豪门氏族的形象，也有当时居住在这一地区的鲜卑、吐蕃、回鹘、党项、蒙古等少数民族的形象（图28-6）。有意思的是，还出现了第107窟属中唐时期几位妓女所开凿的小窟，题记上书“释迦牟尼佛六躯愿舍贱从良妓女善和一心供养”。五代、宋初的供养人像更大，超过了真人的身量，更是显赫无比。

莫高窟壁画中折射出丰富的历史文化内涵。这些由图画记录下来的历史、经济、文化艺术、民俗、建筑、舞乐等，是一部五彩缤纷的物质文化史。

建筑史迹　自北魏到宋代，漫漫七个世纪间，莫高窟中汇集了无数的宫阙、殿堂、重楼、城垣、庭院、回廊、台观、塔庙、桥梁、草庐的建筑图样，琳琅满目，式样之多、结构之精可谓世界之最。

服饰史迹　供养人是现实生活中真实的人，他（她）们的髻鬟发式、冠戴服饰，都是当时的装束，即使是佛、菩萨、弟子、天王等的服饰，尤其是入唐之后所有的装束也是仿人世间的，因此无论是供养人，还是佛、菩萨的服饰，是一个包括不同时代、不同阶层和不同民族的服饰博览会。难怪有人说，研究中国古代服饰，不到莫高窟就

图 28–6　莫高窟第 61 窟曹氏女供养人画像

是隔靴搔痒。

舞乐史迹　为人们熟知、脍炙人口的“反弹琵琶”的精彩舞乐就是源于莫高窟壁画，其实何止是“反弹琵琶”，就乐器而论，在莫高窟中还可以看到从西域传来的曲项琵琶、五弦琵琶、凤首箜篌、羯鼓、鸡尾鼓、毛员鼓、铜钹、铜锣等。北周流行的打击乐“方响”，是古凉乐特有的乐器，可以奏出“十二均声”（7 个全音，5 个半音），可惜已失传于明代，但在莫高窟第 201 号、第 112 号窟伎乐器中还能见到它的形状。莫高窟中千姿百态的舞蹈造型：有的舞姿初展，有的似曲终舞歇，有的舞兴正浓、怡然陶醉，有的独步舞台、飘飘欲仙，有的醉舞于前、彩蝶纷飞，虽然千变万化，但有同一规律，就是以头、臂、手、胸、腰、胯、腿、脚的弯曲状态，构成 S 形的优美曲线，形成了独具一格的美的旋律。（图 28-7a、28-7b）

社会史迹　莫高窟壁画是一幅场景广阔的历史画卷，描述了种种社会生活：勤劳的农民在一小块田里架牛犁地、收割、打场；饱经风霜的船夫肩压纤绳缓步前进；一群贩运丝绸的西域商人，遇上了拦路打劫的强盗；一只海船陷入困境，勇敢的水手正与风浪搏斗；

图 28—7a　莫高窟第 112 窟反弹琵琶图

图 28—7b　莫高窟第 112 窟反弹琵琶图局部

络绎不绝的商队，风尘仆仆，在井旁小憩，饮马灌驼；嫁娶婚宴的喜悦，老人亡故的悲哀，儿童读书，牧女挤奶，青年男女谈情说爱，官府严刑拷打百姓，以及射箭、举重、马术、相扑等各式各样的体育活动。还有伐木、修塔、赶驴、推磨、舂米、制皮、烧陶、猎渔、纺织、宴饮、杂技、百戏、监狱、军阵、战争……壁画触及到社会现实生活的各个层面。

六、藏经洞中稀世宝

莫高窟的重要，除了保存着为数惊人的雕塑、壁画外，还在于发现了一个保存有自 5 世纪至 11 世纪初的写经、文书和文物 4 万余件（也有 5 万余件之说）的藏经洞。无论是文物价值还是文献价值，它们都是公认的稀世珍宝，举世瞩目。对于这些文物、文献的研究，被冠之以专有名称——敦煌学。

1997 年底报刊上报道了一则引人注目的消息：11 月 4 日在北京当今研究敦煌历史、敦煌文学和东方考古学的著名学者季羡林、宿白、马世长等 15 位教授，在北京大学会议中心召开了以“向欧美及日本等国索还敦煌藏经洞流散文物”为题的研讨会，引起了国内外学术界的普遍关注。那么敦煌藏经洞到底是怎么回事呢？

敦煌在古代是西陲重镇，兵家必争之地。每次兵燹之际，管理莫

图 28–8a　王圆箓发现的敦煌藏经洞内景

图 28–8b　伯希和在敦煌藏经洞

高窟的和尚就要逃一次难。宋景祐二年（1035），西夏占据了敦煌，照例又要逃难的莫高窟和尚把不便带走的经卷、文书、绘画、法器等，都封闭在一个洞窟的秘室里，外面用泥壁封好后绘上壁画。然而，这些藏匿文物的主人从此再也没有回来，这个秘室就变成了真正的秘密，里面的文物在黑暗的洞室里静静地躺了七八百年。直到清代晚期，青年道士王圆箓（图 28-9）从湖北麻城逃荒来到了莫高窟，他用化缘得来的一些钱，自作聪明地雇了工匠改造洞窟，把精美的壁画刷白了，打毁了塑像，画了红胡子王灵官，自封为当家道士。光绪二十六年（1900）五月二十一日清晨，王道士等正在清除莫高窟北端七佛殿下第 16 号石窟甬道中的积沙时，奇迹出现了。这个后来被称为“藏经洞”的石窟是在崖壁的最底层，山顶流淌下来的流沙已把这个长约 7 米的甬道堵塞了。清除流沙后，两壁显露出宋代人画的菩萨行列，王道士有意无意地用旱烟管在裂了缝的墙壁上敲打了几下，发现里面竟是空的！当他打开这壁墙时，一扇紧闭的小门出现了。打开小门，里面是一个黝黑的高约 1.6 米、宽约 2.70 米略显长方形的复室，室内堆满了数不清的经卷、文书、绘画、法器等等。当然，王道士并不清楚这批文物的价值，他觉得这是神意，是神的赐予。震惊世界的“藏经洞”（图 28-8a）就是这样无意中回到了人世间。

王圆箓随意取出几卷送给县长汪宗瀚去鉴别，汪宗瀚是识货的，他知道这些古物的价值，便依仗他的权势，向王道士要去了一批画像和写本，把它作为官场的礼品，于是有一小部分流传到了北京。甘肃学台叶昌炽通过汪宗瀚也得到了不少藏品，其中有宋乾德六年（968）的水月观音像，他曾向藩台衙门建议，把这批古物运到省城来保存，估计运费要五六千两银子。昏聩的清政府觉得银子比这批“废纸”更有价值，没有采纳这项建议，只是发了一纸命令，叫王圆箓照旧封闭秘室，从此就不再过问此事。从此，王道士成了这批古物的实际拥有者。（图 28-10a、28-10b）

当这批稀世珍品被斯坦因等大量盗走以后，清政府才知道了一点消息，命令把剩下的经卷“装成两木桶，油漆彩绘，封钉坚固，木桶空其中心，套立木柱，可以推动旋转，安于佛殿，名曰‘转经桶’，其余仍集堆于洞中”。“责成王道士将此项经卷，妥为保存，毋再遗失私卖，致干咎戾”。（敦煌县存档案宣统二年第八号）王道士不但没有受到应有的处罚，反而意外地得到 300 两香银作为他看守经卷的代价。这两只奇怪的“转经桶”，至今还竖立在第 17 号窟内，内中一无所有，真正的“空其中心”了。王道士变本加厉地“私卖”，几乎使藏经洞内的古物为之一空。经有良心的学者一次次上书呼吁，才迫使清政府下令把所有残存的经卷写本悉数运到北京。然而，起运时尚有 8600 余卷，经沿途大小官员强取豪夺，到北京时剩下的就是现保存在国家图书馆的那一部分，所剩到底还有几分之几，已无人能说出个准数。

图 28–9 发现藏经洞的王圆箓

英籍考古学家斯坦因（M.A.Stein）是盗劫藏经洞文物的第一人，他在《西域考古记》一书中有详尽的自供：1907 年 5 月斯坦因第三次来到敦煌，前两次或因适逢庙会，人太多，他不敢轻举妄动，或因王道士外出化缘没能得逞。他第三次是在 5 月底来到莫高窟的，他通过其师爷蒋孝琬做翻译，与王道士进行了初次接触。此时王道士已把通往秘室的通路用砖砌起来。斯坦因便在莫高窟安营扎寨，开始了软磨硬泡的功夫。一天，他在洞窟壁上看到了王道士请人绘的《唐僧取经图》，他凭直觉知道王道士虽

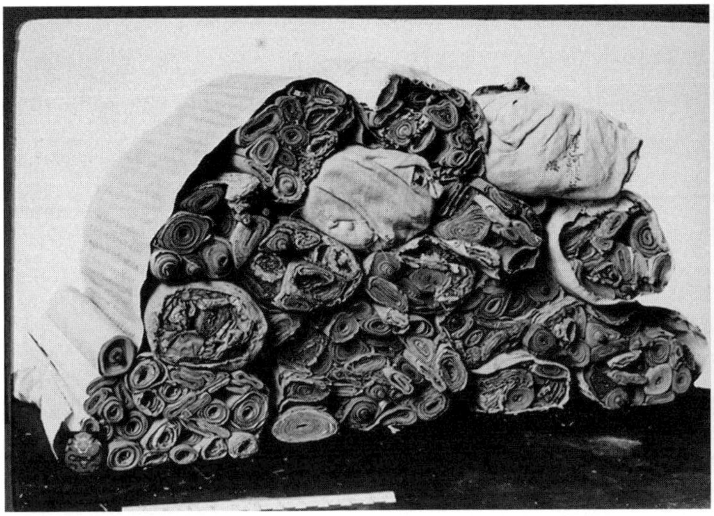

图 28—10a　藏经洞的经卷

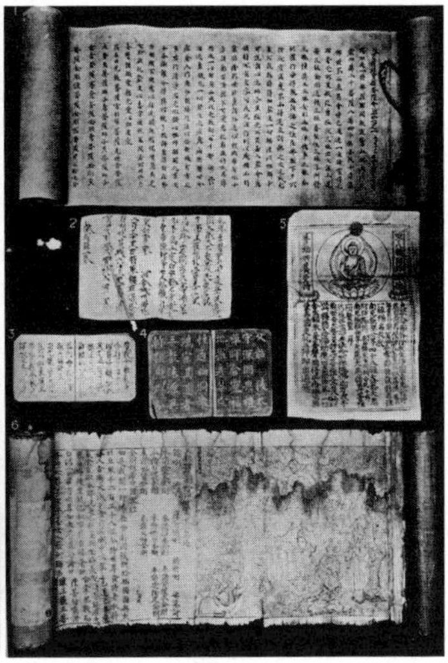

图 28—10b　敦煌遗书

然对佛教一无所知，却对唐僧充满虔诚敬意，就自称是印度的佛教信徒和玄奘的崇拜者，他来敦煌是受印度政府的委托，把在印度已不存在的佛经再取回去等。这竟然说动了王道士，王道士便在深夜悄悄地把藏经洞里的写本拿给这位“司大人”看了，第二天更慷慨地拆开了封堵藏经洞的砖墙，让斯坦因进入了秘室。斯坦因写道：“从道士所掌微暗的油灯光中，我的眼前忽然为之开朗。卷子紧紧地一层一层地乱堆在地上，高达十尺左右。”王道士“很热心地将卷子一捆又一捆抱了出来”，还有“用无色坚韧的画布作包袱的一个大包裹，打开后全是古画”，“颜色调和，鲜艳如新”。最终斯坦因以“捐一笔钱给庙里”的方式得到了“满装写本的 24 口箱子，另外还有五口内里很仔细装满画绣品以及其他美术上的遗物”。1914 年，他又从王道士那里得到五大箱。1930 年当他再次来搜括时，因遭到中国学术界的一致反对而未得逞。斯坦因到底从藏经洞盗走了多少文物文献？据英国目前已公布的数字就有 9000 余件。

继斯坦因之后的是法国的伯希和与他的助手奴奈特。1908 年 7 月，他们使用几乎与斯坦因相同的手法，更凭借他们的汉文知识，盗劫了更有价值的文物 6000 余卷写本、画卷以及艺术品，而且还在莫高窟北区现编号为第 464—465 窟积沙中，盗走许多西夏文、回鹘文和藏文文献。之后接踵而来的有日本大谷探险队的吉川小一郎和橘瑞超，他们也从王道士手中骗得数百卷敦煌文献；俄国的奥登堡在1914年至1915年间在敦煌藏经洞和其他一些洞窟中盗走1万余件文献资料和许多壁画；还有美国的华尔纳也不甘落后，他于1924年到达莫高窟，由于已无经卷可拿，就用特制的胶布剥走了第139号、141号、144号、145号洞窟中无比精美的唐代壁画26方，还劫走了几尊优美的唐代塑像。（图28-11）

以上这些仅是有名有姓、见之于文献记载的强取豪夺，至于那些未被记录在案的还不知有多少呢！

莫高窟藏经洞里的文物的价值，是无法用数字来表述的。

一是无穷的历史价值。这批写本、文书、绘画都是从5世纪到10世纪，即北魏到宋初的文物，多数是卷子，也有蝴蝶装小册，还有刊印本。这在我国考古发现中是从未有过的。它对于研究北魏至宋初的历史，有着其他史料所无法替代的作用。

图28—11　莫高窟第16窟侧门及壁画

二是广博的学术价值。藏经洞中仅写本就有2万件以上，内容包括佛经、道经、摩尼经、景教经、儒家经史子集、诗赋小说、通俗文学，以至户籍、账簿、医卜、历本、契据、信札、状牒、祭文等；文字则有汉文、梵文、康居文、于阗文、龟兹文、回鹘文、藏文、突厥文等，其中有不少是我国失传已久的佛经，如《大乘四法经论》《佛说延寿命经》《萨婆多宗五事论》等；有目前所知最古老的回鹘文佛教文献《佛说天地八阳神咒经》，古藏文写的重要文献《吐蕃王朝编年史》，有久已不存的古本隶书《尚书》，有久已亡佚的文学作品如韦庄的《秦妇吟》长诗，有保存了许多古注的《老子》等。它们有着极为广博的学术研究价值。

三是深邃的科学价值。我国古代四大发明，造纸、罗盘、火药、印刷术是对世界文明的杰出贡献。其中印刷和造纸两项都可在藏经洞中看到最古老最完好的实物标本。雕刻于唐咸通九年（868）的《金刚般若波罗蜜经》是目前世界上最早的刻本，卷头的佛说法图，线条精细有力，说明当时中国已具有很成熟的雕版印刷技术了。藏经洞中所出的六朝写本，虽不是目前所发现的最早的纸张，但是这些纸洁白坚韧，已达到极高技术水平，为研究我国造纸发展史提供了重要的实物资料。

四是惊人的艺术价值。我国的书法和绘画是享誉世界的特有艺术。藏经洞中所出六朝、唐代的写卷，虽不是出自名家手笔，但是行列严整，笔致挺秀，表现了这一时期书法艺术极高的造诣。至于近千件唐宋时代的纸本、绢本、麻布本的绘画、刺绣以及丝织品等，更是这一时期艺术史上的辉煌成就，集艺术创作之大成。如引路菩萨、渡海毗沙门天王像，弥陀变绣像、药师变绣像、地藏王绣像等，无不雍容大方、瑰丽无比、庄严持重、洒脱飘逸。面对如此精美的画卷，谁也不敢妄断其中就没有名家手笔，至少说一定有名家的粉本，这是我国绘画遗产中的瑰宝。

敦煌莫高窟，这座沙漠里的艺术宝库，闪闪发光的璀璨明珠，关于它的深邃内涵说不尽道不完，对于它的研究才刚起步，它的真正价值将会一天比一天为人们所认识，它有着无穷的生命力，将闪烁出更为灿烂的光辉。

（南达仁）

渤海国社会面貌的缩影

——黑龙江宁安虹鳟鱼场渤海墓群的考古收获

在世人的印象中，天苍苍野茫茫的东北黑土地，在遥远的年代是荒无人烟的。事实上，早在4000年以前，东北黑土地上就有了人类的活动。尤其是唐朝在公元713年册封的渤海王国的建立，更使得这广袤而神秘的黑土地产生了生机和活力。历史早已证实，北大荒并不荒凉。

图29–1 虹鳟鱼场墓地及其周围地理环境（航拍照片）

一、海东盛国——渤海国

在1300多年前的唐朝，在我国现今东北一带由靺鞨人创建了地方性民族政权——渤海国。回溯此地的历史，这一地区是先秦时肃慎和汉魏的挹娄的故地，南北朝的勿吉及隋唐时靺鞨也曾在这里活动过。

时光虽然流逝了一千多年，但曾经发生在渤海国中的悠悠往事，留给人们许多回味，牵动着后人的心。尽管渤海王国的首都地处边塞，远离中原，而它臣民的主体又是靺鞨族（满族祖先），单凭想象，它很可能是闭塞落后的。可是，宁安的上京龙泉府，不仅山环水绕，物产丰富，而且因国王大钦茂执着地效法中原文化，并连续派人赴唐朝取经，使得渤海王国的经济和文化都得到迅速发展，它因此被赞誉为“海东盛国”。

作为渤海王国首都的上京龙泉府，素有小长安之称。在周长16公里的都市中，共有主街12条，其中朱雀大街长约2公里，宽约100米，不仅街道两旁殿堂建筑富丽恢弘，就连每一隅的雕梁画栋也弥漫着浓郁的唐朝京城的风韵。

斗转星移，沧海桑田。在现今的宁安市境内，依然可见当年渤海王国的上京城遗址。那残留的古城墙，那古色古香的渤海寺庙遗址和石灯塔、大石佛等，似乎都在默默地述说着昔日渤海国的诸多往事。

二、渤海人葬俗揭秘

虹鳟鱼场渤海墓群，位于黑龙江省东南部宁安市渤海镇，境内多山，西是张广才岭，东为老爷岭，牡丹江从南向北纵贯市境中部，其大小支流纵横交错，地理环境适于人类居住。虹鳟鱼场墓地即位于宁安市西南约45公里处的渤海镇虹鳟鱼场北部熔岩台地的两座沙丘上，墓地南部和东部毗邻耕地，北临河溪与沼泽。香磨河从墓地西南向东北流去，西南有一条蜿蜒曲折的小芹菜河，从墓地东侧流入牡丹江。（图29-1）

虹鳟鱼场渤海墓群周围荒芜寂静，然而墓地一带非同寻常。墓群所在地距当年的上京龙泉府仅5公里左右，地处渤海京城的近郊。此处发现的墓葬和珍贵文物，无疑为研究渤海王国最有价值的实物。

1984年，黑龙江省考古工作者对虹鳟鱼场墓地进行了清理，主要发掘了一座大型砖石混筑墓，虽然未出土更多的随葬品，但对墓葬结构有了清楚的了解。墓葬有墓室、甬道和墓道。甬道是墓室和墓道中间的一个通道。这种带甬道的墓葬，在古代只有级别较高的王室贵族墓才有。

1990年，当地老百姓在取沙时，在墓地北侧即沙丘的北坡，破坏了数十座墓葬。

图 29–2　铲形石室墓平面

图 29–3　铲形砖室墓平面

黑龙江渤海上京遗址博物馆闻讯后，收购了老百姓手中的文物，计有陶罐40余件，它们基本被破坏，仅8件完整。其他还有铜牌饰1件，银环、残玉璧各1件。

虽然该墓地自1990年被批准公布为省级文物保护单位，但墓地遭破坏的现象日益严重，甚至墓地所在的沙丘变成了当地居民的取沙场。从1992年至1995年，黑龙江省文物考古研究所对墓地进行了抢救性发掘，共发掘墓葬323座、祭坛7座，揭露面积1万多平方米，出土文物达2000余件，这是1949年以来清理渤海墓葬数目最多的一次。

渤海人的墓室结构与葬具有其自身的特点，虹鳟鱼场墓地反映出的种种迹象也不例外。整个墓地发现石墓、砖墓、砖石混筑墓三大类，而以石墓占绝大多数。在其他地方的渤海墓中发现了土圹墓，其特点是土坑竖穴，无葬具。

石墓又可分为石室墓、石棺墓、石圹墓。按形状区分，石室墓可分铲形（墓道设在墓室南壁中间，形状呈铲形）（图29-2）、刀形（墓道设在墓室一侧，呈刀形，长方形，双室）；石棺墓、石圹墓皆呈长方形。砖室墓和砖石混筑墓有铲形、刀形、长方形三种。大型墓葬墓室一般规格为3.5米×4米，中型墓葬为2米×3米，小型墓葬为0.5米×1米左右，墓道宽0.3—1.5米，长0.5—2.8米。墓底分作四种情况：原生砂土层，铺一层白浆土，铺一层砖，铺一层石板或鹅卵石（图29-3)。

以第124号铲形石室墓为例，说明石室墓的情况。该墓葬规模较大，上有封土覆盖，封土直径约2.6米、高0.75米。墓葬封顶石板已大部分坍塌，仅存4块抹角石板，错角平置于墓角四隅之上。塌落在墓室里的6块封顶石板保存为叠压状态。去掉封顶石板后，墓室平面呈铲形，墓壁内外缘均较整齐，壁宽约0.9米。墓葬为半地穴式，墓室长方形，长2.6米、宽2.12米、深0.8米。此墓系先在地表挖一个深约0.4米的长方形坑，然后用粗加工的玄武岩质大小石板紧挨土坑壁平砌成墓室四壁，共砌6层，自下而上微向内收。墓底采用扁平石板拼缝平铺，个别空隙处以小鹅卵石块填塞。墓壁砌至第三层石板时，在南壁中央原生地表上，以同样石材修筑了墓道，墓道长1.48米，宽0.8米，深0.56米，内用土石填充以封堵墓室。墓内骨架已朽，仅存的两具头骨和部分四肢骨也都散落，不明葬式。随葬器物中，陶器被置于墓室北侧，其余散放。

墓地中267号墓是铲形砖室墓，封土较低平，略高出于地面。墓葬范围内散见各种碎砖，呈红褐色。墓顶已被破坏，但从残存迹象推测，原墓葬封顶系用红砖。墓室平面呈铲形，长2.75米，宽1.15米，深0.65米。墓葬建于地面，是先将地面平整后，用长方形、梯形、直角三角形、等边三角形等不同形状不同规格的红砖，错缝或斜角相对由下而上垒砌四壁，现存墓室砖壁13层、墓道10层。砖砌至第三层时，在墓室南壁修出墓道，长0.9米，宽0.72米，高0.5米，并以两块不规则的玄武岩大石块封堵墓道口，墓底铺有一层砖块。此墓为二次葬，墓道和墓室南端各见一人头骨，墓室西北角发现一枚铁钉。在墓室的堆积物中有若干玛瑙珠及黑色料珠等发现。

清理的墓葬埋葬习俗较杂，多数为多人二次葬，有个别单人葬。单人葬多数为一次葬，墓主人仰身直肢。这种情况也见于火葬。

墓室主人埋葬后，其他人再次迁葬于同一墓室的现象在虹鳟鱼场墓地中普遍存在，有的墓室的人骨多达 10 个左右，表明这种葬俗在渤海国带有普遍性。这种奇特葬俗是渤海社会氏族血缘关系的产物，反映出渤海原始社会的氏族血缘关系还很牢固。

三、首次发现渤海国祭坛

此次发掘发现 7 座祭祀坛，这在渤海考古史上尚属首次。近期在别处考古发掘中也发现了渤海时期的类似现象。祭坛修筑于大墓附近，这可能与祭祀死人活动有关。现存祭坛为草皮层覆盖，地表上可以见到零散的大小石块，其下即为生土层，这是一座典型的地面建筑。（图 29-4）

1 号祭坛的平面呈长方形，外墙用玄武岩石块和石板在地表砌筑，外墙壁齐而里壁不齐，长 6.7—7 米，宽约 5.4 米，现存高度约 0.35 米。石墙内偏北处有一长方形坑，形状较规则，四隅见筑洞置柱的痕迹。坑南北长 3.26 米，东西宽 2.45 米，深 0.33 米，柱洞直径 15—20 厘米，深 20 厘米。坑内填土中发现数量较多的装饰品及铁甲片、铁钉，但均未发现人骨。外墙和长方形坑之间为当时人们活动的地面，是砌墙后垫土形成的，先垫土数层，经压实后在其上铺一层活动面。在南部中央再筑洞置柱。柱洞呈圆形，直径 36 厘米，深 12 厘米，洞里留有两块加固用的石块。

现在可以看清楚当时人们活动过的地表。活动面地表为白浆土夹黄泥土，厚约 3—5 厘米，布于石墙与长方坑之间。其东南角有一圆形柱洞，由此有一条南北向，宽约 0.15 米、长 3.65 米的黑槽延伸至长方坑。西部同样有一条黑槽，长 2.44 米，宽 0.1—0.17 米，深 0.1 米。西侧石墙与长方坑之间有 5 块石头，周围有红烧土，其北面 0.7 米处发现 3 件陶罐，其腹部与底部尚留有烟熏的痕迹。

四、种类繁多、品质各异的随葬品

虹鳟鱼场墓葬中出土 2000 多件随葬品，随葬品的种类有陶器、铜器、铁器、骨器、玉器、金银饰件等，大体可分为生活用具、生产工具、兵器、马具和装饰品。有的墓葬没有随葬品，有的大墓发现 100 多件不同种类的随葬品。男性墓中发现生产工具和兵器，女性墓中一般多为生活用具和装饰品。这些随葬品可能是这些人生前用过的，有的罐仍带有一些烟熏的痕迹。

炊器、盛器、水具、酒具等器皿都为陶器。此次发掘共发现 200 多件完整的陶器，它们在当时人们的生活中起到重要的作用。

虹鳟鱼场的陶器制法有手制和轮制两种。陶器用手捏成，或是用泥条盘筑成型，也有用模子来成型的，这些制法统称手制。部分陶器在口沿和颈部经过慢轮修整，就是把已经成型的陶坯放在叫做“陶轮”的可以转动的木圆盘上，在转动中修正器坯的口沿、颈部等部位。此次发掘的陶器均为手制，年代稍晚一些的陶器在口沿和颈部上留下了慢轮修整的痕迹。

虹鳟鱼场的器物有釜、罐，一般用作炊器，还有使用于饮食器和储存器的瓮、罐、壶、碗、钵、器盖等。

为了增加陶器的美观，陶器未烧完之前，一般要对陶器表面进行修饰加工。这里的陶器素面居多，长腹罐陶器口沿饰重唇的比较多，其他还有用木棒为工具在陶坯上划成的弦纹或水波纹。

由于陶器的用途不同，陶器在选料上也有区别。用于盛物的瓮、壶、碗、钵类多用经过淘洗的细泥制成，它们不仅质地坚硬细致，不易渗水，而且美观耐用。做炊煮

图 29–4　308 号墓和祭祀坛全景

用的釜、罐类，则是泥中夹砂，以使其增强受热，且不致烧裂。

虹鳟鱼场随葬品中也发现了大量的铜制品。《辽史·地理志》载："渤海置铜山郡，地在汉侯城县北，渤海龙泉府南，地多山险。"可见渤海曾是铜的重要产地。墓地发现的主要铜制品有生活用品和装饰品，如镜子、带具、带扣、耳勺、耳环、镯、钗、剪刀等。铜器中大多数属青铜制品，也有少量白铜制品，说明渤海人已掌握了合金的技术，并且工艺水平较高。

虹鳟鱼场墓葬中发现了数量较多的铁器。随葬品中一般是兵器和生活用具。兵器有大长刀、铠甲、各种不同形状的箭头；生活用具则有铁钉、螺丝、铺首、带銙、带扣、马具等。

墓葬中出土的武器，反映出渤海人尚武的习性，难怪史书中有"渤海三人当一虎"的记载。

虹鳟鱼场墓葬也有玉器、鎏金器、金银器发现。有的器物工艺精巧，反映出渤海国手工业的发达程度。这些使我们对渤海国社会的经济状况和生活面貌有了进一步的认识，从而为研究渤海国社会性质提供了实物资料。其中鎏金铜花饰、鎏金铜钗等文物，不仅工艺水平较高，而且同中原地区的同类器物有着文化上的渊源关系。

特别值得提出的是，这里还出土了极为罕见的带文字的陶器（汉字），它们对研究渤海时期的文字具有重要的参考价值。另外在清理砖室墓中，出土一批珍贵的渤海时期的砖，分红砖和青砖两种，有等边三角形、直角三角形、梯形、长方形等不同规格，其中红砖占多数，是研究渤海时期建筑风格的绝好资料。

渤海建国后，其畜牧和渔猎业在整个社会经济中所占比重较大，这在虹鳟鱼场墓地中也有反映。史料中记载"其畜多猪""富人至数百口，食其肉而衣其皮"。饲养猪可能是当时渤海人的主要家畜业之一。渤海人"善骑射"，所谓"胜兵十万"大多是指骑兵，这在史料中屡有记载。渤海有名的马有"率宾之马"。渤海产马，以马为贵，也在墓葬的填土中有所反映。此次发掘发现马骨、猪骨、鱼骨，其中马牙数量较多，这是靺鞨人死后常常以马进行祭祀的风俗的反映。

渤海国存在 220 年，但其系统的文字史料相对较少。虹鳟鱼场墓地的全面发掘，可"证史之误，补史之无"，具有极高的学术价值。墓地出土的一批新的重要遗迹和珍贵文物记载了渤海国的历史，填补了渤海国历史与考古研究中的空白，所以引起了国内外学者的广泛关注。

（金太顺）

雪域高原上的神秘王国

——西藏古格王国遗址揭秘

在世界屋脊的西藏高原，有一处神奇的地方——阿里。这里峰峦叠错，山高插天，喜马拉雅山脉和冈底斯山脉如逶迤千里的巨龙横亘其中。极目远眺，群山突兀的山峰覆盖了终年不化的积雪，时隐时现在云雾之中。1000多年前，在这荒凉偏僻的阿里高原上突然出现了一个“神秘的王国”——古格王国;300多年前，它又神秘地消失。没有多少人知道它的历史，人们仅凭零零碎碎的史料来猜测这个昔日的高原王国。几个世纪以来，人们对古格王国充满了迷恋之情，无数探险家对它更是心驰神往。但由于异常恶劣的自然环境，来访者无不抱憾而归，古格王国一直在世界这个人烟稀少的角落里沉默着。1985年6月至10月，西藏文管会成立的阿里考察队对古格王国及其周围遗址进行了综合考察，昔日王国这才露出了原有面目。

一、“蜀道”之行

1985年6月上旬，阿里考察队一行11人从拉萨出发，踏上了去往古格的漫漫征途。穿行在“世界屋脊”的高原“蜀道”上，感觉全然不同于平原地区，一路上考察队遇到了许多意想不到的困难。生命危险自不待言，即使平常的衣食住行，也都成了大问题。这里年平均温度为－5℃，可以说一年到头都是冬天。眼下虽是6月，大家依然感到寒气逼人。白天尚可支撑，一到夜里，则冻得直打哆嗦。吃，同样令人头疼，首先要解决吃水问题。尽管到处是圣湖圣水、冰山雪峰，但湖里的水是咸的，不能饮用；山上皑皑积雪和融化的雪水多半鞭长莫及，只能望而兴叹。水的沸点只有80℃，烧水煮饭也成了难题：不但烧煮费时而且烧不开，生米自然也难以煮成熟饭。不过，对考察队员来说，能够吃上一顿夹生饭也算是一件难得的幸事了，更多的时候他们只是随便吃一点干粮来充饥。至于“蜀道”之险峻，更让人心惊肉跳。这里的海拔平均高度在3800米以上，空气密度低，而且严重缺氧，给高原行车带来极大的困难。车子常常熄火，重新发动也不容易，有时一忙就是个把小时。有幸坐在车上，心情也不轻松。山上的路高低不平，车子一路颠个不停，稍有不慎，就会葬身山谷。在平路上行驶，情况自然比山路行车要好些，但也麻烦不断，一是害怕迷路，二是害怕陷入泥潭。考察队在措勤途中，就遇上了这样的情况。措勤属藏北高原的“无人区”，车子从措勤出发，开进了一个地图上找不到的盐湖。由于湖水不断蒸发，盐湖岸边留下宽十几米的白色结晶盐，车子一开上去，就陷入烂泥中。开始，司机还想靠冲力将车拔出，但适得其反，愈陷愈深。大家只好纷纷下车，拿起木杠，扛的扛，抬的抬，折腾了几个小时，才将车子抬出来。当大家满身泥巴爬上车子时，夜幕已悄悄降临。司机立即发动车子，匆匆逃离了这块“死亡之地”。

“蜀道”行期17天，考察队员风餐露宿，与狼为伴，长途跋涉6000公里，到6月30日，终于到达了象泉河，这里离古格城堡已是一步之遥了。

二、古格城堡

古格王国城堡遗址在阿里地区离札布让两公里外的一座山上。这是一座岩石山，岩石上覆盖一层厚厚的黄土。山上千疮百孔，像一位历尽沧桑的老人（图30-1）。山前有条山沟直通象泉河，遗址的西南、西北方向是高达200米的断崖，崖下为一条干涸的河床，南端依靠高耸陡峭的大土山。东边是一片较开阔的山坡地，山坡下有一条小溪。

古格城堡高约200米，占地面积达180000平方米。大部分建筑集中在山的东面，依山叠砌，层层而上，其东、南两面房屋、窑洞星罗棋布，计有房屋近400间，窑洞800余孔。城堡从上到下分为11层，有宫殿、寺庙建筑，也有一般民居和军事设施。考古人员对城堡进行了详细的调查测量，绘制了总平面图，对城堡进行了分区，对建筑物及窑洞逐一编号；对重要的建筑和窑洞还绘了图，并拍摄了照片资料。

宫殿建筑主要集中在山顶，共有房屋40余间，均系土木结构，平顶，一般面积12—18平方米，多数为一层建筑，也有两层和三层建筑，楼上的窗户仍可辨认。这些建筑多成残垣断壁，但其格局说明当初的设计颇具匠心。国王和王族居住的宫室在山顶南部，面积不大，小巧别致。在王宫的西部，有一面积约200平方米的建筑残迹，这是宫殿区里最大的建筑，由于雨水侵蚀，地面和墙头已布满沟壑。在山顶的北部，有一个洞口，洞深20米，洞底开阔，中间是一条通道，两面各有4孔窑洞，东面的窑洞深居山腹，漆黑无光；西面的窑洞各有窗口一扇，开于悬崖峭壁之上。每孔窑洞

图 30–1　古格王国城堡遗址远眺

的面积在 20 平方米左右，其墙直直，其顶平平，可见当年开凿之精细。这里，就是国王的“冬宫”。整个宫殿区四周，围绕着土坯砌成的城墙。从半山腰到宫殿区，只有一条长达 50 米的通道，既窄又陡，真乃“一夫当关，万夫莫开”。

现存的寺庙建筑有 6 座，其中 2 座居于山顶，4 座位于山脚。六座建筑各具特色，但以“白庙”“红庙”最为辉煌。白庙、红庙面积各 300 多平方米，为典型的藏式建筑，历时数百年，保存基本完好。庙内四壁布满了精美的壁画，顶部有各种图案的天花板。白庙内的壁画，除绘神像、天王和其他宗教故事外，最重要的是北墙上一幅吐蕃历代赞普和古格王世系画像，画像旁有藏文署名。其中有从松赞干布到最后一个赞普朗达玛的画像。红庙内最珍贵的壁画是南墙左边的一幅故事图，描画了迎请古印度著名佛学家阿底夏的场面。画中有人击鼓吹号，有人驱马向前，一队舞女在旁舞蹈，一些侍女正在摆设供桌。古格王和王后以及臣民们并排而坐，国王和王后的座前是一尊无量寿佛，他们背后坐着一排排臣民，四周挂着许多彩球。这幅画的下边还画有一些人背着木材、赶着驮木材的牛向前行进。山顶上小经堂内的壁画主要内容是：天堂、人间、地狱。天堂里有神和菩萨，人间有裸体侍女，地狱里则是受到各种刑罚的人和魔鬼。置身庙内，人们仿佛在巡游一座宏大的画廊。从壁画内容来看，古格王国历史和佛教有着密切的关系，壁画散发的宗教气息，让人浮想联翩。壁画上的人物动感极强，栩栩如生，数千人物，无一雷同。天花板上的图案达500多种，丰富多彩，构思巧妙。还有各种几何形、动物形图案，仅狮子的图案就有40种之多。壁画的颜色浓重鲜艳，对比强烈，其绘画手法，既有内地风格，也有印度、尼泊尔风格，甚至还有西亚的影响。所有这些都是研究西藏历史和艺术的重要史料。

在城堡内，还有3座残存的佛塔。其中2座的塔基为圆形，残高分别为1米和5米左右；另外1座的塔基为方形，残高约5米。从残余塔座来看，其形制也颇具印度、尼泊尔风格。

在古格城堡里，还发现了许多散乱的盔甲、马甲、盾牌和箭杆。盔甲是牛皮绳编串小铁片而成，铁片光亮，似曾镀银，一副盔甲重约10公斤。盾牌呈圆形，直径约70厘米，用藤条编制，然后用牛皮条或铁片加固，中心有一个圆形铁帽，表面彩绘，坚固美观。箭杆多用竹制，箭头系铁质。城堡周围另有一些土墙，厚约5.5米。山势险要处依靠天然屏障而不修土墙，土墙只在山坡上较平坦处修建。从这些遗迹、遗物可以看出，古格是一个战争频繁的王国。

古格王国遗址规模宏大，气势雄伟，布局严谨，错落有致。尽管城堡已遭自然及人为破坏，人们仍可从中感受到这座古城昔日的壮观和繁华。作为一个有过700多年历史的地方奴隶主政权，在它的统治范围内，绝不止这一个城堡遗址，一定还有许多尚未发现的古格遗址，但它们在哪里呢？带着这个疑问，考察队员以古城堡为中心，开展了持续两天的调查，又陆续发现了不少古格遗址或遗迹。

三、神秘的“干尸洞”

在距古格城堡北面约1.5公里的断崖上，工作人员发现了一座神秘的“干尸洞”，该洞口向东，距地面约2米左右。洞内有三室：中室、西室和南室。南室洞口现有高度仅20余厘米，里面情况已不可考；中室面积为10平方米，西室面积为5平方米，两室都叠压有二三层尸骨，约100具，在一些腿骨、脊骨上，还附有干枯的人皮和已风干的人肉。“干尸洞”里，至今仍散发着熏人的恶臭。在清理“干尸洞”之前，工作人员向洞里喷了白酒，进洞时每人都戴上洒了酒的口罩。洞里的尸体大多身首分离，其中一具比较完整的尸骨，双手交叉于腹前，下肢弯曲，身上捆绑着绳子，头发上的绿松石装饰和手上的戒指一如其故，尸骨的衣服上还有斑斑血迹。如何解释这一神秘的“干尸洞”呢？人们对此有着种种不同的猜测：或以为“干尸洞”是一个“俘虏洞”，凡捕获的敌俘都投入此洞，并处酷刑；或以为这是一个“敌尸洞”，凡战场上的敌尸

图 30–2a　藏尸洞又叫干尸洞，是山壁上一个不大的小洞。本图为古格王城藏尸洞远眺。

图 30–2b　洞内满是破碎、风干的尸体，以及骨骼碎片、衣服碎片。通过骨骼和衣服判断死者有男人、女人、儿童，还有不少僧人。这些人的尸体没有一具是完整的，而且不少尸体身首分离。

都掷于此洞；或为一个“罪犯洞”，是古格王国用以镇压反叛者和奴隶的刑场。历史的真相究竟如何，还真是个谜。（图 30-2a、30-2b）

四、多香古堡

多香古堡位于古格城堡西南约 25 公里的多香村附近。该遗址坐落在多香河东岸台地上的一个独立小山上，台地高出河床约 25 米，小山高出台地约 130 米，山呈鱼脊状东西横列，遗迹分布在山顶及西侧、南侧的山腰、山下，遗址总面积约 12 万平方米，总计有房屋遗迹 73 座、碉堡 16 座、塔 11 座、窑洞近 200 孔。城堡整体布局到殿堂、塔、碉堡、窑洞的营建方式及建筑风格，都与古格故城遗址完全一致。只可惜殿堂、房屋全遭破坏，无一完整。南面的集会殿只剩下四周墙垣，墙上壁画已模糊不清，依稀可辨的有佛、菩萨、胜乐金刚、六臂依怙等像，画像的线条和用色与古格壁画相似。原依怙殿由窑洞和平房组成，平房已毁，窑洞保存较好。洞内壁画以六道轮回地狱图最为奇特，暗红色上用黑色绘出牦牛、羊、狗、马、鹰等动物及人的残躯断肢，设色厚重，形体简拙，渲染出强烈的恐怖气氛。

遗址最下端的台地上有六大塔、三小塔，以最西端的塔最大也保存得最完整（图 30-3）。这些塔由四部分组成，最下边是台基和“亚”字形基座，座的四面饰八吉祥、双狮和束腰卷草纹等图案，第二部分为三层内收的圆台座，第三部分是一个钟形的塔瓶，最上边是锥形塔顶，塔体外包嵌红陶饰，这种保存较完整的离合塔在西藏已很少见。

城堡遗址的山顶是一条狭长的山脊，最宽处只有 10 米左右。现存的建筑遗址全是小房间和碉堡，碉堡多建于山脊转折处。墙体上有许多箭眼，房屋随山脊起伏，错落相连。在城堡里，随手可捡到铁甲、头盔、箭杆、箭头以及佛像等各种遗物（图 30-4），其中兵器与古格故城所见到的完全相同。结合建筑的风格、规模，可以断定多香古城为古格王国的辖区之一。

五、千年古刹托林寺

托林寺坐落在现札达县政府所在地，这里距古格城堡约 40 公里。据传，建寺选址时，第一代古格王的长子益希沃用檀香木佛杖随便一扔，佛杖落在现在的地址，于是即在此建寺。托林寺的范围很大，包括托林寺和托林寺遗址两部分；托林寺又可分为托林寺中心和外围两部分。托林寺中心位于札达县城西北象泉河南岸，由近 10 座大中小型殿

图 30–3　多香古堡遗址南侧佛塔群

堂及寺院住持私宅、一般僧舍、佛塔等组成。其中大部分已毁坏，只留下残垣断壁。

这些遗迹中最为重要的要数迦萨殿了。这座大殿藏语称嘉措拉康，是托林寺内年代较早的大殿，形制也最为奇特。虽然殿堂的顶部已不存在，塑像、壁画等毁坏殆尽，但从残垣中仍可看出其早期建筑的风格。其殿堂平面呈“亚”字型，实际上就是一座大型的坛城；中心大殿象征着须弥山，四周小殿分别代表四大洲；四角耸立四座佛塔，代表护法四天王。整个殿堂规模宏大，总体长53.5米、宽48.5米，基本保持了西藏吐蕃时期佛教建筑的特征。

图30-4 多香古堡内出土之无头铜佛像

红殿，是托林寺保存较完整的殿堂之一，也是现存最大的殿堂，是托林寺的集会大殿。其平面呈“凸”形，面积约500平方米，有门廊，殿内有高大的供佛台，所有墙壁均绘有壁画，风格与古格王国遗址相似。壁画中益希沃等像仍然清晰可见。红殿顶部绘有天花彩绘，其风格及内容也与古格王国遗址相仿。据传，公元1076年著名的“火龙年大法会”就是在此召开的，托林寺也因此蜚声全藏，成为中世纪的西藏名寺。

白殿，也是托林寺内现存的两座大殿之一，面积比红殿略小，平面呈“凸”形。殿内原有15尊塑像，现仅存主供座上的释迦牟尼残像。塑像后面的背光样式较多，为古格王国遗址所不见。殿内各壁均绘有壁画，顶部也绘有天花彩绘（图30-5）。

在托林寺的外围分布着许多大小佛塔，大部集中在托林中心寺院的西北侧台地上。其中两道塔墙均呈东西横列，正好横列在象泉河旁。北边一道因列于河边台地边缘，部分已随台地坍塌河中，残存97座小塔，南边一道保存较好，为108座小塔。西南角有许多窑洞遗址，其结构与古格王国遗址窑洞相同。

托林寺遗址位于札达县南面的山腰上。这处遗址，从山下公路往上高约100米，最底下是一组佛塔，约10个。塔基均为正方形，其边长约2米，塔高一般在2.5米左右。塔基为石土混合建筑，塔身

图 30-5 公元11世纪建造的托林寺白殿

及塔顶为土坯垒砌。从这组佛塔再向上爬，还有许多建筑物，其中保存较好的有两座大殿、两座大佛塔及数十孔窑洞。这些建筑依山而建，错落有致。殿间廊腰曼回，曲径通幽，堪称西藏古建筑中的精品。

六、古格王国的历史

古格王国是吐蕃分裂后建立起来的地方政权。公元9世纪，西藏最后一代吐蕃朗达玛即位，他信奉苯教，对佛教采取血腥高压政策，不久就被反对他的佛教徒刺死。从此，吐蕃政权开始分裂，王室内部围绕赞普的继承人职位进行了激烈的争夺。一派拥立朗达玛大妃之子云丹，另一派拥立次妃之子俄松，两大集团长时间兵戎相见，自相残杀。最后，俄松的儿子贝考赞被杀，贝考赞的儿子吉德尼玛衮被迫逃往阿里，在阿里建立了割据一方的古格王朝。

从古格城堡白殿内的世系壁画可以考证，古格王国从吉德尼玛衮建国到支地麦亡国，一共传了27代国王。在藏文史料中，总是把古格王国与吐蕃王朝并列，把古格国王与吐蕃赞普并论。这不仅是因为古格国王是松赞干布的直系子孙，更重要的是古格王国和吐蕃政权一样，在西藏历史上占据着十分重要的地位。

古格人信奉佛教，对西藏佛教的重新兴起扮演了极其重要的角色。第一代古格国王的长子益希沃创建托林寺，迎请印度高僧弘扬佛法，还派了21名青年到印度学习佛教，然而路途遥远，气候炎热，许多人为此夭折，只有仁青桑布等少数几人学成返回古格，译出重要密宗典籍多部，把密宗提高到与佛教理论相结合的高度。为了进一步弘扬佛教，益希沃还远征异教徒，但在征战中不幸被俘。异教徒让益希沃选择：一、投降异教徒，可放他回古格；二、用与他身体等重的黄金赎他回去，否则将他处死。古格国王知道后，四处搜集黄金。待黄金搜集到还差一个头重时，古格国王派人到关押益希沃的狱中探监，益希沃对来人说："不要用黄金赎我了，我已是残废之人，你们可用黄金到印度去迎请高僧阿底夏到西藏，定能弘扬佛法。"最后益希沃死在异教徒手中。于是，古格国王派人到印度迎请阿底夏，古格城堡的红庙壁画生动地再现了当时接迎阿底夏的宏大场面。阿底夏来到古格后，一直在西藏地区传教布道，为藏传佛教在西藏地区的传播发挥了巨大作用。

图 30–6　托林寺集会殿十六金刚舞女，是西藏壁画艺术中的杰作。

古格王国遗址宏大雄伟，建筑布局严谨；红庙、白庙等建筑虽历时几百年，风侵雨淋，柱不弯、顶不斜，依然如故。如果不是设计、建造合理，是不可能保存这么长久的。阿里高原是"世界屋脊"的"屋脊"，地处边远地带，修造这样规模的建筑群，单是备料、运输就很困难。这充分反映了古格王国的经济力量和技术水平。从古格王国现有的遗址规模来看，当时这里的人口已不下两万，要比今天这里的人数多得多。千百年来，这里的地理环境和气候没有什么变化，在海拔这样高的地方，在气候这样恶劣的环境里，竟然出现了方圆千里的王国，的的确确是一个奇迹！

古格是个尚武的王国，在遗址内，有暗道，有碉堡，有武器库，还有城墙。其暗道四通八达，路线复杂。古格人依靠军事力量造就了古格王国，但最终也让战争葬送了自己。17 世纪中叶，古格王国被拉达克人灭亡，结束了它 700 多年的统治。拉达克人与古格人同出一源，当年吉德尼玛衮建立古格王国后，为了便于管理，将王国一分为三，他的三个儿子各辖一方，拉达克人就是古格人后裔的一支。拉达克王国的城堡在今克什米尔的列城附近，距古格王国城堡约500公里。这两个兄弟王国为了各自的利益，进行了多年的战争。最后一场战斗尤为激烈，从古格遗址遍布满山的武器就可以想象当时的情景。拉达克人灭掉了古格王国后，并没有经营这片土地，只是为了防止古格人东山再起，他们毁坏了这座城堡。随着古格王国的覆灭，古格人在阿里地区也失去了踪迹，他们去向何方，至今无人知晓。

（南达仁）

神秘辉煌的地下宫殿

——明定陵勘探与发掘散记

1966年8月24日，定陵博物馆大红门前的广场上，一大群臂带红卫兵袖章的年轻人，在高喊“横扫一切牛鬼蛇神”“打倒地主阶级头子万历”的口号声中，把明神宗朱翊钧和他两个皇后的尸骨及一箱绘有万历皇帝画像的艺术品，先用石块砸得一片狼藉，接着点火焚烧。在烈焰黑烟中，考古工作者精心发掘所得的我国最完整的皇帝及其皇后的尸骨——经中国科学院古脊椎与古人类研究所工作人员一年多努力才拼成的三具完整尸骨，就此从人间消失，留下了无穷的遗憾。

一、定陵

明代从永乐皇帝成祖朱棣起至崇祯皇帝思宗朱由检止共14个皇帝，除了景泰皇帝代宗朱祁钰死后葬于北京西郊金山外，其余13个皇帝均葬于北京西北郊昌平的天寿山下，后来将它们统称为“明十三陵”。陵区周围因山势筑有围墙，长达40公里，十三陵各陵建筑自成一体，布局、形制与朱元璋的孝陵一脉相承，唯有不同的是除陵园正门内神道两侧设置石像生外，其余各皇陵前不再分别陈设，因此也可以说是十三陵共用同一神道，神道的石雕组合也与孝陵相同。各皇陵的建筑大体一致，都是祭陵在前、寝宫在后，门廊、殿堂、明楼、宝城依次排开，层次分明，严肃整齐，构成气势宏伟、壮丽的建筑群体。

定陵是十三陵之一，埋葬着明代第13个皇帝朱翊钧和他的两个皇后。万历是朱翊钧的年号，神宗是他的庙号。1572年6月10日，朱翊钧登基时年方10岁，诏告以明年（1573）为万历元年，从此开始了他长达48年的统治，是明代在位时间最长久的一位皇帝。

万历十一年（1583），朱翊钧22岁便开始为自己选择寿宫。二月初，先命文武大臣带领钦天监及通晓地理风水之人，前往天寿山先行选择“吉壤”二三处。然后，自己假借谒山陵行春祭礼为名，亲自前往天寿山选择；九月，再次以行秋祭礼为名，亲率后妃进山。经过反复比较之后，谕旨内阁:“寿宫吉壤，用大峪山。”次年（1584）九月，万历奉两宫太后并率后妃进行第四次谒陵，才最终确定大峪山为吉壤。建陵工程于同年十月初六正式破土动工。

兴建陵寝是非同小可的大事，朱翊钧下令组成了一个专门的机构负责全部工程，一心要把自己的陵寝仿照他祖父嘉靖皇帝的永陵来做，那就是：占地面积要大，地下玄宫要仿生前宫殿之制，明楼用预制石件构成，宝城垛口、方城、地面等处均需用花斑石铺砌，宝城之外再筑一道罗城等。事实也确实如此，修筑定陵所用的汉白玉、青石等大部分来自百余里外的房山大石窝，所用砖块大部分是由山东临清专门烧造的，每块长48厘米、宽24厘米、厚12厘米，重24公斤，呈灰白色，故称“白城砖”。砖上刻印有烧砖匠人、窑户和“作头”的名字及年份，以备官员检验，要“敲之有声，断之

图31–1　定陵全景。摄影刘满仓。

无孔，方准发运”。供殿堂铺地用的方砖则来自江苏苏州，其制作工艺比临清城砖要求更高，质地之细腻，砖面之光滑，世上少有，故有“金砖”之称。所用木材均采用产自湖广云贵“穷崖绝壑，人迹罕至之地”的金丝楠木，甚至连陵墓的封土都是从十几里外运来的。据《明实录》等记载：自万历十二年至万历十八年，用了6年时间，浩大的定陵建造工程才暂告一段落。施工期间，每天役使军匠、民工达3万余人之多，仅房山大石窝采石的军匠每天就有1万余人。工程耗费白银800万两，相当于万历初年两年的全国田赋收入。(图31-1)

定陵的地面建筑因累遭兵燹，至今绝大部分已荡然无存，唯独明楼安然无恙。这是因为整个明楼的顶部，包括额枋、斗拱、檐椽、角柱等，全部是用预制的石材做成的。这种由预制石材建造的明楼，在明代陵墓之中只有永陵和定陵两座。

二、抉择

发掘定陵并非原意，最初的设想是准备发掘明成祖朱棣的长陵，发起人是当时北京市副市长、著名明史专家吴晗。他认为发掘长陵后，出土的器物是最可靠的历史资料，可进一步开展对明史的研究，同时发掘后就地建馆，贯彻毛主席提出的“古为今用”的方针，向广大人民群众进行阶级教育和历史唯物主义的教育。吴晗联合了当时的中国科学院院长郭沫若、文化部部长沈雁冰、人民日报社社长邓拓、中国科学院历史研究所第三所所长范文澜和全国人大常委会副秘书长张苏等人，于1955年10月3日上书政务院。请示报告直接送到了政务院秘书长习仲勋的手中，习仲勋觉得事关重大，立即批转主管文化的副总理陈毅并呈周总理阅示。

消息传开，文化部文物局局长兼中国科学院考古研究所所长郑振铎和副所长夏鼐大为震惊，两位考古界的资深学者，深知发掘帝陵是非同小可的大事，一旦掘开，墓内随葬的纺织品、字画等一系列易腐物品的保存、复原，都是世界上技术最先进的国家尚无法解决的难题。凭着考古学家的学识和良知，他们找了吴晗，希望他慎重考虑，改变初衷，同时也间接地向中央提出了自己对发掘长陵的不同观点。吴晗发掘长陵心切，又通过郭沫若、邓拓等再次找中央领导说明发掘长陵的重大意义。五天之后，消息传出，周总理已在报告上签字：同意发掘。这一抉择，揭开了新中国考古事业的重要一页。

1955年底“长陵发掘委员会”成立，除了发起的六人外，郑振铎、夏鼐和王昆仑也名列其中。由文化部文物局、中科院考古研究所、北京市文物调查研究组共同抽调人员组成的长陵发掘考古工作队，由赵其昌（后任首都博物馆馆长）、白万玉、于树功、刘精义、冼自强、曹国鉴、庞中威、李树兴、王杰等人组成。夏鼐承担了发掘的指导工作。

三、试掘

稍微细心的人会注意到，1957年和1958年发表的考古报告是《定陵试掘简报》，具名又是“长陵发掘委员会工作队”，这名不符实的背后又有曲折的故事。

1955年岁末，考古队的同志顾不上第二天就是元旦，日夜兼程冒雪北上，来到了十三陵，踏着齐膝的深雪，爬上了长陵宝顶。经过三天的勘察，并打了几个探眼，仍未找到长陵墓道，因为长陵实在太大了。能不能找个小一点的陵墓进行试掘，待积累些经验后再发掘长陵——这是赵其昌的建议，夏鼐也积极支持。他们要求在广泛调查研究的基础上，确定试掘的陵墓，不打无把握之仗。

转眼，大地回春，工作队又来到了十三陵，他们踏勘了一个又一个陵墓，询问了居住在那里的高龄长者，甚至到监狱中探访了从事过盗墓的罪犯，绝不放过哪怕是极为细微的一点线索。5月初，考古工作队来到了定陵宝城下——7米多高的城墙，虽已残破，但仍不失当年的壮丽、威武。他们沿着宝城查看，走着走着，突然发现在离地面3米多高的城墙上方，城砖塌陷，露出一个直径半米的圆洞。考古队员搭人梯爬到洞口观察，看似一个门券。这一偶然的发现，使考古队员的喜悦心情难以抑制，他们当即打电话报告夏鼐。夏鼐闻讯赶来，他经过仔细观察并和考古队员反复研究后认为：圆洞极可能是通往地下玄宫的入口。这一正确的判断，揭开了试掘定陵的序幕。

四、隧道

1956年5月19日，发掘人员铲下定陵发掘的第一锹土。布置的第一条探沟宽3.5米、长20米（图31-2a）。当天就在宝城内侧正对券门的石条上发现“遂(隧)道门”三字，之后又陆续在墙内侧其他地点的石条上发现“金墙前皮”“左道”“右道”“宝城中”“大中”等字迹。经一个多月的发掘，果然在“隧道门”刻石下露出了一个用城砖砌的大门，也就是通向地宫隧道的第一座大门。探沟揭露的迹象表明，隧道略具弯度，设有顶盖，向北延伸，通向明楼西面。这一条狭长的通道，是万历梓宫进葬时的通道，梓宫进入陵寝后，用黄土填实，又层层夯打结实。砖隧道的发现无疑是向打开玄宫之门迈出了一步。然而，考古队面对的是周长约750米的宝城，若循着隧道逐渐延伸，直挖至玄宫，不仅土方量巨大，而且园内的古松也将遭到严重破坏，于是考古队毅然决定，在第一道探沟的延长线上，即明楼之后，开第二条探沟。

第二条探沟在明楼西面，当发掘进行至一个多月的时候，探沟已挖到宽6米、长20米、深7米，然而，依然没有任何新迹象，甚至连砖隧道的痕迹也消失了。夏鼐仔

图 31—2a　当年揭露定陵隧道的情景

图 31—2b　定陵地宫隧道门。当年万历皇帝的灵柩就是由这个隧道进入地宫的。

细观察分析了现场情况，力排众议，认为方向不错，应继续掘进。探沟加宽、加长后不久，砖隧道的尽头终于被揭露出来，并发现一块高 0.5 米、宽 0.3 米、厚 0.16 米的小石碑，上书“此石至金刚墙前皮十六丈深三丈五尺”16 个清晰可辨的字。这块小石碑是定陵发掘以来出土的第一件珍贵文物。

以后的考古发掘证实，第二条探沟正处在砖隧道的尽头，隧道在小石碑的位置，就转向宝城中心了，而这弯曲的地方，又是通往地下宫殿的石隧道的起点，砖隧道与石隧道相距虽近，但并不衔接，也不相对。

出土了指点迷津的小石碑，第三条探沟就准确无误地打在石隧道之上。石隧道全长 40 米，也是由南北两道大墙构成。墙壁除顶部及两端接近金刚墙部分使用部分城砖外，其余为花斑石。花斑石经过细磨，光滑平整，色彩绚丽。石隧道宽 8 米，呈斜坡形，由浅入深，两壁花斑石由 1 层递增至 17 层，深入地面 20 多米，发掘时全部被黄土填满，并经夯打，夯层每层 0.25 米左右，夯面有极薄的石灰一层，夯土在填满隧道后高出隧道直达地面。隧道两壁花斑石上，发现一些墨书痕迹，其内容都是记载月、日、姓名、籍贯、官职以及石质优劣等。这些墨迹当是当时石料验收人员所书。

石隧道尽头为金刚墙所阻。金刚墙横贯东西，高出石隧道1.2米，墙基由四层石条砌成，上部用城砖，檐部铺黄琉璃瓦，墙砖共56层，通高8.8米、厚1.6米。经过仔细勘查，发现金刚墙上有一个隐约可见的开口，上窄下宽，用城砖23层封好，应是万历梓宫奉安后的封口。但由于隧道填土的挤压，砖稍向内倾，封口痕迹十分明显，这就是“金刚门”，从这里进去就是地下宫殿。从1956年5月19日发掘队在定陵铲下第一锹土，到1957年5月19日找到金刚墙的封口，中间花费了整整一年的时间。（图31-2b）

五、玄宫

为记录下打开金刚墙这一难忘的时刻，考古队接受了电影制片厂摄像师的意见，把打开金刚墙的时间选择在晚上，以避免探沟内极不均匀的阳光。那是1957年9月19日傍晚，夏鼐亲临现场，摄影、拍照、绘图、记录、测量、编号等各项工作的负责同志都各就各位，严阵以待。隧道内灯光照得如同白昼一样，赵其昌蹲在梯子顶端，手执铁铲，只等夏鼐的口令。夏鼐看一切均已就绪，就庄严地宣布：“开始！”因为砖缝之间没有灰浆粘合，赵其昌不甚费力便将48斤重的墙砖撬开一角，双手抓住砖边向外慢慢抽动，猛地往外一拉，只听“扑”的一声闷响，积聚在地宫中300多年的腐烂发霉物质的气体，随之喷射而出。墙砖一块块拆下，洞越来越大，拆到有两米大时，考古队员纷纷进入里面（图31-3a）。这是玄宫外的一室，长、宽各7.9米，石条铺地，顶部用砖起券，由地至顶高7.3米，实际上是石隧道的最后部分。隧道的西壁就是玄宫大门的上部，这是座起券的门洞，全部用平整的石条构成，券门门楼的檐瓦、脊兽、椽头全部用汉白玉雕琢而成。券门下就是两扇用整块汉白玉制成的石门，门高3.3米、宽1.7米，重约4吨。门上刻有乳头状门钉，纵横9排，共81枚。门有衔环铺首，又有上下门轴，都是就原石雕成。石门的制作不仅精美，而且十分科学。门轴一端较厚，达0.4米左右，靠近铺首一边只有0.20米左右。这样的制作，既增加了门轴的承受能力，又减轻了石门下垂的重量。中殿、后殿的石门结构、形制都与第一道石门相同(图31-3b)。

梓宫奉安后，这两扇巨大的石门，即被关闭。里面用石条死死顶住，欲使人无法开启它。如何才能打开石门，考古工作者思索着对策，终于在浩瀚的史料中找到了明末代皇帝崇祯自缢于煤山（今景山）后，昌平县的乡绅主动出资，挖开了田贵妃墓，用拐打钥匙将石门打开，将崇祯和周皇后的棺木移入田贵妃墓中合葬。考古工作者从

图 31—3a　当年考古人员拆开金刚墙的情景

图 31—3b　定陵玄宫

中得到启示。赵其昌找来一根小指粗的钢筋，把顶端弯成半个口字形，用这一简单的工具，顺利地打开了地宫大门。推开石门后，发现这根石条上墨书八字“玄宫七座门自来石俱未验”。它使我们明白了顶门石原名“自来石”，还得知玄宫内还有六座门。

地下宫殿距地面 27 米，总面积 1195 平方米，由前、中、后、左、右五个高大宽敞的殿堂联结而成，全部是石结构，没有梁柱，完全取拱券式。

前殿，东西长 20 米、南北宽 6 米、高 7.2 米，南北两壁全部为石条平砌至券顶，地面是用方形澄浆砖铺地。这种砖也被称为“金砖”，是明代宫廷御用品，在江南地区烧造，以苏州承制的质量最好。据记载，制砖的泥土必须久经浆泡、过筛，并经过不断摔打，使砖土无气泡后，方可制胚，一窑“金砖”要用几种枝材烧 130 多天，出窑后还要在桐油里浸泡，犹如沙里淘金一样，故称其为“金砖”，其质地之细腻、砖面之光滑，世所少有。前殿室地面金砖之上铺的一层木板，是梓宫奉安时为保护地面而特设的，事后未经拆除，发掘时已朽腐。

中殿的结构与前殿相仿，南北两壁各有石券门一个，通向南北配殿。中殿西端安放汉白玉宝座三个，中央宝座面东放置，宝座周身雕饰云龙纹，制作十分精致。宝座两侧有方形石台各一，座前放置云纹石踏板，踏板前安放五供：中央为黄色琉璃香炉，炉内置檀香木圆香一炷；炉两侧为黄琉璃烛台，每台有蜡烛一支；烛台边各置黄琉璃花瓶。五供前有一口巨大的青花瓷龙缸，刻有“大明嘉靖年制”的题款。缸内贮油，油面有铜制圆瓢子一个，瓢中有一根灯芯，芯端有烧过的痕迹，这便是“长明灯”，也称“万年灯”。在中央宝座的两侧各有白玉宝座一座，小于中央宝座，上饰凤纹，其余都与中央宝座相同，亦置五供和长明灯。显然，中间是万历帝的灵座，两侧是其皇后的灵座。

后殿是玄宫最主要的建筑，是放置梓宫的地方，所以较其他殿堂更为高大宽敞。它全部为石结构，起券，南北长30米，东西宽9.1米，自地面至殿顶高9.5米，南北两壁均有9层条石叠砌，是为九重法宫，是一种至高无上的象征。地面所铺花斑石，打磨得十分光滑。后殿中部偏西有汉白玉制成的棺床，须弥座式，饰仰覆莲，床面平铺磨光花斑石，棺床上放置三具棺椁：中为万历帝，北侧为孝端后王氏，南侧为孝靖后王氏。

开启万历帝棺椁，当是这次考古发掘最重要的盛事，在夏鼐大师的亲自指挥下，考古队员做好了照相、测量、绘图、编号、记录、登记等一切准备工作。开棺按考古手段有条不紊地进行，撬开椁板，一口楠木棺露了出来。棺木上方盖有黄色丝织铭旗，金书“大行皇帝梓宫”六个大字。铭旗两端镶有木制龙牌。万历帝棺长3.3米、大端宽1.5米、高1.4米。棺木外漆朱，四周无一丝缝隙，说明朱漆是尸体入葬后才涂的。棺盖用四个大铁钉牢牢钉住，撬开棺盖，只见棺内塞了各种光彩夺目的奇珍异宝，金银器、玉器、瓷器、冠冕、珠宝佩饰，尤其是织造精美的被褥、袍服等织绣品和一层整齐的织锦匹料，其色彩之绚丽、质地之华贵，前所未有。万历帝的尸体已腐烂，

图31－4　刚出土的明神宗的棺椁

衣着也大部腐朽，头发保存完好，发髻还十分清楚，嘴边有黄褐色胡须。(图 31-4)

孝端和孝靖皇后的棺椁均小于万历。椁上亦放小型仪仗，椁四周亦放璞玉、梅瓶，尸体均早已腐烂，骨架完好，随葬品同样十分丰富。

宝床上放置的 26 只木箱，分别装贮着万历、孝端、孝靖的谥册、宝印、盔甲、宝剑、凤冠、金玉佩饰、金玉器、锡明器、木俑及房屋模型等，所有木箱及物品都有不同程度的腐朽，其中有三口方形木箱，不仅形制有异而且腐朽更甚，应是孝靖皇后自东井迁葬来此的缘故。

左、右配殿位于中殿两侧，结构形制完全相同，对称设立。小券门，券门不出檐，无装饰，券门后是青石做成的两扇石门，有铺首，无门钉。地面铺条石，条石上没有铺木板，说明奉安时未进入配殿；配殿内中央靠北侧有金砖铺的宝床，床中央有一孔穴，内填黄土，直至地下，称“金井”。古代葬俗认为“金井”通地气，棺椁置于其上也可与地气相通。配殿西端又有石券洞，安装有石门。左右配殿内空无一物，亦未见有放置随葬品的痕迹。

定陵地宫是一座大型的地下拱券式石构建筑，用巨大的石块起券，可以承受巨大的压力，虽历经 300 余年，但没有一处石块塌陷，同时由于四周有精密的排水设施，陵墓极少出现积水的情况。这显示了定陵高超的建筑水平。

六、瑰宝

经试掘的定陵不仅以其建筑的恢宏、典雅、精致令世人瞩目，而且也以其出土的 3000 余件精湛的随葬品震惊世界，现择其中几件稀世珍宝略作介绍：

1. 缂丝衮服

“衮服”是皇帝祭天地、宗庙等大典时穿的礼服。这件衮服出于万历帝棺内西南侧，在衮服上放有绢制标签，上面墨书“万历四十五年（1617）……衮服”字样。衮服长 135 厘米、两袖通长 234 厘米，是一件里外三层的大襟服装，面为缂丝，里子是黄色方目纱，中间的内衬层则由绢、罗织物缝制。整件衮服无钮，只在两腋下缝上丝带鼻，并留有小开口，再与长襟上的罗带相拴结。这件衮服应称作缂丝十二团花、十二章衮服，是龙袍中最珍贵的。衮服底纹织有卍字、寿字、如意云和蝙蝠，寓意“万寿洪福”。十二团龙分别缂制在前后身，两侧为“八吉祥”纹样（即轮、螺、伞、盖、花、罐、鱼、长）。再用孔雀羽缂出“十二章”纹样（即日、月、星辰、山峰、龙、华虫、宗彝、藻、火、粉米、黼、黻）于前、后身及肩部。十二章纹样各有含义，日、月、星辰表示普照天下，山取镇土，龙取变化万方；华虫是雉鸡，表示文采昭著；宗彝取孝义，不忘

图 31-5a　明神宗朱翊钧（1563.9.4–1620.8.18）画像

图 31-5b　明神宗金翼善冠

祖先恩德；藻是有花纹的水草，取意有文；火取意明亮；粉米是粮食，取意养人；黼是斧形，取意果断、权威；黻是两弓相背，取意见善背恶。总之，它们象征了皇帝的至高无上。

2. 百子夹袄

出于孝靖皇后棺内，长 74 厘米，方领对襟式样，两袖既宽又长，是后妃的常服之一。这件夹袄应名为“洒线绣蹙金龙百子嬉戏女夹衣”。

洒线绣是京绣中最著名的一种，它以方目纱或直径纱为绣地，在纱地上用彩色双股合拈线绣几何纹样作底，然后在上面绣主花。这件服装面料用绛红线绣菱格花纹，然后再在菱格花纹地上用金线等绣出主体花纹——龙和百子嬉戏图。龙身以蹙金法用金线边铺边钉而成，龙头则用了盘金绣。周围的百子，有的玩弹子，有的在猜拳，有的攀缘树，有的捉迷藏，有站在凳子上摘鲜桃的，也有跳绳、戏鱼、放爆竹、玩风筝的，更有穿着大人衣服装扮成官吏出行，前呼后拥以及令人忍俊不禁的“教书图”和“沐浴图”等等，构成了一幅无拘无束、惟妙惟肖、栩栩如生、情趣盎然的百子嬉戏图。整件服装绣工复杂，采用了10多种针法，绣线则有彩线、绒线、金线、包梗线、孔雀羽线、花夹线等六种，充分体现了京绣色彩艳丽、层次丰富、质感极强的风格。

3. 金冠

出于万历帝头骨右侧，置于一个不大的圆形盒子中。金冠本名“翼善冠”，通高24厘米，外貌极似轻薄的纱冠，实际是全部用极细的金丝编织而成，仅重826克。冠下檐内外镶有金口，冠的后上方饰有两条左右对称的金龙，龙身弯曲盘绕，鳞甲齐备，体态灵活，昂首眺望，两龙首之间安置一颗火焰宝珠，构成二龙戏珠状。翼善冠的珍贵，并不仅因为它是金质，更为重要的还在于整体的拔丝、编织、焊接等方面的高超技艺。尤其是两条金龙用高超的挽丝工艺制成，反映了明代万历时期皇家金银细工的技术水平，是明代金银细工的杰作。（图31–5a、31–5b）

图31–6b　明神宗孝端皇后凤冠

图31–6a　孝端皇后王喜姐画像

4. 凤冠

是皇后在大典时所戴的，共出土4顶，原来都装在六角朱漆箱中，后盛放在朱漆木箱内。由于长期埋藏，原来凤冠上的珠翠已散乱，后来根据原物修复。其中孝端皇后的一顶，高27厘米、帽口径23.7厘米，重2320克，为九龙凤冠（图31-6a、31-6b）。冠框用极细的竹丝编成，然后髹漆，冠通体嵌各色珠宝点翠如意片，前部近顶饰9条金龙，龙首朝下，口衔珠滴。其下为8凤，后部另有1凤，凤首均朝下，口衔珠滴。翠凤下缀有3排以红蓝宝石为中心的珠宝钿，其间缀以翠蓝花叶，全冠共镶大小红蓝宝石100多粒，珍珠5000余粒。整个凤冠色泽瑰丽，又不失典雅庄重。

可以说，定陵所出土的3000多件文物，都具有极高的艺术价值和研究价值，如木仪仗俑雕十分精细，是研究明代卤簿礼仪绝好的实物资料；大量的织锦品是明代纺织工业、工艺最高水平的代表；金银器一次出土如此之多，在国内实属少见，又大多是“银作局”的御用品，制作讲究；玉器器形多样，玉质晶莹，琢工精细，是罕见的珍品；瓷器不仅品种、器形多，而且不乏上品，尤以青花瓷更为珍贵，它釉胎细腻，胎壁薄，青花色泽均匀，绘技高超，底部大多有“大明万历年制”或“大明嘉靖年制”款识，是明代瓷器中的珍品；出土的万历帝、孝靖后、孝端后的谥册、谥宝，孝端后的墓志以及大量木、铜、锡明器，无疑对研究明代葬礼仪制和纠补明代正史之缺有重要作用。可以毫不夸张地说，定陵是座明代文物的宝库。

七、深思

定陵试掘原是为发掘明成祖朱棣的长陵作准备的，时隔60多年了，长陵至今没有发掘，这并不是没有原因的。定陵的试掘，一切都是按照科学考古的发掘程序进行的，取得了很大的成绩，出土的文物对于研究明史乃至我国物质文化史，都具有重大的作用。因此，明定陵的试掘在国内外产生了极大的影响。

然而，当我们回首往事、权衡得失的时候，又不能不陷入深深的沉思。谁也没有预料到在铲下定陵第一锹土后的一年里，会出现1957年的反右派斗争；谁也没有预料到10年后，会发生“文革”这样的内乱。在那特殊的年代，在年轻的共和国还不具备处理和保存一些特殊出土物的条件下，作出如此重大的举措，在取得巨大成绩的同时，也付出了无法弥补的代价。

定陵地宫内棺床两侧安放的8只木箱，装满了木俑（7箱为人俑、1箱为马俑）。因地宫中曾几度积水，大部分木俑已腐烂变质，极难提取。数量已无法精确鉴别，约在千件以上，比较完整的300余件。从残存的木俑可以看到，它们都是雕刻精细、衣冠整齐、形态生动的男女木俑，马俑则是鞍鞯俱备，形态各异。这些木俑是明代宫廷人物形象，具有极高的研究价值，处理和保存这批木俑，当时国际上已采用低温冷冻、脱水后放玻璃箱中保存等方法。而在我们当时的工地上，柴油发电机已是很贵重的设备了，保护木俑只能沿用“蜡炸”的土方法，即将白蜡放在锅内，升起炉火，使之溶化成液体，然后把木俑放入锅内进行“蜡炸”，使其表面为蜡液包容。木俑在蜡液中个个色泽艳丽，但等到取出来之后，随着水汽的蒸发，逐渐收缩变形，成为一堆被扭曲了的、形态十分丑陋的怪物，昔日的光彩荡然无存。这是定陵试掘的一个悲怆序曲。

随着万历、孝端、孝靖梓宫的打开，除了奇异珍宝和袍服之外，在3具尸体身上及四周整齐密集地排放着一层织锦匹料，其色彩之绚丽、质地之华贵前所未见，总计有165卷，其中安放在万历帝身上的有69卷。这些织锦各自成卷，在两端和中间各用一道丝线捆住，称作“腰封”，中间捆线分开作人字形。人字形捆线下面，大都贴有方纸，纸上记录了织品名称、产地、匠作及织造年月等。有的在年月上还盖有朱色印章。由于长埋于地下，文字大都漫漶不清，能够辨认出来的只是少数。如：

上用月白暗苍云肩通
袖龙栏直身袍暗线
……云地熟绫一疋长
五丈五尺四寸龙领全
　南京供应机房织造
上用纱柘黄织金彩妆缠
枝莲花托捌吉祥壹匹宽贰尺长四丈
应天府江宁县
　织匠　赵绪
　染匠　倪全
上用大红织金细龙纻丝

这些记录了织锦的产地、产时、花纹织品名称以及织造组织分工、工匠姓名等的纸条及织饰实物，无疑是研究明代纺织工业史及工艺美术的重要实物资料。遗憾的是，这批织锦仅作了简单的技术处理，便贴在玻璃片上，经过冷空气的侵蚀，这些织品慢慢变硬、变脆、变色，出现大面积的黑斑，并开始整体霉变。之后，可能是受古画托裱的启发，又将织锦匹料进行技术处理，在浆糊内加入防腐剂，托裱在韧性大的纸张之上，成了卷轴型。1958年底，著名文学家、古代服饰专家沈从文先生到定陵想对匹料做点研究，当展开裱品时发现有的装裱成品显露的竟是织品反面。失去的再也无法挽回，郑振铎、夏鼐先生痛心疾首之际，唯一能做的是上书国务院请求立即停止再批准发掘帝陵。周恩来总理立即批准，并通令全国。

至于万历帝等 3 具尸骨，我们在本文开头就已叙述。这里需要补充的是，郭沫若对万历的尸骨十分关心，他对考古发掘人员说：万历帝一生多病，有人说他是瘸子，但到底是什么病使他身体变形，却成了不解之谜。将来可用多种手段测试，凡能做到的都要详细分析研究。吴晗在被捕入狱之前，曾以极其悲伤的心情对夏鼐说："文献记载，罂粟在明代中叶就已传入中国，作为药用，我总怀疑万历生前抽过大烟，可证据不足。本来万历的骨头可以用来化验好证实真假，然而一把火，什么也别想了。"他含泪说："作铭（夏鼐的号），在定陵发掘这件事上，到现在我才明白，当初我们的论争，你和老郑（指郑振铎）是对的，你比我看得更远。"这段话是吴晗在 1968 年即事隔一年之后说的。吴晗绝不可能想到 20 年后定陵的发掘报告还能问世，人们对定陵的研究正在深入。

特殊年代的社会政治环境使我们失去了很多很多，有的再也无法挽回。但是，现存的应该珍惜。珍惜现在，会使我们的未来更美好！

（鲁圣君）

三百年前的千船沉银之谜

——彭山江口古战场遗址的考古收获

彭山江口古战场遗址位于四川省眉山市彭山区江口镇的岷江河道内，2010年成为眉山市级文物保护单位，遗址面积约100万平方米，系清代以来史料中所称明末农民军领袖张献忠江口兵败、千船沉银之地。2017—2018年，四川省文物考古研究院联合国家文物局水下文化遗产保护中心、眉山市彭山区文物保护管理所，对江口古战场遗址进行了两次系统的考古发掘（图32-1、32-2），出水文物4.2万余件，种类多样，内涵丰富。2018年4月10日，四川彭山江口古战场遗址入选“2017年度全国十大考古新发现”。彭山江口古战场遗

图32–1 江口古战场遗址考古发掘区全景

址不仅证实了张献忠“江口沉银”一事记载的真实性，揭开了三百余年以来的历史谜案，而且也为进一步认识明代中后期的政治、经济、军事、社会生活等问题提供了重要材料。

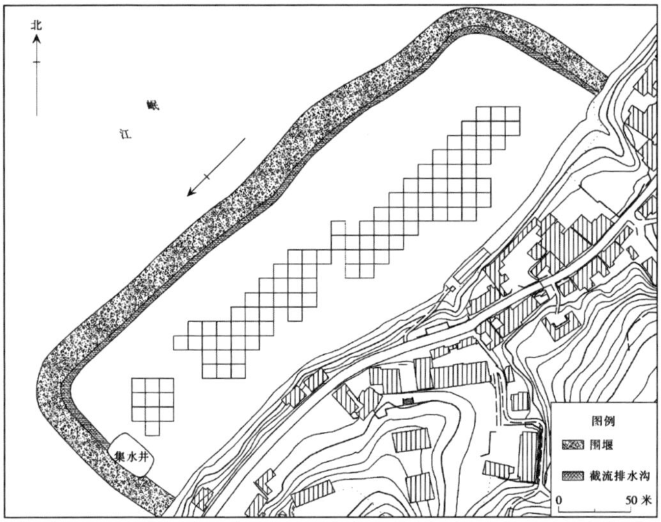

图 32–2　发掘区探方分布平面图

一、江口鏖战所引发的藏宝悬案

四川彭山江口镇一带数百年来一直流传着“张献忠沉银”的故事。张献忠系明末农民军领袖之一，与李自成齐名。1644 年，在率部攻破成都推翻明朝政府在四川的统治之后，张献忠在四川称帝，建立大西政权。1646 年，清军入川，张献忠率船队沿岷江南下突围，途中遭到地主武装杨展的伏击，张献忠战败船沉，最后仅带少量亲军突围成功。而相传张献忠转战各地所搜刮的巨额金银财富也在这次突围中随船队沉入江底，沉船地点便在江口镇一带。三百余年来，这笔神秘失踪的宝藏一直成为众人津津乐道的话题，虽然史料有多处对沉银打捞的记载，江口镇一带也零星出水一些金银宝物，但关于张献忠是否沉银以及沉银地点等的争论，依然未曾停歇。

关于这场江口鏖战，史籍、文集、方志等多有载录。明末清初著名川儒费密在《荒书》中称，顺治三年（1646）正月，“献忠尽括四川金银作鞘，注彭山县江 [畔]。杨展先锋见贼焚舟，不知为金银也。其后渔人得之，展始取以养兵，故上南为饶”。乾隆年间丹棱进士彭遵泗所著《蜀碧》载 ：“参将杨展大破贼于江口，焚其舟，贼奔还，献忠闻展兵势甚盛，大惧，率兵数十万，装金宝数千艘，顺流东下，与展决战。且欲乘势走楚，变姓名作巨商也。展闻，逆于彭山之江口，纵火大战，烧沉其舟，贼奔北，士卒辎重丧亡几尽，复走还成都。展所取遗金宝以益军储，自是富强甲诸将。”嘉庆《彭山县志》亦载 ：“双江镇，在县东十里彭亡山下……明季杨展率兵拒张献忠，焚贼舟数百，珠宝金银悉沉水底，俱在此处。”又称 ：“明季杨展拒献贼于江口，分左右翼，兵势甚盛，贼溃反走。展别遣小舸载火器以烧贼舟，贼舟被焚，金银珠宝悉沉水底。”这些记载基本认为，张献忠在江口一带遭到杨展伏击，兵败而被迫焚舟沉银。此外，还有一些文献记载称，张献忠是深思熟虑后主动沉银的，如杨鸿基在《蜀难纪实》中称：“献忠自知不厌人望，终无所成，且久贼之无归也，思欲挟多金，泛吴越，易姓更名，效陶朱之游。于是括府库民兵之银，载盈百艘，顺流而东，至彭山之江口，初心息变，乃焚舟沉镪而还。”四川省社科院历史研究所研究员王纲先生根据对诸多史料的爬梳考证，指出张献忠江口之战兵败而被迫沉银的说法较为可信。不论张献忠是主动还是被迫，江口沉银之事很可能确实存在。

而如果张献忠确实沉银江口，那沉银数量到底有多少呢？史料对张献忠当时所率船队数量的记载有数十艘、数百艘和数千艘不等。《蜀难纪实》亦称张献忠船队所载金银“累亿万”，如果“千船沉银”的说法属实，那江口镇岷江河道内上千吨的官银折合人民币可高达数十亿。

除了史料记载，关于张献忠沉银地点的传说也广为流传。“石牛对石鼓，银子万万五；有人识得破，买尽成都府。”这首镌刻于成都锦江边一块石碑上的童谣曾广为传唱。而在距成都市50公里以外的彭山区江口镇，类似的童谣也尽人皆知：“石龙对石虎，金银万万五；谁人识得破，买到成都府。”其中“石牛”“石鼓”换成了“石龙”“石虎”，而在江口镇东山顶上，确有石龙和石虎的雕刻与歌谣相呼应，长期以来被附近居民认为是破译张献忠江口沉银之谜的关键线索。

从清代开始，张献忠这笔神秘消失的巨额宝藏便吸引着一批又一批寻宝者，但宝藏的埋藏地点依然迷雾重重。《彭山县志》云：“乾隆五十九年（1794）冬季，渔者于江口河中获刀鞘一具，转报总督孙士毅，派员赴江口打捞数日，获银万两并珠宝玉器等物。”然而，此后则未见有大规模挖到宝物的记录。直到咸丰三年（1853），《清文宗实录》载，翰林院编修陈泰初奏称其曾亲眼目睹有人在江口一带打捞出“其色黑暗”的银子，咸丰帝遂派成都将军裕瑞前往调查捞掘，但是鲜有收获。1938年，川军高级将领幸蜀峰曾意外得到一张标注了张献忠金银财富具体位置的“藏宝图”，他依照此图挖掘数月，一度找到了歌谣所述作为暗记的“石牛”“石鼓”，但打捞上来的仅有为数不多的“大顺通宝”铜钱。300余年来，关于张献忠巨额财富沉江之谜，从民间传说到史籍、方志的记载，再到或官方或民间多次大大小小的明挖暗盗，真假参半，虚实难测，众说纷纭，但始终无法得出明确的结论。

二、“江口沉银”确有其事

近年来，彭山江口一带水域曾两次因施工发现了部分明清时期的文物，经鉴定可能与张献忠沉银有关。2005 年 4 月 20 日，彭山县在进行引水工程建设时，施工队在岷江“老虎滩”河床上挖掘出 10 枚银锭，银锭上清晰可见“崇祯十六年八月，纹银五十两”的字样，说明其年代为明末，工程发掘出的文物出水地点与文献记载张献忠“江口沉银”地点一致。除银锭外，还发现不少铭刻年号的金册、“西王赏功”金币等。眉山市彭山区文物管理研究所所长吴天文表示，通过这些出水银锭内壁所刻的地域信息，可知这些银锭来自江西、湖南、湖北、四川等地，这“跟张献忠行军的路线十分吻合”。出水文物与文献记载相比较，基本可以肯定张献忠“江口沉银”的记载真实可信。

2015 年 12 月 25 日，在实地考察江口沉银遗址、参观出水文物后，故宫博物院考古研究所所长、故宫博物院原副院长李季和中国国家博物馆综合考古部主任杨林，中国人民大学教授、明史学会常务副会长毛佩琦等 10 余名国内权威考古、历史专家，共同出具《四川彭山“江口沉银遗址”考古研讨会专家意见书》，基本确认彭山“江口沉银遗址”为张献忠沉银的中心区域之一。

同时，江口一带也接连出现多次盗掘、倒卖文物的案件。其中影响最大的当属 2016 年 10 月破获的四川省、公安部挂牌督办的“四川特大盗掘古文化遗址倒卖文物案”，警方共计抓获犯罪嫌疑人 70 名，打掉盗掘文物犯罪团伙 10 个，涉案文物交易金额达 3 亿元；追回各类文物千余件，其中一级文物 8 件，二级文物 38 件，三级文物 54 件。这也是 2016 年度破获的全国最大的文物盗掘倒卖案。

根据案情的相关报道，相关盗掘、倒卖的文物多是盗挖者利用专业水下设备，趁夜间潜入“江口沉银遗址”河道区域进行盗挖而来。根据对涉案部分文物的鉴定，一级以上珍贵文物有国宝级文物“虎钮永昌大元帅金印”（图 32-3）等；部分银锭属于国家二、三级文物，应该与张献忠有关。这一特大文物盗挖、倒卖案件为张献忠江口沉银增添了新的证据，同时也为当地文物部门敲响了警钟，抢救性发掘势在必行。

2016 年，江口沉银遗址在获得国家文物局批准后，四川省文物考古研究院联合国家文物局水下文化遗产保护中心、眉山市彭山区文物保护管理所，开始筹备江口沉银遗址的考古发掘项目。2017 年 1 月 5 日，彭山江口沉银遗址水下考古发掘正式启动。至 2017 年 5 月发掘工作告一段落，发掘面积 2 万余平方米，出水文物 3 万余件，发现直接与张献忠大西国相关的文物上千件，其中“西王赏功”币数以百计，金器数以千计，银器数以万计。2017 年 10 月至 2018 年 4 月，继续对江口沉银遗址进行发掘，再次出水各类文物 1.2 万余件。两次发掘出水文物数量之多、级别之高令人惊叹，不仅进一步证实了眉山市彭山区“江口沉银遗址”即当年张献忠沉匿宝物的中心区域之一，而且也补正了史籍对张献忠占领四川以及大西政权对四川地区统治的记载，为研究四川地区明清时期的政治、经济、军事和社会生活等提供了重要资料。

三、四万余件出水文物展现明代中晚期社会历史画卷

图 32–3　虎钮永昌大元帅金印

2017—2018 年江口沉银遗址的考古项目，共发掘出文物 4.2 万余件，时代以明代中晚期为主，文物级别之高，种类之丰富，为全国所罕见。四川省文物考古研究院院长高大伦说："至今还没有哪一个古遗址出水出土那么多高级别的文物，尤其是贵金属的文物。"数量众多、内涵丰富的珍贵出水文物，对研究明朝政治制度、军事政策、社会经济以及思想文化氛围等均提供了重要的实物资料，展现出明代中晚期恢弘绚丽的社会历史画卷。

通过考古工作者的分析研究，江口沉银遗址出水文物从性质上可大致分为五大类：抢掠明朝藩王的财富、州县官府的库银、民间百姓的财物、张献忠所铸的货币以及兵器。其中包括铭刻有年号、地点的明代官银，张献忠册封妃嫔的金册，"西王赏功"金币、银币，"大顺通宝"铜币和明王朝册封藩王、世子、郡王及妃嫔的金银封册、金银宝印，大量精美的金银首饰，日常生活用品和兵器等。据国家文物局水下文化遗产保护中心副研究员、彭山江口古战场遗址考古发掘领队周春水介绍，从目前的考古发掘来看，众多出水文物中，民间掠夺的财宝居多。这些文物的来源北至河南，南至两广，西到四川，东到江西，几乎涵盖了明代的大半个中国。这些文物也是张献忠四处转战时期搜刮百姓财富的直接证据。

发掘出水的大量银锭，许多刻有年号、地点、重量、银匠、税种等文字标识（图 32-4）。如 2005 年 4 月在彭山引水工程中发现的银锭，有些刻有"大西眉州征完元年分半征粮银五十两一锭，银匠右闵季"字样，表明这枚银锭是在眉山征收的粮税，重有 50 两，相当于现在的 3 斤多。而银锭上刻银匠的名字，是为了防止银锭缺斤短两，便于追查到人。除眉州外，有些银锭上还刻有湘潭、京山、

图 32-4 发掘出水的银锭

赣州等字样，应为张献忠掠自明朝州县府库的税银。据文献记载，张献忠的行军路线也是经江西、湖北、湖南等地之后进入四川，银锭上的文字正好与之契合。

除银锭外，最具研究价值的出水文物之一便是藏银木鞘。木鞘发现于发掘区域的最北端，保存较为完整，其腐烂的一端露出了数枚银锭。清代文献中便有张献忠用木鞘藏银以转移宝物的说法。曾在张献忠农民军服役的欧阳直在《蜀乱》中称，张献忠将金银宝物"收齐装以木鞘箱笼，载以数十巨舰，令水军都督押赴彭山之江口沉诸河"。且江口之战后，杨展曾用铁矛将这些木鞘扎起，因此捞掠了大量财宝。木鞘藏银的具体操作为，将青冈木切段对刨，中间挖空，填以银锭，数量10枚、20枚不等，之后合拢并以铁皮箍紧。木鞘的发现，也印证了张献忠木鞘藏银记载的真实性。

众多出水文物中，4块金银册也具有重要意义。金银册既有明朝册封藩王及其妃嫔的，也有张献忠册封后宫的，形制相似，等级极高。明王朝册封藩王、郡王以及妃嫔等，均要使用金册、银册。这些金银册，在一定程度上印证了明朝的分封体制。张献忠册封妃嫔的金册，也是证明张献忠大西政权册封制度的重要实物资料。其中一块金封册长12厘米，宽约10厘米，重730克，上书"大西大顺二年"等30字，经鉴定为国家一级文物（图32-5）。

蜀王金宝也是这次考古发掘最为重要的发现之一，是国内首次出水的明代藩王金宝（图32-6）。《明史·舆服志》载："亲王册宝。册制与皇太子同。其宝用金，龟纽，依周尺方五寸二分，厚一寸五分，文曰'某王之宝'。"此次发掘出水的这块金宝，虽然已经碎裂为10多块，但依然可以清楚地辨识出印面的篆书"蜀"字，推测它应来自蜀藩王府。每个藩王府仅有一块金宝，世代相传，它比金册更为珍贵。

此外，出水文物中还有张献忠建立大西政权后铸造的"大顺通宝”铜钱，用于赏赐有军功者的“西王赏功”钱币，张献忠从民间搜刮来的戒指、耳环、发簪等金银首饰，并且还首次出水铁刀、铁剑、铁矛、铁箭镞等兵器。据介绍，由于大量文物尤其是兵器等证实了明末江口大战，“江口沉银遗址”已正式更名为“江口明末战场遗址”。数量庞大的出水文物承载着丰厚的历史信息，反映出从王室到平民不同阶层的社会生活面貌，是研究考证明代中晚期政治统治、军事战争以及社会物质文化生活的重要资料。

四、考古发掘技术与观念的新突破

江口沉银考古发掘项目的顺利进行和取得的重大收获，离不开发掘技术与观念的创新突破。内水区域围堰考古发掘方法的全新实践和科学探测技术的使用，解决了江口沉银遗址的发掘难题；考古工作者首次面向社会公开招募志愿者参与考古发掘，更好地向公众普及了考古知识，引领了考古发掘的新趋势，对以后的考古发掘工作提供了有益经验。

江口古战场遗址的发掘面临的第一个难题便是划定具体的发掘区域。虽然之前通过局部出水文物情况确定了沉银遗址文物富集的大致区域，但要克服复杂的水下环境，在超过10万平方米的区域内探测出沉落江底的零散文物，进一步锁定发掘范围，传统的探测方法很难实现。为此，四川省文物考古研究院工作人员找到了电子科技大学信息地学特色研究中心的周军博士等人，周军通过实地考察，提出“探

图 32–5 出水金封册及其拓片

图 32–6 蜀王金宝

测基岩的结构特征和起伏形态，找到河流凸岸”的方法。

河道拐弯处的两侧分别为凸岸和凹岸，其中凸岸水流较小，相对于凹岸更有利于物质的沉积。因此推测，沉落江中的文物很可能集中于河道凸岸处。但岷江河道凸岸处因常年冲积形成厚厚的卵石层，依然无法锁定文物的位置。面对这些卵石的干扰，周军等人利用卵石与水、基岩的导电性差异，采用电阻率成像法，用三维模型建立岷江的水下底层结构，发现凸岸进而确定文物可能沉积的区域。在对河道进行精度扫描时，为了提高准确度，周军等人克服湍急的水流，在不同方向铺设监测电缆。“横江方向每隔 10 到 20 米一条电缆，顺江方向每隔 5 到 10 米一条电缆，一条电缆上要用 96 个电极”，“每次有一正一负两个电极向江里注入电流，其他电极进行观测”。周军介绍，这种采用大规模漂缆式电阻三维探测和成像的方法，是国内复杂水域环境下水下探测的首次规模使用。

由于岷江河道中弯道极多，可能存在文物富集的凸岸也很多，为了进一步缩小发掘范围，周军等人想到利用金属文物与周边区域磁性的差异进行探测的方法。经过充分的实验模拟，以及采纳中国地质调查局成都地质调查中心王永华教授的建议，周军团队采用铯光泵磁力仪，通过磁法等物理场的测量，找到金属富集可能性最大的区域。通过对基岩结构的探测，锁定凸岸位置；然后由磁法测量，对可能有金属富集的区域进行进一步圈定。二者结合，最终框定出文物沉积可能性最大的区域。2018 年第二期的古战场遗址发掘，基本按照这次探测的结果进行，而发掘结果也表明，前期探测的理论和方法是基本正确的，发掘出的文物主要集中在周军团队所划定的凸岸内基岩起伏地带。

在确定发掘范围之后，接下来的难题便是如何发掘。古战场遗址位于岷江河道内，一般应采用水下考古的方法进行发掘。但因古战场遗址规模大、遗物埋藏较深，且水下情况十分复杂，若采用一般的水下作业方法，不仅操作难度大，而且具有一定风险性。周春水在现场勘察后说，岷江水流量较大，并且含沙量高，浑浊不清，水下作业难度极大，且无法真实记录和保存文物的位置和状态，所以无法采用常规的水下考古方法。

通过讨论分析，四川省考古工作者创造性地提出“围堰筑堤，滩涂考古”的工作方法，即圈定发掘范围，在岷江枯水季围堰，然后用大功率抽水泵将堰内积水排出，将考古发掘区由水下变为陆上，使发掘人员能够直接进入发掘区作业。这一方法在我国的考古发掘中史无前例，开创了我国内水考古的先河。

2016 年年底，围堰筑堤法正式付诸实施。由重型卡车运来的砂石一车车倾倒于岷江中，建筑起一条长 1500 米、宽约 150 米的围堰，将一块狭长的水域与岷江隔开。在围堰内的水排干后，考古工作者和从附近招募来的民工马上进入发掘区工作。面对围堰内巨量的泥沙，考古工作者先将三四米的砂石挖开，用筛选机进行水洗分拣，防止遗漏小件文物。由于江水的常年冲刷，河底红色基岩形成深达 1 米的沟壑，许多文物沉积在沟壑缝隙的石头和泥沙中，这些区域只能通过人工挖掘。装有银锭的木鞘便是在工地最北端的沟壑中发现的。

在具体的人工发掘过程中，因岷江河道宽广，文物数量众多，而发掘又必须在岷江枯水期结束之前终止，所以具体发掘时，传统的陆上考古发掘和测量记录方法都不太适合。面对这种情况，考古工作者采用先进的 RTK 定位技术，四川省文物考古研究院水下考古中心主任、彭山江口古战场遗址水下考古发掘领队刘志岩说，这种方法类似于 GPS 定位，“一件文物出土，就有一个实时坐标在总图上显示出来”，从而使得文物测定更为准确、高效。此次考古还放弃了传统考古用线隔出一个个探方进行发掘的方法，而充分利用测绘和定位信息，将探方虚拟化，使出土文物直接定位到虚拟探方内，既节省了时间，又提高了记录的精准度。此外，发掘区还采用无人机加载扫描仪进行航拍，最后生成发掘区域的三维图像，更真实准确地还原出了文物的埋藏情况。

江口古战场遗址发掘过程的另一亮点，便是首次面向社会广泛招募志愿者，并且这些志愿者全程参与考古发掘。虽然通过科技手段和围堰筑堤的方法圈定了发掘范围，将水下考古变为陆上考古，但大规模的发掘工作依然是考古工作者面临的重大难题。为此，考古工作者创新思路，勇于打破考古发掘与公众的界限，通过社交媒体广泛征召志愿者，让志愿者广泛参与到考古发掘工作中来，搭建起考古与公众联接的桥梁。中国国家博物馆馆长王春法认为，这次公众考古的尝试“激发了公众参与考古的热情，拉近了考古与公众的距离，扩大了考古对公众的影响力。让公众在真正了解考古、走进考古、享受考古成果的同时，更多地参与到文化遗产的保护中来，成为守护和延续中华文明的新力量”。

岷江之水奔腾不息，沉积的泥沙再次掩埋了曾经的沉舟折戟之地。四川彭山江口古战场遗址的发掘工作，不仅破解了三百余年来张献忠“江口沉银”的历史谜案，而且为明代中后期政治、军事、经济和社会生活等各方面的研究提供了珍贵实物资料。在遗址发掘过程中，考古工作者创新工作方法和理念，勇于突破传统工作思路，开创性地采用围堰筑堤的方法进行内水区域的发掘，并充分结合先进的科学技术，为我国滩涂考古、浅水埋藏遗址的发掘积累了宝贵经验。同时，江口古战场遗址的发掘是全国首次志愿者全程参与的一次考古发掘，在推进考古与公众的联系、共享考古成果等方面进行了有益尝试。

总之，彭山江口古战场遗址的发掘，不论从学术价值还是社会影响方面，在中国考古史上均具有里程碑式的重要意义。

参考文献

[1] 四川省文物考古研究院、国家文物局水下文化遗产保护中心、眉山市彭山区文物保护管理所：《四川眉山彭山江口明末战场遗址Ⅱ T0767 发掘简报》，《文物》2018 年第 10 期。

[2] 四川省文物考古研究院、国家文物局水下文化遗产保护中心、眉山市彭山区文物保护管理所：《四川眉山市彭山区江口明末战场遗址 2017 年Ⅱ T1066 发掘简报》，《四川文物》2018 年第 5 期。

[3] 四川省文物考古研究院、国家文物局水下文化遗产保护中心、眉山市彭山区文物保护管理所：《江口沉宝》，文物出版社，2018 年。

[4] 林彬：《江口沉银背后：大西王的财富迷局》，《四川社科界》2017 年第 2 期。

[5] 萧易、刘忠俊：《江口沉银　八大王的宝藏终见天日》，《中国国家地理》2017 年第 7 期。

图片来源

图 32-1、3、4、5、6　四川省文物考古研究院、国家文物局水下文化遗产保护中心、眉山市彭山区文物保护管理所：《江口沉宝》，文物出版社，2018 年。

图 32-2　四川省文物考古研究院、国家文物局水下文化遗产保护中心、眉山市彭山区文物保护管理所：《四川眉山彭山江口明末战场遗址Ⅱ T0767 发掘简报》，《文物》2018 年第10 期。

（常乐）

敬　告

为使普通读者对中国考古学的重要发现和研究成果有更全面、深入和直观的认识，在本书的编撰和出版过程中，我们引用和转载了一些考古书报刊上公开发表过的文章及插图。我们充分尊重作者的署名权和著作权，本书出书前一直想方设法与原作者取得联系并获得他们的明确授权，但由于本增订本的两本原版书作者众多且久未联系等原因，我们无法与全部图文作者取得联系并事先获得他们的明确授权，所以在此向有关作者深表歉意。看到本书后，敬请有关版权拥有人，及时联系并提供足以证明自己拥有有关版权的身份和作品证明，以便我们尽快向各位寄送样书和支付相应稿酬。

联系方式

电话：0531-82098505（办）

电子信箱：1843089963@qq.com